나만의 마음

자기 인식과 성찰의 힘

WPI를 활용한 마음읽기 시리즈 I

나만의 마음
자기 인식과 성찰의 힘

초판 1쇄   2024년 10월 31일
지은이   황상민
편집   이혜원 이은주
편집팀   김지현 이영미 김아름 유기선
디자인   이혜원
펴낸곳   도서출판 마음읽기
출판등록   제2023-000130호
주소   서울시 종로구 체부동 6, 열반지 3층
전화   02-6263-2440

© 황상민, 2024
ISBN   979-11-985577-3-5 (04180)
           979-11-985577-2-8 (세트)

WPI를 활용한 마음읽기 시리즈 I

나만의 마음

자기 인식과 성찰의 힘

황상민 지음

저자 황상민

심리학자이자 심리상담가인 황상민 박사는 서울대학교 심리학과를 졸업하고, 미국 하버드대학교에서 심리학 석사 및 박사 학위를 받았다. 귀국 후 세종대 교육학과 연세대 심리학 교수를 역임했다. 그리고, 지난 30년간 한국 사회에서 발생하는 다양한 현상과 그와 관련된 한국인의 심리를 심층적으로 연구해왔다. 그의 연구 결과는 2000년 출간된 『인터넷세계의 인간심리와 행동: 사이버공간에 또 다른 내가 있다』를 시작으로, 『한국인의 심리코드』, 『독립연습』, 『짝, 사랑』, 『나란 인간』, 『대통령과 루이비통』, 『내 삶의 주인이 내가 아닐 때 만들어지는 병, 조현병』 등 수십 권의 저서와 백 편 이상의 논문과 학회 발표로 세상에 알려졌다.

연세대 교수로 재직하던 2015년, 황상민 박사는 박근혜 대통령이 대중들에게 우매한 지도자인 '혼군'이며 누군가의 조종을 받는 '꼭두각시'임을 확인하는 연구 결과를 『신동아』지와 한국심리학회에 발표하게 된다. 당시, 연세대 총장 정갑영 씨는 이런 황 박사의 연구활동에 대해, 자신의 임기 마지막 날에 '겸직 금지 위반'이라는 구실로 테뉴어(종신) 교수인 그를 해임 시키고 만다. 이후 2016년 박근혜 대통령은 국회에서 '탄핵'되고, 2017년 헌법재판소에서 대통령의 직에서 파면된다. 그녀의 '혼군'과 '꼭두각시' 이미지는 그녀의 실체로 확인되었다. 이후, 황 교수는 개인의 마음의 아픔을 읽어주는 심리상담사로 변신하면서, 자신의 연구주제를 '마음의 아픔'으로 바꾸게 된다.

황 박사가 상담실에서 접하게 된 많은 사람들은 무엇보다 자신의 삶의 어려움과 마음의 아픔을 호소하는 사람들이었다. 이런 내담자를 통해 그는 현대의학에서 '마음의 아픔'을 마치 제거해야 하는 질병처럼 취급하고, 이것을 몸에 작용하는 약물로 대응하는 현상에 관심을 두게 된다. 왜냐하면 누구나 가지는 '삶의 어려움과 아픔'의 문제를 '정신병'이라 규정하고, 또 약물로 신체를 억압, 통제, 관리하는 일이 아주 '신기하고 놀라운 상황'으로 다가왔기 때문이다.

마음의 아픔을 겪는 심리상담 내담자들을 접하게 되면서, 그에게 정신과 의사들은 마치 동화 속 '착한 사람 눈에만 보이는 가장 아름다운 옷'을 파는 옷 장수처럼 보이기 시작했다. 몸을 진정시키고 마비시키는 약을 '마음의 아픔'을 치료하는 약으로 포장하여 그들을 약물 중독 상태로 살게 하는 사례들이었기 때문이다. 대중의 기대와 달리, 정신과 의사들은 환자들의 마음의 아픔을 살펴보지 않는다는 사실도 알았다. 단지, 일방적으로 '정신과 약'으로 마음

의 아픔을 겪는 사람들의 행동을 진정시키고 몸을 마비시키는 방식으로 그들의 삶을 천천히 고사시켜 나가게 하고 있었다.

단군 이래 최대의 번영을 누리고 있는 21세기 대한민국의 대중들은 마치 '세상에서 가장 아름다운 옷'을 보는 사람들처럼, '정신과 약'이 마음의 아픔을 회복시키고 치료한다고 믿는 상황이다. 몸을 진정 또는 마비시키는 약물이 '마음의 아픔'을 치료한다고 믿게 된 것은 우리 각자가 자신의 마음을 잃어버린 채, 마음의 아픔을 '정신병'으로 믿게 된 결과이다.

현대 정신의학이 도입한 약물 치료법은 환자의 마음이 아닌 단지 몸에 작용할 뿐이라는 분명한 사실을 상담실의 내담자를 통해 황 박사는 더 잘 파악하게 되었다. 이후, 그는 '마음의 아픔'에 적절한 해법을 찾으려 했다. 특히, 학교 현장에서 적응의 어려움을 겪는 아이들에게 '등교를 하게 만들기 위해' '정신과 약'을 투여하게 하는 교육 정책에 의문을 갖기 시작했다. 학교생활과 적응의 어려움에 교육의 방법이 아닌, 정신의학의 치료법을 당연하게 도입한 비현실적 교육 정책의 결과가 청소년 자살률의 증가로 나타난 것을 확인할 수 있었기 때문이다. '대국민 정신건강과 마음 치유'에 관한 정부 대

책들이 역설적으로 더 높은 자살률과 학교 적응의 문제를 야기한다는 사실을 목격하면서 그는 「황상민의 심리상담소」라는 유튜브 채널을 통해 '대국민 자기 마음 찾기 라이브 상담'을 시작하게 되었다. 그리고, 2024년에 출간된 『92년생 김지영, 정신과 약으로 날려버린 마음, WPI 심리상담으로 되찾다』라는 책은 자기 마음을 읽고, '정신과 약'의 족쇄에서 벗어나게 된 한 아이 엄마의 심리치료 다큐 소설이자, 현대 정신의학이 한국사회에서 어떤 아픔을 만들어내는지에 대한 소심한 고발서이기도 하다.

한국인의 마음을 탐구하는 심리학자의 소명으로 그는 오늘도 '마음 읽기'를 통해 이 사회에서 살아가는 모든 사람들이 자신의 삶의 어려움과 아픔의 문제를 극복해 나가기를 기원한다. '정신과 약'으로 자신뿐 아니라 자신의 자식 세대까지도 약물 중독 상황을 너무나 당연하게 만들어가는 어이없는 현실에 대한 각자 나름의 해법을 찾아가기를 바란다. 이런 마음으로 그는 오늘도 누구나 자기 마음을 통해 삶의 어려움을 해결하고 또 자신의 삶을 새롭게 만들어나갈 수 있는 심리상담과 마음 읽기에 대한 교육과 연구 활동을 계속 하고 있다.

이 책 『나만의 마음: 자기 인식과 성찰의 힘』은 심리학자로서 지난 40년 동안 마음에 대해 공부하고, 연구한 결과물입니다. 누구나 자기 마음을 더 잘 파악하고 이해함과 동시에 자기 마음의 힘을 발견하여 삶의 변화를 위해 활용할 수 있도록 만들었습니다. 누구나 삶 속에서 고통과 어려움을 겪습니다. 하지만 우리는 자기 마음을 통해 어려움을 극복할 수 있습니다. 어떤 삶의 아픔을 가지더라도, 자기 마음을 알기만 하면 자신을 바꾸면서 더 나은 방향으로 자기 삶을 이끌어 나갈 수 있습니다.

책을 쓰는 동안, 이 책의 핵심 내용이, 다음과 같이 정리된다는 사실을 알게 되었습니다. "너 자신을 등불 삼아라. 너 자신만을 의지하라." 이 가르침은 부처님께서 삶을 다하기 직전에 남기신 말씀입니다. 우리 삶이 힘들고 어려울 때, 누구나 외부의 도움이나 권위 있는 존재에 의존하려 합니다. 하지만, 살아생전 이미 해탈의 경지에서 열반에 도달하신 부처님께서도, 자기 자신을 통해 삶의 고통에서 벗어날 수 있다고 알려주셨습니다. 이 가르침이 '각자도생' 시대의 생존 지혜입니다.

구약성경 출애굽기 21장에서도 '스스로 귀뚫은 종'의 비유로 비슷한 메시지를 전달합니다. 종은 드디어 자유를 얻게 됩니다. 하지만, 종은 주인의 뜻에 공감하여, 주인을 떠나기보다 주인에게 삶을 헌신하는 선택을 하게 됩니다. 막연한 자유 대신 자신의 믿음에 맞는 길을 선택한 것입니다. 무조건 좋다 하는 어떤 것을 찾는 것이 아니라, 자신의 마음이 알려주는 것에 초점을 두어 살아가기를 선택한 것입니다.

매 순간 끊임없이 우리는 자기 마음을 읽어야 합니다. 이런 마음을 많은 종교에서는 혼란과 번뇌의 근원으로 봅니다. 마음을 '수련'이나 '명상', '마음 챙김'mindfullness 등의 방법으로 관리, 통제되어야 하는 대상으로 여기게 되지요. 하지만, 우리의 마음은 단순한 통제의 대상이 아닙니다. 우리 각자가 자신만의 마음을 인식하고 성찰할 수 있을 때, 이것은 바로 각자의 삶을 이끌어가는 믿음이 됩니다. 부처님은 살아생전 이러한 마음을 인식하셨기에, 득도와 해탈, 그리고 '열반'의 경지에 도달하셨습니다. 21세기 지금, 우리 각자 마음을 인식하고 성찰할 수 있다면, 자기 '마음 읽기'를 통한 열반의 경험을 할 수 있습니다. 자기 삶에서 행복과 자유를 느끼면서, 삶의 고통에서 해방을 이루게 되는 것입니다.

아픔에 대한 치유와 회복이 몸이 아닌 자기 마음, 그리고 자기 마음의 정체를 인식하고 성찰하는 과정으로 일어난답니다. 마음은 고정된 어떤 것이 아니라 유동적이고 변화하며, 각자의 상황에 따라 각자의 방식으로 다르게 나타납니다. 양자역학에서 측정 대상인 입자는 환경에 따라 다르게 나타나며, 측정의 영향을 받습니다. 우리 각자의 마음도 이와 유사합니다. 이 책에서 소개하는 'WPI'Whang's Personal Identity 검사는 양자역학 패러다임에 기초하여 누구나 자기 자신의 마음과 삶의 가치를 쉽게 파악할 수 있게 하는 21세기형 심리검사입니다. 이 검사를 활용하여, 누구나 자기 삶에서 각자의 방식으로 표현하는 자기 마음을 확인할 수 있습니다. 이와 더불어, 마음이 각 사람에게 어떤 다양한 삶의 가능성을 만들어내는지를 알 수 있습니다.

이 책에서는 '마음의 MRI'라고 할 수 있는 'WPI 심리검사'를 활용한 심리상담이 어떻게 이루어지는지를 생생하게 보여줍니다. 자기 마음을 인식하고 성찰하면서, 자신이 처한 환경과 경험에 따라 자신의 삶의 변화를 추구하는 적응 방안을 찾는 것입니다. 이것이 바로 각자의 마음 읽기를 통한 심리상담이자 심리치료 활동입니다. 누구나 자신만이 가진 자기 마음을 인식하게 될 때, 자기 삶의 주인으로 살아갈 수 있는 방안을 알려주는 것입니다. 자신과 자기 삶에 대한 믿음을 통해 더 나은 삶을 선택하고 만들어나갈 수 있기를 바랍니다. 삶이 우리에게 주는 아픔으로부터 벗어날 수 있는 길을 찾는 것이 마음 읽기를 통해 얻는 열반의 경험입니다. 이 책의 출간을 위해 많은 도움을 준 '황상민의 심리상담소' 스탭과 'WPI심리상담코칭센터'의 연구원들에게 다시 한번 감사를 표합니다. 저와 함께 통증해방의 세상을 만들어가는 '아픔해방의원'의 김미정 원장님에게도 깊은 감사를 표합니다. 그들 모두의 도움으로 이런 기적과 같은 일이 성과를 내게 되었습니다.

황상민
2024년 10월
통증해방,
'열반지 Land of Nirvana'에서

차례

젊은 황 교수의 '마음의 아픔'

나는 40년 동안 심리학을 공부하고 연구해 왔다. 그 시간 동안 학생들에게 심리학을 가르치면서도 나에게는 풀리지 않는 의문이 있었다. 바로 '심리학이 뭔가 잘못되었다'는 느낌이었다. 아니, '이상하다'는 표현이 더 정확할 것이다. 심리학을 배우면 배울수록 '심리학이 과연 인간의 **마음**을 탐구하는 학문일까?'라는 의문을 점점 더 가지게 되었다. 심리학을 배우면, 당연히 나와 타인의 마음을 더 잘 알 수 있을 것이라 기대했다. 대학에서 첫 심리학 시간에 담당 교수님은 "심리학은 인간의 사고와 행동을 연구하는 '과학'이다. 따라서, 인간의 마음을 읽는 점이나 미신과 같은 것이 아니다"[1]라는 경고를 날려주셨다.

> "아니, 심리학이 마음을 읽는 것이 아니라면…?"
> "심리학이 과학이라면 오히려 마음을 더 잘 읽을 수 있어야 하지 않나…?"

차마, 입밖에 낼 수 없는 질문을 혼자 간직한 채로, 심리학 전공자로 대학을 졸업했다. 이후, 나는 미국 하버드 대학교에서 심리학 석사와 박사 학위를 받고 어느새 대학에서 심리학을 가르치는 교수가 되었다. 하지만, 나의 대학교수 생활은 그리 행복하지 않았다. 왜냐하면, '정말, 이 심리학이라는 학문은 도대체 무엇을 탐구하는 것일까?'라는 의문이 여전했기 때문이다. 심리학 이론이나 개념들로 어떤 사건이나 현상을 설명할 때, "그 사람의 마음이 어쩌구저쩌구…" 할 수는 있었다. 하지만, 그것은 단지 '그냥 하는 이야기'였다. 정말 그 사람의 마음이 그러한지를 확인할 수 없다는 당혹스러움이나 곤란함은 항상 있었다.

이런 마음에 대한 나의 막연한 의문을 어떤 경제학 전공 교수와 나누게 되었다. 하지만, 다시금 총 맞은 느낌을 받았다. 왜냐하면, 마음에 대한 나의 이야기를 그는 마치 외계어처럼 받아들였기 때문이다.

"아니, 우리 삶에서 돈 잘 벌고 잘 사는 것이 중요하지, 무슨 소리예요. 마음이라고 하는 것, 다 쓸데없는 뜬구름 잡는 소리 아닌가요?"

경제학 교수에게 '마음'이란, 단지 '돈을 더 잘 벌 수 있는' 어떤 궁리 또는 생각일 뿐이었다. 돈을 버는 것도 우리 삶에서 필요하고 중요하다. 하지만, 돈에 대한 마음만 중요하지, 다른 마음은 '뜬구름 잡기'와 같다고 믿는 그분의 마음이 정말 놀라웠다. '어떻게 마음을 뜬구름 같은 것이라 생각할 수 있지?' 나로서는 마음에 대해 이해하기 어려운 또 다른 마음을 발견한 기분이었다.

황 박사의 심리학, 그리고 자기^{self} 찾기

많은 사람들은 심리학 책을 열심히 읽거나, 석사나 박사 학위를 취득하면 인간 마음의 전문가가 될 것이라 믿는다. 심지어, 심리학 박사라면 다른 사람의 마음을 공감하고, 또 그들의 아픔을 누구보다 잘 위로하고 격려할 수 있을 것이라 여긴다. 40년 전, 대학생이 되어 심리학을 전공하겠다고 하는 아들에게 아버님도 이렇게 말씀하셨다.

> "아니, 네가 서울대까지 갔는데, 이제 미아리 고개에서 돗자리 펴는 공부를 하겠다고?"

내가 평생을 바쳐 공부한 '심리학'은 처음부터 나와 잘못된 인연을 맺었다. 그리고, 150년 전에 대학에서 '인간 마음을 연구하는 새로운 과학'으로 등장한 심리학도 엉뚱한 과정을 거쳐 지금까지 발전하였다. 이것은 마치 중세 천 년 동안 신학이 걸어왔던 역사와 비슷하다. 절대자 신의 존재와 정체를 밝혀내려 했던 신학은 결국 '절대자 신'의 존재와 실체가 성당이나 교회 등의 건물로 표현되는 것 이상을 찾지 못한 것 같다. 이것은 더 긴 시간의 역사를 가진 불교 또한 부처상으로 표현되는 것으로 그쳐버린 것과 유사하다. '절대자 신'을 찾는 대중의 마음은 사라지고, 건물이나 형상만 남은 신앙으로 변신한 것이다. 심리학도 지난 150년의 역사에서 인간 '마음'의 존재와 실체를 과학으로 찾으려 했다. 하지만, 결국 21세기 지금까지 심리학에서 찾는 마음이 무엇인지 분명히 알지 못한 채, 막연히 '과학'이라는 어떤 활동이라는 믿음을 가지고 있는 상황이다. 이런 답답한 상황은 심리학자로 40년의 시간을 보낸 나의 삶에서도 잘 나타난다.

나에게 심리학은 신학자가 절대자 신을 알고자 하는 열망과 비슷한, '마음'의 비밀을 알고 싶은 열정으로 시작되었다. 박사를 받고 심리학 교수로 거의 10년 정도의 시간을 보낼 때까지도 여전히 나는 '마음이 무엇인가?'에 대해 의문을 가지고 있었다. 이뿐 아니라, 나 자신이 어떤 마음으로 살고 있는지에 대해서는 더욱 깜깜하다는 마음으로 살고 있었다. 처음에는 이것을 나의 대인관계 문제, 사회성의 부족 때문이라고 생각했다. 하지만, 점점 이런 질문들은 '내가 어떻게 살 것인가'의 문제로 뚜렷하게 느끼게 되었다. 심리학을 그것도 20년 이상이나 공부한 학자로 사는 나 자신이, 자기 마음을 제대로 알지 못한다는 사실에 울고 싶었다. 나름 누구보다 열심히 공부했다고 자부했기에 당혹스럽기도 했다. 점점 알 수 없는 불안과 두려움, 그리고 무기력의 늪으로 빠져드는 기분이었다.

　　답답한 마음에서 무작정 '심리학의 역사'라는 강의를 만들고, 심리학이 왜, 어떻게 시작되었는가에 관한 책들을 읽어보기 시작했다. 초기 심리학자들에 대한 전기였다. 그리고, 한 가지 분명한 사실을 알게 되었다. 20세기 내내 발전한 심리학, 내가 그동안 공부했던 심리학은 '보편적 마음'의 법칙을 찾는 과학이라는 사실이었다. 그리고, 초기 심리학자들은 인간이 동물과 다른 또는 '인간성'이라고 할 수 있는 어떤 마음의 존재를 탐구하였다는 것도 알게 되었다. 이에 비해, 황상민 나 개인이 자신의 마음을 알려고 하는 것, 바로 '한 개인의 마음'의 정체를 파악하는 심리학은 대부분의 심리학자들이 거의 관심을 기울이지 않았다는 것도 알게 되었다. 대부분의 심리학 연구는 보편적이고 일반적인 사실처럼 전달되고, 심리학 지식은 마음과 관련된 내용이라고 믿는다. 하지만, 어느 누구의 마음과도 관련된 내용은 아니다.

심리학 지식은 인간의 마음에 대한 하나의 수학 공식처럼 언급될 수 있다. 하지만, 이런 공식은 어느 한 사람이 가진 삶의 문제를 해결하는 것과는 거리가 있다. 모두들 다양한 심리이론이나 개념을 처세술이나 인간 관계의 비법처럼 활용하기도 하지만, 그것을 각자가 가진 자신의 문제를 파악하는 답으로 사용할 수는 없다. 심리학에서 다루는 마음과 관련한 나의 활동은 연구자라기보다, '심리학 지식 장사꾼'이었다. 교수와 연구자로 나름 자부심을 가지고 있었던 내가 또 다른 자기 성찰을 진하게 하기 시작할 때, 심리학을 공부한 지 거의 20년이 지난 때였다. 그리고 이제 이 책을 통해 삶의 어려움과 아픔의 문제를 각자 자신의 마음을 읽어나가는 것으로 해결해 가는 또 다른 심리 연구 결과를 이 세상에 알리고자 한다. 또 다른 20년의 시간이 지났다.

▍ 마음을 잃어버린 심리학의 간추린 역사

19세기 중엽 이후, '물리학'physics이 물질 대상을 연구하는 '과학의 정점'에 있었을 때, 이를 선망하며 마음을 생리학이나 물리학처럼 연구하려는 학자들이 등장했다. 그들 중 일부는 '마음'mind 또는 '정신'spirit을 '정신물리학'psychophysics[2]이라는 방법으로 탐구했다. 마음을 '정신'이라 믿었던 사람들은 이것을 '영혼'[3]과 유사하게 보았기 때문이다. 초기 심리학자들은 마음을 마치 '만유인력의 법칙'law of universal gravity과 같은 '고전역학'classical mechanics의 원리로 그 정체를 파악할 수 있다고 믿었다. 마음을 중력이나 힘과 같은 어떤 것으로 막연히 믿었다. 동시에, 마음의 실체를 '뉴턴의 운동법칙'과 같은 과학 법칙으로 환원시킬 수 있다고 생각했다. 감각, 지각, 기억, 사고 등의 다양한 심리현상을 설명하는 마음의 법칙이 있을 것이라고 기대했다. 물리학을 동경하며 시작된 심리학은 심리현상을 물질적 현상이나 생리적 기제로 설명하려 했으나, 결국 고전 물리학의 한계를 넘지 못했다. 마음은 물리적 현상이 아니기 때문에 직접적으로 측정하거나 탐구할 수 없었다. 이뿐만 아니라, 일반적이고 보편적인 사람의 마음과 각 개인의 마음은 같지 않았다. 이러한 몇 가지 분명한 한계로 인해, 심리학은 더 이상 측정할 수 없는 '마음'이 아닌, 명확히 측정하고 확인할 수 있는 '행동'을 연구하는 과학으로 변모하게 되었다. 어느 순간부터 심리학은 연구 대상으로 마음을 포기하고 행동만을 다루기 시작했다. 이러한 심리학의 변화를 '행동주의'[4] 패러다임의 등장이라 부른다.

역설적으로, 심리학이 동경했던 '고전 물리학'은 '양자역학'이라는 새로운 패러다임을 통해 그 한계를 극복할 수 있었다. 고전 물리학의 한계였던, '관찰자가 대상과 독립된 위치에 있으며, 절대적인 측정이 가능하다'는 믿음은 양자역학에서 관찰자가 관찰 대상에 영향을 미친다는 사실을 인정하는 것으로 바뀌었다. 따라서, 과학은 객관적인 현실이란 '관찰자와의 상호작용'에 의해 결정된다는 점을 수용하게 된다. 과학 연구에서의 상대성 개념과, 과학자가 자신의 행위와 마음이 미치는 영향을 분명히 인식하는 것이 과학 연구의 새로운 패러다임이 되었다. 이러한 물리학 연구 패러다임의 변화는 20세기 심리학에도 영향을 주었어야 했다. 그러나 이미 심리학은 **'마음'을 잃어버린 상태였다.** 마음을 버리고 행동에 초점을 맞춘 연구로 변모한 심리학은, 양자역학 패러다임의 핵심 명제를 전혀 받아들이지 않았다.

'관찰자가 관찰 대상에 영향을 미친다.'
'객관적인 현실은 대상의 물리적 실체가 아닌 관찰자의 '주관성'으

로 이해되어야 한다.'

이와 같은 기본 명제들이 심리학에서 반영되지 않은 채, 심리학은 마음을 잃고 행동만을 연구하는 방향으로 나아갔다.

▎ 심리학자 황 교수의 객관적인 현실과 마음

21세기가 막 시작되던 시점, 나는 연세대 교수로 나름 잘 살고 있는 듯 보였다. 하지만, 연구자로 또는 한 사람의 생활인으로서 나 자신의 삶에 대한 패러다임적인 변화를 필요로 하고 있었다. 그것은 바로 나 자신과 나의 개인 삶의 문제를 인식하는 것에서 동시에 일어났다. 나 스스로 '무엇을 위해', '어떻게 살아야 하는가'와 같은 질문을 던지면서, 나 자신의 삶에 대한 심각한 번뇌에 시달리고 있었다. 매일 끝이 보이지 않는 절벽으로 떠밀려 가는 기분으로 지냈다. 그전까지 나는 아침 일찍 연구실로 가서, 하루 종일 밤까지 즐겁게 연구실에서 일하는 일상을 즐기고 있었다. 점심이나 저녁을 김밥이나 짜장면으로 즐겨 해결하는 생활도 너무 즐거웠다.

하지만, 어느날 영문을 알 수 없는 막연한 삶의 의문이 들기 시작했다. 나는 손가락 하나 까딱하는 것조차 힘겹게 느껴졌다. '죽더라도 연구실에서 쓰러지자'는 마음으로 아침에 간신히 연구실로 갔다. 그리고, 하루 종일 무기력한 상태로 어두워지는 연구실 창밖만 멍하니 바라보는 나날을 보냈다. 그런 날들이 몇 달째 이어졌다. 행여 병원에 갔다면 '우울증'[5] 또는 '공황장애'[6] 라는 병명이 내려졌을 것이다. 나는 나 자신의 무기력감을 '자기 존재에 대한 심각한 회의감'이라고 표현했다. '살 가치가 없다'고 느껴짐과 동시에 교수로서의 나의 정체성과 역할에 대한 회의와 불안이었다. 책에 있는 내용을 앵무새처럼 전달하고, 연구랍시고 뻔한 소리를 채우는 논문 쓰기 활동에 대한 근본적인 회의였다. 주위의 어떤 교수는 이런 나에게 넷째 아이가 생긴 부담감으로 우울증이 생겼다는 농을 던지기도 했다.

❘ 생물적 환원주의의 위협: 뇌 속에 마음이 있다?

나의 존재 이유에 대한 혼란과 삶의 고통을 더욱 심화시킨 것은 심리학, 아니 마음에 대한 대중의 관심이 어느 순간부터 '뇌의 기능'으로 해석되기 시작한 것과 관련이 있다. 마음을 뇌의 기능으로만 보려는 시각은 '생물적 환원주의'에 해당한다. 특히, 마음이 뇌 속에 존재한다는 믿음이 '뇌 지도', '뇌 상태', '뇌 구조' 등으로 시각화되면서, "마음은 뇌 안에 있다"는 생각이 상식처럼 자리 잡은 현실은 나에게 큰 괴로움을 주었다. '그게 뭐가 문제냐?'라고 반문할 수도 있겠지만, 마음을 뇌와 신경의 단순한 작용으로 보는 관점은, 나에게 심리학이 마음의 본질을 스스로 부정하는 '자기 부정'처럼 느껴졌기 때문이다. 이 믿음은 각기 다른 사람들의 마음을 단순히 뇌라는 신체 기관의 부산물로 치부하며, 개인의 특성이 그들의 성장과 경험을 통해 형성된다는 사실을 무시한다. 더 나아가, 이러한 생물적 환원주의에 기초하여 마음을 이해하는 것은, 과거에 인간의 차이를 생물학과 유전으로만 설명하려 했던 사이비 과학인 '우생학'[7]의 현대적 부활처럼 느껴지기도 한다.

처음 심리학을 배울 때, "마음은 뇌 속에 있을 것으로 믿어진다"라고 명시된 교과서로 공부했다. 그러나 시간이 흐르며, 이는 마음에 대한 잘

못된 믿음이자 왜곡된 전제임을 확신하게 되었다. 내 이런 고민과는 달리, 뇌의 기능이나 활동을 통해 인간의 마음을 알 수 있다는 과학자들과 대중의 믿음은 오히려 더욱 강해졌다. 그럴수록 나는 마치 이상한 나라의 앨리스가 된 듯한 느낌, 혹은 기독교 국가에서 이슬람교도로 살아가는 이 방인의 느낌을 받았다. 심리학자로서, 20년 넘게 인간의 마음을 탐구해 온 나의 연구를 토대로, 각자가 자신의 마음을 어떻게 인식하고, 그 마음의 정체성을 깨달음으로써 자신의 삶을 변화시킬 수 있을지에 대한 나의 고민은 더욱 깊어졌다. 그 과정에서, 나는 양자역학의 패러다임을 마음 연구에 적용할 수 있게 되었다.

당시 나는 우리 사회에서 나타나는 다양한 사회 현상과 관련된 대중의 마음을 파악하고, 이러한 마음이 어떻게 특정 사회 현상을 일으키는지 다양한 프로젝트를 통해 알아내려 했다. 이는 각기 다른 사람들의 마음이 초래하는 다양한 사회 문제들에 대한 나름의 해결책을 찾아보려는 시도였다. 이 과정에서 나는 '보편적이고 일반적인 마음의 법칙'을 찾으려는 고전 심리학의 목표와, '특정 사회 현상이나 심리현상과 관련된 각기 다른 사람들의 마음'을 파악하려는 나의 접근이 명백히 다르다는 것을 깨닫게 되었다. 마음에 대한 새로운 접근을 통해, 나는 나만의 마음이 무엇인지, 그리고 각 사람들이 지닌 마음과 그 마음이 만들어내는 다양한 삶의 모습을 새롭게 통찰할 수 있었다. 그러나 이러한 발견 과정에서 발생한 내 마음 속의 갈등은 누구와도 쉽게 공유할 수 없는 고통을 가져왔다.

내 삶에 대한 믿음이
바로 내 마음이다.

나의 마음:
나 자신과 내 삶의
다양한 이슈에 대한 나의 믿음

황 박사의 '마음' 찾기

수십 년간 발달심리를 연구하며, 나는 각 개인이 어떻게 삶의 변화를 경험하고 그 변화를 통해 자신을 만들어가는지를 탐구해왔다. 그 과정에서 점점 더 확신하게 된 것은, 인간이 자기 마음을 스스로 만들어나간다는 사실이었다. 인간의 마음을 단순히 뇌의 작용으로만 환원하려는 생물학적 환원주의 관점은 빛의 속성을 탐구하는 방식과 비슷하게 비유할 수 있다. 마치 양자물리학에서 빛이 분자, 원자, 전자, 소립자 등 다양한 물질 상태로 나타나고, 측정자와 조건에 따라 다르게 보일 수 있음에도 불구하고, 여전히 빛을 단일적 속성으로 보고 고전 물리학의 절대적 방식으로 측정하려는 시도와 같은 것이다. 나는 이러한 상황을 분명하게 인식하게 되었다.

각 개인의 마음은 어떤 일반적인 법칙에 의해 일률적으로 움직이는 것이 아니다. 마음은 각 개인의 삶의 맥락, 타인과의 관계, 그리고 상호작용에 따라 다르게 나타난다. 양자역학에서 관찰자가 현실을 변화시킨다는 원리를 개인의 마음을 이해하는 데 적용하면서, 나는 마음이 단순한 생리적 현상이 아니라, 각 개인이 자신과 자신의 삶에 대해 갖는 믿음이라는 것을 깨닫게 되었다. 그리고 그 믿음이 어떻게 표현되고 확인되는지에 따라, 한 개인은 역동적으로 성장하고 변화하는 존재임을 분명히 알 수 있었다.

나는 전통적인 심리학이 심리 법칙을 찾으려는 방식에서 벗어나, 각 개인의 마음을 읽는 새로운 심리학 연구에 집중하기 시작했다. 이러한 통찰은 나 자신의 개인적 성장뿐만 아니라, 심리학자로서 나의 연구 방향도 변화시켰다. 그리고 나는 심리학적 성과와 함께 나 자신의 개인적 성장을 이룰 수 있었다. 바로 '마음 읽기'라는 방법을 통해 각 개인이 자신과 자신의 삶에 대해 갖는 믿음을 탐구하는 일이었다. 사람들이 겪는 삶의 어려움과 고통의 근원이 바로 그들이 가진 믿음에서 비롯된다는 것을 인식하게 되면서, 이 마음을 탐구하는 여정은 단순한 학문적 활동을 넘어 나 자신의 정체성과 삶의 목적을 찾는 과정임을 깨달았다.

▎ 한국인의 심리코드 연구로 마음의 다양성을 찾게 되다

나 자신의 마음이 혼란스럽고 힘들 때, 나는 심리학 법칙이나 개념을 나에게 적용하기보다는, '나의 마음'이 어떤 상태인지 알아보려 했다. 보편적인 마음에 대한 이론이 아닌, 내가 현재 어떤 사람으로 살아가고 있으며, 무엇을 위해 살아가는지를 얼마나 잘 인식하고 있는지 알고자 했다. 그렇게 시작된 것이 바로 자기 마음을 의식하고 인식하는 심리학에 대한 나의 연구였다. 그것이 바로 '한국인의 심리코드' 연구 프로젝트였다. 20세기 말부터 21세기 초까지 약 10년 동안, 다양한 주제와 이슈들에 대해 각기 다른 마음의 정체성을 확인하는 나의 모험이었다. 왜냐하면 나는 통념적인 주류 심리학에서 거의 사용하지 않는 연구방법론을 통해, 일반적인 심리 법칙을 찾는 대신 각 개인의 마음과 그들이 만들어내는 고유한 심리현상을 탐구하기 시작했기 때문이다. 쉽게 말해, 남들이 하지 않거나 낯설게 느낄 수 있는 일상 속 이슈들을 연구하며, 나만의 방식으로 열정적으로 탐구했다. 이 연구는 '나만의 마음'을 기초로 한 나만의 연구

활동이었다.

한국인의 심리코드 연구에서 사용된 「Q 방법론」은, 일반적인 심리 연구에서 사용하는 표준적인 추리통계와는 달리, 개별 인간이 특정 주제나 이슈에 대해 가진 '주관성'을 탐구하는 데 중점을 둔다. 나는 이 방법을 통해 각 개인의 마음의 차이를 발견하고, 그 마음의 정체성을 뚜렷이 밝힐 수 있는 방법을 찾아낼 수 있었다. 「Q 방법론」을 활용해 각기 다른 개인의 마음을 구체적으로 확인할 수 있게 되면서, 나는 '생물적 환원주의'에 빠진 학자들의 마음도 있는 그대로 이해할 수 있었다. 그들은 자신의 마음에 대한 깊은 이해 없이, 마치 절대적인 법칙을 찾으려는 신념에 사로잡혀 있었다. 작은 단서를 절대자의 계시로 받아들이며, 불안한 상태에서 생존하기 위해, 혹은 자신에게 주어진 역할을 다하기 위해 무의식적으로 열심히 살아가는 사람들의 심리코드였다. 한국인의 심리코드 연구를 통해 나는 한국 사회에서 나 자신이 어떻게 살아가야 할지, 그리고 심리학자로서 어떤 방향으로 나아가야 할지 확실하게 깨닫게 되었다. WPI, Whang's Personal Identity 검사는 이러한 마음 찾기 프로젝트의 결정체였다.

대한민국 사람들의 '자기 마음 찾기' 과제에 뛰어들다

21세기에 들어 대한민국의 고전적인 심리학 연구 결과들은 어느덧 '자기계발서' 또는 '인생 조언서'[8]로 포장되어 소비되기 시작했다. 심지어 '인간의 마음은 이러하다'는 주장들이 삶의 지침처럼 널리 퍼져 나갔다. 대중심리의 법칙들로 포장된 '심리 생존술'은 마치 성경이나 불경처럼 '이렇게 살아야 한다'는 비법으로 전파되고 유행하고 있었다. 이 와중에 나의 삶 또한 새로운 변화를 겪었다.

2016년부터 나는 더 이상 대학에서 학생 강의와 연구를 할 수 없게 되었다. 당시 대통령에 대한 대중의 마음을 '있는 그대로' 언급한 일이 계기가 되어, 나도 모르게 권력자의 눈 밖에 났다. 그리고 권력의 하수인을 자처했던 대학 총장의 결정으로, 대학교수로서 평생을 보내려 했던 나의 막연한 소망은 좌절되었다. 그러나 이 사건은 나에게 '심리상담사'라는 또 다른 정체성과 삶의 이유를 안겨주었다. 대학이라는 울타리를 벗어나 사회 임상 장면에서, 대학교수로서는 결코 만나기 어려운 다양한 삶의 문제와 고통을 겪는 사람들의 마음을 살펴보게 되었다. 그들의 마음을 읽으며, 각자가 자신의 삶에서 겪는 어려움과 아픔에 대한 믿음이 그들의 삶을 어떻게 다양한 형태로 만들어가는지 생생한 사례들을 연구할 수 있었다. 각기 다른 마음이 만들어내는 다채로운 삶의 모습들은 '일체유심조'一切唯心造, 즉 '모든 것은 마음에 달렸다'는 말의 의미를 실감나게 전달하는 단서들이었다.

이 경험은 나에게 심리상담과 치료 과정에서 수십 년간의 수련을 아주 체계적이고 집중적으로, 짧은 시간 안에 이룰 수 있는 기회를 제공했다. 그러던 중 나는 점점 '마음의 아픔'을 생물학적 기준으로만 판단하여 정신병자로 진단하는 비극적인 현실을 목격하기 시작했다. 20년 전 '생물적 환원주의'의 대두에 대해 느꼈던 두려움과 답답함이 단순한 기우가 아니었음을 다시금 확인하게 되었다. 대한민국이 점차 정신병 환자의 공화국으로 변해가는 듯한 느낌을 받았다.

'정신병 공화국'에서 아픔의 노예가 아닌 자기 삶의 주인으로 사는 법
: 마음 읽기

정신병을 단순히 '뇌와 신경계의 문제'로 설명하는 것은, 마치 깊은 상처를 입고도 그 상처의 본질을 전혀 들여다보지 않는 것과 같다. 겉으로 드러난 증상만 보고 이를 해결하려고 하다 보니, 그 속에 깃든 마음의 고통은 외면된다. 사람들은 종종 자신이 느끼는 마음의 아픔을 무시하고, 이를 그저 신체의 문제로만 인식한다. 이런 방식은 고통의 근본 원인을 해결하지 못할 뿐만 아니라, 오히려 그 고통을 더 깊게 만든다. 많은 의사들이 환자의 고통을 '신체'의 문제로만 다루며 마음의 존재를 무시한다. 이는 마치 오랫동안 아팠음에도 불구하고 그 원인을 찾지 못한 채 겉으로 드러난 통증만 억누르는 것과 같다. 환자들은 자신이 겪는 고통을 제대로 이해하지 못한 채, 결국 약물로 마음을 억누르며 살아간다. 그들은 마음의 깊이를 살피지 않고 표면적인 증상만 해결하려 하면서, 자신이 왜 아픈지조차 알지 못하게 된다.

정신의학은 '마음의 아픔'을 '몸의 문제'처럼 다루는 큰 오류를 범하고 있다. 약물을 통해 통증을 일시적으로 덜어내는 것은, 마치 병의 뿌리는 그대로 둔 채 겉으로 드러난 증상만 없애려는 것과 다름없다. 약물에 의존한 치료는 사람들로 하여금 그들이 가진 고통의 원인을 더 이상 살피지 못하게 한다. 환자들은 오랜 시간 약을 복용하며 자신이 느끼는 아픔이 무엇인지 잊게 되고, 그로 인해 마음의 외침은 점점 더 멀어져 간다. 마음의 아픔을 살피지 않는 이러한 방식은 마치 고장 난 시계를 보고도 그 시계가 멈춘 이유를 전혀 탐구하지 않고, 단지 고장 난 시계에 새 배터리만 넣는 것과 같다. 시계는 잠시 돌아갈지 모르지만, 그 속의 기계적 문제는 전혀 해결되지 않은 채 남아 있다. 사람들은 겉으로는 문제가 해결된 듯 보이지만, 실제로는 근본적인 아픔이 그대로 존재하며 그들의 삶을 서서히 잠식해 나간다.

이러한 이유로 나는 한국 사회에서 그동안 심리학자들이 거의 다루지 않았던 새로운 이슈에 관심을 기울이게 되었다. 그것은 바로 '마음의 아픔'을 겪는 사람들의 '마음'을 깊이 들여다보는 일이었다. 의사들이 환자들의 신체적 고통에만 집중하는 사이에 완전히 무시되었던, '그들의 마음이 만들어내는 고통'에 주목하게 되었다. 내가 이러한 새로운 연구와 임상 상담 활동을 할 수 있었던 이유는, 아픔을 호소하는 사람들의 마음을 쉽게 파악할 수 있는 **'마음의 MRI'**와 같은 심리검사를 만들고 활용할 수 있었기 때문이다. 대표적인 것이 WPI와 같은 심리검사이다. 이것으로 누구나 자신과 자신의 삶에 대해 어떤 믿음을 가지고 살고 있는지를 파악할 수 있다. '당신은 어떤 사람인가요?', '무엇을 위해, 왜 살고 있나요?'와 같은 질문에 대한 자기 마음을 확인할 수 있다. 또한, 마음의 아픔을 겪는 사람들이 자기 마음을 찾고 확인하게 되면서, 자신이 어떤 상태로 자신의 삶을 이끌어가는지를 명확히 이해할 수 있다.

상담 상황에서 WPI 검사를 통해 각 사람들의 마음을 파악하면서, 내담자 자신이 겪고 있는 마음의 아픔의 정체를 명확히 확인할 수 있었다. 이 과정에서 나는 단순히 표면적인 증상만을 다루는 것이 아니라, 그 아픔을 유발하는 마음의 근본적인 이유를 찾는 것이 얼마나 중요한지 깨닫게 되었다. 마음의 아픔을 정신과 약물로 억누르거나 제거하는 방식에 강한 회의감이 들었고, 근본적인 해결책은 내담자가 자신의 마음을 스스로 이해하는 과정에 있다는 확신이 커졌다.

　마음의 아픔에 대한 가장 강력한 방어막은 증상을 억제하는 약물이 아니라, 그 아픔을 일으킨 '자기만의 마음'을 읽고 이해하는 것이다. 이는 마치 영화 『반지의 제왕』에서 요정들이 '미스릴 갑옷'을 입고 절대 악과 싸우는 것과 같다. 그들이 강력한 갑옷을 통해 스스로를 보호하고 싸워나가듯, 자기 마음을 이해하는 것은 삶의 어려움과 고통 속에서 우리를 보호해 주는 가장 강력한 방어 수단이 된다. 삶의 여정에서 누구나 어려움과 고통을 겪지만, 자신이 겪는 아픔의 정체를 파악하고 그 아픔이 마음에서 어떻게 생겨났는지를 알게 된다면, 문제를 해결하는 것도 더 이상 어렵지 않다. 21세기 각자도생의 시대에서 우리는 자기 마음을 읽음으로써 아픔의 노예가 아닌, 자기 삶의 주인으로 변신할 수 있다. 정신과 약물에 의존하지 않고, 자기 마음을 이해하고 읽어내는 것이야말로 자신을 보호하는 가장 강력한 방어이자, 삶의 어려움을 극복하는 최고의 무기임을 점점 더 확신하게 되었다. 이 깨달음은 심리상담을 통해 내가 믿고 실천하는 핵심 진리로 자리 잡게 되었다.

제 1 장

내 마음, 알 수 있나요?

마음을 알고, 나를 찾는다는 것은 곧 자신의 마음에 대해 질문을 던지는 일이다. '나는 누구인가?', '왜 사는가?', '무엇을 위해 사는가?'와 같은 질문을 자신에게 던져보고, 그 답을 스스로 찾아가는 과정이다. 만약 당신이 이런 질문들에 대해 기꺼이 자신만의 답을 할 수 있다면, 당신은 자기 마음을 가지고 사는 사람이다. 그러나 이러한 질문에 답하기 어렵다면, 당신은 아직 '마음'이 무엇인지 모른 채, 아니 자기 마음이 없는 채로 오늘도 꾸역꾸역 열심히 살아가고 있는 것이다. 이런 사람을 누군가는 '좀비'라고 부른다. 하지만 잘 감추기만 하면 어떻게든 적들에게 들키지 않고 '오늘도 무사히' 지낼지도 모른다.

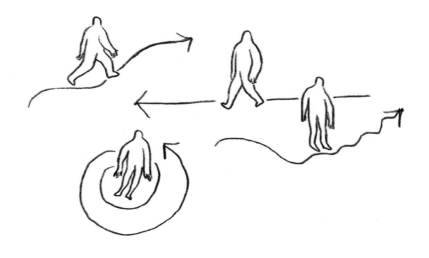

'마음'을 알아야 하는 이유?

"어떻게 살아야 할지 모르겠다"고 호소하는 사람들이 점점 늘고 있다. 주변 사람들은 모두 멋진 인생을 사는 것 같은데, 나 자신만 그렇지 못한 것 같다. 그냥 우울하다. 아니, 세상이 원망스럽다. 막연한 억울함 속에서 어떻게든 나름의 해결책이라도 찾고 싶지만, 정작 무엇이 문제인지조차 헷갈린다. 아니, 그냥 잘 모르겠다. 막연히 답답하고 고민만 늘어갈 뿐이다. "부모라도 잘 만났으면!", "대박이라도 터졌으면!" 하는 상상을 잠시 해보지만, 현실은 악몽처럼 벗어나기 힘들다. 그냥 사라져버리거나 어딘가로 도망쳐 숨고 싶다. 주위에 아무도 없는 것이 더 무섭고 두렵게만 느껴진다. 어떻게 해야 할까? 무작정 뭔가를 시도하기 전에, 다른 사람들도 나와 다르지 않은 고민과 하소연을 하고 있다는 점을 잠시 살펴보는 것이 도움이 될 수 있다. 그게 무슨 도움이 되냐고? 그들이 무엇 때문에 힘들어하는지 한번 살펴볼 필요가 있다.

> "이유 없이 불안해요. 특히 사람들이 많은 곳에서 더 심해요. 신경이 예민해져서 밤에 잠도 잘 못 자고요. 생활이 엉망이 되었어요. 어떻게 하면 좋죠?"

> "인생을 잘 살고 싶어요. 최소한 남들이 하는 만큼은 하려고 열심히 쫓아가고 있어요. 나름대로 성취도 했는데, 왜 갈수록 공허한 마음이 들까요? 내가 맞게 살고 있는 건가요?"

> "지금 다니는 직장을 그만두고 창업을 하고 싶어요. 해도 될까요? 창업이 아니라면 어떤 일이 제 적성에 맞을까요?"

> "정신과에서 '공황장애' 진단을 받고 '항우울제'를 먹고 있어요. 심장이 두근거리거나 감정적으로 힘든 경험은 줄었는데, 일상생활도 함께 멈춰버린 느낌이에요. 제가 꼭 로봇이 된 것 같아요."

> "단체 생활이 힘들어요. 어떻게든 사람들과 어울려 보려고 노력했는데, 여전히 어색하고 외로워요. 저는 왜 이 모양일까요?"

"우리 아이와 잘 지내고 싶은데, 도저히 아이의 마음을 알 수가 없어요. 어떻게 해야 하나요?"

"어째서 아이가 제대로 하지 않는 걸까요? 어떻게 하면 아이가 생각이라도 좀 하면서 지내게 될까요?"

"분명 몸이 아픈데, 병원에서는 아무 이상이 없대요. 심리상담도 받아봤는데 그때만 위로가 될 뿐, 크게 달라진 것은 없어요."

소리 없는 절규와 같은 마음의 아픔을 호소하는 이야기는 바로 나 자신의 마음이다. 이를 인정하고 받아들이는 것은 마치 '하지 말아야 할 일'처럼 느껴지기도 한다. 하지만 이러한 고민과 불안이 다른 누구의 것도 아닌, 바로 '나의 마음'이라는 것을 인식할 수 있다면, 이제 당신은 자기 마음을 알 준비가 된 것이다. 누구에게도 표현하기 어려운 아픔일지라도, 현재 자신의 마음이 어떠한지를 있는 그대로 인정할 수 있다면, 어떤 문제든 해결할 수 있다.

| 마음의 비밀: 삶의 어려움과 아픔이 병이 될 때

'마음'이란 한 사람이 자신의 삶에서 마주하는 특정 이슈나 주제에 대해 가지는 그 사람만의 믿음이다. 어떤 특정한 이슈에 대해 사람마다 다른 마음을 가진다는 것은 그 이슈를 다르게 인식하고 있다는 뜻이다. 이러한 차이로 인해 사람들 간의 갈등이 발생하듯, 개인의 마음 속에서도 서로 다른 믿음들이 충돌하여 갈등을 일으킨다. 이러한 갈등은 '마음의 아픔'으로 나타나며, 겉으로 드러나는 아무런 신체적 증상이 없더라도 고통으로 다가온다. 때로는 분명한 신체 감각으로 나타나기도 한다. 보통 자책이나 자학, 자해와 같은 극단적인 행동으로 이어지기도 한다. 우리는 일상생활에서 이러한 아픔의 증상들을 흔히 경험한다.

'잠을 푹 잘 수 없다.'
'죽고만 싶다.'
'삶의 의욕이 없다.'
'몸이 여기저기 쑤시고 불편하다.'
'마음이 답답하다.'
'무엇을 어떻게 해야 할지 모르겠다.'

대부분의 의사들은 이러한 마음의 아픔이나 생활의 어려움을 주로 '스트레스' 때문이거나 '이상 행동'이라고 설명한다. 이는 각기 다른 개인의 마음을 파악하지 못하기 때문이다. 아니, 의사들은 신체적으로 드러나는 아픔의 증상을 제거하거나 억제하는 '의학치료모델'에 따라 활동하는 사람들이기 때문이다. 이런 의사들은 마음의 아픔뿐만 아니라, 몸의 증상으로 나타나는 대부분의 아픔을 단지 '병'이라 이름 붙인다. 의사가 아픔에 '병'이라는 이름을 붙이는 순간, 그 아픔은 더 이상 그 사람의 개인적인 경험으로 다루어지지 않는다. 그 사람의 마음은 사라지고, 병의 이름만 남는다. 마치 그 병이 원래부터 객관적으로 존재하는 것처럼 여겨지게 되는 것이다. 아픔이 마음에서 비롯되었다는 사실은 그냥 사라지고, 마치 처음부터 몸에서 시작된 것처럼 믿게 된다. 이러한 믿음 속에서 많은 사람들은 자신의 아픔을 직면하고 파악하려 하기보다 병원을 찾고 의사의 도움을 청한다. 이는 과거 사람들이 종교 사제에게 구원의 은총을 구했던 마음과도 비슷하다.

마음의 아픔뿐만 아니라, 아픔으로 느껴지는 인간 삶의 모든 단서들은 역설적으로 아픔을 느끼는 그 사람이 현재 어떻게 살고 있는지를 알려준다. 아픔은 사회적 신분이나 역할과 상관없이 누구에게나 발생할 수 있지만, 각자의 현재 삶의 방식을 가장 잘 보여주는 단서이다. 수천 년 전, 그리스 델포이의 아폴론 신전에는 "너 자신을 알라"[1]는 경구가 있었다. 이는 삶의 어려움이나 아픔을 겪는 인간에게 신이 전하는 분명한 해법이었다. 자기 자신을 안다는 것, 그것은 곧 자기 마음에 대한 인식이자 그 마음을 있는 그대로 읽어보라는 의미였다. 그러나 그 당시나 지금이나 인간이 자기 마음을 읽는 일은 매우 어려운 과제였다. 고대 그리스에서는 마음을 읽는 것은 신만이 할 수 있는 일로 여겨졌다. '마음'을 가지는 것, 자기 마음을 인식하고 읽는 것은 신들의 일이었다. 그러나 누구나 자기 마음이 있다는 것을 어렴풋이 알고 있는 21세기에도, 40년 이상 심리학을 연구해 온 나 자신에게도 '마음'이 무엇인지, 그리고 그 마음이 만들어내는 아픔의 정체를 파악하는 일은 지극히, 지극히 어려운 일이다. 지난 10년 동안 대학 연구실에서 벗어나 일반 대중을 위한 심리상담 현장에서 쌓은 임상 경험이 나에게 알려준 큰 깨달음이 없었다면, 각자의 마음이 만드는 아픔의 비밀은 결코 파악하지 못했을 것이다.

▎마음 읽기: 내 삶의 어려움과 문제를 해결하는 법

부처님은 인간 삶의 본질이 '고통'이라는 진리를 알려주셨다. 동시에, 이러한 삶의 고통에서 벗어나는 다양한 방법도 제시하셨다. 그분의 가르침에는 자기 '마음의 수련'이나, 마음의 다양한 욕망을 관리하고 통제해야 한다는 내용이 담겨 있다. 이는 인간의 마음이 사악하고 간교하며, 억제되거나 무시되어야 하는 대상으로 여겨졌기 때문이다. 당시 사람들은 절대자 신의 노여움이나 죄의 결과로 인간이 아프게 된다고 믿었으며, 마음은 사탄과 같이 가까이해서는 안 되는 두려운 대상일 뿐이었다. '나의 마음', '나만의 마음'이라는 생각은 결코 나올 수 없었다. 부처님은 고통 속에서 벗어날 수 없는 인간의 삶을 '생로병사'生老病死로 표현했다. 비록 아픔이 마음에서 나온다는 사실을 인류에게 알려주었지만, 이를 몸의 문제로 삼도록 했다. 아픔은 어쩔 수 없이 겪어야 하며, 피한다 하더라도 죽음 이후에나 가능하다는 가르침만 남았다.

현대 의학은 아픔을 일으키는 원인이 무엇이든 모두 '병'으로 규정해 왔다. 이 과정에서 인간의 존재 이유와 삶의 목적은 병이나 아픔으로부터의 해방일 뿐이라는 메시지를 전달하였고, 의학은 스스로를 또 하나의 구원자로 자리매김하기 시작했다. 의료 선진국이라 할 수 있는 대한민국에서는 대부분의 사람들이 병원에서 생을 시작하고, 병원에서 생을 마감한다. 국가기관이 각 개인의 삶에 대한 최종 결정권을 의사에게 넘긴 나라가 된 것이다. 어떤 의미에서 대한민국은 개인이 자신의 아픔을 통해 삶의 의미를 스스로 파악할 기회를 빼앗아 온 셈이다. "아픔은 누구에게나 생깁니다"라는 말은 환자를 위로하는 대표적인 메시지지만, 동시에 환자가 자신의 마음을 부정하고 아픔을 몸의 문제로만 돌리게 만든다.

상담실에서는 '난치성 종양', 위염 같은 '위장 장애', '피부 트러블' 등 다양한 신체 증상을 호소하는 환자들을 만나게 된다. 이들은 이러한 증상들이 자기 삶과 관련된 믿음과 밀접하게 연관되어 있다는 사실을 자주 언급한다. 자신에 대한 부정적인 믿음, 자신의 삶을 포기하거나 삶에 대한 의욕 상실, 불안하고 예민한 마음이 이러한 신체 증상을 만들어낸다는 것이다.[2] 하지만 의학은 이런 환자의 증상을 단순히 제거해야 할 '병의 증상'으로만 볼 뿐, 아픔과 관련된 마음의 단서들을 찾으려 하지 않는다. 여기서 말하는 '마음'은 보편적인 인간의 마음이 아니라, 아픔을 호소하는 바로 '그 사람'의 마음이다. 놀랍게도, 증상과 관련된 자기 마음을 인식하는 것이 병의 증상을 호전시키는 사례는 무수히 많다. 그러나 각자가 자신만의 마음이 무엇인지 인식할 수 있게 되기 전에는 이러한 효과를 인정하지 않으며, 또 자주 체험하기도 어렵다.

마음 읽기가 어려운 이유

발달심리학을 탐구하면서 내가 명확하게 깨달은 것은, 인간이 각기 다른 이슈에 대해 서로 다른 믿음 체계와 각자의 마음을 형성하며 살아간다는 사실이다. 어떤 사람들은 자신이나 자기 삶에 대해 아무런 믿음 체계를 가지지 않고, 마치 자동조종장치automatic pilot로 움직이는 비행물체처럼 정해진 궤적을 따라 살려고 한다. 이런 삶의 방식을 자신이 직접 조종하고 항로를 선택하는 것보다 더 선호한다. 이는 일상생활에서도 자기 입맛에 맞는 음식을 골라서 선택하는 대신, 이미 잘 차려진 밥상을 받는 것을 더 좋아하는 것과 유사하다. 이러한 차이는 모두 건강하고 행복한 삶을 추구하는 현대 사회에서, 자기 삶의 어려움과 아픔을 해결하는 방식의 차이로 드러난다. 즉, 자기 마음을 알려고 하는 사람과 마음을 잃어버린 채로 살아가는 사람 간의 차이다. 과거에는 이러한 차이가 주로 특정 사회적 신분이나 계급, 혹은 직업에 종사하는 것에서 비롯된다고 여겼다. 자신의 존재 이유나 역할이 운명처럼 정해져 있어, 벗어나기 어렵다는 인식이 강했다.

"나는 나다"라는 자기 인식이나 믿음은 아주 특별한 사람, 미스터 에브리싱Mr. Everything[3]같은 사람에게만 허락된 것처럼 여겨졌다. 적어도 자기 자신의 존재에 대한 믿음은 아니었다. 심지어 부처의 출생 신화에 나오는 "하늘 위와 하늘 아래 오직 내가 존귀하다"[4]는 '천상천하 유아독존'天上天下 唯我獨尊이라는 말조차도 말 그대로 '이해할 수 없었다'. 심지어, 이 구절을 부처 개인이 아닌 모든 개별 존재의 가치를 상징한다고 해석하였다. 그리하여, 모든 생명을 존중하고 살생을 금지하는 불교 교리는 부처의 이런 말씀에서 나온 것이다. '자기 인식'에 대한 부처님의 가르침은 제자들에게도 온전히 이해되지 못한 것 같다. 왜냐하면, 부처의 제자들은 자신의 몸을 불태우는 소신공양燒身供養이나 등신불 등의 행위를 득도와 해탈, 혹은 열반涅槃[5]에 이르는 최고의 희생으로까지 취급했기 때문이다. 자기 마음을 통한 자기 인식이나 존재의 이유를 찾았더라면, 결코 일어나거나 존중되는 행위는 아니었을 것이다.

중국 당나라 시대의 임제臨濟 선사의현義玄, ?~867는 '자기 인식'과 '자기 성찰'이 부처님의 가르침과 직결된다는 것을 강조한 고승이다. 그는 '수처작주隨處作主 입처개진立處皆眞'이라는 말을 통해, "어디에 있든 그 자리에서 주인이 되어야 진리를 깨달을 수 있다"는 가르침을 전했다. 이는 부처의 가르침을 단순히 암송하는 것만으로는 득도할 수 없다는 경고이기도 하다. 자기 삶의 주인이 되어야만 득도, 해탈, 열반에 이를 수 있다는 뜻이다. 하지만 이를 위해서는 자신이 마음을 가진 존재라는 사실을 깨달아야 한다. 살아 있는 동안 자신의 마음을 있는 그대로 인식하는 것이 진리를 깨닫는 첫걸음이다. 이는 당시 마음을 억제하거나 제거해야 할 대상으로 보았던 다른 가르침들과는 달리, 마음의 존재를 인정하고 이해하는 혁신적인 사고였다. 기독교의 전통에서도 자기 마음을 아는 것을 경계하였다. 성경에서는 인간이 자기 마음을 아는 것이 '에덴동산'에서 추방당하게 되는 죄의 원인으로 그려낸다. 물론, 종교적인 해석은 이와 다르다. 자기 마음을 아는 것을 곧 신의 명령을 거역하는 행위로 취급하였다. 각자가 자기 마음을 알게 되는 것을 '죄를 짓는 것'으로 취급하는 것은 현대 종교의 교리 해석에서 흔히 찾아 볼 수 있다.

사람들은 누구나 자기 마음이 존재한다는 사실을 막연히 받아들이고 있다. 하지만, 정작 자신의 마음을 통해 자기 삶의 문제나 아픔을 해결할 수 있다는 생각은 잘 일어나지 않는다. 오히려, 사람들은 자신의 마음을 알아보거나 타인의 상황을 그 사람의 마음을 이해해서 파악하려 하기보다, 페이스북이나 인스타그램 같은 소셜미디어나 외적으로 꾸며지고 만들어진 이미지를 더 진짜로, 그 사람의 마음으로 믿으려 한다. 외부로 보여지는 타인의 인정을 통해 자신의 존재 이유나 가치를 더 쉽게 확인하려 한다.[6] 이런 측면에서 몸은 각 인간이 가진 욕망을 더 잘 표현하며, 또 마음보다 더 쉽게 각자의 욕망을 충족시켜 주는 손쉬운 도구로 활용된다. 21세기 현대인의 경우에도, 과거에 비해 물질적으로 더 풍요롭고 건강한 상태처럼 되었지만, 점점 더 어려운 삶을 살게 된다. 한국인의 경우, 특히 더 마음이 아닌 몸을 통해 더 자신의 삶을 확인하고 있다.

코로나 팬데믹 방역 대책의 비극: 인간의 마음을 부정하고 몸만 보다

> "정말 자기 마음을 읽는 것으로, 삶의 어려움과 아픔의 문제를 해결할 수 있나요?"

2020년 세계보건기구WHO가 선언한 코로나 팬데믹은 인류가 아픔을 얼마나 신체의 문제와 질병[7]의 이슈로 인식하는지를 잘 보여준다. '코로나19 바이러스'의 DNA 흔적이 신체에 있는지 여부를 알려주는 PCR검사만으로 '잠재적 환자'를 의미하는 '확진자'로 판정[8]하였다. 실제로 코로나19 증상을 보이는지와는 무관했다. 바이러스의 흔적을 찾는 것과 전염병을 일으키는 세균 감염을 방역하는 것조차 구분하지 않았다. 분명, 생물학적으로나 의학적으로 바이러스와 세균은 완전히 다른 개체이며, 이들의 영향을 파악하거나 잠재적인 악성 영향에 대한 대응책은 달라야 한다. 하지만 방역 활동에서는 이러한 기초 과학이나 생물학 상식조차 무시되었다.

바이러스 흔적이 발견된 '확진자'는 마치 세균의 '보균자'나 중증 '환자'로 취급되었다. 바이러스가 인간을 숙주로 삼아 인간과 공생하는 존재라는 점도 고려되지 않았다. 바이러스의 흔적만으로 전파 가능성을 우려하고 질병의 유무를 판단하는 방식은, 중세의 마녀사냥과 같은 무지와 광기에 사로잡힌 행위였다. 그러나 이를 지적하는 의료 전문가나 과학자의 목소리는 철저히 무시되었다. 심지어 바이러스가 인간의 신체에 미치는 악성 영향이 모든 사람에게 동일하게 작용하지 않으며, 그 영향은 숙주의 몸 상태가 아닌 숙주가 자신을 어떻게 인식하느냐, 즉 마음에 따라 달라진다는 수많은 증거 역시 완전히 무시되었다.

2020년 2월, 국내에서 확진자의 존재가 처음 확인되었다는 보도가 있었을 때, 보이지 않는 존재에 대한 인간의 공포심의 실상이 극명하게 드러났다. 마치 유령이 지배하는 듯한 도시 풍경이나 대량의 확진자를 발생시킨 '청도대남병원'의 위생 상태 등은 지옥이 현실에서 재현되는 듯한 느낌을 주었다. 인간은 오로지 바이러스의 공격에 '방역'으로만 대응해야 하는 숙주로만 여겨졌다. 이는 바이러스와 공생하는 숙주의 마음이 과도한 불안과 공포로 인해, 바이러스의 영향이 미미하더라도 스스로 자신의 생명을 망가뜨리는 상황으로 바뀔 수 있다는 사실조차 인정되지 않았다.[9] 수천 년간 인간과 나름의 방식으로 공생해 왔던 바이러스는 절대적으로 '사악한 악마'로 규정되었다. 숙주인 인간은 스스로 만들어낸 바이러스에 대한 불안과 두려움으로 자신의 생명을 포기하는 상황에 내몰렸다.

고연령층에서 특히 높은 사망률을 보였을 때, 사람들은 그 사실의 의미조차 제대로 파악하려 하지 않고 바이러스를 사탄이나 악마로 만드는 데 급급했다. 바이러스의 악영향으로 인해 죽어가는 것이 아니라, 인간이 만들어내는 불안과 공포로 인해 심각한 질병의 증상이 생겨난다는 사실은 철저히 무시되었다. 특히, 백 년 전에 이미 시행되었던 '백신'만이 팬데믹의 유일한 해결책이라고 주장하는 의학 전문가들은, 신체적 증상으로 나타나는 아픔의 이유를 전적으로 '누구 탓'을 하듯, 바이러스에서 찾으려 했다. 그러나 진정으로 상황을 악화시킨 것은 확진자의 이동 동선을 추적하고, 이들을 색출하여 강제로 격리시키는 방역 활동이었다. 이는 '악이나 죄를 범할 가능성이 있는 인간을 사회로부터 격리해야만 선량한 사람들을 안전하게 지킬 수 있다'는 마녀사냥의 믿음을 실현하는 것이었다. 개인의 마음을 철저히 무시한 채, 공포에 질려 눈에 보이지 않는 바이러스를 악마화하는 일종의 '생물 종교 전쟁'이 벌어졌고, 이 상황은 모두에게 눈에 보이지 않는 적으로부터 자신을 지킬 수 있는 능력을 급격히 약화시켰다.

❘ 면역력의 역설: 마음이 몸의 아픔의 원인이자 해법이다

코로나 팬데믹 기간 동안 방역 대책을 세울 때, 각 개인의 면역력[10]이 바이러스에 흔적을 가진 자와 그렇지 않은 사람들에게 어떻게 각각 다르게 나타나는지에 대한 최소한의 고려는 필요했다. 아니, 방역 활동에서 각기 다른 개인들이 바이러스를 대하는 마음과 자신의 건강 상태에 대한 믿음까지 고려했더라면, 전략은 달라졌을 것이다. 바이러스 방역과 퇴치 전략에서 개인의 면역력은 '개인위생 활동'을 강조하는 것 이상으로 중요한 대응책이 되었을 것이다. 그러나 개인의 면역력을 생물적, 신체적 요소로만 봤을 뿐, 바이러스의 영향력이 숙주인 인간의 마음에 의해 결정된다는 사실에 대해서는 조금도 파악하지 못했다. 개인위생이 강조되었지만, 개인의 면역력이 각자의 마음과 깊이 연관된 문제라는 점은 전혀 고려되지 않았다. 그 결과, 이러한 방역 활동은 대중의 불안과 두려움을 더욱 증폭시키는 방식으로 작용하며, 바이러스에 대한 일방적인 대응책으로 전락하고 말았다.

바이러스의 악성 영향에 대한 '개인의 면역력' 차이를 보여주는 대표적인 사례는 인도다. 인도는 공중위생 상태가 매우 열악한 나라로 알려져 있지만, 그런 환경 속에서 생활하는 사람들의 면역력은 오히려 선진국 사람들보다 더 강할 수 있다.[11] 역설적으로, 선진국에서 공중위생을 엄격하게 관리해 바이러스와 세균을 완전히 퇴치하려는 노력은 개인의 면역력을 약화시키는 결과를 초래할 수 있다. 공중위생이 강화될수록 개인의 면역 체계는 병원균과 바이러스에 대한 저항력이 약해지기 때문이다. 이는 지나치게 깨끗한 환경이 면역 체계가 자연스럽게 병원균에 적응하고 대항하는 능력을 훈련할 기회를 줄여, 장기적으로 면역력을 약화시킬 수 있다는 점을 시사한다.

더 나아가, '류마티스 관절염, 1형 당뇨(소아당뇨), 루푸스, 사구체신염, 하시모토 갑상선염, 베체트병, 크론병' 등[12] 면역력 문제로 나타나는 질병들도 마찬가지다. 이러한 질병들은 불치병처럼 언급되는 전형적인 만성통증들이다. 그러나 이런 질병들은 공중위생이 극단적으로 나쁜 후진국보다 위생 수준이 높은 선진국에서 더 흔히 발생한다. 이는 공중위생이나 방역의 문제가 아니라, 아픔을 겪는 환자들 개개인이 자신의 생활과 삶에 대해 가진 마음의 문제로 발생하는 질병이라는 뜻이다. 인간이 겪는 많은 아픔은 세균이나 바이러스 같은 외부 병원체의 영향으로 생겨나기도 한다. 하지만, 병원체의 흔적 유무로 개인이 겪는 질병의 발생 여부를 판단할 수는 없다. 왜냐하면 인간이 겪는 아픔과 질병의 증상이 외부 병원체의 침입으로 인해 발생하기보다는, 개인이 가진 면역력과 같은 그 사람 자체의 마음의 문제와 더 밀접하게 관련되어 있기 때문이다.

팬데믹이 끝난 이후에도 몸의 아픔만을 다루는 의학은 갑자기 '코로나 블루' 등의 신조어를 만들어내면서, 공중보건 위생의 위기에서 '정신건강'의 위험성을 강조하기 시작했다.[13] 각 개인의 면역력을 언급하면서도, 개인의 면역력이 질병이나 그 증상을 유지하거나 극복하는 것과 관련되어 있다는 설명은 전혀 이루어지지 않았다. 대신 코로나 바이러스 후유

증으로 '정신 건강의 위기'를 강조하는 위기 마케팅을 벌였다. 그러나 여전히 몸의 문제로 각 개인이 겪는 아픔을 살펴보려 했을 뿐, 각기 다른 개인이 자신의 아픔과 관련하여 어떤 믿음을 가지고 있는지를 파악하는 일은 결코 없었다. 또 다른 백신이나 약을 이용한 치료법을 권고하는 일만 더욱 활발히 일어났을 뿐이다.

마음의 정체:
마음은 영혼일까? 뇌에 있을까?

"인간은 몸과 마음으로 이루어진 존재이다"라는 철학자 데카르트René Descartes, 1596~1650의 주장은 종교의 믿음에 갇혀 있던 인간 해방의 선언이었다. 중세의 교부 철학자들은 영혼을 개인의 마음과 동일시했으나, 마음의 정체를 탐구하려 하지는 않았다. 마음을 막연히 '영혼'이라 믿으며, 아픔이 몸의 문제인지 마음의 아픔인지조차 구분하지 않았다. 19세기는 사람들이 자신의 마음에 대해 인식하기 시작한 시대였다. 철학자들은 마음의 본질을 고민하면서도 마음이 신체 속에 숨어 있을 것이라 믿었다. 인간을 몸과 마음으로 구분하여 보려 했던 데카르트는 뇌 속의 작은 기관인 '송과선'에 마음이 있다고 믿었다. 철학자 스피노자는 '마음과 몸은 하나요, 같은 것'[14]이라 확신했다. 인간 본성과 국가의 역할을 언급한 정치철학자 토머스 홉스[15]는 '사고력을 갖춘 것이라면 응당 물질이어야 한다'는 전제하에 인간의 마음은 물질적인 어떤 것이라고 주장하기도 했다. 사람들이 몸이 아닌 마음으로, 남과 다른 자신을 인식하기까지는 상당히 오랜 시간이 걸렸다.

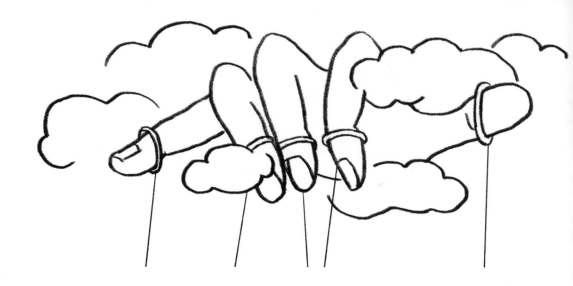

　한 개인이 자신의 마음을 발견할 수 있게 된 것은 20세기 이후에야 가능한 일이었지만, 21세기 현재에도 사람들이 자기 마음을 파악하고 그 아픔을 치유하는 것까지 연결시키는 데는 여전히 많은 어려움이 있다. 자신의 마음이 있다는 것을 어느 정도 인식하더라도, 대부분의 사람들은 여전히 스스로 자기 마음을 아는 것, 또 마음으로 생겨나는 아픔에 대해 인식하는 데 한계를 두기 때문이다. 이러한 자기 한계는 과거에 사회 신분이나 계급에 종속되어 개인이 자기 삶의 변화를 이룰 수 없다고 믿었던 것과 다르지 않다.

　자신의 마음을 알지 못한 채로 삶을 사는 것은 자신의 삶의 주인이 아닌 것이다. 이런 경우, 보통 마음이 만들어내는 고통의 해법을 스스로 찾기보다 외부의 도움에 의존하려 한다. 무엇보다, 자신의 마음이 이러한 아픔이나 고통을 만들어낸다고 믿기보다는 신체가 아픔의 원인이라고 믿으려 한다. 자신이 설정한 자기 변화의 한계나 타인 혹은 외부에 대한 지나친 의존은 개인이 더욱 자신의 마음을 자각하지 못하게 만든다. 결국, 스스로 자기 삶의 어려움과 문제를 해결할 수 있는 능력을 상실하게 된다. 이 과정에서 사람들은 정신적 고통을 '정신병'으로 받아들이게 된다.

▌ 마음의 과학 '심리학'의 탄생

19세기 말, 인간을 단순히 신체적 존재가 아닌 마음을 가진 존재로 파악하려는 과학적 노력이 생리학자와 의사로 활동하는 연구자들에 의해 점차 이루어지기 시작했다. 그들 중 가장 대표적인 인물이 빌헬름 분트 Wilhelm Wundt, 1832~1920 교수이다. 분트 교수는 1874년 하이델베르크 대학에서 생리학을 가르치고 연구하는 동안 『생리심리학 원리』Grundzüge der physiologischen Psychologie라는 책을 저술하였다. 이 책은 인간의 몸과 마음의 관계를 과학적으로 탐구한 최초의 저서로 평가받는다. 그리고, 심리학을 독립적인 과학으로 자리잡게 했다. 당시 심리학은 철학이나 생리학의 하위 분야로 여겨졌다. 하지만 분트 교수는 경험적이고 실험적인 방법론을 사용하여 심리학이 독립된 과학으로 자리 잡도록 했다. 그는 생리학과는 다른, 심리학만의 독립적인 연구 대상과 접근 방식을 강조했다. 정신적 현상이 단순히 신체적 과정의 산물이 아니라 독립적인 과학적 탐구의 대상임을 주장한 것이다. 심리학이 학자 개인의 주관적이고 철학적인 논의에서 벗어나, 객관적인 데이터를 수집하고 분석하는 과학적 접근을 채택하는 계기를 마련했다.

이후, 분트 교수는 1875년 '정신물리학'psychophysics 연구의 중심지였던 라이프치히 대학에서 세계 최초의 심리학 실험실을 설립하여 실험 심리학의 기초를 다졌다. 그는 마음이 인간의 신체 내에서 일종의 기계적 반응처럼 작동한다고 가정하고, 이를 실험적으로 탐구했다. 다양한 외부 자극에 대한 인간의 감각 반응과 의식을 분석하여, 마음이 보편적으로 작용하는 법칙을 발견하고자 했다. 이를 통해 심리학은 개인의 주관적인 경험보다는 물리적 현상에 기반한 보편적인 인간 마음을 찾는 과학으로 발전하게 되었다. 분트 교수의 연구는 심리학이 과학으로 자리 잡는 데 중요한 기여를 했다. 심리학을 물리학처럼 실험을 통해 탐구하는 학문으로 발전시킨 것이다. 하지만 그의 접근 방식은 심리학이 개인의 고통과 삶의 구체적인 마음을 다루는 데 한계를 설정하게 했다. 이러한 한계는 당시 과학적 탐구 방식, 특히 물리학의 한계에서 비롯된 것이었다.

| 뇌라는 신체 기관 속에서 마음 찾기: 마음의 정체와 아픔의 재발견

'마음'은 살아있는 인간이 각자의 방식으로 자신을 인식할 때 생겨나는 **비물질적인** 심리현상이다. 심리학은 이러한 심리현상을 물리적인 법칙처럼 밝혀내거나 최소한 물리적으로 확인할 수 있는 객관적인 현상으로 탐구하려 했다. 이에 따라, 마음의 기능이나 심리현상과 밀접하게 관련되는 신체 기관, 특히 뇌와 신경계의 활동이 마음을 담고 있을 것이라는 믿음이 시나브로 심리학자들에게 별다른 의문 없이 수용되었다. '뇌'라는 신체 기관을 통해 자신의 마음을 파악해야 한다는 믿음이 생겨났을 뿐 아니라, 잠재된 능력의 개발과 개인이 가진 한계를 극복할 수 있는 신비로운 신체 기관으로 받아들여졌다. 20세기 후반, 개인의 마음을 대표하는 신체 기관으로써 '뇌'에 대한 높아진 관심과 기대였다. 그러나 마음에 대한 이런 이해는 마음이 '자율성과 독립성을 가진 존재로서의 개인이 가지고 있는 특성을 뚜렷하게 드러낼 수 있어야 한다'는 기본 전제를 부정한다.

개인의 마음을 물질적 신체 기관, 특히 뇌와 신경계의 기능으로 환원하여 설명하는 것은 마음을 한 개인의 독립적인 자아의 영역으로 보지 않는 것이다. 마음이란 단지 신체 기관의 작용에 의한 생리적 작동 결과일 뿐이다. 이러한 과학적 접근은 마음의 자율성을 부정한다. 마음을 단순히 신체의 기능적 산물로 보는 관점은 현대 사회에서 개인을 사회적 규범과 도덕적 기준에 더욱 종속시키려는 목적에 부합하는 활동이 된다. 뇌과학[16]을 통해 인간의 사고와 인식, 마음의 작용을 연구하는 활동은 인간의 마음을 마치 컴퓨터의 중앙처리장치cpu 작용의 결과로 보려 한다. 이는 인간의 마음을 단순히 극단적인 유물론적, 생물학적 환원주의로 재구성하려는 과학자들의 시도이다.

마음을 신체 기관의 작용으로 환원하려는 뇌과학이나 생리학 연구는 마음과 심리현상을 물질적 관점에서 설명하려는 시도이다. 이러한 시도는 대중들로 하여금 "뇌"라는 기관만 잘 이해하면 자신의 마음도 쉽게 알 수 있을 것이라는 착각을 불러일으킨다. 그러나 마음은 단순히 뇌의 작용만으로는 이해할 수 없다. 뇌의 기능으로 마음을 완전히 설명할 수 없을 뿐 아니라, 마음을 뇌의 기능으로만 환원하려 할수록 인간을 기계나 물질적 존재로만 보는 한계에 빠지게 된다. 마음은 단순한 신체 작용 이상의 복합적이며, 또 인간의 다양한 삶의 영역을 포함하고 있기 때문이다. 예를 들어, 침팬지의 뇌에 꽂은 전극을 통해 컴퓨터를 작동시키는 실험 장면[17]은 뇌에서 일어나는 전기 자극이 마음의 내용을 표현하여 컴퓨터를 조종한다[18]는 증거처럼 활용된다. 마음이 물질적인 전기 신호로 변환되고, 뇌의 전기 신호가 마치 인간 마음을 표현하는 것처럼 보이게 한다. 그러나 이러한 활동들은 마음의 존재를 '물리주의'physicalism[19] 관점에서만 확인하는 활동일 뿐이다. 전형적인 유물론적 사고의 반영에 불과하다. 뇌의 전기 신호가 수십, 수백, 수천 가지의 각기 다른 의미를 담고 있는 것은 전혀 고려하지 못하는 것이다.

▎황 박사의 마음의 아픔과 연구 패러다임의 혁명적 전환

종교적 맥락에서 마음은 종종 외부 권위나 도덕적 기준에 따라 규제되고 통제되어야 하는 대상으로 여겨져 왔다. 마음의 인식과 성찰은 주로 죄를 인식하고 고백하는 과정으로 축소되었으며, 마음이 만든 죄에 대해 신의 용서를 구하는 것이 기독교 종교 활동의 핵심이었다. 따라서, 마음의 인식이 개인을 자유롭게 하거나 발전시키는 방향으로 이어지기보다는, 오히려 개인을 통제하고 사회적 규범에 맞춰 행동하게 하는 내면화된 통제 수단으로 활용되었다. 마음은 외부 권위에 의해 규제되고, 도덕적 기준에 맞춰 자신을 평가하고 반성하게 만드는 '죄의 근원'으로 여겨진 것이다. 불교에서도 마음에 대한 인식은 비슷하게 해석되었고, '반성'이라는 표현 역시 자신의 잘못을 고백하고 용서를 구하는 의미로 자주 쓰여왔다. 이는 마음을 독립적이고 자유로운 존재로 만드는 것이 아니라, 외부의 힘이나 물질적 조건에 의해 규제되고 통제되는 대상으로 만드는 경향을 강화했다. 역사적으로, 자신의 마음을 인식하는 것이 사회적 통념과 권위적 질서 속에서 부정적인 일로 여겨졌던 배경이다.

현대 사회를 살아가는 개인들은 삶의 다양성 속에서 매 순간 혼란과 부담감을 느낀다. 표면적으로는 과거에 비해 더 많은 선택과 자유를 누리는 것처럼 보인다. 하지만 자신이 어떤 사람인지, 어떻게 살아야 할지에 대한 복잡성과 혼란을 더 깊이 느끼며 살아간다. 사회가 개인에게 적용하는 통제와 관리 방식이 개인의 책임과 역할로 전환되면서, 누구나 어쩔 수 없다는 통념과 규범의 통제 속에서 자기 삶을 스스로 결정할 수 없다는 압박을 느낀다. 이는 과거와 비교할 수 없는 큰 삶의 어려움과 고통이다. 보이지 않는 감시와 통제 속에 갇힌 무기력한 죄수처럼 느끼며 살아가고 있다. 왜냐하면, 스스로 자신에 대한 믿음의 족쇄를 채우고 자기 검열을 하며 살아 가기 때문이다. 이러한 개인에 대한 믿음은 '생물적 환원주의'에 기초한 '우생학', '유전학', 그리고 '뇌과학'과 같은 과학적 논리에 의해 형성되었다.

황 박사는 '마음이 뇌 속에 있다'는 고전 심리학의 전통적인 접근에 의문을 품고, 마음을 각 개인의 환경과 조건에 따라 다르게 탐색해야 한다는 새로운 믿음을 갖게 되었다. 이는 양자역학 패러다임을 마음 연구에 도입하면서 생긴 변화다. 이를 통해 그는 마음이 단순히 뇌 속에 있다는 전제에 의문을 제기할 수 있었고, 마음이 만들어내는 삶의 어려움과 고통을 해결할 해법을 모색하게 되었다. 그의 연구는 생물적 환원주의에 근거한 보편적 마음의 법칙을 찾는 것이 아니라, 개인이 가진 구체적인 '믿음'을 마음으로 정의하는 새로운 접근이었다. 마음이란, 각 개인이 특정 주제나 이슈에 대해 가진 믿음이며, 이러한 믿음이 그들의 삶에 어떻게 영향을 미치는지를 탐구하는 것이었다. 그의 연구는 각 사람의 마음에 대한 인식과 성찰이 그들의 삶을 어떻게 형성하는지를 밝히는 데 중점을 두었다.

마음의 자유: 고통으로부터의 해방

과거 20세기 초, 우생학優生學, eugenics은 인간의 계급과 차별을 과학적으로 정당화하려 했다. 하지만, 이는 인간의 복잡한 특성과 다양성을 무시한 오류였다. 21세기의 뇌과학brain science도 비슷한 방식으로 개인의 마음을 단순화하고 있다. 뇌 구조나 뇌 기능을 이해하는 것이 마치 그 사람의 마음 전체를 이해하는 방법인 것처럼 받아들여지고 있다. 이는 심각한 오해를 불러일으킬 수 있다. 왜냐하면 뇌과학은 주로 생리적 현상에 초점을 맞춘 표준적인 연구를 기반으로 하고 있기 때문이다. 한 개인의 고유한 경험, 감정, 신념을 포함한 심리 특성을 설명하는 것과는 사실 다르다.

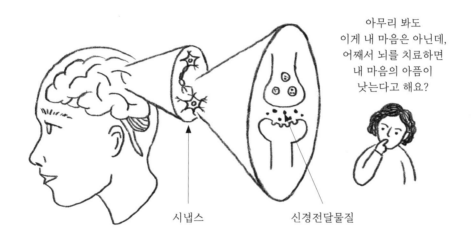

아무리 봐도 이게 내 마음은 아닌데, 어째서 뇌를 치료하면 내 마음의 아픔이 낫는다고 해요?

시냅스 신경전달물질

하지만, 뇌과학 연구의 중요성을 부각시키려는 과학자의 노력은 이것이 인간의 마음과 뇌 기능 사이의 연관성을 설명하는 것으로 활용한다. 뇌의 구조적 특징이나 신경 기능이 인간의 인지적 과정이나 감정의 작용을 일부 설명할 수 있는 방법인 것을 마치 한 개인의 심리적 특성이나 마음의 문제에 대한 해법으로 과장하여 알리는 상황이다. 뇌과학의 연구 결과는 평균적이고 보편적인 인간의 뇌 기능에 대한 설명일 뿐이지만, 마치 이것이 개인의 고유한 경험과 내면의 심리적 갈등, 삶의 고통 문제에 대한 해법을 제시하는 과학 연구인 것처럼 활용되고 있다. 이러한 점에서 21세기 현재 뇌과학은 과거 우생학과 비슷한 방식으로 오용될 위험이 높다.

지난 200년 동안 의학에서, 그리고 20세기 후반과 지금까지 뇌과학의 영역은 일종의 과학 방법을 통해 '물리적 형태로 존재하는 마음'을 찾아내려는 노력이었다. 하지만, 우생학은 인간의 다양성을 무시하고 과학적 근거로 차별을 정당화하는 데 활용되었다. 이와 유사하게, 21세기 지금은 뇌과학의 방법으로 각 개인의 마음을 단순한 신경학적 기능으로만 해석하려 한다. 뇌과학의 연구 결과를 마치 절대적인 인간 마음에 대한 설명으로 받아들이는 것은 마음을 생리적 기능의 결과로 더욱 규정하게 만드는 일이다. 따라서, 뇌과학의 결과를 각 개인의 마음을 이해하는 도구로 삼는 것, 아니 뇌과학을 통해 마음을 파악하려는 시도는 과거 우생학이 저질렀던 단순화와 오용의 오류를 다시 반복할 위험이 있다. 그럼에도, 『뇌를 읽다, 마음을 읽다 - 뇌과학과 정신의학으로 치유하는 고장 난 마음의 문제들』[20]이나 『뇌를 들여다보니 마음이 보이네』[21] 같은 책들은 한 개인의 마음이 아닌, 보편적인 마음의 기능을 뇌의 작동 원리로 이해하려는 현대인의 기대를 반영한다.

한 개인의 마음이 생물학적 신체 기관이나 생리 현상에 의해 직접적으로 결정된다는 명확한 증거는 없다. '뇌 속에 마음이 있다'는 믿음은 마치 '절대자 신이 특정 장소에만 존재한다'는 신념과 같다. 과학자들이 '마음의 정체가 뇌와 얼마나 관련이 있는가'를 토론하는 것도 결국 각자의 믿음을 반성하는 수준에 그친다. 마음을 단순히 뇌의 작용 결과로 설명하려는 시도는 개인의 마음이 신체에 지배된다는 생각의 또 다른 표현이다. 이러한 믿음은 한 사람이 독립적인 존재로서 자신의 가치를 깨닫거나 독립적으로 살아가는 데 한계를 부여한다. 마음이 뇌의 기능에 의해 만들어진다고 믿는 한, 개인은 자신의 마음을 통해 삶의 어려움이나 아픔을 극복할 수 있다는 믿음을 가지기 어렵다. 이는 자신만의 마음이 가진 고유한 힘과 자신의 존재 가치를 인식하지 못하게 한다. 왜냐하면, 결국 자신에 대한 인식이나 그런 인식을 통해 자기 삶을 이해하는 것을 신체 기관의 하나인 뇌의 부산물로 치부하게 만들기 때문이다.

우생학이나 뇌과학의 관점으로 한 개인을 바라볼 때, 개인은 자신의 가치를 독립적으로 창출할 수 없다고 여기고, 오직 집단이나 사회의 일부로서만 존재 가치를 찾게 된다. 이는 마음을 단순히 물질적 산물로 간주함으로써 인간의 자율성과 독립성을 축소시키는 사고방식이다. 마음은 단순한 생리적 현상 이상의 복잡한 차원을 지니고 있으며, 이를 물질로 환원하는 것은 개인이 자신의 마음을 통해 삶의 의미를 발견하고 고통에서 벗어날 수 있는 가능성을 가로막는다.

'자기 인식과 성찰'은 인간이 자신의 존재 이유를 파악하고 또 자기 삶을 의미 있게 만든다. 과거 심리학 연구는 이런 마음의 힘을 충분히 다루지 않았다. 마음을 물리적이고 생리적인 원리로만 설명하려 했다. 마음을 신체의 기계적 작용으로 환원하려고 시도했다. 21세기, 이제 우리는 더 이상 외부 권위나 도덕적 규범에 얽매이지 않고, 각자의 삶을 스스로 만들어갈 수 있는 자유로운 시대에 살고 있다. 이 시대에서 자기 인식은 단순히 자신의 잘못을 반성하는 것이 아니라, 자신의 삶을 진정으로 이해하고 그 속에서 나아갈 방향을 찾는 과정이다. 개인이 자신의 마음과 삶을 탐구하는 과정은 단순한 학문적 연구를 넘어, 누구나 가진 삶의 어려움과 아픔에서 풀려날 수 있는 해방의 열쇠이다.

제 2 장

마음 읽기의 역사

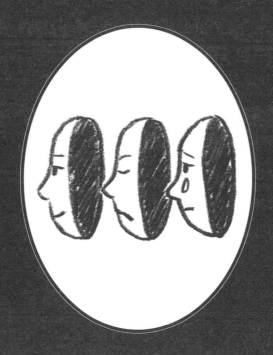

누구나 자신이 누구인지 알고, 자신의 삶의 방향을 찾고 만들어야 한다고 믿는다. 하지만 그것은 누구나 쉽게 하지 못하는 일이다. 개인이 자신의 마음을 읽고, 자기 삶의 목적을 찾는 일은 역사적으로도 아주 최근에야 일어나기 시작했다. 아니, 개인을 권력이 관리, 통제하고 활용해야 할 대상으로 보게 되면서, 개인이 스스로 '자신만의 마음'을 인식하며 살아가는 것은 결코 권장되거나 허용되지 않았다. 봉건 왕조가 붕괴되고 근대 시민사회와 공화제 등의 정치 사회 질서가 생겨났지만, 오늘날의 대중사회에서도 개인이 자기 마음을 찾고, 자기 마음을 읽는 일은 여전히 권장되지 않는다. 심리학이 마음을 탐구하는 과학으로 등장했음에도, 개인의 마음보다는 보편적이고 일반적인 마음의 법칙을 찾는 일이 우선시되었다. 심지어 21세기는 '각자도생'의 시대라고 하지만, 여전히 자기 마음을 통해 자신만의 삶의 이유와 목적을 발견하는 일은 두렵고 힘든 일로 남아 있다. 자기 삶의 어려움이나 문제를 혼자 감당하고 책임져야 한다는 부담감으로 힘들어한다. 가능한 한 피하고 싶어 하는 일이다. 심지어 삶의 어려움이나 마음의 아픔이 있더라도 그것을 자기 마음의 문제로 인정하기보다는, 누군가의 문제이거나 마음과 무관한 몸의 문제, 혹은 건강 문제라고 믿고 싶어 한다.

"내 몸이 왜 내 맘 같지 않아요?"

"내가 왜 그랬지? 미쳤었나 봐요!"

"정신을 못 차리겠어! 뭐에 씌었나 봐요."

"멍하네. 기억이 전혀 안 나요."

"뭐가 어떻게 된 건지 하나도 모르겠어요!"

'나는 누구인가?' 또는 '어떻게 살아야 하지?' 같은 질문을 던지는 것을 실존적 위기라 한다. 이는 자기 삶의 이유와 목적을 발견하는 과정이다. 이러한 실존적 위기의 정체를 파악하고 이를 잘 극복해 나가기 위해서는 자기 마음 읽기가 필요하다. 왜냐하면, 자신을 알고 자기 삶의 방향을 찾고 만들어가는 것은 바로 자기 자신이기 때문이다. 누군가 나 대신 내 삶을 살아주길 바라는 기대나 희망은 자기 마음을 읽지 못할 때 생겨난다.

마음 읽기의 역사

19세기 말과 20세기 초, 심리학자들이 마음을 연구하기 시작할 때, 인간이 외부 자극에 반응하고 그 자극의 정체를 아는 과정에 '의식'[1]이 있다고 믿었다. 의식은 '마음'을 나타내는 핵심 요소였다. 이와 관련된 법칙을 찾는 것이 심리학 연구라고 여겼다. 심리학 실험실을 처음 만든 분트 교수는 감각과 의식의 관계를 '내성법'反省法 reflection이라는 방법으로 탐구했다. '반성한다'는 말처럼, '자기 마음을 돌아본다'는 의미로 사용한 것이 내성법이다. 분트 교수가 이 내성법을 통해 인간의 '의식'을 탐색하

지그문트 프로이트 Sigmund Freud

려 했던 것은, 인간이 '마음'을 직접적으로 접근하는 신선한 시도였다. 오늘날 의사들이 죽음의 문턱에 있는 응급환자 상태를 언급할 때 '의식이 있다'거나 '의식이 돌아왔다'는 표현을 사용하는 것은, 백 년 전에도 몸과는 다른 마음을 '의식'의 개념으로 이해했음을 보여준다. 하지만 인간의 마음에 '의식'뿐만 아니라 '무의식' 無意識 Unconsciousness[2]도 있다는 주장을 한 사람은 프로이트Sigmund Freud, 1856~1939[3] 박사이다.

'무의식'은 억압된 기억과 관련된, 의식되지 않는 영역이다. 이 믿음에서 나온 것이 '정신분석 이론'이다. 프로이트 박사는 아무런 신체적 증상이 없는데도 다양한 방식으로 '마음의 아픔'을 호소하는 환자들이, 자신의 무의식 속 억압된 기억에 의해 그 아픔이 발생한다고 믿었다. 어린 시절의 부정적인 경험과 관련된 기억, 스스로 받아들일 수 없는 기억들이 망각의 영역에서 의식의 영역으로 드러날 때 아픔이 생겨난다고 보았다. 그의 정신분석 이론에 따르면, '아픔'은 무의식에 억압된 기억들이 의식의 영역으로 무작정 드러나는 과정에서 발생하는 혼란과 갈등, 그리고 그로 인한 불안과 두려움의 결과라고 보았다. 따라서 억눌린 무의식의 기억들을 정리하고, 그것을 자연스럽게 수용하여 의식할 수 있도록 하는 것이 바로 '정신분석', 즉 '마음을 파헤치는 활동'이었다. 자신이 가진 무의식 속의 억눌리고 난잡한 상태의 기억을 이성과 합리의 영역에서 받아들여, 의식할 수 있게 되면 마음의 아픔을 치료할 수 있다고 믿었다. 이는 불안과 두려움을 야기시키는 무의식의 기억을, 안전하고 편안한 이성의 영역, 의식의 수준에 있는 기억으로 전환시키는 과정이었다.

프로이트의 정신분석은 20세기 정신의학자들에게 완전히 새로운 해법이었다. 그러나 인간의 마음을 의식으로 보고, 과학적 실험 방법으로 탐구하는 심리학자들에게는 프로이트의 정신분석이 그 자체로 의식의 범위를 벗어난 이야기였다. 하지만 아픔의 증상을 호소하는 환자들을 뭔가를 해야 했던 의사들과, 설명할 수 없는 고통을 겪던 환자들에게 정신분석 이론은 일종의 복음이었다. 특히 마음을 영혼으로 믿는 사람들에게는 정신분석이 신의 벌이나 사탄의 장난이라 여겼던 아픔을, 어린 시절의 경험에서 나름 합리적이고 논리적인 이유를 찾게 해주는 최신 과학 이론으로 받아들여졌다. 무엇보다 이 이론 속에 다양하게 등장하는 그리스 신화 속 신과 영웅들의 비극은 자신이 겪는 삶의 고통이 신화 속 이야기와 다르지 않다는 안도감까지 주었다. 그러나 이것은 개인이 자신의 마음을 인식하고, 이를 통해 자신과 자신의 삶의 주인으로 살아갈 수 있다는 근대적 인간관이나 인간 마음에 대한 인식론은 결코 아니었다. 프로이트 박사조차도 '마음'이 절대자 신이 인간에게 준 '영혼'이라는 믿음에서 조금도 벗어날 수 없었기 때문이다.

│ 나의 아픔은 절대자에게서 나에게로 온다고요?

마음이 '영혼'이라는 생각과 더불어 마음을 읽는다는 것이 위험하다는 믿음은 구약성경 창세기 3장 2절에서 10절 사이의 내용에서 확인할 수 있다. 하나님은 "모든 나무의 실과는 다 먹을 수 있으나, 동산 중앙의 실과는 먹지 말라"는 명령을 내렸다. 그러나 뱀은 인간에게 "동산 중앙 나무의 실과를 먹으면 너희의 눈이 밝아져, 하나님과 같이 되어 선악을 알게 된다" 말로, 인간이 신의 명령을 거역하게 만든다.

₂여자가 뱀에게 말하되 동산 나무의 실과를 우리가 먹을 수 있으나, ₃동산 중앙에 있는 나무의 실과는 하나님이 말씀하시기를, 너희는 먹지도 말고 만지지도 말라, 너희가 죽을까 하노라 하셨느니라. ₄뱀이 여자에게 이르되 너희가 결코 죽지 아니하리라. ₅너희가 그것을 먹는 날에는 너희의 눈이 밝아져 하나님과 같이 되어 선악을 알 줄 하나님이 아심이니라. ₆여자가 그 나무를 본즉 먹음직도 하고 보암직도 하고 지혜롭게 할 만큼 탐스럽기도 한 나무인지라. 여자가 그 실과를 따먹고 자기와 함께한 남편에게도 주매, 그도 먹은지라. ₇이에 그들의 눈이 밝아져 자기들의 몸이 벗은 줄 알고 무화과나무 잎을 엮어 치마를 하였더라. ₈그들이 날이 서늘할 때 동산에 거니시는 여호와 하나님의 음성을 듣고, 아담과 그 아내가 여호와 하나님의 낯을 피하여 동산 나무 사이에 숨은지라. ₉여호와 하나님이 아담을 부르시며 그에게 이르시되 네가 어디 있느냐. ₁₀그가 이르되 내가 동산에서 하나님의 소리를 듣고 내가 벗었으므로 두려워하여 숨었나이다. [창세기 3장 2-10절]

뱀은 인간에게 "동산 중앙 나무의 실과를 먹으면 너희의 눈이 밝아져 하나님과 같이 되어 선악을 알게 된다"고 말했지만, 성경을 해석하는 종교인들은 여기서 인간의 '마음의 탄생'에 대한 단서를 찾기보다는 절대자 신의 '명령을 거역했다'는 점에 초점을 둔다. 반면 심리학자는 이 내용을 "인간의 눈이 밝아진다"와 "지혜롭게 할 만하다"는 의미로 살펴보려 한다. 왜 인간이 '눈이 밝아져 지혜롭게 된다'는 것을 뱀의 꾀임에 따라 죄를 짓는 것이라 했을까? 절대자 신은 왜 인간이 눈이 밝아져 지혜롭게 되는 것을 막았을까? 이러한 질문은 하나님의 뜻을 전하는 종교 지도자들이 각 개인이 자기 눈으로 세상을 보고, 자신의 지혜로 사물을 파악하는 것을 원하지 않았다는 해석을 가능하게 한다. 왜 그랬을까?

18세기에 등장한 '의학'은 아픔에 대한 인간의 인식을 크게 변화시켰다. 아픔은 더 이상 '신의 저주'나 '죄의 결과'로 여겨지지 않고, 외부의 물질 ― 즉 세균이나 바이러스, 또는 외상에 의해 발생하는 '병'으로 믿게 되었다. 이 과정에서 과거에는 신부, 목사, 무당과 같은 종교인이 담당했던 역할을 의사가 대신하게 되었다. 그럼에도 불구하고, 아픔에 대한 인간의 마음은 그리 쉽게 바뀌지 않았다. 대표적인 사례가 '아픔'에 시달리는 환자에게서 귀신을 쫓아내는 퇴마 의식[4]이다. 20세기에 들어 퇴마 의식이 줄어든 것처럼 보였지만, 이는 사실과 다르다. 2011년 교황청은 이탈리아 내 퇴마 의식에 대한 요청이 연간 50만 건 이상으로 증가하고 있다는 이유로 새로운 퇴마 훈련 과정을 신설했다. 2014년에는 '국제퇴마사협회'를 교회법적으로 인정하며, 퇴마 의식을 수행하는 공식 기관으로 받아들였다. 한국 카톨릭 교회도 외국인 신부를 초청해 정신질환자와 부마자를 구별하는 법, 악령을 쫓는 법, 성공적인 구마 사례 등을 국내에 소개하며, "인터넷과 텔레비전에서 무분별하게 확산되는 폭력, 섹스, 물질만능주의가 간접적으로 악령을 부르고 있다"고 주장한다.

의학이 '아픔'을 병으로 규정하고 절대적인 영향력을 행사하는 대한민국에서도, 점점 더 많은 사람들이 자신의 아픔을 치료하는 방법으로 무당이나 점술사의 도움을 찾는다. 이는 '아픔'이라는 자신의 감각 경험 또는 심리현상을 무작정 '질병'으로 간주하기보다는, 이를 각기 다른 다양한 믿음과 해석으로 받아들이려는 사례다. 분명한 것은, 인간을 지배하고 통제하는 관리자들은 자신의 피조물이나 피지배자들이 자기 마음을 알고 지혜롭게 되는 것을 결코 원하지 않았다는 점이다. 오늘날 '각자도생'의 시대에 살아가는 사람들은 이제 하느님이나 부모의 보호에서 벗어나, 각자 자신의 생존 비법을 찾아야 한다.

❘ 마음 인식, 마음 읽기의 시작: 종교혁명

서양 사회에서 종교개혁[5]은 기독교인들이 하나님의 말씀과 뜻을 깨닫기 위해 더 이상 자신의 영혼을 사제에게 맡길 필요가 없으며, 자기 마음을 통해 직접 신과 교류할 수 있다는 생각을 갖게 한 결정적인 계기였다. 당시 기독교의 종교 지도자들, 특히 교황과 사제들은 하나님과 인간 사이의 중재자를 자처했다. 심지어 대부분의 교회 설교는 일반인들이 이해할 수 없는 '라틴어'로 이루어졌다. 그러나 종교개혁을 주도한 마르틴 루터 Martin Luther, 1483~1546[6]는 누구나 신과 제대로 된 관계를 맺기 위해 자기 마음에 대한 인식이 중요하다고 강조했다. 루터의 95개조로 이루어진 교황청에 대한 반박문[7]에는 "누구나 자신의 믿음에 근거해 신과 대화하고, 자

95개조 항의문을 게시하는 마르틴 루터

신의 마음을 표현할 수 있다"는 내용이 담겨 있다. 물론, 루터는 마음을 영혼으로 보았으며, "누구나 직접 신과 교류하여 자신의 영혼을 구원받을 수 있다"고 주장하면서, 당시 교회의 '구원'을 거래하는 폐단을 강하게 비판했다.

> "오늘날 시골의 졸부들이 약탈하는 것보다 더 악랄하게 교황과 성직자들은 약탈을 자행하고 있다."

자신의 영혼조차 스스로 인식하지 못하는 대중은 교황과 종교 지도자들의 수탈 대상이었다. 이는 현대 사회에서도 대중이 자신의 마음을 인식하지 못해 또 다른 형태의 약탈 대상이 되는 것과 크게 다르지 않다. 바로 삶의 어려움과 아픔을 다루는 전문가들, 즉 의사들이 제공하는 서비스의 대상이 되는 경우이다.

> "당신이 겪는 삶의 어려움이나 아픔을 전문가에게 맡기세요."
> "전문가들에게 당신의 문제를 맡기고, 그들의 전문 서비스를 받으세요."

과거에 인간은 삶의 어려움과 아픔에서 해방되기 위해 절대자 신이나 그의 대리자인 사제에게 의존했다. 하지만 오늘날에도, 자신의 마음을 인식하는 것으로 아픔에서 벗어날 수 있음에도 불구하고, 사제의 자리를 대신한 의사와 같은 전문가에게 그 역할을 맡기게 되었다. 몸의 아픔을 치료하는 의사들이 '마음의 아픔'을 몸과 동일하게 다루기 시작하면서, 마치 중세 교황청이 면죄부를 파는 듯한 상황이 현대에도 재현되고 있다.

마음과 아픔의 관계 그리고 '정신병'의 탄생

19세기 중엽 이후, 생리학[8]과 세균학[9]의 발달로 인간의 아픔이 신체의 이상에서 비롯된다는 믿음이 더욱 확고해졌다. 이러한 상황에서 독일의 저명한 생리학자 빌헬름 분트 교수는 생리현상이 아닌 심리현상을 연구하기 위해 1875년 라이프치히 대학에 심리학 실험실을 설립했다. 분트 교수는 신체의 작용과 관련된 생리현상과는 다른, 마음의 작용을 나타내는 심리현상을 찾아내고 이를 과학적으로 측정할 수 있다고 믿었다. 그는 인간의 감각 자극에 대한 '의식'awareness과 '반성'reflection을 통해 마음에서 일어나는 심리현상을 확인할 수 있다고 보았다. 거의 비슷한 시기에 오스트리아 빈의 신경과 의사인 지그문트 프로이트 박사는 신체적 마비나 통증을 호소하는 환자들, 당시 '히스테리'라는 병명으로 진단된 환자들을 치료하고 있었다. 그는 환자들이 신체적 이상이 아닌 마음에서 비롯된 고통을 겪고 있음을 발견하고, 이들 사례를 모아 1895년 『히스테리에 관한 연구』[10]를 출간했다. 이 책은 그의 유명한 '정신분석'psychoanalysis 이론의 토대를 마련하게 된다.

▎밝혀진 마음, 무시 당한 마음: 정신병의 등장

분트와 프로이트의 연구는 몸의 작용과 구분되는 마음의 작용이 존재한다는 사실을 밝힌 것이자, 인간 개개인의 삶에는 그들이 각자 다르게 표현하는 아픔의 방식이 있다는 중요한 발견이었다. 특히, 프로이트의 연구는 심리적 고통 또한 과학적 연구와 치료의 대상이 될 수 있음을 최초로 인류에게 알린 것이었다. 그러나 몸과 마음의 관계, 아픔이 만들어지는 마음의 영향에 대한 이해는 놀랍게도 백 년이 지난 지금까지도 현대

의학에 충분히 반영되지 않고 있다. 심지어 현대 의학은 마음의 존재를 거의 인정하지 않는다. 이는 각기 다른 사람들이 보이는 마음의 아픔을 의사들이 '정신병'이라는 이름으로 분류하고, 신체의 문제와 동일한 방식으로 치료를 하는 상황에서 잘 드러난다.

　　정신병으로 진단받은 마음의 아픔을 겪는 사람들은 1950년대 정신병 약물이 개발되기 전까지 다양한 형태의 감금, 격리, 학대, 고문, 심지어 신체 절개술의 희생자가 되었다. 그러나 정신병 약이 등장하면서, 의학은 정신병 환자를 더 이상 '악령'이나 '사탄'의 지배를 받는 문제 인물로 보지 않고, 신체적 아픔을 가진 사람, 즉 병을 가진 환자로 취급하기 시작했다. 이 과정에서 그들의 아픔의 정체를 그들의 마음을 통해 파악하려는 시도는 사라지고, '정신병 약물'을 통해 증상을 제거하는 **'의학치료모델'**이 적용되기 시작했다. 몸의 아픔을 치료하는 의사들이 마음의 아픔 또한 같은 방식으로 치료하겠다고 나선 것은 결코 우연이 아니다. 환자 개인이 가진 '아픔'에 대한 '자기 마음'의 존재를 인정할 수 없는 의사들은 '마음의 아픔'을 호소하는 환자의 증상을 완화하거나 제거하는 약물을 사용하게 되었다. 그들은 환자의 **증상**에 각종 '정신병'의 이름을 붙이고, 병명과 함께 약물을 처방하는 것이 치료라고 믿으며 자신의 역할을 다한다고 여겼다. 이는 '의학치료모델'에 의해 환자의 아픈 증상을 치료한다는 의사의 믿음이 실현되는 과정이다.

　　현재 대한민국에서는 국민건강보험 제도의 시행으로 누구나 쉽게 신체의 아픔을 병으로 진단, 치료받을 수 있게 되었다. 급기야 이로 인해 점점 더 많은 사람들이 기꺼이 자신의 마음의 아픔을 '정신병'으로 진단받고 받아들이게 되었다. 자기 마음을 읽거나 알아보는 것은 귀찮고 번거로운 과정이다. 이런 것보다, 몸을 마비하고 진정시키는 한두 알의 알약을 복용함으로써 손쉽고 값싸게 마음의 아픔을 해결한다는 믿음이나 해법을 더 받아들인다. 그리고, 점점 정신병으로 진단받는 환자의 수가 증가[11]하고, 정신과 약물 처방은 급증[12]하게 된다. 마음의 아픔을 겪는 사람들이 점점 더 많은 정신병 약물에 의존하며 중독된 채 살아가는 비극적인 현실이 만들어진다.[13] 이는 마음을 잃어버린 사람, 자기 마음을 읽을 수 없는 현대인이 겪어야 하는 저주받은 삶의 모습이다.

| 파블로프 박사의 마음 읽기: 유물론자의 마음 찾기

마음은 신체와 연결되어 있을 뿐 아니라, 마음의 아픔이 생리현상으로 나타난다는 사실을 과학적으로 처음 확인한 사람은 러시아의 생리학자 이반 파블로프Ivan P. Pavlov, 1849~1936 박사이다. 1904년 노벨 생리의학상을 수상한 그는 '파블로프의 개'[14]와 '조건 반사'Conditioned Response[15]로 널리 알려져 있다. 하지만 그의 노벨상 수상 연설에서는 '조건 반사'에 대한 언급이 전혀 없었다. 그의 노벨상 수상 연구는 「소화액의 분비 메커니즘」에 관한 것이었다. 파블로프 박사는 실험실 개의 눈앞에 음식을 놓으면 개의 입 속에 침이 고이고, 위에서 소화액이 자동으로 분비되는 생리현상을 확인했다. 그는 이것을 '무조건 반사'Unconditioned Response[16]라고 불렀다.

마음 탐구의 역사에서 큰 의미를 가진 파블로프 박사의 실험은 정작 그에게 노벨상을 안긴 연구 내용은 아니다. 아니, 그가 일종의 '실험 오류'로 무시했던 현상이었다. 파블로프 박사는 생리현상처럼 나타난 이 현상을 자신의 조교들이 '심리현상'이라는 용어로 부르는 것조차 허용하지 않았다. 그것이 바로 지금은 '조건반사'라고 알려진, 실험실 개에게서 일어난 신기한 생리현상, 즉 실험실의 개가 먹이가 눈앞에 없을 때에도 침과 소화액을 분비하는 일이었다. 이는 먹이 대신, 먹이와 함께 등장했던 빛이나 소리 같은 자극에 대한 반응이었다. 즉, 이전에 먹이와 함께 경험한 다른 자극에 대한 기억으로 생겨난 반응이었다. 이는 '생리현상'이기도 하지만 '심리현상'이기도 했다. 순수하게 먹이 자극에 의해 일어난 침과 소화액의 분비는 물리적 자극에 의한 '생리 반응'이다. 그러나 먹이가 없는 상태에서 빛과 소리만으로도 침과 소화액이 분비된다면, 그것은 '심리현상'이다. 빛과 소리는 물리적으로 침과 소화액을 분비하게 할 자극이 아니기 때문이다.

이 현상은, 더 고등한 사고와 경험을 가진 인간에게는 훨씬 더 복잡한 방식으로 나타난다. 예를 들어 '원인을 알 수 없는 복통'에 시달리는 경우를 생각해보자. 의사는 이를 '위산 과다'나 '위염'으로 진단하고 약을 처방할 것이다. 하지만 아픔을 겪는 사람이 자신의 이런 복통에 어떤 의미를 부여하느냐에 따라 그 아픔의 정체는 달라질 수 있다. 이는 마음이 만들어내는 '아픔에 대한 인식의 문제'이다. 파블로프 박사는 실험실의 개가 '조건반사'에 의해 보인 침이나 소화액 분비 현상을 '병'으로 진단하지 않았다. 사실, 개보다는 파블로프 박사 자신이 이런 현상에 더 당혹스러웠을지도 모른다. 놀라운 점은, 먹이가 없는 조건반사 상황에서 개가 분비한 침과 소화액의 양이 먹이가 있을 때 분비한 양과 거의 비슷했다는 사실이다.

‘무조건 반사’와 ‘조건 반사’ 상황에서 개가 처한 환경은 분명히 달랐다. 그러나 개가 보인 생리적 반응은 거의 비슷한 수준이었다. 이런 사실은 분명 연구할 가치가 있었다. 생리현상과 심리현상이 밀접하게 연결되어 있을 뿐만 아니라, 거의 비슷한 생리적 결과로 나타난다는 중요한 발견이었기 때문이다. 그러나 파블로프 박사는 ‘조건 반사’로 인한 반응이 ‘심리현상’임을 인정하지 않았을 뿐만 아니라, ‘무조건 반사’와 ‘조건 반사’가 유사한 생리 반응이나 결과를 일으킨다는 것도 받아들이지 않으려 했다. 이는 현대 의학에서도 환자의 증상을 파악할 때, 비슷하게 유지되는 믿음이다. 현대 의학이 신봉하는 유물론적 사고, 즉 물질 중심의 믿음과 밀접하게 연결되어 있기 때문이다. 현대 의학은 환자의 아픔의 증상에 대해 생리학적 접근에만 의존하며, 그와 관련된 심리 요인을 간과하려 한다. 이는 현대 의학의 기본 연구와 실행 모델이다.

│ 현대 유물론자들이 만들어내는 ‘정신병’의 정체

20세기 후반 이후, 인간은 점점 ‘개성’의 존중과 남과 다른 나만의 삶의 방식을 강조하며, 자신의 존재와 마음에 대한 인식을 드러내기 시작했다. ‘사회적 존재로서의 개인’이 아닌, ‘개인 그 자체’의 특성을 찾으려는 노력이 커졌다. 사람들은 자신을 설명하는 단어로 ‘자아’self[17], ‘성격’personality, ‘정체성’identity[18] 등의 개념을 사용하며 타인과 자신을 구분하기 시작했다. 이는 자신만의 ‘마음’을 파악하려는 노력의 일환이었다. 남들과 구분되는 자신의 특성을 사회적 역할이나 직업이 아닌, 오로지 자신의 믿음과 삶의 방식에서 찾으려는 것이다. 이는 각자가 겪는 ‘마음의 아픔’이 어떻게 생겨나며, 또 이를 각자 어떻게 해소할 수 있는가의 문제와도 직접적으로 연결되어 있다. 마음이나 심리현상을 물질적이거나 생

리현상으로 파악하려는 경향을 '물질주의', '유물론', 또는 '생물학적 환원주의'라고 한다. 전통 사회의 붕괴와 공동체 생활 양식의 해체, 그리고 개인주의에 기반한 삶의 방식이 일반화되면서, 인간의 마음을 유물론적 시선으로 보는 경향은 더욱 대중화되었다. '아픔'을 단순히 신체에서 일어나는 현상으로 여기는 사람들은 마음을 막연히 '영혼'과 동일시하며, 마음의 존재 자체를 인정하지 않으려 한다. 마음이 물질로 명확히 드러나지 않기 때문이다. 특히 자신의 마음이 무엇인지 모른 채 살아가는 사람들과 마음의 아픔을 겪는 이들 사이에서 이러한 혼란과 갈등은 더욱 두드러진다.

자본주의 사회의 도시 환경은 대부분의 사람들이 더욱더 물질주의에 기반한 소비 생활을 하게 만들었다. 그 결과, 물질적 생활 수준은 향상되었지만, 많은 사람들은 마음의 아픔을 겪게 되었다. 자신이 누구이며, 어떤 마음으로, 왜 살아가야 하는지에 대한 이유를 찾지 못해 혼란과 갈등을 겪고 있는 것이다. 21세기 대한민국에서 MZ세대에 속하는 젊은이들은 이러한 마음의 아픔을 이전 세대, 특히 부모 세대보다 더욱 뚜렷하게 경험하고 있다. 대한민국은 선진국 수준의 생활을 유지하는 국가임에도 불구하고, 자살로 자신의 삶을 마감하는 청소년과 젊은이들의 비율이 세계 최고 수준에 이른다. 현재 대한민국에서 나타나는 세계 최저 수준의 출산율, 증가하는 정신과 약물의 소비, 그리고 상대적으로 낮은 행복감 등의 지표는 이들이 겪는 고통의 정도를 반영한다.

　이 사회에서 자신의 생존 의미를 찾지 못하는 사람들이 계속해서 늘어나고 있다. 그러나 국가와 사회는 이들이 겪는 마음의 아픔에 대해 '마음'을 살피려 하지 않는다. 단지 이를 '정신병'으로 구분하여 환자로 진단하고 치료하는 방식으로 접근한다. 사회생활 적응이나 대인 관계에서 문제를 보이는 사람들, 혹은 정상적인 행동을 하지 않다고 믿어지는 사람들을 '정신병' 환자로 이름을 붙이고 정신과 약을 처방하는 것을 주요 국가 정책으로 만든다. 마음의 아픔을 가진 개인의 마음을 살피기보다는, '의학치료모델'을 통해 정신과 약으로 그들의 행동과 생활을 통제하고 관리하는 방식이 선호되고 있다. 자기 마음을 제대로 인식하지 못하고, 자신의 삶에 대한 믿음을 가지지 못한 사람들은 국가에 의해 마치 인간 폐기물처럼 취급된다. 이는 21세기 대한민국 정부가 '정신보건', '정신건강 예방', 또는 '전국민 마음투자 지원사업' 등의 이름으로 추진하는 정신건강 복지 서비스의 핵심 내용이다.

▌ 각기 다른 사람들의 마음은 어떻게 나타날까?

　마음은 그 자체로 비물질적인, **각기 다른 사람이 가진 믿음**이다. 파블로프의 실험에서 개가 보였던 '조건 반사' 현상처럼, 마음도 유사한 방식으로 표현된다. 마음이 신체와 연결된 생리현상으로 나타날 때, 우리는 이를 보통 '마음의 아픔' 또는 '신체의 아픔' 등의 다양한 증상으로 이를 확

인할 수 있다. 따라서 한 사람의 마음이 특정한 주제나 사건과 연관되어 나타날 때, 우리가 살펴봐야 할 마음의 정체는 '어떤 한 사람이 그 이슈나 사건과 관련하여 **구체적으로 어떤 믿음을 가지고 있는지**'를 확인하는 것이다. 이런 믿음은 바로 그 사람의 '의식'의 내용이기도 하다. 마음은 한 개인만의 '특정한 방식으로 표현된 감정이나 행동'으로 나타나기도 한다.

심리학이 과학적 접근을 통해 자신의 정체성을 찾으려 했던 시도는 개인의 마음이 보여주는 심리현상에서 보편적이고 일반적인 심리법칙을 찾으려는 노력이었다. 따라서, 과학으로서의 심리학은 한 개인의 마음을 깊이 탐구하거나, 각자가 가진 마음의 아픔을 확인하고 파악하는 일과는 거리가 멀었다. 프로이트의 정신분석 이론에 근거하여 한 개인의 마음의 아픔을 '무의식'의 문제로 다루는 것도 있었지만, 이런 치료 활동도 '의학치료모델'에 따라 이루어졌다. 아픔을 호소하는 환자의 마음을 무의식으로 보았기에, 환자가 의식하는 자신과 자신의 삶에 대한 탐색은 전혀 없었다고 할 수 있다. 이는 1960년대 이후 심리학에 기반한 심리상담과 심리치료 활동이 활발히 이루어지던 시기에도 그대로 유지되었다. 마음의 아픔을 치료하는 해법은 여전히 '의학치료모델'에 의존하여 이루어졌다. 몸의 아픔과 마음의 아픔은 따로 구분하지 않고 몸의 아픔을 치료하는 것과 동일한 방식으로 접근했다. 특히, 각 개인이 각기 다르게 인식하고 표현하는 바로 그 사람의 마음의 아픔에 대한 적절한 치료적 접근은 이루어질 수 없었다. 심리상담에서 의학적 조치가 아닌 심리적 해법이 적용되려 해도, 아픔을 호소하는 바로 그 사람의 마음을 파악할 수 없었기 때문이다. 따라서, 심리상담은 종종 환자의 아픔에 대한 공감이나 위로에 머무르는 것이 상담사의 주된 역할처럼 이해되어 왔다. 이러한 접근은 여전히 현재까지도 수용되고 있는 의학치료모델에 기반한 '일반심리상담 치료모델'의 틀 안에서 이루어지고 있다.

┃ 마음이 만들어내는 아픔의 정체

한 사람이 가진 마음은 '그 사람이 무엇에 대해 어떻게 이야기하느냐'와 같은 구체적인 이슈나 주제와 관련된 그 사람의 믿음으로 확인할 수 있다. 그러나 사람들은 종종 이러한 이슈들에 대해 명확하고 구체적인 믿음을 가지지 않거나, 어떤 믿음이 있더라도 가능한 한 표현하지 않으려 한다. 자기 마음을 표현하고 드러내는 것이 위험한 일로 여겨지기 때문이다. 그래서 마치 아무런 마음이 없는 것처럼 지내려 한다. '침묵은 금'이요, '웅변은 독'이 되는 것이다. 다음은 '자신self의 마음'을 '자녀 교육'에 대한 믿음으로 표현하는 학부모 A, B, C의 이야기이다. 이들은 '교육에 대한 각기 다른 마음'을 표현하고 있다. 자녀를 사랑하는 마음은 같지만, 교육에 대한 믿음의 차이로 이들은 서로 다른 마음을 보인다.

> 학부모 A: 우리 아이는 얌전하고 착하며, 말도 잘 들어요. 공부를 조금만 더 잘하면 좋겠는데, 그게 항상 걱정이에요.

> 학부모 B: 제멋대로인 우리 아이 때문에 머리가 아파요. 제발 생각이라도 좀 하면서 지냈으면 좋겠어요. 수업 시간에 집중하지 못하고 엉뚱한 소리만 한다는 담임 선생님 말씀을 들을 때마다 창피해서 얼굴을 들 수가 없어요.

학부모 C: 아이들이 꼭 제 시간에 학교에 갈 필요가 있나요? 아직 한참 어린데, 조금은 자유롭게 놔둬도 될 것 같아요. 나중에 자기가 하고 싶은 게 생기면 그때 열심히 하면 되지요.

만약 어떤 사람이 자신과 자기 삶에 대해 마치 침묵하듯 아무런 믿음을 가지지 못한 채 살아간다면, 그는 마음 없이 사는 것이다. 이와 유사하게, 특정 이슈와 관련된 다양한 믿음들이 한 사람 안에서 혹은 서로 다른 믿음을 가진 사람들 사이에서 갈등을 야기할 수 있다. 이러한 **서로 다른 믿음이 만들어내는 갈등**이 바로 '마음의 아픔'으로 나타난다. 이 아픔은 분명한 감각 경험으로 나타나기도 하고, 막연한 아픔으로 표현되기도 한다. 아픔은 자신이나 자신의 삶에 대해 아무런 믿음 없이 살아갈 때, 또는 한 사람이 서로 충돌하는 믿음을 가질 때 생겨난다.

의학에서는 이러한 마음의 아픔을 '정신병'으로 취급한다. 의학치료 모델을 활용하는 의사들의 경우, 마음의 아픔을 한 개인의 특성의 이슈나 그가 처한 사회 환경에 적응하는 문제로 보지 않기 때문이다. 몸의 아픔을 병으로 간주하듯, 마음의 아픔도 병으로 취급하는 것이다.

마음의 아픔을 '정신병'으로 취급할 때, 의사에게 중요한 것은 환자가 어떤 마음을 가진 누구인지가 아니라, 그가 '어떤 증상을 보이고 있는가' 이다. 의사의 역할은 환자의 '증상'을 통해 병을 진단하는 것이기 때문이다. 의사는 증상과 병명이 기술된 매뉴얼에 따라 환자에게 병명을 붙이고, 그 증상을 제거하는 다양한 조치(약물이나 시술 등)를 취한다. 증상이 사라지면, '표준적이고 일반적인 기준'에 따라 올바른 치료가 이루어진 것으로 간주한다.[19] 이것이 마음의 아픔을 의학치료모델에 따라 약물로 정신병을 치료한다는 정신의학의 핵심 방식이다.

▎ 내 마음을 아는 것으로 '아픔'이 치료된다고요?

21세기 대한민국 사람들은 기꺼이 자신의 마음의 아픔을 정신병으로 진단받으려 한다. 의사들이 자신의 마음을 파악하고, 자신이 겪는 마음의 아픔을 병으로 잘 진단하여 병명을 붙여주었다고 믿는다. 그리고 자신에게 부여된 병명에 맞는 약을 처방받아 지속적으로 복용하기만 하면 당연히 병이 나을 것이라 믿는다. 그러나 정작 자신의 병명이 '정신병'에 속한다는 사실은 애써 인정하고 싶지 않아 한다. 또한 약을 먹으면서도 그 약이 어떤 효과가 있는지, 왜 그 약을 복용해야 하는지에 대해서도 깊이 알아보려 하지 않는다. 의사선생님이 자신의 아픔을 제거해 주는 거의 절대적인 권위를 가진 존재라고 믿기 때문이다.

정신과 의사들이 정신병을 진단하는 기준은 『정신질환 진단 및 통계 매뉴얼』DSM[20]에 분류, 정리된 증상을 따른다. 하지만 대중들은 마치 스님이나 기독교 사제가 부처나 절대자 신과 끊임없이 교류한다고 믿듯이, 정신의학 전문의가 신비로운 과학적 능력으로 뇌와 신경계에서 발생한 어떤 문제를 확인하고 치료한다고 믿는다. 대부분의 정신과 의사들은 DSM 분류에 따라 환자가 보이는 증상에 적절한 병명을 붙인 뒤, 그 병명에 맞추어 제약사에서 제공하는 약을 처방한다. 이 경우, 대부분의 정신과 의사들은 자신이 부여한 병명에 따른 증상을 제거하기 위해 그 약을 처방한다고 믿는다. 그러나 그들이 처방하는 그 약이 서로 다른 병명에도 동일하게 처방된다는 가장 단순한 '역설적 모순'에 대해서도 큰 의문을 제기하지 않는다. 특정 병에 투여하는 그 약물의 약효가 다른 병명에도 동일한 효과를 발휘하는 것이 당연하다고 믿는다. 이는 종교 사제가 "아프면 교회에서 절대자 신에게 기도하세요"라고 조언하는 것이나, 무당이나 점쟁이가 "부적을 붙이세요"라고 말하는 것과 큰 차이가 없다.

마음은 신체와 같은 물질이 아니다. 따라서 단순히 뇌나 신경계의 생리 작용으로만 보아서는 안 된다. 무엇보다, 각기 다른 개인이 가진 마음의 아픔은 결코 생리현상 자체로 해석되거나 이해되어서는 안되는 문제이기 때문이다. 동일한 생리현상으로 나타나는 침과 소화액의 분비이더라도, 그것이 개인의 마음의 아픔에서 비롯된 경우라면 이는 생리현상이 아닌 심리현상이기 때문이다. 백여 년 전 '우생학'이 이러한 구분을 하지 않았듯, 21세기의 우생학으로 부활한 듯한 '뇌과학' 또한 마찬가지다.

┃ 전문가 서비스의 비극

세계 최고 수준의 의료보험 혜택을 누린다는 대한민국 국민들이 1년에 의사나 병원을 찾는 빈도는 OECD 평균보다 2.7배 높다.[21] 이는 대한민국 사람들이 자신의 삶에서 아픔을 느끼는 빈도가 OECD 국가 평균보다 2.7배 많다는 것을 의미한다. 대한민국은 OECD 국가 중에서 최하위권의 행복감[22]을 느끼는 나라로, 대한민국 사람들의 가장 큰 바람은 역설적으로 건강한 몸으로 더 오래 사는 것이다. 그러나, 이러한 바람은 아픔을 의사들에게 의존해서 해결하려 할수록 더욱 이루기 어렵다. 왜냐하면 삶에서 겪는 어려움과 아픔을 의사가 병으로 규정하고 해결해 주기를 기대하는 것은 과거에 절대자나 그 대리인에게 자신의 삶을 맡기고, 그들의 처분에 따라 나의 삶, 아니 운명이 결정된다고 믿던 상황과 다르지 않기 때문이다.

현대 사회에서 다양한 분야의 전문가들은 고객에게 서비스를 제공한다. 전문가는 자신의 이익을 위하여, 자신의 능력 범위 내에서 고객에게 관련된 서비스를 제공하는 사람이다. 전문가는 '구원', '은총', '자비', '보호'를 내세우는 종교 사제나 지배자와는 분명 다르다. 그러나 현대 사회의 대중들이 전문가에게 권위를 부여하고 이를 인정하는 순간, 대부분의 대중들은 마치 종교 사제나 지배자의 은총과 자비, 보호를 기대하듯 전문가에게서도 유사한 도움을 얻을 수 있을 것이라고 기대한다. 현대 사회에서 환자가 의사의 치료를 받거나, 의뢰인이 변호사의 조력을 구하고, 건축주가 건축사의 전문 도움을 받는 일은 단순한 서비스 제공일 뿐, 종교적 은총이나 자비, 보호를 구하는 일이 아니다. 이는 마치 백화점이나 마트에서 각자가 필요한 물건을 사는 것과 같은 일이다.

자신이 겪는 마음의 아픔이 무엇인지 모른 채 정신과 병원에 가서 아픔을 치료하려는 것은, 백화점에서 직원이 권하는 물건을 무작정 사는 것과 다르지 않다. 자신이 왜 그 물건을 샀는지, 얼마를 지불했는지조차 모른 채 그것을 구입하는 것과 같다. 어떤 분야의 전문가라고 자처하는 사람들에게 삶의 어려움을 해결하기 위한 서비스를 받는 것은 분명 편리한 일이다. 그러나 내가 받는 서비스가 무엇인고 어떤 내용인지, 나의 마음이 무엇이며 나의 아픔의 정체가 무엇인지를 모른 채 무작정 전문가에게 나의 문제를 맡기는 것은, 마치 나의 손발을 호랑이 입에 집어넣는 것과 다를 바 없다.

어떻게 마음의 아픔이 정신병이 되었나?

20세기 초, 의과대학 생리학 교실의 파블로프 박사는 개가 겪는 마음의 아픔에 대해 결코 생각해 보지 않으려 했다. 마음이 신체를 통해 아픔을 표현하는 현상을 분명히 발견했음에도, 마음 자체를 인정할 수 없었기 때문이다. 요즘 말로 하면, 그는 가장 잘나가는 노벨상을 받은 '의사 과학자'였지만, 파블로프 박사에게 마음의 아픔은 단지 '귀신 놀음'과 같은 현상일 뿐이었다. 실험실에서 개의 침과 소화액 분비는 단지 음식뿐 아니라 빛과 소리 같은 외부 자극에 의해서도 일어났다. 이러한 자극은 먹이가 아닌, 배고픔을 느끼는 개의 굶주림, 즉 자신의 '굶주림'이라는 아픔을 신체 반응으로 표현한 것이었다. 그러나 그는 자신의 연구를 소개하는 노벨 의학상 수상 연설에서 이 현상에 대해 단 한마디도 언급하지 않았다. 백 년이 지난 21세기, 사람들은 그를 노벨상을 받은 「소화기관의 작용 기제에 대한 연구」로 기억하기보다는 '파블로프의 개와 조건 반사'를 발견한 세계적인 과학자로 기억하고 있다.

오늘날 마음의 아픔으로 병원을 찾는 많은 환자들은 정신과 의사들이 프로이트 박사의 정신분석을 기반으로 환자의 '정신(마음)'을 탐색하고 상담을 통해 마음을 상담으로 치료한다는 믿음을 가지고 있다. 과거에는 이런 기대가 어느 정도 사실이었을지도 모른다. 1960년대 미국 의과대학 정신과 학과장들의 80% 이상이 정신분석에 기초하여 학생들을 수련시키고 환자 치료에 활용하였다. 그러나 이 비율은 2020년대에 들어 10% 이하로 급격히 줄어들었다. 현재 대다수의 미국 의과대학 정신과 전공의들은 '정신병은 뇌와 신경계의 이상으로 발생하는 병'이라는 믿음을 신봉하며, 생물적 환원주의에 기초한 마음의 아픔 치료법을 배우고 있다. 무엇보다, 환자의 증상을 DSM에서 분류한 병의 증상 중 어떤 것과 유사한지 판정하려 한다. 이때 환자의 증상에 대한 판단 기준은 당연히 DSM에 기술된 증상과 관련한 의사 자신의 지식에 기반한다. 런던에서 20년 넘게 정신과 의사로 환자들을 진료해온 앨러스테어 샌트하우스 박사는 2005년에 출간된 책 『몸이 아프다고 생각했습니다』에서 다음과 같이 주장한다.

> "원인 불명의 증상으로 고통받는 환자들이 겪는 아픔의 문제는 현대 의학의 사각지대이다."[23]

마음의 아픔을 정신병으로 부르더라도, 정신병 약물은 환자의 마음의 문제나 아픔에 작용하는 물질이 아니다. 이 약물들은 단지 그 사람의 신체 기능을 완화하거나 억제, 진정시키고 통제하는 약효를 발휘할 뿐이다. 심지어 우울증, 조현병, 비만 치료에 비슷한 약물이 처방되기도 한다.[24] 이러한 비극적인 상황은 심리학이나 정신의학 모두가 개인의 마음을 제대로 파악할 수 없었기 때문에 발생한다. 각자가 겪는 삶의 아픔에 대한 해법을 찾는 방법을 제공하지 못했기 때문에 일어난 비극이다.

| '마음의 아픔'을 느낄 때라면!

대부분의 사람들은 자신의 아픔이 마음이 아닌 몸에서 비롯된 것이라고 당연하게 생각한다. "아프다"고 말하면, "병원에 가야지!" 또는 "의사 선생님을 만나 봐!"와 같은 권유를 듣게 된다. 이는 "아프면 하느님께 기도해"라고 했던 종교적 믿음이 의사에 대한 믿음으로 바뀐 것과 같다.

아픔은 몸의 문제이며, 의사라는 전문가가 나를 대신해 잘 해결해 줄 것이라 믿기 때문이다. '아프면 환자'이고, '환자는 누군가의 도움을 받아야 한다'는 믿음에서 "아픈 것이 죄야?" 혹은 "환자가 된 게 내 잘못은 아니잖아요!"라고 말하기도 한다. 무엇보다, 아픔이 마음에 의해 생겨난다는 말 자체를 적극적으로 부정한다.

아픔, 즉 '통증'에 대한 수많은 과학 연구들은 모두 아픔이 단순히 신체 기관에 의해 생겨나는 감각 이상의 문제만이 아니라는 것을 뚜렷이 밝히고 확인해주었다. 그러나 아픔을 다루는 과학자나 의사들조차 이러한 사실을 잘 언급하지 않는다. 대신 "아픔은 생물적, 심리적, 사회적 요인의 통합으로 발생한다"는 애매한 말로 회피한다. 그 결과, 아픔을 느끼는 개인들은 자신의 아픔의 정체를 스스로 파악하려 하기보다, 전문가가 자신의 문제를 대신 해결해 주기를, 절대자에게 구원을 바라듯 무기력하게 의존할 뿐이다. 자기 마음을 확인하는 것을 두려워하는 사람들, 자기 마음을 내비치는 것을 싫어하는 사람들이 쉽게 하는 말이 있다. 자기 마음을 잃어버린 상태로 살아가는 사람이 자신을 인식하려 할 때 농담처럼 내뱉는 표현이다.

"아무 생각 없이 그냥 살아요."

자신이 마치 '좀비'처럼 살고 있다는 고백이다. 바로 삶의 아픔을 느끼는 상태이다. 의사는 보통 이런 상태를 '우울증', '공황장애' 또는 '조현병' 등의 병명으로 부르기도 한다. 하지만 정신과 의사를 만나기 전까지는 모두가 아무렇지 않은 듯, 아니 당연한 듯 살아가는 것이 대부분 사람들의 삶의 모습이다. 자기 마음을 잃어버린 듯한 상태로 사는 사람들이다. 이들에게 정말 필요한 일은 바로 '자기 자신에 대한 인식'을 분명히하는 것이다. 즉, 자기 마음을 읽는 일이다.

▎ 자기 마음을 알기 어려운 이유

마음을 파악한다는 것은 **현재** 자신이 자신에 대해 어떤 믿음을 갖고있는지를 파악하는 일이다. 자신의 마음을 안다는 것은 관심 있는 이슈에대한 자신의 믿음을 찾고 확인하는 것이다.

"제 마음이 어떻길래요? 저는 어떤 사람이에요?"

'자신이 누구이며, 어떤 사람인가에 대한 믿음', '자신이 어떻게 살고있는가에 대한 믿음'을 확인하는 것이 자기 마음 읽기이다. 대부분의 사람들은 일상생활에서 자신이 누구인지를 스스로 인식하며 살기보다는, 사회적 직업이나 역할에 의해 자기 삶이 그냥 그렇게 정해졌다고 막연히믿고 받아들이려 한다. 따라서 자신이 어떻게 살아야 하는지를 스스로 찾기보다는, 누군가가 시키는 대로 따르는 것이 더 안정적이고 편하다고 믿기도 한다. 이러한 삶에 대한 믿음은 국가나 사회가 안전하지 않다고 느껴질 때 강한 불안과 의문으로 이어진다. 현재의 삶의 어려움과 미래에대한 불안감이 커질수록, 자신과 자신의 삶에 대해 더 많은 질문을 하게된다.

나는 어떤 사람인가?
가족이나 친구 관계에서, 조직 생활에서, 또는 연애할 때 나는 나자신을 어떻게 표현하는가?

나는 나를 어떤 사람이라고 믿고 살아왔으며, 현재는 어떻게 살고 있는가?

이러한 질문에 대해 스스로 답을 찾을 수 있거나, 나름의 뚜렷한 자신의 이야기를 할 수 있다면, 이는 자신과 자신의 삶에 대한 믿음을 가지고 살아가는 것이다. 하지만 자신이 아닌 누군가가 대신 이 질문에 대해 답해 줄 것이라고 믿는다면, 그것은 자기 삶의 주인으로 살아가는 마음이 아니다.

삶의 어려움이나 아픔을 관련 전문가들이 대신 해결해 줄 것이라는 이야기를 많이 듣는다. 마치 생활 속 보험처럼 전문가의 서비스를 믿고 활용하라는 말도 있다. 그러나 자기 삶의 주인으로 살아가는 사람은 전문가의 서비스를 활용하더라도, 삶의 어려움과 아픔과 관련된 자신의 문제를 전문가보다 더 많이 공부하고 파악하려는 사람이다. 이것이 각자도생의 시대에서 자기 삶의 주인이 되는 기본 원칙이다. 그러나 21세기 세계 최고의 의료보험 시스템을 자부하는 대한민국 사람들 대부분은 자신의 아픔을 인식하고 자기 마음을 살피는 방법을 찾으려 하지 않는다. 그보다, 스스로 아픔의 노예가 되어 의료 서비스를 제공하는 전문가에게 의존하려 한다. 이는 부처님의 마지막 가르침과는 가능한 동떨어진 방식으로 자기 삶을 살아가려 하는 것이다.

제 3 장

마음을 잃어버린
대한민국의 현주소,
그리고 그에 맞는 해법

우리는 아픔을 느낄 때마다 가능한 즉시 병원을 찾아 의사 선생님이 특정한 병명으로 그 아픔을 언급하면, 마치 아픔의 정체를 알게 된 것 같은 안도감을 느낀다. '만성 피로 증후군, 우울증, 신경성 두통, 어지럼증, 복통, 대상포진' 등의 병명이 붙여지는 것만으로도 치료가 이루어진다는 착각도 하게 된다. 정작, 자신이 보이는 아픔의 증상이 왜 병명으로 불리게 되었는지, 그 아픔의 증상이 왜 발생하게 되었는지에 대해서는 거의 묻지 않는다. 마음의 아픔도 예외는 아니다. 마음의 아픔에 각종 정신병의 이름이 붙여진다. 특히, '정신과 약'을 처방받고 증상이 완화되거나 사라질 때까지 약을 먹어야 한다는 말을 들으면, 약에 의해 나의 정신이 회복될 것 같은 기대도 갖는다. 왜 마음이 아닌 몸에 작용하는 화학물질인 약을 처방하는지, 이런 약이 나의 마음의 아픔에 어떤 작용을 하는지 묻는 경우는 거의 없다. 단지, 정신병 약을 통해 마음의 아픔을 일으킨 '뇌와 신경계 또는 호르몬 이상'이라는 문제가 해결되길 바랄 뿐이다. 마치 고장 난 몸을 상상하듯, 마음도 고장 났다고 믿는 것이다. 그러나 이쯤에서 최소한 '마음의 아픔에 대한 의사의 진단과 병명 붙이기'에는 의문을 제기해야 한다. 왜냐하면, 마음의 문제나 아픔과 관련된 의사의 진단은 정작 아픈 사람이 가진 마음과는 아무런 관련이 없기 때문이다.

아픔을 병으로 진단하는 의사는 사실 환자의 마음에는 거의 관심이 없다. 무엇보다 아픔을 야기하는 마음에 대한 인식이나 이해 수준은 거의 환자의 증상을 구경하는 사람 수준에 가깝다. 이는 의사의 전문 수련 과정에서 각기 다른 인간이 가진 마음이나 마음의 아픔을 다루는 교육이 거의 이루어지지 않기 때문이다. 의대생들은 해부학, 생리학, 정신병리학, 정신의학 등의 다양한 의학 지식을 습득한다. 하지만 의사가 되기 위한 수련 과정에서 '개인의 마음이 어떻게 표현되는지' 또는 '사람마다 다른 마음의 아픔의 정체가 무엇인지'를 다루는 교육과정은 어떤 의과대학에도 존재하지 않는다. 마음의 아픔을 정신병으로 다루는 정신의학 전문의가 받는 전문 훈련 역시 마찬가지다. 정신의학을 전공한 의사들 또한 '정신분석 이론'이나 일반적이고 보편적인 마음을 다루는 심리학 교육을 받을 수 있다. 그러나 21세기 현재, 어느 의과대학에서도 '마음'과 '마음의 아픔'에 대해 가르치는 교육과정은 거의 없다. 그저 마음의 아픔을 정신병으로 취급하고, 그 증상들을 분류해 정리한『정신질환 진단 및 통계 매뉴얼』DSM, Diagnostic and Statistical Manual of Mental Disorders을 학습하는 수준에 머무를 뿐이다.

DSM의 역사

몸의 아픔을 다루는 의사가 마음의 아픔까지 다루게 된 이유는 '아픔을 다루는 전문가'로서 의사라는 직업이 '사회적으로 인정'을 받았기 때문이다. 이제 사람들은 몸에서 비롯되었다고 믿는 아픔뿐만 아니라, 심지어 몸의 증상으로 나타나지 않는 아픔도 전문가에 의해 치료될 수 있다고 믿기 시작했다.

❙ 정신의학 진단의 정체: DSM이 만든 기적

'의학치료모델'에서 가정하는 '과학적'이고 '표준적인' 치료 원칙은 '동일한 증상'이나 '아픔'이 모든 사람에게 동일하게 다루어져야 한다는 전제를 내포하고 있다. 이 원칙은 '마음의 아픔'을 다루는 정신의학에서도 동일하게 적용되고 있다. '의학치료모델' 자체가 개인이 겪는 마음의 아픔이 각기 다르다는 사실을 인정하지 않기 때문이다. 이는 서로 다른 사람들의 삶의 차이를 인정하지 않으려는 것과 유사한 문제지만, 정신의학 분야에서는 이를 거의 고려하지 않는 듯하다.

정신의학에 종사하는 의사들이 '동일 증상, 동일 병명' 원칙을 마음의 아픔에 적용하며 환자들을 진단하게 된 것은 『정신질환 진단 및 통계 매뉴얼』DSM의 출간 이후부터이다. 미국 정신의학회는 1952년에 처음으로 DSM-1을 발간하며, 정신의학이 과학적 증상 분류에 기초한 의학적 진단이 가능할 것이라고 믿었다. 하지만 DSM-1은 주로 신경증과 정신증을 다루었으나, 증상에 따른 진단의 일관성이 부족하고 의사의 주관적 판단이 지나치게 개입될 수 있다는 문제를 가지고 있었다. 이를 보완하기 위해 1968년에 DSM-2가 만들어졌으나, 동일한 증상에 대해 의사들이 서로 다른 병명을 붙이는 '진단 일관성 문제'는 여전히 해결되지 않았다.

정신의학 진단의 비일관성을 생생하게 보여준 사건은 1973년 스탠포드 대학 법대 교수이자 심리학자인 데이비드 로젠한David Rosenhan, 1929~2012이 『사이언스』지에 발표한 논문이다. 로젠한 교수는 「정신병원에서 정상으로 살아가기」On being sane in insane places라는 논문을 통해, 자신을 진단한 정신과 의사들의 정신병 진단이 얼마나 자의적이고 임기응변적인지 잘 보여주었다. 그러나 이러한 정신병 진단의 정확성과 타당성에 대한 비판은 1980년 DSM-3의 발간으로 큰 변화를 맞이하게 된다.

정신병 진단이 과학적으로 발전했다는 믿음은 의사들이 정신병의 정체나 마음의 아픔에 대해 새로운 이해와 탐색을 통해 변화한 것이 아니다. 1980년대까지도 여전히 정신과 의사들조차 '정신병'의 원인이나 의사의 '증상에 병명 붙이기'가 어떤 의미를 가지는지 명확히 알지 못하는 상황이었다. 그러나 1980년에 출간된 DSM-3는 정신병 진단을 마치 과학적 근거에 따른 진단처럼 보이게 만들었다. DSM-3는 과거의 DSM 매뉴얼들과 달리, 일상생활에서 누구나 경험할 수 있는 특이한 행동이나 감정 변화를 정신질환의 증상으로 규정하였다. 그리고 각 정신질환에 특정한 병명을 부여하고, 해당 병명에 따라 구체적인 이상행동 증상을 기준을 설정하여 정신질환을 분류, 진단하였다. 어떤 환자든지 이렇게 분류된 병명에 해당하는 증상을 보이기만 하면, 그 증상을 보고하거나 아픔을 호소할 경우, DSM 매뉴얼에 언급된 병명을 붙임으로써 정신병 진단이 완료되었다.

┃ 정신병 진단에 DSM-3가 전해 준 복음

DSM-3는 정신질환을 더욱 세분화하고 체계적으로 분류함으로써, 의사들이 진단의 자의성을 고민할 필요가 없게 만들었다. 매뉴얼에 따라 누구나 쉽게 환자의 증상에 정신병명을 붙일 수 있게 되었기 때문이다. 이와 동시에, 정신병 진단의 문턱을 낮추어 더 많은 사람들이 정신질환의 범주에 포함될 수 있도록 하였다. 특히, 정신과 의사들은 더 이상 환자의 '마음의 아픔'의 정체를 고민할 필요가 없어졌다. 'DSM에 언급된 증상'을 확인하고, 그것을 근거로 정신병명을 붙이는 것이 '진단' 과정의 전부가 되었기 때문이다. 이러한 변화는 당시 상업적으로 다양한 정신과 약물이 쏟아져 나오던 상황과 맞물려 더욱 확산되었다.

DSM은 정신병명을 부여하는 진단 근거이자, 다양한 증상에 정신과 약물을 적용할 수 있는 과학적 근거로 자리잡았다. 과거 종교가 세상을 지배하던 시기에는, 인간은 자신의 마음을 절대자가 준 '영혼'으로 여기며 신의 종으로서 살아가는 것이 당연하다고 믿었다. 마찬가지로 21세기의 정신의학자들은, 사람들이 자신의 삶을 만들어나가면서 겪는 '마음의 아픔'을 DSM을 근거로 '정신병'으로 진단할 수 있게 되었다. 이는 마치 목사가 성경을 '하나님의 말씀'이라고 언급하는 것과 비슷하다.

정신과 의사들은 환자의 증상을 근거로 하여 '정신병명 붙이기'를 한다. 이 과정에서 DSM은 '성경'과 같은 권위로 작동하며, 의사들은 DSM에 근거한 자신의 진단을 확신하게 된다. DSM을 통해 정신과 의사들은 더욱더 '마음의 아픔'을 실체가 있는 '정신병'으로 인식하게 되었다. 이후 DSM-4를 거쳐 2022년에 발간된 DSM-5-TR(수정 5판)*에 이르기까지, DSM의 발간 역사는 마음의 아픔에 대한 과학 활동의 증거이자 근거로 활용되었다. 하지만, DSM의 발간과 수정의 역사는 수백 년에 걸쳐 정리된 성경의 편찬 역사와 크게 다르지 않다.

> "성경은 기원전 1200년부터 기원후 97년까지 기록되었으며, 기원후 3세기 말까지 교회가 인정하는 정식 성경이 완성되었습니다. … 성경 66권은 하느님의 말씀입니다."

DSM은 미국 사회에서 각기 다른 사람들의 마음의 아픔을 이해하기 위한 도구로 자리 잡았으며, 그 영향력은 성경과 비교될 정도로 대중들에게 널리 읽히게 되었다. 더 나아가, DSM은 누구든지 자신이 겪는 마음의 아픔을 '정신병' 증상 중 하나로 인식하게 만들었다. DSM-3는 성경만큼은 아니지만, 정신의학회의 예상을 뛰어넘는 영향력을 발휘하여 정신과 전문의보다 오히려 더 많은 일반 대중들에게 수십만 부 이상 팔려나갔다.

---

*   주요 우울 장애(Major Depressive Disorder, MDD)의 DSM-5 진단 기준
1. 다음 9가지의 증상 중 5가지 이상이 최소 2주 이상 거의 매일 지속되어야 한다. 최소한 한 가지 증상은 우울한 기분 또는 쾌락의 상실이어야 한다.
   1) 거의 하루 종일 우울한 기분이 매일 이어지며, 이는 주관적 느낌(예컨대 슬픔, 공허감, 아무런 희망이 없음)이나 객관적 관찰 소견(예컨대 자주 눈물을 흘림)으로 확인된다.
   2) 거의 하루 종일 거의 모든 활동에 대한 흥미나 즐거움 감소된 상태가 거의 매일 이어짐.
   3) 체중 또는 식욕의 심한 감소나 증가 ..
2. 임상적으로 의미 있는 고통이나 대인관계, 직업을 포함한 주요 영역의 기능 저하를 일으킴.
3. 약물 등 섭취 물질이나 질병으로 인해 야기된 생리적 효과로 인한 것이 아니어야 함.

마음의 아픔과 관련된 거대한 음모론?

대중이 '몸의 아픔을 다루는 의사가 마음의 아픔을 다룬다'고 믿게 된 계기는 20세기 초 미국에서 일어난 '정신위생운동'Mental Hygiene Movement 이다. 19세기 말과 20세기 초, 전 세계는 '콜레라'나 '스페인 독감' 같은 전염병으로 인해 1차 세계대전보다 더 많은 수의 사람이 목숨을 잃었다. 이러한 경험은 당시 유럽이나 미국의 중산층에게 일상생활에서의 '위생', 즉 청결한 환경을 만들고 유지해 전염병으로부터 자신을 지켜야 한다는 인식을 심어주었다. 국가는 이를 공중보건의 일환으로 천명하고, 대중이 질병으로부터 건강을 지킬 수 있는 1차 방역 대책으로 삼았다. 일상생활에서 널리 퍼진 위생과 방역에 대한 인식은 전염병 예방 활동을 넘어, 현대 사회와 도시 생활을 하는 사람들이 가지는 '마음의 아픔'에 대한 인식, 즉 '정신건강'이라는 개념으로 확산되었다. 몸의 아픔을 병으로 인식하고 그 병을 예방하기 위한 '위생'이나 '방역' 활동이 필요하다면, 마음의 아픔을 정신병으로 간주하여 이를 예방하기 위한 활동이 필요하다는 논리가 만들어졌다.

▍ 정신위생운동의 역설

정신위생운동에서 '정신 위생'과 '정신 건강'이라는 용어는 실제로 건강한 정신에 관한 캠페인을 의미하지 않았다. '정신'이라는 단어 자체에 이미 '오염되고 이상한 마음'이라는 인식이 포함되어 있었다. 아직도 각 개인의 마음이 무엇인지에 대한 정체조차 분명하지 않은 상태에서, '정신'은 뭔가 불안하고 잘못된 인간의 특성을 의미하는 것이었다. 따라서 '정신 위생'은 뭔가 **잘못**된 것, 아니 **오염**된 마음을 위생의 관점에서 접근하고자 하는 활동이었다. 이러한 상황은 당시 정신위생운동의 촉진자이자 선구자로 활약한 사람의 이력에서도 확인할 수 있다.

미국에서 정신위생운동이 시작된 것은 클리포드 비어스Clifford W. Beers, 1876~1943의 지원으로 촉발되었다. 그는 젊은 시절 정신병원에 감금되었다가 이후 월가의 금융 투자가로 성공한 인물로, 1908년 자신이 경험한 정신병원의 끔찍한 위생 환경과 학대에 가까운 치료 경험을 바탕으로 『드러난 마

클리포드 비어스 Clifford W. Beers

음』A Mind That Found Itself이라는 제목의 자서전을 발간했다. 이후 비어스는 정신병원의 끔찍한 위생 환경을 개선하기 위한 재단을 설립하고 막대한 지원을 하였다.

정신위생운동의 이론적 토대를 마련한 사람들은 '미국 정신의학회'APA, American Psychiatric Association[1] 소속의 정신과 의사들이자 당시 '광인수용소'어사일럼, asylum의 감독관들이었다. 정신위생운동은 개인의 '마음'이나 '마음의 아픔'의 정체를 파악하려 하기보다, 정신병동의 위생과 환경을 개선, 그리고 지역사회 정신의학이라는 개념으로 구체화되었다. 이는 각 개인이 가진 마음에 대한 인식이 없었을 뿐 아니라, 각 개인이 겪는 마음의 아픔을 인식하는 데 있어서 '정신질환'이라는 전제로 시작했기 때문이다. 무엇보다, 정신위생운동은 정신질환의 원인을 '개인이 자신의 마음을 인식할 수 있느냐, 또 어떻게 인식하느냐'의 문제로 보지 않았다. 대신, 이 질병이 사회적, 문화적, 환경적 요인에 의해 발생한다고 보았다. 심지어, 정신병원 경험을 책으로 기록하고 정신위생운동의 촉매제로 활

약한 비어스 조차, 자신의 책 제목에서 '마음'을 언급했다. 하지만, 그 마음은 자신의 마음, '자기만의 마음'이 되어야 한다는 인식이 없다. 단지 하나의 대상인 것처럼 '그것'으로 표현되었다.

각 개인이 가진 '마음'에 대한 인식이나 파악 없이, 각각의 사람이 겪는 '마음의 아픔'의 정체를 '정신병'으로 취급하는 일은 20세기 이후 인류의 새로운 대중문화가 되었다. '감기에는 감기약, 정신병에는 정신병약'이라는 믿음은 발달된 약물 산업의 등장과 더불어 마치 대중적인 상식처럼 공유되었다. 이러한 문화 속에는 각기 다른 사람이 각기 다른 마음을 가질 수 있다는 생각조차 찾아보기 어렵다. 아니, 각 사람을 **있는 그대로** 또는 **있는 그 자체로** 보아야 한다는 인식이 자리를 잡기 힘들다. 사람들은 단지 '정상적인 마음과 비정상적인 마음', '이상한 행동과 정상적인 행동'이라는 기준으로 사람을 구분할 뿐이다. 한 사람을 그 사람만의 특성, 자아self가 있는 존재로 인정하는 것이 개념으로써는 존재할 수 있지

만, 그것이 일상생활에서는 자연스럽게 받아들여지지 않는다는 것을 잘 보여준다.

의사들은 '마음의 아픔'을 다룰 때 객관적이고 보편적이며 일반적인 기준으로 '정상'인지 '비정상'인지를 평가하고 판단한다. 표준에서 벗어난 사람은 정신적으로 건강하지 않은 상태, 즉 치료가 필요한 대상으로 간주된다. 심지어 환자의 생각을 듣고 파악하려는 시도 자체가 환자의 '망상'이나 '환각'을 수용하는 잘못된 심리상담이나 치료 방법이라고 믿기도 한다. 이는 '마음의 아픔'을 전문가인 의사에게 맡기는 것으로 막연히 해법을 찾으려 할 때 일어나는 일이다. 마음의 아픔을 '정신병'으로 만들고, '정신과 약'이 환자의 몸을 지배하는 방식을 과학이라고 믿는 의학에 의해 마음이 다루어지면서 일어난 결과이다. 이는 현대사회에서 일종의 대중문화처럼 자리 잡게 된 마음과 마음의 아픔에 대한 역사이다.

▎마음의 아픔은 '병'이 아니지만, 정신병으로 규정되었다

20세기 이후 의학은 다양한 '병명(병의 이름)'을 붙이는 방식을 통해 사람들이 겪는 아픔pain을 '질병'으로 받아들이게 했다. '마음의 아픔'을 다룬다고 나선 정신의학이라는 분야도 환자들을 나름 진단하고 치료해야 했다. 그러나 신체에 아무런 증상이 없고 마음이 아프다고 호소하는 환자들을 어떻게 병을 가진 환자로 규정하느냐는 것이 '정신의학 진단'의 핵심 문제였다. 의사가 마음대로 정신병명을 붙이는 것 자체가, 정신병 진단의 일관성, 과학성에 대한 문제를 제기하게 만드는 일이었다. 일단, 정신과 의사들은 평균 범위에서 벗어난 '비정상' 또는 '미친'insane 상태라고 할 수 있는 환자의 마음의 아픔을 나타내는 '증상'을 중심으로 환자의 병을 진단하기 시작했다. 그리고 이러한 아픔들은 '정신' 혹은 '마음'이기보다는 신체 기관의 일부, 즉 뇌와 신경계의 오류로 인한 문제라고 주장하고 믿기 시작했다. 하지만 만약 마음의 아픔이 뇌와 신경계의 오류로 발생한다면, 각 사람이 겪는 마음의 아픔에 대해 구체적으로 해당 신경계와 뇌의 오류를 진단하고 확인할 수 있어야 한다. 그러나 현대 의학, 현대 정신의학은 이런 활동을 치열하게 시도하기보다, "그렇다고 믿자"는 의미로 받아들인다. 그리고 '뇌 전두엽, 소뇌, 시상하부', '도파민, 세로토닌' 등 뇌와 관련된 다양한 영역과 신경 호르몬을 언급하는 상황이다. 환자 개개인의 마음의 아픔과 직접적으로 연결된 신체 신경 부위의 작용에 대해서는 거의 파악조차 못 한다. 아니, 결코 하지 않은 채 정신과 약을 처방하기에도 너무 바쁘다고 믿고 '의학치료모델'에 준하는 활동에 몰두할 뿐이다.

'마음의 아픔'은 그 아픔을 겪는 사람, 바로 그 사람이 가진 자신의 삶에 대한 혼란과 고뇌를 나타낸다. 자신이 가진 아픔의 정체가 몸의 문제가 아닌 자기 마음의 문제라는 것을 알기 위해서는, 먼저 자신을 한 개인으로 인식할 수 있어야 한다. 즉, 자신이 다른 사람과는 다른 독립된 마음을 가지고 있음을 인식할 수 있어야 한다. 그렇지 못한 상태에서는 자신의 아픔을 단지 몸의 문제라고 믿으려 한다. 그 문제는 자신이 아닌 누군가가 대신 해결해 주어야 한다고 믿는다. 이러한 사람일수록 자신의 삶이 '가능한 한 남과 비슷하게, 남의 눈에 띄지 않게, 관계를 두루두루 맺으면서 안정적으로' 이루어지기를 기대한다. 자신의 마음, 즉 자기만의 마음이 아픔을 만들어낸다는 것을 인식조차 못 한다. 따라서 '나만의 마음'으로 산다는 개념조차 생소하다.

　이는 대부분의 심리학자, 심리상담가, 의사 등 몸과 마음의 아픔을 치료한다는 전문가들조차 쉽게 인정하기 힘든 **그들의 '믿음'**이다. 각 개인이 자신만의 마음을 가질 수 있다는 사실을 인정하면서도, '환자'는 아픔을 치료받기 위해 전문가를 찾아야 하며, 전문가의 말을 신뢰하고 따라야 한다는 믿음이다. 전문가들은 환자가 가진 아픔에 대한 믿음을 거의 고려하지 않는다. 정신과 의사의 경우, 환자가 가진 자신의 아픔에 대한 믿음은 '잘못된 믿음'이나 '무지의 표현' 또는 정신병의 증상으로 간주하고 무시한다. 정신병 환자의 진단이 왜 의사에 의해 거의 종교 사제 이상의 절대적인 권위와 믿음으로 이루어지는지에 대한 이유이다. 전문가들은 환자가 자신의 아픔에 대한 잘못된 믿음을 버리고, '질병'과 관련된 '병식' 病識을 갖추는 것이 교육 치료 과정의 일부라고 주장한다. 여기서 병식이란 환자가 '자신의 아픔에 대한 인식이 아닌, '병에 대한 인식', 즉 자신이 '병에 걸려 있다는 자각'을 의미한다. 병식을 교육시키는 것은 의사가 믿는 질병에 대한 지식을 마치 약을 투입하듯, 환자를 세뇌 교육하듯 반복적으로 언급하는 활동이다. 인간이 겪는 아픔은 그 사람이 자기 자신과 자신의 삶에 대해 가진 믿음으로부터 생겨난다는 '자신의 아픔에 대한 환자 자신의 인식'은 망상이나 환상, 환청 등과 같은 증상이라며 철저히 무시된다. '의학치료모델'로 훈련된 정신과 의사의 믿음 체계 속에서 이루어지는 '마음의 아픔'에 대한 진단과 치료 활동이다.

| '마음의 아픔' 그 정체와 의학 치료의 문제

한 개인에게는 특정한 이슈, 즉 자신과 자신의 삶에 대한 믿음이 존재한다. 그리고 이 믿음들이 서로 갈등을 일으킬 때 아픔이 생겨난다. 하지만 이러한 생각은 몸의 아픔을 다루는 의사뿐만 아니라, 정신의학에 관심을 두는 의사들조차 쉽게 하지 못하는 생각이다. 인간은 누구나 자신과 자신의 삶에 대해 다양한 믿음을 가지고 있으며, 이러한 믿음들은 한 사람이 자신을 의식할 때, 때로는 서로 갈등을 일으킨다. 이것은 마치 파블로프의 개가 먹이가 아닌 외부 자극에 반응해 침과 소화액을 만들어내는 것과 같은 상황이다. 이유를 알 수 없는 마음의 아픔은 자신이 의식하지 못한 믿음들의 갈등에 의해 일어나는 분명한 심리현상이다.

정신과 의사는 환자의 '마음을 치료'한다고 하지만, 실제로는 환자의 마음이 아닌 '증상'에 관심을 둔다. 마음이 구체적으로 어떠한 아픔을 만들어내는지에는 관심을 기울이지 않기 때문이다. 의사들은 몸과 마음의 아픔을 구분하지 않는다. 단지 환자들이 아프다고 하는 '그 증상을 사라지게 한다'는 목표를 달성하는 것을 치료라고 여긴다. 마음의 아픔을 치료한다는 정신과 의사들도 비슷한 믿음을 가지고 있다. 환자의 마음을 알려고 하기보다는, 환자가 보이는 증상을 제거하는 것을 치료라고 믿는다. 이 경우 환자들 역시 의사와 크게 다르지 않은 믿음을 가지고 있다. 무엇보다 의사가 처방한 약이 자신의 몸과 마음에 어떤 효과를 미치는지 알려고 하지 않는다. 의사가 자신의 아픔을 잘 해결해 줄 것이라는 믿음으로 정신과 약을 최소 수개월에서 수년, 수십 년 동안 복용하며 지내는 것이 일반적이다. 정신병 환자들의 마음과 전문가 의사들의 믿음이 우연히 일치하는 놀라운 현상이다.

> "의사는 약으로 한 가지 병을 치료할 때마다 다른 건강 문제를 십여 가지 만들어낸다."[2]

'증상의 제거가 곧 치료'라는 믿음은 20세기 현대 의학의 기본 패러다임이다. 눈에 보이는 증상에 따라 '정신병명'을 붙이는 것이 의사의 진단 활동이다. 그 후 '정신과 약'을 처방하는 것이 치료 활동이며, 이를 환자에 대한 자신의 관심과 사랑, 헌신이라고 의사들은 표현한다. 예를 들어, 서로 말이 통하지 않는다고 믿는 부부는 상담을 받거나 정신과 약을 복용하면 현재의 어려움이 어떻게든 해소될 것이라 생각한다.

부모가 보기에 공부를 하지 않는 자녀는 'ADHD'나 '학습장애'로 진단받는다. 그리고 관련 정신과 약물을 복용하게 된다. 의무복무 중인 청년이 군대에서 잘 적응하지 못하면 정신질환자로 진단하고, 자의 반 타의 반으로 약물을 복용하게 하거나 '귀가' 또는 '의가사제대'依家事除隊 medical discharge 조치를 취한다. 적응의 문제나 삶에 혼란을 겪는 사람들을 '정신병 약'으로 관리하는 약물 처방의 기본적인 이유는, 이들이 가족이나 사회에 위협이 될지도 모른다는 잠재적 위험을 차단해야 한다는 명분으로 이루어지는 경우가 많다. 의사들조차도 정신병 환자들에게 처방되는 약이 그들이 겪는 '마음의 아픔'을 치료하는 것이 아니라는 사실을 인정한다. 이러한 처리법은 성범죄자에 대한 '화학적 거세'를 사회가 채택하듯, 마음의 혼란을 겪는 사람들을 위해 현대 의학이 '의학치료모델'로써 의료 서비스를 제공하는 것과 같다.

마음의 아픔이 '정신병'이 될 때,
마음은 사라진다

몸의 아픔과는 다른 형태의 아픔을 호소하는 환자들의 사례가 의학계에 보고되기 시작한 것은 19세기 중엽이다. '미친 인간'이라 불리던 사람들은 수천 년의 인류 역사에서 어느 사회나 문화에서나 존재해왔다. 하지만 그들은 사회적 신분이나 나름의 역할에 따라 다양한 방식으로 수용되었다. 그러므로 19세기 중엽 '히스테리'Hysterie라는 병으로 이름 붙여진 환자들의 등장은 당시 의사들을 당혹스럽게 한 새로운 현상이었다. 왜냐하면, 이들은 특별한 사회적 신분도 없고, 특별한 역할도 하지 않으면서 신체적 이상이나 손상이 없음에도 불구하고 신체 마비, 발작적인 행동, 또는 이상한 소리를 내는 증상을 보였기 때문이었다.

│ 마음의 아픔과 마음의 분석: 히스테리 환자의 치료

히스테리 환자들의 병을 '마음의 아픔'으로 규정하게 된 프로이트 박사도 처음에는 이들의 문제가 뇌나 신경계의 이상으로 발생한다고 믿었다. 그래서 그는 그들의 뇌를 해부하여 생물학적 원인을 찾으려 했다. 그러나 사망한 환자들의 뇌나 신경에서 어떠한 이상도 발견할 수 없었다. 이후 프로이트는 팔이 마비되거나 말을 하지 못하거나 이상한 행동을 보이는 사람들의 문제가 '몸이 아닌 마음'에 있다고 생각하기 시작했다. 이들의 마음을 탐구하기 위해 처음에는 '최면 요법'을 활용하여, 최면 상태에서 환자가 무작정 쏟아내는 말을 경청했다. 환자가 자신을 표현하는 것이 중요하다고 믿었기 때문이다. 그러나 곧 최면 상태가 아닌 환자들도 과거의 경험을 마구 쏟아낸다는 사실을 알게 되었다. 프로이트는 이 현상을, 환자들이 무의식에 억눌러 두었던 기억이 자유로워졌기 때문이라고 해석했다. 정상인의 경우 마음은 의식을 통해 잘 드러나지만, 히스테리 환자의 마음은 의식이 아닌 무의식의 지배를 받는다고 보았다.

그들의 마음은 '의식이 없다'는 뜻의 '무의식'無意識 Unconsciousness에 갇혀 있다고 보았다. 프로이트는 '대화 요법'talking therapy을 통해 과거의 고통스러운 경험, 특히 어린 시절 부모와의 기억을 쏟아내면서 신체 증상이 호전되는 것을 관찰했다. 이를 바탕으로 무의식의 지배를 받는 인간의 마음이 '히스테리'라는 병의 증상을 만들어낸다는 이론을 제시하게 되었다. 마음의 아픔이 신의 벌이 아니라 무의식에서 비롯된다는 '정신분석 이론'이다. 당시 사람들에게는 인간의 마음을 인간이 분석한다는 것이 너무나 생소한 일이었다. 그러나 정신분석 이론에 근거한 프로이트의 '대화 요법'을 통해 환자들의 무의식에 접근할 수 있었고, 환자들은 자신의 아픔으로부터 해방되는 '카타르시스'catharsis를 경험할 수 있었다. 프로이트 박사의 정신분석 이론은 20세기 내내 대중들의 마음의 아픔을 '마음 자체에 초점을 두어 치료'하는 혁신적인 방법이었다. 그러나 20세기 후반 이후, 정신분석에 기초한 '대화 요법'을 활용한 심리치료는 소수의 사람들만이 사용하는 방법으로 바뀌었다. 현재 21세기 미국에서는 약 95% 이상의 정신과 의사들이 정신분석이 아닌 정신과 약물로 정신병을 치료하고 있다. 프로이트 이후, 정신과 전문의들은 여전히 정신병을 정신의 문제라고 말하면서도, 실제로는 뇌와 신경계의 이상으로 인한 신체적 문제로 보는 관점이 대세가 되었다.

| '마음의 아픔'에 대한 의학적 해법

1차 세계대전과 같은 극단적인 상황으로 인해 히스테리 환자뿐만 아니라 각기 다른 이유로 다양한 신체 증상을 보이는 환자들이 무수히 생겨났다. 전쟁터에서는 신체적으로 아무런 문제가 없는데도 불구하고, 사지마비, 환청, 환각 증상이나 비정상적인 행동을 보이는 병사들이 대거 나타났다. 2차 세계대전 참전 병사들의 약 30%가 비정상적인 행동 문제를 보이기도 했다. 그러나 전쟁 당국은 이러한 현상을 거의 인정하지 않으려 했다. 당시 의사들은 이런 증세를 두고 '포탄 충격'shell shock[3] 이라고 불렀다. 프로이트의 정신분석 이론에 따른 대화 요법을 시도한 의사들도 있었지만, 이는 일부에 불과했다. 대부분의 의사들은 정신병이 뇌와 신경계의 이상으로 발생하며, 이를 '신경 절제술'로 치료할 수 있다고 믿었다. 마음의 아픔과 관련된 생물학적 증거를 발견하지 못했음에도 불구하고, '정신의학'이 의학 분야에서 과학적 입지를 확보하기 위해서라도 이러한 믿음은 굳어질 수밖에 없었다. 결국 마음의 아픔은 정신병으로 취급되었다. 정신병을 마음이 아닌 '뇌와 신경계의 문제', 즉 몸의 문제로 보는 믿음은 1차, 2차 세계대전을 거치면서 더욱 공고해졌다. 특히 1950년대 이후 정신병으로 진단된 환자들에게 '정신병 약'을 처방하는 치료법이 일반화되면서 그 믿음은 더욱 강화되었다. 환자들의 신체 마비와 발작적 행동, 환청, 환각, 망상적 행동 등이 모두 뇌나 신경계의 이상 또는 기타 생물학적 원인으로 발생한다는 믿음은 거의 신앙의 수준이 되었다.

안토니우 에가스 모니스
António Egas Moniz

1935년, 포르투갈의 신경과 의사 안토니우 에가스 모니스António Egas Moniz, 1874-1955는 심각한 정신 질환자들에게 과감하게 뇌 절제술을 시도했다. 첫 1년 동안 모니스는 약 20명의 우울증, 정신분열병, 조증, 공황장애 환자에게 '전두엽 절제술'leucotomy, lobotomy을 시행했다. 수술을 받은 환자들은 고열, 구토, 배변·배뇨 이상, 안구 운동 이상 등의 신체적 부작용을 호소했으나, 모니스는 이런 부작용이 일시적이라고 주장했다. 그는 20명의 환자 중 35%가 상당한 호전을, 35%가 약간의 호전을 보였다고 학회에 보고했다. 또한 수술 과정에서 악화되거나 사망한 환자가 없다는 점을 강조했다. 이후 전두엽 절제술은 정신병의 획기적인 치료법으로 간주되며 유럽 전역에서 큰 센세이션을 일으켰다. 이 공로로 모니스는 1949년 노벨 생리의학상을 수상했다. 그러나 그의 성공적인 치료 성과를 강조한 논문이 심각하게 왜곡되고 과장되었다는 사실이 나중에야 밝혀졌다.

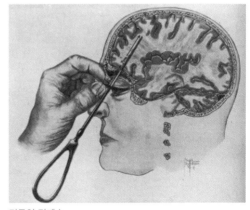

전두엽 절제술

전두엽 절제술은 전 세계적으로 수십만 명의 환자에게 시행되었으며,

그중에는 케네디 대통령의 여동생 로즈마리 케네디도 포함되었다. 시간이 지나면서 이 수술은 많은 부작용과 비윤리적인 결과를 낳았지만, 대부분 개인이나 가족이 겪은 불행한 사건 정도로 취급되었다. 무엇보다 수술을 받은 환자들은 '정신병'으로 진단받아 이미 사회적으로 정상적인 삶을 살기 어려운 사람들로 여겨졌기 때문에, 이 문제에 대한 사회적 공분은 크게 일어나지 않았다. 대중의 이 같은 무관심은 이후 정신과 약물을 통한 정신병 치료와 그로 인해 발생하는 각종 사회문제에 대해서도 변함이 없었다. 아니, 갈수록 더욱 무딘 반응을 보였다. 전두엽 절제술은 1960년대까지도 계속되었으며, 소설 『뻐꾸기 둥지 위로 날아간 새』가 발표된 1962년 전후로도 일부 지역에서는 이 수술이 계속 시행되었다.

┃ 정신분석 이후 잃어버린 마음 찾기

각기 다른 사람에게 각기 다른 마음이 있고, 각 개인이 자신만의 마음을 가진다는 생각은 놀랍게도 20세기 중반이 되기 전까지 대부분의 문화에서 그다지 일반화되지 않았다. 종교개혁으로 인해 인간이 절대자 신과 분리된 인간의 개념을 가질 수 있게 되었다면, 타인과 구별되는 인간 개인의 마음이라는 인식은 마치 철학자 니체가 언급한 '초인'超人, superhuman이라는 개념을 한 개인에게 적용하는 것에 가까웠다. 20세기 중반 이후, '집단주의'와 대비되는 개념으로 '개인주의'가 대중문화의 하나로 등장했다. 이와 동시에, 각 개인이 자신만의 마음을 가질 수 있다는 생각이 '자아'ego, self나 '성격'personality과 같은 단어들이 등장하며, 대중들에게 각기 다른 개인을 나타내는 대표 개념으로 자리 잡았다. 그러나 정신의학계와 일반 심리상담에서는 마음의 존재 자체를 인정하고 마음의 아픔 그 자체를 보려 하기보다는, 아픔을 몸의 문제로 또는 정상이나 평균과 같은 어떤 규준에서 벗어난 이상 행동이나 비정상의 문제로 보기 시작했다.

마음의 아픔을 다루는 전문 심리상담 활동인 '상담심리'나 '임상심리' 분야조차 점점 더 의학치료모델에 근거한 방식으로 이루어지게 되었다. 이는 한 개인이 가진 '마음의 아픔'을 비정상적인 사고와 행동의 출현으로 보고, 그러한 행동을 제거하는 데 초점을 두는 방식이었다. 즉, 개인의 마음을 확인하고 파악하는 방식이 아닌, 일반적인 심리 법칙이나 이론을 토대로 마음의 아픔을 '제거해야 할 증상'으로 간주하고 이런 '이상 행동'을 제거하는 활동으로 생각한 것이다. 각기 다른 사람들이 자신과 자신의 삶에 관해 가지고 있는 믿음이나, '자기 인식과 성찰'self-awareness, reflection에 초점을 둔 심리상담이나 치료활동은 거의 나타나지 못했다. 이런 상황이 벌어진 것은, 마음의 아픔을 탐구하는 심리학 연구나 심리상담 활동에서 각기 다른 개인의 마음을 파악하여, 그들의 마음의 아픔을 치료할 수 있다는 인식을 할 수 없었기 때문이다.

2차 세계대전 이후, 미국 사회는 또 다른 급격한 변화와 발전을 겪었다. 이와 더불어, 정신병 약을 통해 마음의 아픔이 치료될 수 있다는 믿음이 급속히 확산되는 환경이 조성되었다. 전통적인 가족 관계나 생활 방식이 변화하고, 산업화와 도시화의 진행과 함께 개인주의가 일상적인 삶의 방식이 되었다. 그 결과, 약물을 통해 마음의 아픔을 치료하는 방식은 마치 주말에 누구나 교회에 가는 것처럼 더욱 일상적인 문화가 되고 말았다. 가벼운 증상부터 망상, 환청, 환각 등의 심각한 증상까지 모두 '히스테리'라는 병으로 진단하면서도, 마음의 아픔과 관련된 정신병에 대해 별다른 치료법을 찾지 못했던 의학계에 흥분을 불러일으킨 사건이 있었다. 그것은 바로 1950년대 중반, 항정신병 약물인 '클로르프로마진'의 발견과 생산이었다. 이 약물은 일명 '코끼리도 잠들게 할 수 있는 약'으로 불리며, 사람을 그저 멍하게 만들거나 발광하는 사람을 차분하게 만드는 효과가 있었다. 이 약물은 특히, 당시 주요 치료법이었던 전두엽 절제술보다 훨씬 손쉽게 사용할 수 있었으며 환자들의 발작적 행동, 망상, 환청, 환각 증상이 약 복용 후 줄어들자, 의사들은 "치료된 게 틀림없다!"라고 생각했다.

정신병 치료에 '클로르프로마진'이 성공적으로 도입된 이후, 의사들은 히스테리와 유사한 우울 증상을 보이는 가정주부들의 '마음의 감기'[4]에 주목하게 되었다. 마치 감기에는 감기약을 먹듯, '정신과 약'을 마음의 비타민처럼 복용하는 새로운 대중문화가 생겨났다. 의사들은 21세기에도 여전히 '정신 위생'과 '정신 건강'을 강조하며, 이를 위해 예방과 조기 치료를 주장한다. 그러나 이러한 활동은 더 많은 '정신병 환자'를 발굴하고 더 많은 정신병 약을 처방하는 결과를 낳았다. 마치 중세의 면죄부처럼, 의사의 진단과 처방이라는 의료 서비스로 각기 다른 삶의 어려움과 아픔을 해소하고자 하는 일이 21세기 대한민국에서 일어나고 있다.

| 대중문화가 된 '마음 잃어버리기' 그리고 '정신과 약 먹기'

미국의 1960년대는 히피[5] 문화의 시대였다. 젊은 세대는 기성세대와 질서에 대한 저항 문화를 나름대로 다양하게 표현했다. 의사들은 이러한 시대적 상황 속에서 각기 다른 사람들이 보이는 행동을 우울증이나 다양한 정신병 증상으로 보기 시작했다. 그 과정에서 누구나 겪을 수 있는 우

울이나 불안 등의 심리적 경험을 다양한 정신병 명칭으로 부르기 시작했다. 공동체의 붕괴와 다양한 개인 및 사회 관계의 갈등이 표면적으로는 인종 갈등 등의 사회적 이슈로 나타났지만, 그보다 더 심각한 문제는 개개인이 겪는 심리적 어려움이었다. 외로움, 우울, 불안과 같은 감정적 혼란은 '우울증', '역할 혼미', '자아 정체성 혼란' 등의 용어로 포장되었으나, 사실 그것은 자신의 정체성과 사회적 역할, 그리고 자기 삶에 대한 이유를 알 수 없다는 아픔을 표출한 것이었다.

이러한 현상은 사회 구성원들이 더 많은 자유를 추구하고, 전통과 권위에서 벗어나려 할수록 더욱 활발하게 나타났다. 특히 가정에서 주부 역할을 하는 여성들 사이에서 이러한 아픔이 매우 뚜렷하게 나타났다. 그만큼 이 시기에 마음의 아픔을 호소하는 사람들이 급격히 증가했던 것이다.

1960년대 이후, 많은 마음의 아픔을 겪는 환자들이 정신과 약물 치료를 받으면서부터, 겉으로는 일상으로 복귀한 것처럼 보였다. 그러나 비극적인 사실이 존재함에도, 그 누구도 분명하게 문제를 제기하지 않았다. 약물 복용으로 인해 그들은 마치 좀비처럼 겨우 생활을 이어갈 수 있었을 뿐이었다. 하지만 대중은 진정제와 마취제에 가까운 약물의 효과로 증상이 완화되거나 심지어 자연스럽게 회복된 것을 보고, 이것이 약물에 의해 치료된 것이라고 믿게 되었다. 이와 동시에 대중은 자신이 겪는 마음의 아픔을 정신병으로 진단받고 정신병 약을 복용하는 것을 일종의 대중문화, 아니 '대중 소비활동'의 하나로 받아들이게 되었다. 사람들은 자신의 마음을 파악하거나 자기 삶에 대한 자신의 믿음을 인식하는 일보다, 누군가의 도움과 같은 정신병 약을 통해 손쉽게 아픔을 진정시키고 억제하는 방식을 더 선호하게 되었다.

'마음'을 인정하지 못한 교육 현장의 비극

일상생활에서 '마음의 아픔'을 느끼는 주된 이유는 누구나 자신과 자신의 삶에 대한 믿음을 잃어버린 채 살아가기 때문이다. 자신이 자신의 삶을 주체적으로 만들고 살아가지 못할 때, 사람은 '우울증', '무기력', '불면증' 등의 다양한 증상으로 아픔을 표현한다. 그러나 이러한 아픔은 신체적인 증상으로 뚜렷이 드러나지 않기에 '마음의 아픔'이다. 자신의 삶에 대한 느낌이나 자신에 대한 의식을 잃어버린 채, 마치 영화나 드라마 속의 '좀비'와 같은 상태로 자기 삶을 살아가는 사람들이 느끼는 아픔이다. 이러한 아픔을 단순히 제거해야 할 대상으로 인식한다면, 그 증상을 없애거나 완화시키기 위해 약을 먹는 것이 이상하지 않다. 아무도 자신의 아픔을 어떻게 인식할지 자신에게 물어보지 않는다. 그러나 아픔에 대한 자신의 믿음을 구체적으로 확인하는 것이 아픔을 본질적으로 해결할 수 있는 결정적인 해법이 될 수 있다. 이를 잘 알 수 없을 때, 우리는 일상의 삶에서 너무나 다양한 비극적 상황에 처하게 된다. 대한민국에서 이러한 비극을 가장 잘 보여주는 곳이 바로 '학교 현장'이다.

'의학치료모델'에 기초해 마음의 아픔을 치료하는 의료 서비스가 이루어지는 대한민국이 처한 상황은, 마치 우리가 각자 정신병동에서 살아남기 위한 길을 찾는 것과 같다. 켄 키시Ken Kesey, 1935~2001가 1962년에 발표한 소설 『뻐꾸기 둥지 위로 날아간 새』에 나오는 정신병동은 현재 대한민국 학교 현장에서 벌어지는 다양한 일들을 떠올리게 한다. 각기 다른 조직에서 일어나는 일상적인 모습들이 소설 속 주인공 '브롬든'이 겪는 상황과 크게 다르지 않다. 정신과 의사들은 '마음의 아픔'을 겪는 환자나 그 보호자들에게 '병식', 즉 병에 대한 교육을 받을 것을 권한다. 그러나 병식이란, 환자가 자신의 이상 행동 증상을 통해 스스로를 정신병 환자로 인식하고 받아들이게 만드는 작업이다. 이러한 교육 활동으로 인해, 마음의 아픔을 겪는 사람은 자신의 아픔을 '정신병'으로 받아들이고, 꾸준히 지속적으로 정신과 약을 복용해야 한다는 것을 학습하게 된다. 이것이 정신의학의 또 다른 핵심 치료법이다. 이 교육이 과연 누구를 위한 것이며, 어떤 결과를 만들기 위한 것인가에 대한 의문을 가질 수밖에 없다. '교육의 의미', '교육자의 역할' 등이 철저하게 정신과 의사를 위해 이루어지는 것이, 환자와 보호자에게 병식을 제공하는 치료방법이다. 놀랍게도, 자신의 아픔과 관련된 '병식' 교육이 의사를 위해 이루어지는 것과 비슷하게, 교사를 위한 교육이 이루어지고 있는 곳이 바로 현재 대한민국의 교육 현장이다.

▎ 개인의 마음에 대한 인식이 필요한 이유

영화나 드라마 속에 등장하는 '좀비'는 자기 마음을 잃어버린 인간이다. 그들은 마치 군중 속의 한 사람처럼 섞이며 살아 움직이기는 하지만, 인간으로서 자신을 인식하지 못하는 존재이다. 그들은 자기 삶에 대해 아무런 마음이 없다. 자신이 누구이며, 무엇을 위해 사는지에 대한 인식을 가지지 못한 채로, 단지 주위 소음에 반응할 뿐이다. 중요한 점은 그들이 살아 있는 것처럼 움직이지만, 자신과 자신의 삶에 대한 아무런 믿음이 없기에 단지 주위 좀비의 움직임을 따라 할 뿐이라는 것이다. 영화나 드라마에서 그려지는 좀비는 처음부터 그러하지 않았다. 보통 세균이나 바이러스의 공격, 핵폭탄이나 화학물질 등의 후유증으로 좀비가 된다고 묘사된다. 비유하자면, 자기 마음을 인식하고 살기보다는 절대적인 힘이나 권위의 억압 속에서 스스로 희생자로 살아가는 사람의 자기 인식도 좀비와 같을 수 있다. 좀비 상태로 살아가는 사람들은 무엇보다 **자신의 욕망을 알지 못한다.** 생물학적 욕망에만 좌우되거나, 주위의 소음이나 움직임에 그저 따라갈 뿐이다. 이러한 좀비 상태에서 벗어나기 위해서는 무엇보다 자신이 좀비 상태로 살고 있다는 자각을 하는 것밖에 없다. 영화에서는 좀비 바이러스나 세균에 대항하는 백신을 가져다주는 구원자가 등장하지만, 스크린 밖의 현실에서는 그런 백신이나 구원자는 없다. 단지 자신의 욕망의 정체를 단순한 생물적인 수준에서 벗어나, 자신의 존재와 자기만의 삶을 만들어가는 믿음이 무엇인지 찾아야 한다. 이것이 좀비에서 인간으로 변신하여 살아갈 수 있는 방법이다.

대한민국에서 좀비와 같은 마음으로 하루하루 버티며 살아가는 느낌을 가장 심하게 호소하는 사람들은 '조직의 일원으로 생활하는 사람들'이다. 중소기업이나 대기업이 대표적인 조직으로 떠오르겠지만, 좀비와 같은 삶을 전형적으로 보여주는 대표적인 조직은 한때 꿈과 희망의 상징이었던 학교 조직이다. 학교 구성원의 대부분을 차지하는 교사와 학생들은 자신이 생활하는 학교가 자신을 조금씩 좀비로 만들어가고 있다고 느낀다. 학생들은 시험과 입시 경쟁에 시달리기 때문에, 교사들은 과중한 업무와 학생·학부모의 민원에 시달리기 때문에 스스로가 좀비처럼 힘겹게 살고 있다고 하지만, 더 근본적인 이유가 있다. 대부분의 교사와 학생들이 학교에서 교육 활동을 통해 자신의 마음을 키워나가기보다는, 자신의 마음이 무엇인지도 모른 채 점점 고사되어 가는 식물처럼 느끼고 있다는 점이다. 좀비에서 인간으로의 변신은, 하루하루 자신의 생활이 답답하고 힘들 뿐 아니라 자신이 왜 살아가고 있는지조차 모르는 느낌을 가지며 지내는 사람에게 가장 필요한 일이다. 자신의 미래에 대한 그림은커녕, 하루하루를 버텨내기도 힘든 생활을 하는 사람들이 단군 이래 가장 풍요로운 세상이라 불리는 21세기 대한민국에 너무나 많이 있다.

한때 이 나라의 학교 교사는 어느 직업보다 존경받고 선망받는 직업이었다. 학교는 직장이기도 했지만, 무엇보다 교사는 학생들을 교육한다는 자부심을 가지고 있었다. 교사의 사회적 지위와 역할은 단순히 교과 내용을 전달하는 것에 그치지 않고, 학생들에게 어떤 마음으로 살아가야 하는지를 보여주는 '모범적인 성인의 모델'이었다. 하지만 어느 순간부터 상황이 완전히 달라졌다. 교사들조차 자신이 교사이면서도, 교사로서 무엇을 하는 사람인지, 어떻게 살아야 하는지에 대한 각자의 마음을 잃어버린 듯했다. 대중사회에서 누구나 그러하듯, 다른 누군가 하는 대로 따라 살아가는 것이 자신의 역할을 수행하는 것처럼 받아들이게 되었다. 자신의 분명한 이미지와 역할을 '교육 공무원'으로 인식하게 되면서 생겨난 현상이다.

대다수의 교사들이 교사로서 자신이 어떤 마음을 가져야 할지 찾지 못한 채, '교육 공무원'이라는 법적·사회적 정체성을 받아들이며 점점 더 자신의 정체성을 '공무원'으로 인식하게 되었다. 이러한 사람들은 스스로 자신의 삶을 '죽지 못해 사는' 좀비와 같다고 고백하기도 한다. 이런 고백이 과장된 표현이나 잘못된 자기 인정이라고 볼 수도 있겠지만, 자신의 삶을 이끄는 힘이 무엇인지 모른 채 힘겹게 살아가고 있다는 사실만은 분명하다.

▎학생을 환자로 보기 시작한 교사의 마음

교사가 공무원과 비슷한 역할과 정체성을 가지게 되면서, 학생들은 단지 업무 수행과 관련된 '민원인' 수준으로 바뀌게 되었다. 이러한 변화는 고등학교나 중학교보다 초등학교 교사들에게서 더욱 뚜렷하게 나타났다. 초등학교 교사들은 교실에서 학생들의 행동을 있는 그대로 수용하기가 점점 더 어렵다는 반응을 보이기 시작했다. 심지어 학교생활에 적응하지 못하는 몇몇 학생을 정신병에 걸렸다고 믿기 시작했다. 자신이 쉽게 이해하기 힘들거나 기대와 다르게 행동하는 학생들을 더 이상 교육의 대상으로 보지 않고, 병에 시달리는 환자로 여기게 된 것이다. 어느덧, 학생들의 학교 적응과 생활 문제를 다루는 '위 센터'Wee center가 교육청 주관으로 생겨났다. 교사들은 자신이 다루기 힘든 학생들을 마치 전염병에 걸린 것처럼 여기며, 그들이 심리적·사회적 적응 문제나 장애를 가지고 있다고 믿고 '위 센터'로 보내기 시작했다.[6]

> "이 학생은 분명 마음의 아픔, 정신병에 걸린 것 같습니다. 어떤 문제인지, 어떤 마음의 병이 있는지 파악해 주세요."

교육 현장에서 일하는 교사들은 학생들의 문제나 학생들이 느끼는 학교생활과 관련한 주제를 자주 이야기한다. 그러나 자신이 교사로서 역할을 하며 느끼는 어려움에 대해 토로하거나 하소연을 하면서도, 그것이 자신의 마음과 어떻게 연결되어 있는지에 대해서는 잘 알려고 하지 않는다. 왜냐하면 교사로서의 역할과 수행해야 할 일이 당위적으로 규정되어 있다고 믿기 때문이다. 무엇보다 교사는 '아이들의 특성을 파악하고 그들의 소질과 능력을 개발하는 교육자'여야 한다는 당위적인 믿음에서 벗어난 다른 정체성을 드러내는 것이, 자신의 자질 문제나 부족함 때문이라는 자책으로 이어지기 쉽다. '교육 공무원'으로서의 역할 수행이 교사의 정체성이 되었기 때문이다. 이런 상황에서 교사들은 자신이 이해하기 힘들고 다루기 어려운 학생들을 말 그대로 '정신병 환자'로, 전문 의료인의 도

잘 모르는 풀은
전부 뽑고 싹을 잘라야
안전할 거야

움을 받아야 할 '환자'라고 믿게 된다. 심지어 의사가 병명을 붙이기도 전에, 교사들은 대중매체를 통해 습득한 정보로 이해하기 어려운 아이들의 특성을 'ADHD', '자폐', '우울증' 또는 '조현병' 등과 같은 정신병명으로 부르기도 한다.

　교사들은 '교육 공무원'으로서의 정체성을 다하기 위해, 문제를 가진 학생들을 즉각 전문 의료기관에 의뢰하는 것이 중요하다고 믿는다. 교사들은 학생이 정신병자로 진단받고 적절한 정신병 약을 복용하게 하는 것이 자신들의 역할을 충실히 수행하는 것이라고 생각한다. 무엇보다 중요한 것은, 병에 걸리지 않은 다른 아이들을 보호하는 것이 교사의 주된 임무라고 여긴다. 교사들은 자신에게 부여된 교육 활동을 무사히 수행하기 위해, 정신병에 걸린 아이들이 다른 아이들에게 피해를 주지 않도록 하는 것을 중요한 역할로 본다. 아직 병원으로 보내지 않은 '남은 아이들,' 즉 정신병에 걸리지 않은 아이들을 보호해야 한다는 믿음이다. 이는 마치 '정신병'이 전염될 수 있다는 상황으로 인식되며, 확진되지 않거나 감염되지 않은 아이들을 보호해야 한다는 사명감이 작동한다. 따라서, 교사의 지도를 따르지 않거나 특이하게 행동하는 아이들은 마음의 병, 혹은 정신병에 걸렸다고 생각하며, 이러한 아이들은 빨리 '위 센터'나 '학생정신건강센터,' 또는 정신병원으로 보내 상담이나 약물 치료를 받게 하는 것이 교사의 역할이라고 믿는다. 이는 교사들이 교육 공무원으로서 책임을 다하는 일이며, 나중에 있을지도 모를 책임 추궁에서 자신을 보호하는 최소한의 대응책으로 여겨진다.

┃ 학교현장에서 '정신병자'로 만드는 교육 정책의 민낯

대다수의 교사들이 교육자의 역할보다 공무원이나 관리자의 역할을 더 잘 수행하게 된 이유는 무엇일까? 교사 자신이 교육과 관련된 역할과 정체성을 어느 순간 '사교육', 즉 학원에 양도한 것처럼 보인다. 많은 교사들이 교사라는 자신의 직업에 대한 구체적인 마음을 잃어버린 채 교직 생활을 하고 있다. 아이들을 교육하는 교사 개인의 역할이 무엇인지에 대해 각자 스스로 명확한 믿음을 가지도록 요청받지 않는다. 단지 학교 조직에서 정해진 것, 또는 교육청과 같은 상부에서 내려온 지시를 잘 따르고 수행하기만을 요구받는다. 한때 교사는 자신의 삶을 주인으로 살아갈 수 있는 비교적 좋은 직업이었지만, 지금은 국가나 조직의 노예로 살아가야 하는 공무원이 된 것이다.

교사가 자신의 역할을 공무원처럼 잘 수행하려 할 때, 교실 속의 살아있는 아이들은 마치 '정체를 알 수 없는 괴물'이 되어버리고 만다. 이는 학교생활에 적응하기 어려워하는 학생들로, 21세기에 들어 대부분의 학교에서 폭발적으로 증가하기 시작했으며, 다양한 방식으로 나타났다. '갑자기 일어나 교실 밖으로 나가기', '수업 중에 엎드려 있거나 딴짓하기', '교사의 지시를 거부하기', '다른 학생들을 괴롭히기' 등 다양한 모습에 교사들은 당혹스러워했다. 그리고, 이러한 아이들이 '정신병'에 걸렸다고 믿기 시작했다. 교사들은 이러한 아이들의 마음을 파악하려 하기보다, 훈육과 관리의 대상으로 삼았다. 괴물처럼 느껴지는 아이들을 '정신병자'로 만드는 것은 교사들이 만들어낸 믿음이지만, 이것은 전문가를 통해 확실히 확인받아야 했다. 교사들은 자신들이 겪는 어려움을 학부모에게 아이의 정신건강 문제를 언급하는 방식으로 인식하기 시작했다.

학교생활에 적응하기 어려워 하는 학생들이나 교사가 지도하기 어려운 학생들은 부모와 함께 정신건강 전문기관, 즉 동네 병원이나 대학병원의 정신과 전문의를 찾아가게 된다. 그곳에서 ADHD, 자폐증, 정서불안, 우울증, 공황장애, 발달장애, '품행장애' 등의 다양한 정신병 진단을 받는다. 학교생활을 하기 위해, 아이들은 정신과 약을 복용해야만 한다. 정신병 약을 복용하는 아이라면 환자로 인정할 수 있다. 그렇게 되면 다른 아이들과 다르게 취급되며 그들의 특별한 특성이나 행동을 환자로 받아들인다. 정신과 약물을 통한 학생 지도라는 새로운 교육 방식이 교육부의 정책으로 도입되었다. 한 학급에서 최소 10% 이상의 학생들이 정신과 약을 먹으며 등교하는 것이 21세기 대한민국의 학교 상황이다.

이 변화는 2012년부터 각 시·도 교육청 주관으로 시행된 '학생정서·행동특성검사'로 더욱 체계화되었다. 이 검사는 학생 인성 교육 제도의 일환으로 도입되었으며, 교사들에게 지도하기 어렵다고 느껴지는 학생들이 정신병 환자로 감별되는 체계가 작동하기 시작했다. 학생정서·행동특성검사를 통해 특정 학생들은 '관심군'으

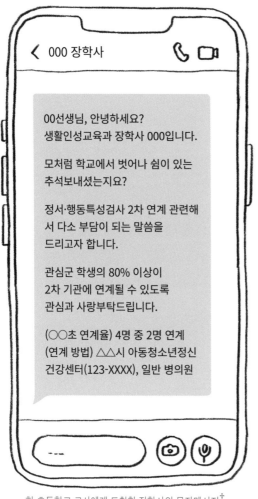

한 초등학교 교사에게 도착한 장학사의 문자메시지[†]

로 분류된다. 교사들은 이들을 '정신건강 고위험 집단'으로 구분하고, 담임교사의 관리하에 '위 센터'를 거쳐 연계된 정신건강 전문가, 즉 정신과 의사로부터 정신병 진단과 치료를 받게 한다.[7] 마치 컨베이어 벨트 위에 올려진 물건처럼, 학생은 부모의 동의를 받아 정신과 병원으로 보내져 정신병 환자라는 진단을 받고, 그에 따라 정신과 약을 복용하게 된다. 학교 출석을 위해, 다른 학생들의 학업활동은 방해하지 않는, '정상적인 교육 대상'으로 남을 수 있게 하기 위해, '관심군' 학생들은 정신병 약의 도움으로 마치 좀비처럼 학교 생활을 이어가게 된다.

▎교사를 '정신병자'로 만들어 내는 교육 정책

발달 과정에서 아이들이 자연스럽게 표현하는 다양하고 특이한 행동 특성들을 교육 현장의 교사들이 쉽게 수용하기 어려운 상황에서, 학생들을 정신병자로 만드는 정책이 만들어지고 시행되고 있다. 아니, 아이들이 정신병자로 살아가도록 정신병 약을 무료로 공급하고 있다. 1932년에

---

† [2024. 09. 19. 경기도 교육청 장학사가 일반 교사에게 보낸 공문과 같은 문자메시지] 교육청의 '생활인성교육과' 담당 장학사는 '학생 정신건강 관리' 활동에서 '2차 기관 연계율'을 중요한 성과 지표로 삼고 있음을 알려준다. 이것은 현재 교육청의 주관으로 실시되는 '학생정서·행동특성검사'는 위기에 처할 가능성이 높은 학생군을 '선별하는 검사'라고 홍보되고 있지만, '관심군'으로 선별된 학생들이 '정신건강에 문제가 있는 학생', 전문 의료기관에 보낼 치료 대상으로 삼고 있다는 것을 알려준다. 선별된 학생들이 교사에 의해 위 센터를 거쳐 의료기관에 보내지면, 2차 기관으로 연계된 학생들의 90% 이상이 정신병 진단을 받고 정신병 약을 복용하도록 권고를 받기 때문이다.

학생들의 학교생활과 적응의 문제를 도와주기 위해 도입된 이 검사는 실제로는 정신병 진단과 치료로 진행되는 시스템으로 작동하고 있다. 결과적으로, 학생정서·행동특성검사는 본래 목적과 달리 학생들을 정신병 진단과 치료로 바로 연결하는 체계로 기능한다. '관심군'으로 선별된 학생들에게 필요한 교육적 지원을 찾기보다 의료적 개입으로 대체시키고 만다.

출간된 올더스 헉슬리Aldous L. Huxley, 1894~1963의 소설 『멋진 신세계』Brave New World 속 노동자들이 자신의 괴로운 일상을 유지하기 위해 '소마'라는 약을 먹으며 행복을 느끼는 장면을 연상하지 않을 수 없다. 대한민국 각 지역의 교육청은 학생들의 정신건강을 위해 정신과 진단 및 약 복용 비용을 지원하고 있다. 교사와 학부모를 대상으로 한 '학생정서·행동특성 검사' 홍보 자료에는 "이 검사는 의학적 진단을 내리기 위한 검사가 아니다"라는 설명이 여러 번 강조된다. 그러나 고위험군으로 분류된 아이들이 전문기관에서 정신과 의사의 진단을 받을 때, 이 검사는 가장 확실하고 중요한 근거 자료로 활용된다.

현재 대한민국의 10대와 20대는 세계 최고 수준의 자살률을 기록하고 있다.[8] '관심군' 학생들을 정신병 환자로 대하고, 또 정신병 약을 복용하게 하는 정책이 10년 이상 지속되면서 발생한 부작용과 같은 현상이다. 교사들이 자신이 수행하는 교육 활동에 대한 믿음을 잃고, 학교 환경에 적응하지 못하는 학생들을 정신병 환자로 보기 시작하면서 이러한 결과가 나타났다. '학생정서·행동특성검사'를 통한 '관심군' 변별은 학생들 개개인의 성격 특성을 평가하여 그들의 감정과 행동을 이해하고 관리하는 데 사용되지 않는다. 아이들은 이 검사를 통해 자신의 감정을 표현하거나 긍정적인 대인 관계를 형성하는 방법을 배우기보다는, 교사와 기타 전문가라는 사람들로부터 '비정상' 또는 '정신병자'라는 낙인을 얻게 된다. 그럼에도 불구하고 이 검사를 실시·운영하는 교육 당국은 이 검사가 학생 개인의 성장뿐 아니라 학교 전체의 긍정적인 분위기 조성에도 기여한다고 홍보한다. 그러나 분명한 것은, 이 검사를 통해 매년 최소 7~8% 이상의 대한민국 학생들이 정신병 환자로 차출되고 분류되는 상황이 발생하고 있다는 현실이다.

현재 대한민국 정부와 교육 당국은 학생과 교사의 '마음건강 지원 방안'[9]을 연일 발표하고 있다. 이는 아픔을 호소하는 학생과 교사들의 외침에 대한 반응이다. 하지만 마음의 아픔을 겪고 있는 사람의 마음은 전혀 알아보지 않은 채, "마음이 아프다고 느끼면 정신병 약을 복용하세요"라는 정책을 정답처럼 시행하고 있다. 마음의 아픔을 '병'으로 보기 때문에 일어나는 일이다. 정신병 약을 먹는 것이 일상생활을 더 어렵게 하고, 점점 더 확실하게 정신병자의 행동과 생활 패턴을 고착화시킨다는 사실을 그 누구도 상상조차 하지 않으려 한다. 정신병 약으로 인해 학생과 교사들이 점점 정신병 환자의 행태를 유지하게 된다는 지적에 대해 사람들은 오히려 반문한다.

"어떻게 하란 말인가요? 아프다는 학생이나 교사들을 그냥 내버려 둬야 한다는 거예요?"

'괴물'처럼 보이는 학생들을 정신과 약을 통해 '좀비'로 만들어버리는 교육 정책이 시행된다. 그리고, 이런 정책은 단순히 학생들에게만 국한되지 않는다. 극한의 상황처럼 바뀐 교육 현장에서 '안타까운 선택'을 하게 되는 헌신적인 교사들을 위한 정책으로 변형되어 나타난다. '교원 마음건강 회복지원 방안'이라는 정책으로, 교원들을 위한 심층 상담 및 전문 치료 지원 사업은 결국 교사들에게도 '정신과 약'을 통한 고통 경감 대책으로 이어진다.

"교육부와 보건복지부 공동전담팀은 '교원 마음건강 회복지원 방안'[10]을 2023년 9월 15일 발표했다. 최근 학교 현장에서 교원들의 안타까운 선택이 연이어 발생하자 교사들은 이번 학기 중 원하는 방식으로 심리검사와 심층상담, 전문치료를 받을 수 있게 되었다. 심리검사는 온라인이나 각 시·도 교육청의 교원치유지원센터(26개소), 지역별 보건복지부 정신건강복지센터(261개소)에 방문해 받으면 된다.

검사 결과, 상담이 필요한 경우에는 교원치유센터에서 상담(치유) 프로그램을 제공받거나 복지부와 연계된 민간전문가와 심층상담을 진행할 수 있다. 의학적 치료가 필요한 경우에는 교육부와 연계된 정신건강의학과 전문의에게 치료를 받을 수 있다. 치료비는 교육부와 시·도 교육청이 전액 지원하며, 학교나 자택 인근 병원에서 검사를 받은 경우에는 비용을 사후에 정산 받을 수 있다. 이를 위해 교육부는 관련 예산을 추가로 확보할 예정이다."[‡]

교사, 학생, 학부모 모두 각자의 마음의 아픔을 정신병으로 보고, 이를 치료해야 하는 이슈로 전환해버렸다. 아니, 마음의 아픔의 정체를 알려고 하기도 전에 자신의 마음을 부정한 채, 그 아픔이 마치 전염병과 유사한 질환으로 인해 발생한 것이라 믿고 싶어 한다. 그렇게 함으로써 자신이 처한 상황이 적어도 자신의 책임이 아니며, 질환의 피해자로서 어떤 도움을 받을 수 있다고 믿게 되는 것이다.[11]

[‡] '마음 병든 교사들, 원하는 방식으로 심리검사·치료 받는다', 『뉴스1』, 2023년 9월 15일.

개인의 마음을 '있는 그대로' 본다는 의미

20세기 후반부터 마음의 아픔을 다루는 대부분의 정신과 의사들과 심리상담사들은, 개인의 마음보다는 '정신과 약'을 통한 신체적 통제와 관리를 최선의 치료법으로 믿게 되었다. 선진국이든 후진국이든 가릴 것 없이, 마음의 아픔을 '의학치료모델'에 근거해 진단하고 평가하여 정신병으로 취급하고 치료하는 것이 과학적 접근법이라 믿게 되었다. 그러나 이러한 방법은 '몸의 아픔'을 치료할 경우에 적용될 수 있다. 하지만, 이 방법은 개인이 가지는 마음의 존재나 각자의 마음이 가지는 차별성과 특별함을 전혀 고려하지 않는 '아픔'의 치료 방법이다.

의학치료모델에 의해 마음의 아픔을 정신과 약으로 치료하는 시도는, 심리상담에서도 크게 다르지 않다. 마음의 아픔을 정상과 비정상으로 구분하고 치료하는 방식이기 때문이다. 정신과 약 대신 심리학 이론이나 개념으로 환자의 아픔에 접근하면서 대화 요법을 적용한다는 측면에서 차이가 있을 뿐이다. 하지만, 이것은 약이 아닌 심리상담을 한다는 의미이다. 마음의 아픔을 일반적이고 정상적인 기준에서 벗어난 병으로 보는 시선에서는 큰 차이가 없다. 일반 심리상담이나 정신의학 상담에서 정신과 약이 아닌 인지행동치료나 행동수정과 같은 심리치료법을 적용한다고 하더라도, 환자 개인을 정상과 비정상으로 분류하는 것은 그들의 마음의 차별성이나 특성을 파악하는 방법이 아니다. 아픔을 겪는 한 개인의 마음을 '있는 그대로' 보려 하는 일은 21세기인 지금도 대부분의 심리상담이나 치료 장면에서 거의 이루어지지 않고 있다.[12]

▎ 마음의 아픔: 내가 가진 서로 다른 믿음의 갈등

인간이 느끼는 아픔은 물리적이거나 생물학적인 이유로 생겨나는 것도 있지만, 많은 경우 마음이 만들어내는 심리적 현상이다. 한 사람의 마음은 특정 이슈에 대한 그 사람의 믿음이다. 그러나 이러한 믿음은 하나의 이슈에 대해서도 다양한 의미와 형태로 나타나며, 특정 이슈에 대한 한 사람의 믿음이라도, 때로는 서로 갈등하거나 상호 모순적인 의미를 동시에 가질 수도 있다.

예를 들어, 성공하고 멋진 삶을 만들고 싶어 하는 한 젊은이의 마음을 살펴보자. 그에게 성공은 '많은 돈을 버는 것'이다. 그러나 동시에 그는 자신의 삶을 '여유롭고 편안하게' 지내고 싶어 한다. 성공한 삶을 바라는 한 사람의 마음이다. 하지만, 이 두 가지 믿음은 그 자체로 이루어지기 힘들다. 아니, 이런 마음을 가진 사람은 자신도 모르게 스스로 갈등과 아픔을 느끼게 된다. 누구나 꿈꾸는 삶이지만, 결코 누구에게나 저절로 이루어지지 않기 때문이다. 역설적이고 모순적인 아니, 이상적이지만 현실에서는 기대와 다른 결과를 마주하게 된다. 한편, '삶을 여유롭게 편안하게 살고 싶다'는 마음과 '많은 돈을 버는 삶'을 동시에 실현할 수 없느냐는 질문을 할 수 있다. 각각의 믿음 자체는 아무런 문제가 없지만, 이 두 가지를 한 사람이 동시에 가질 때 갈등과 아픔은 저절로 생겨난다. 이는 서로 양립하기 힘든 믿음들로 인해 만들어지는 마음의 아픔이다. 누구나 가질 수 있는 믿음들이지만, 실제로 두 가지가 동시에 실현되는 경우는 극히 드물다. 세계적인 부자 워런 버핏이 소박한 삶과 그의 여유롭고 편안해 보이는 모습이 해외토픽 뉴스에 오르는 이유도 여기에 있다.

'많은 돈을 벌고 싶다'는 마음과 '삶을 여유롭고 편안하게 살고 싶다'는 믿음은 서로 상충하며 함께 있기 힘들다. 이처럼, 마음의 아픔은 한 사람이 가진 서로 다른 믿음들이 충돌할 때 생겨난다. 남과 다른 자신만의 마음과 자기 마음에 대한 인식이 대중문화의 하나로 등장한 나라는 20세기 초의 미국이다. '광란의 20년대'[13]로 불리는 당시 미국 사회는 소설 『위대한 개츠비』(1925)[14]의 주인공 개츠비의 자기 인식과 삶의 방식에 대한 묘사를 통해 잘 드러난다. 당시 미국인들은 누구나 '미친듯이 많은 돈을 벌고', '남들 보기에 번듯하게 잘 사는 것'을 삶의 목표이자 이유라고 믿었다. 이러한 미국 사회의 분위기는 21세기 한국 사회와 그리 다르지 않다. 단군 이래 최고의 번영을 누리는 대한민국에서 MZ세대는 막연히 『위대한 개츠비』 속 주인공의 삶을 현실에서 이루고 싶어 한다. 수단과 방법을 가리지 않고 많은 돈을 벌어 번듯하게 사용하는 것이 이들의 삶의 목표가 되었다. 그러나 많은 젊은이들이 이러한 목표를 이루기 어렵다고 느끼거나, 미래의 삶을 더 이상 그릴 수 없다는 믿음 속에 자신의 삶을 포기한다. 높은 자살률, 결혼에 대한 낮은 관심, 출산율 저하 등은 이 시대 젊은이들이 겪는 마음의 아픔을 보여주는 사회현상이다.

마음 읽기와 마음치유사의 역할

누구나 자신의 삶에서 겪는 아픔에서 벗어나려면, 그 아픔을 만들어내는 자신의 마음을 먼저 알아야 한다. 자기 마음 읽기는 자신이 가지고 있는 다양한 믿음들이 어떻게 아픔을 야기하는지를 인식하는 일이다. 자기 삶의 주인은 '나 자신'이라는 것을 스스로 인식하고, 이를 온 세상에 알리는 일이다. 이것은 일종의 '마음 해방'이자 '심리 독립' 선언이다. 각자도생의 시대인 21세기에, 민주시민으로서 자신의 정체성을 분명히 하고,

자기 삶을 주체적으로 만들어가는 자기 확신과 회복력resilience을 키우는 것이다. 누구나 '건강하고 행복한 삶'을 원하지만, 스스로 자기 삶의 주인으로 살아가지 못한다면 이러한 삶은 실현되지 않는다.

통념적이고 관습적인 조언으로 전문가들은 건강하고 행복한 삶을 위해 규칙적인 운동, 다이어트, 위생 관리 등을 제시한다. 이런 것들이 분명히 도움이 되지만, 자신의 마음을 읽지 않고 몸의 건강만을 위해 노력하는 것은 마치 술에 취한 사람이 '가로등 불빛 아래에서 잃어버린 지갑을 찾으려 하는 것'과 같다. 지갑을 어두운 골목에서 잃어버렸음에도 불구하고, 환하고 쉽게 잘 보인다는 이유로 엉뚱하게 가로등 밑에서 무작정 지갑을 찾는 것이나 다름없다.

자기 마음을 살펴보는 일은 그 자체로 쉬운 일이 아니다. 심지어 아픔을 느끼지 않을 때조차도 어려운데, 아픔을 느낄 때 몸이 아닌 마음을 살펴보아야 한다는 말은 더욱 받아들이기 힘들 수 있다. 마음을 읽는다는 것은 먼저 자신과 자신의 삶에 대한 분명한 인식과 성찰로 이루어져야 한다. 바로 자신이 어떤 믿음으로 살아가고 있는지, 그리고 현재 자신에 대해 어떤 믿음을 가지고 있는지를 살펴보는 일이다. 동시에 현재 자신이 겪고 있는 아픔에 대해 어떤 믿음을 가지고 있고, 그 아픔을 어떻게 받아들이고 있는지를 탐색하는 과정이기도 하다.

'마음 읽기'의 첫 단계는 자신이 어떤 상황에서, 어떤 이슈로, 어떤 아픔을 느끼는지를 파악하는 것이다. 자신이 '어떤 사람으로, 어떤 삶을 살고 있는지'를 살펴보는 것이다. 이런 과정 없이 무작정 누군가의 도움을 바라거나, 전문가인 의사가 모든 문제를 해결해 줄 것이라 믿는 것은 스스로 자신을 아픔의 노예이자 환자로 만드는 일이다. 이런 경우, 자신의 아픔의 정체를 스스로 파악하여 치료가 될 가능성은 낮아진다. 왜냐하면, 의학치료모델로 활동하는 전문가는 당신이 가진 아픔의 증상을 없애는 데에 초점을 맞출 뿐, 그 아픔이 왜 생겨났는지, 또는 그 아픔으로부터 당신이 어떤 삶의 의미를 스스로 찾을 수 있는지에 대해서는 알려주지 않기 때문이다. 이렇게 되면, '심리 독립'을 이루어 자기 삶의 주인으로 살아가기보다는, 아픔의 노예로서 절대적 권위를 지닌 전문가의 지시에 충실히 따르려는 종의 마음을 가지게 된다. 이런 경우, 일시적으로 '아픈 증상'은 사라질 수 있지만, 또 다른 신체 부위에서 새로운 형태의 아픔이 반복적으로 계속 나타나게 된다. 만성통증이나 난치병, 희귀질환을 호소하는 사람들의 전형적인 아픔의 역사가 바로 이러한 패턴을 따른다.

┃ 마음의 아픔을 다루는 의학치료모델의 역설

누구든지 자신의 마음의 아픔을 의학치료모델에 의존하여 도움을 받고자 할 때, 그 아픔은 정신병으로 취급된다. 의학치료모델에서는 마음의 아픔을 겪는 사람을 정신병에 시달리는 환자로 보기 때문이다. 누구나 겪을 수 있는 마음의 아픔이 '정신의학치료모델'에 의해 진단되어, 곧 '정신병 환자의 증상'으로 규정되는 것이다. 그리고 이렇게 파악된 정신병 증상들은 "정신병 약을 통해 치료되어야 한다"고 의사들은 주장한다. 정신병 약은 결코 환자가 자신의 마음의 아픔을 파악할 수 있게 하지 않는다. 그러나 의사가 환자로 규정한 사람의 감각, 의식, 또는 발작적인 행동을 약물의 효과로 관리하고 통제할 수 있다고 믿는다면, 그것은 곧 치료로 간주된다.

아픔을 치료하는 의사에게 환자의 마음이 무엇이며, 어떻게 환자가 아픔을 가지게 되었는지 설명해달라는 요청은 '의학치료모델'에 의해 병을 치료하는 의사에게 보통 곤혹스러운 질문이다. 특히, 마음의 아픔을 겪는 환자의 경우, 자신의 아픔이 어디에서 나타났는지를 묻는 것은 더욱더 의사선생님을 힘들게 하는 질문이다. 왜냐하면 의사는 결코 환자의 마음을 파악하고 치료하는 사람이 아니기 때문이다. 따라서, 대부분의 의사, 특히 정신건강전문의라는 분들은 환자가 마음이 아픈 것이 아니라, 뇌와 신경계의 이상이나 호르몬, 유전자의 문제 등 생물적이고 물질적인 문제로 인해 어떠한 병에 걸렸다고 설명하고 만다. 병명을 붙이는 것으로, 마치 마음의 아픔에 대한 원인을 설명하는 상황이 된다. 마음을 파악하여 치료한다는 생각 자체는 의사가 고민할 이슈가 아니다. 무엇보다, 환자의 마음의 아픔을 뇌나 신경계의 오류로 인해 발생한 질병이라고 믿기 때문이다. 아니, 믿을 수밖에 없다. 환자의 미친 행동을 정신과 약물로 비교적 쉽게 통제, 관리할 수 있기 때문이다. 의사들은 정신과 약이 치료약이 아니라는 사실을 잘 알기 때문에, 이를 환자의 '유지와 관리를 위한 약'으로 설명한다. 그 결과 전 세계적으로 정신병동 입원실 수가 줄어드는 반면, 대한민국 정신병원의 입원실은 점점 증가하고 있다.

정신병 환자의 증가와 비정상적인 사고나 행동을 보이는 사람들의 발작적이고 폭력적인 범죄 행동의 증가는 사회적 현상으로 설명할 수 있다. 청소년부터 직장인, 전문가, 정치지도자에 이르기까지 다양한 사람들이 범죄 행위를 통해 자신의 삶의 아픔을 무작정 표현하고 있는 상황이다. 마음의 아픔을 겪는 사람이라면, 자신이 어떻게 해서 자신의 마음을 잃어버린 상태로 살게 되었는지를 알아야 한다. 마음의 아픔을 겪고 있다는 것은 곧 자기 마음을 잃어버린 상태로 지내고 있음을 의미한다. 따라서, 아픔을 치료하는 전문가는 무엇보다 환자가 자신의 마음을 우선 파악할 수 있도록 도와야 한다.

'각자도생의 시대'인 21세기에 이르러서야 심리상담과 심리치료의 영역에서 각기 다른 개인이 가진, 바로 그 사람만의 마음의 아픔을 '있는 그대로' 보아야 한다는 성찰이 일기 시작했다. 이러한 변화의 가장 큰 계기는 마음의 아픔을 호소하는 사람들의 기하급수적인 증가였다. 한때 정신과 약물은 정신병 환자에 대응하고 치료하는 데 있어 손쉬운 방법이었다. 그러나 이제는 이 치료법이 오히려 더 많은 사람들을 오랫동안 정신병 환자로 머물게 한다. 특히, 무한정 지속되는 '정신과 약물' 복용은 '마약성 약물 중독'이라는 사회 문제와 결부되어, 젊은 사회 구성원들에게 전형적인 약물 의존 행동을 자연스럽게 학습시키고 있다.

▎'마음의 아픔'을 의학치료모델로 다루면 안 되는 이유들

코로나 팬데믹으로 인해 빛이 바래졌지만, 21세기에 들어 인류는 과거에 비해 건강과 장수에 대해 나름의 자부심을 가졌다. 대부분의 선진국에서는 20세기 중반 이후 위생과 영양 상태의 향상으로 평균 수명과 건강 수준이 획기적으로 개선되었다. 그러나 선진국으로 성장한 대한민국의 경우, 국민들이 느끼는 마음의 건강 상태는 점점 악화되고 있다.

아픔을 느끼는 사람은 누구나 그 아픔에 괴로워하고, 그로 인한 삶의 불안과 두려움에 시달린다. 그러다, 자신도 통제할 수 없는 발작적이고 공격적인 행동을 주위 사람들에게 행하게 된다. 이는 자신의 아픔을 통제하고 관리할 수 없는 마음 상태에서 비롯된다. 아니, 자신이 누구인지 또 어떤 삶을 살아가야 하는 사람인지에 대한 믿음을 잃어버린 사람, 즉 **자기 마음을 잃어버린 상태**이다. 사실 대부분의 사람들은 극단적이거나 발작적인 행동으로 불안과 두려움을 표현하지 않더라도, 거의 자신을 제대로 의식하지 못한 채, 또는 자신의 삶에 대한 성찰을 잘 하지 못한 채로 꾸역꾸역 살아가고 있다. 이러한 경우, 누구나 자신의 삶에 대해 답답함, 불안, 그리고 어떻게 해야 할지 모른다는 두려움과 공포를 느끼기도 한다. 그래서 자신이 숨을 수 있는 공간 속으로 파고 들어 혼자 있으려 하거나, 주위 사람들이 이해하기 어려운 생각에 잠기기도 하며, 때로는 환청이나 환시 같은 환각을 경험한다고 호소하기도 한다. 대부분의 경우, 답답하고 멍한 상태로 아픔을 안고 하루하루를 견뎌낸다.

많은 대한민국 젊은이들은 자신들이 마치 영화『설국열차』의 마지막 칸 승객 같다고 느끼며 좀비와 같은 생활을 하고 있다. 세계 10위 경제대국이자 OECD 국가 중에서도 비교적 높은 수준의 국민소득을 자랑하지만, 국민들이 느끼는 평균적인 행복감이나 삶의 만족도는 후진국보다 더 못한 수준이다. 놀랍게도, 이러한 상황 속에서 정신병으로 진단받는 국민의 비율은 급속도로 증가하고 있다. 현재의 보건 정책과 정신건강 서비스는 더 많은 국민이 정신병 약에 중독되고, 더 오랜 시간 동안 정신병 환자로 살아가게 만든다. 역설적으로 정신과 의사들은 정신과 약을 통해 환자를 치료하기보다, 더 많은 정신과 환자를 만들어내고 있다. 한국 사회에서 정신병으로 진단받는 환자들은 거의 폭발적으로 증가하고 있다. '인구 대비 세계 최고 수준의 정신과 환자 비율, 세계 최고 수준의 정신과 병원 입원 일수, 정신과 입원실 숫자' 등의 통계자료[15]는 대한민국 사회가 거대한 정신병동으로 급속하게 변해가는 모습을 보여준다. 때로 언론에서는 무차별 폭행이나 살인 같은 범죄를 저지른 사람들이 정신과 약을 복용하지 않았기 때문에 그런 범죄를 저질렀다고 보도하기도 한다.

일상에서 상식의 붕괴, 가치의 혼란, 공동체 의식의 상실, 충동적이고 원인을 알 수 없는 무차별 범죄 행위에 대한 보도가 끊임없이 이어지고 있다. 충격과 놀라움, 어이없음 등의 단어로 표현할 수 있는 아노미적인 현상이 계속 발생한다.[16] 그러나 대한민국 정부의 정신건강 정책은 마치 사회적으로 성공한 부모들이 자녀가 겪는 불행감과 좌절감을 조금도 이해하지 못한 채, 단지 정신과 약을 먹이기만 하면 그들의 문제가 해결될 것이라고 믿는 것과 유사하다. 이로 인해 정신병 환자의 치료 상황은 더욱 악화되고 있다. 점점 더 많은 정신병 환자가 발생하고 있으며, 정신과 약을 거의 무료로 지원하는 국가 정책은 더 많은 사람들이 더 오랫동안 정신병 환자로 남아 있게 만들고 있다. 그 결과, OECD 국가 중 1위의 자살률과 세계 최저 수준의 행복감이라는 기록은 대한민국 국민들이 자신의 마음의 아픔을 어떻게 표현하고 있는지 보여준다. 이제는 아픔을 겪는 사람들의 마음을 읽고, 그들의 아픔에 대한 새로운 해법이 절실히 필요한 때이다.

▎'마음 읽기'를 통해 '마음의 아픔'을 다루어야 하는 이유

현대 사회에서 누구나 느끼는 마음의 아픔은 자기 마음을 잃어버렸거나, 자신의 삶과 관련된 어려움이나 아픔에 대해 **자신이 어떤 마음으로 살아가고 있는지를 알지 못할 때** 발생한다. 마음은 살아있는 인간이라면 누구나 가질 수 있다. 하지만 한 개인이 자기 마음을 알지 못하고, 자신의 삶에 대한 마음을 가지지 않는다면, 그 사람은 살아있어도 진정으로 살아가는 것이 아니다. 자기 마음을 의식하고 인식하는 것을 '초인'의 위대한 능력으로 삼기 시작한 것은 겨우 20세기 이후에 와서야 일어난 일이다. '마음을 먹는다, 마음을 갖는다, 마음을 품는다, 마음에 든다, 마음에 새긴다, 마음을 놓다, 마음이 맞다' 등의 다양한 표현들이 있다. 이 표현들은 '마음은 개인마다 다르다'는 것과 '각자가 자신의 마음을 파악해야 한다'는 의미와 그 이유를 직관적으로 알려준다. 이와 마찬가지로, 마음을 먹고, 갖고, 품고, 새기고, 맞춘다 하더라도, 그것이 자기 마음이 아니라면 아무 의미가 없다. 자기 마음을 알지 못하고 그 마음에 의한 생활을 하지 않는 상태이기 때문이다. 이는 마치 죽음과 다름없는 상태이다. 이것이 바로 '좀비'의 삶이며, '좀비'의 생활이다.

삶의 아픔과 관련된 각자의 마음을 읽을 수 있게 된 것은 인류 역사에서 수천 년 동안 이루지 못한 구원의 역사를 이 시대에 실현하는 일이다. 우리 각자가 자신의 삶에서 구세주가 되어 새로운 자아를 의식하고 파악할 수 있는 기회이다. 자신의 마음을 파악한다는 것은, 자신이 어떤 마음으로 어떻게 살아가고 있는지를 '있는 그대로' 아는 일이다. 이 과정에는 자신이 통념적으로 가지고 있는 욕망이나 기대도 분명 포함된다. 그러나 자기 마음을 읽음으로써, 스스로를 자기 삶의 구세주로 인식할 수 있다. 자신이 누구인지를 깨달으면서, 자신이 원하는 삶을 만들고 살아갈 수 있는 지혜를 얻게 되기 때문이다.

마음의 아픔을 몸의 아픔처럼 취급하는 '의학치료모델'은 정신과 약물을 통해 더 많은 사람들이 자기 마음을 잃어버리게 만들고, 마치 정신과 약물에 중독된 좀비 같은 삶을 살게 하고 있다. 이제 우리는 자기 마음을 가지고, 그 마음으로 만들어가는 자신의 삶을 살아가기 위해 자기 마음을 읽을 수 있어야 한다. 누구나 자기 마음을 읽으며, 자신이 느끼는 아픔을 해결할 수 있어야 한다. '나만의 마음'을 인식하고 성찰하면, 누구나 자신을 구원할 수 있는 힘을 지닌 신과 같은 존재가 된다. 자신의 삶에서 가장 필요한 역할을 자신이 수행하면서, 자기 삶의 주인이 되는 것이다. 이를 통해 자신이 가진 삶의 아픔과 어려움에서 벗어날 수 있다. 자기 마음을 읽어 삶의 주인으로 사는 것은, 좀비처럼 살거나 아픔의 노예로 계속 지내는 것보다 훨씬 나은 삶을 생생하게 체험할 수 있게 해준다. 이러한 삶은 정신과 약물에 의존하여 자기 마음을 죽이며 지내는 대신, **WPI 검사를 활용한 자기 마음 읽기**로 이룰 수 있다.

┃ 마음치유사의 정체성

아픔을 느끼는 사람의 마음을 함께 읽어가며, 그 사람이 어떤 믿음으로 자신의 아픔을 만들어내고 있는지를 찾아주는 사람이 '마음치유사'Mind Healer이다. 의학치료모델에 따라 몸에 나타나는 아픔의 증상을 제거하는 의사의 역할과는 달리, 마음치유사는 아픔을 느끼는 사람이 스스로 자신의 아픔에 대한 의미를 찾아나갈 수 있도록 돕는 사람이다. 마음치유사는 마음의 아픔을 가진 사람의 처지와 문제에 대해 공감과 위로, 격려 등을 제공하는 일반 심리상담사와는 분명히 다르다.

일반 심리상담사는 의학치료모델을 바탕으로 마음의 아픔을 느끼는 사람들에게 공감과 위안, 위로에 기반한 심리치료를 제공하는 역할을 한다. 반면 마음치유사는, 아픔을 호소하는 사람의 아픔이 그 사람이 자신에 대해 가진 믿음과 자기 삶에 대한 믿음들 간의 충돌과 갈등에서 비롯된다는 점을 파악하려 한다. 더 나아가, 내담자(환자)가 스스로 자신의 아픔을 심리적으로 탐색하고, 아픔의 증상을 일으키는 마음의 갈등을 찾아볼 수 있도록 도와준다. 마음치유사는 아픔을 호소하는 사람이 스스로를 환자로 인식하여 병의 노예로 전락하지 않도록, 자신의 마음을 읽어나갈 수 있게 돕는다. 이를 통해 아픔이 자신과 삶에 대한 믿음에서 나온다는 사실을 인식하게 한다. 마음치유사는 그 사람이 아픔을 느끼는 상황에서도 자신의 삶의 주인은 자신이라는 사실을 명확히 인식하고 표현할 수 있도록 도와, 그로 인해 아픔에서 해방될 수 있도록 돕는 역할을 한다.

만약 내담자가 마음치유사의 도움을 부정하거나 마음치유사의 마음 읽기에 동의하지 않는 경우가 생긴다면, 이는 마음치유사가 내담자의 마음을 제대로 읽지 못했음을 의미한다. 한편으로 마음치유사 스스로는 내담자의 마음을 제대로 읽었다고 생각하지만, 내담자가 그 마음 읽기를 거부했다고 느낄 수 있다. 이런 상황이 발생한 경우, 마음치유사가 읽은 것은 내담자의 마음이 아닌 자신의 마음이라는 상황임을 알려준다. 마음 읽기에서 마음치유사가 읽어야 하는 것은 바로 '내담자(환자)의 마음'이다.

제 4 장

마음, 자아^{Self}、성격
: 내 마음의 MRI, WPI 검사

20세기에 들어서 인간 개개인이 서로 다른 존재라는 사실은 DNA라는 유전자의 발견으로 인해 누구나 인정하게 되었다. 하지만, 이러한 각기 다른 사람들이 각자의 고유한 마음을 가지고 있다는 생각은 DNA 발견 이후에도 여전히 널리 공유되지 못했다. 심지어 유전적으로 100% 동일한 일란성 쌍둥이조차 심리적인 특성에서는 서로 차이가 난다는 사실이 밝혀졌음에도 불구하고, 인간 개개인이 가진 각기 다른 마음에 대한 인류의 이해는 그리 발전하지 않았다. 예를 들어, 일란성 쌍둥이는 부모로부터 완전히 동일한 유전자를 물려받지만, 그들 각자가 만들어가는 삶은 각기 다르다. 100% 동일한 유전자를 가지고 있더라도 각기 다른 마음으로 다른 삶을 산다는 사실은, 한 개인의 마음과 그로 인해 형성되는 삶이 유전자와 같은 생물적 요인에 의해 결정되지 않는다는 분명한 사실을 알려준다.[1] 그렇다면, 각 사람의 삶을 만드는 핵심 요인은 무엇일까? 사람들은 어떻게 서로 다른 모습으로 자신의 삶을 만들어나가게 되는 것일까? 이러한 질문에 대한 심리학의 일반적인 답변은 복잡하면서도 단순하다.

"개인의 성장과 발달은 그가 물려받은 유전적 속성과 그가 속한 환경의 상호작용 결과물이다."

이 말은 틀리지는 않지만, 그렇다고 완전히 맞는 말도 아니다. 왜냐하면, '자신이 누구이며, 어떤 마음으로 어떻게 살아야 하는가?'와 관련한 질문에는 아무런 답을 주지 않기 때문이다. 이런 질문에 대해 심리학에서는 흔히 "개인의 성격은 유전과 환경의 상호작용에 의해 형성된다"는 말을 잘 사용한다. 이 말은 그 사람의 유전자가 어떻든, 그가 어떤 환경에서 성장하든 두 요인이 그 사람의 삶에 모두 관여되기도 하지만, 결정적으로 그 영향이 어떻게 작용하는지는 알 수 없다는 뜻이다. 단지 유전과 환경을 언급하는 것만으로 한 개인이 자기 마음이나 삶의 정체성을 파악하기 어렵다는 의미다. 각자도생의 시대에서, 단순히 외부 요인(유전, 환경, 신, 운명)에 의해 자신의 삶이 결정되지 않는다는 사실을 알게 될 때, '자신이 누구이며, 어떻게 살아가야 할 것인가'라는 문제는 개인의 삶의 정체성을 형성하는 데 있어 더욱 중요한 문제가 되었다. 이것을 '자기 마음에 대한 인식과 자기 삶에 대한 성찰'의 문제라고 부를 수 있다. 즉, **어떤 마음을 가진 어떤 사람으로 살아갈 것인가**'라는 문제다. 20세기 중반 이후, 심리학은 각기 다른 개인의 성격이나 마음이 그들 각자의 삶에서 어떻게 각기 다른 모습으로 나타나는지를 탐구하기 시작했다. 이를 통해 남과 다른 '자아에 대한 인식'과 '자아의 고유한 특성'을 **성격**이라고 부르게 되었다.

셀프^{self}와 자아^{自我}의 확인
: 너와 나를 구분짓는 특성이 '성격'이다

20세기 초, 심리학이 과학으로 자리 잡기 위해서는 비물리적이고 개념적으로만 느껴지는 '마음' 대신, 물리적으로 관찰하고 측정할 수 있는 '행동'을 연구 대상으로 삼아야 한다는 주장이 널리 퍼지기 시작했다. 이러한 '행동주의' 패러다임의 등장으로 인해 '마음'에 대한 심리학의 탐구, 특히 개인의 고유한 마음에 대한 연구는 거의 이루어지지 않았다. 겨우 1950년대 이후에야 심리학은 '성격'^{personality}이라는 개념을 통해 타인과 구분되는 한 개인의 고유한 특성을 언급하기 시작했다. 그러나 이는 마치 기억, 학습, 지능, 정서, 사회성 등 인간이라면 누구나 가질 수 있는 보편적 심리 특성 중 하나로 취급되었다. 한 개인의 성격은 어떤 보편적인 기준에 맞추어, 그 사람이 다른 사람과 비교했을 때 어떤 수준에 있는지 평가하는 방식으로 이루어졌다. '자신만의 마음'이 무엇인지, 그리고 어떤 사람의 특정 성격 특성이 그 사람의 삶에 어떤 영향을 미치며, 삶의 방향과 모습을 어떻게 만들어가는지 파악하는 수준에는 도달하지 못했다.

개개인의 마음이 각자의 삶과 어떤 관계가 있는지에 대한 대중의 관심과 요구가 본격적으로 등장하기 시작한 것은 20세기 중반 이후부터이다. 당시 미국 심리학계는 사람들이 자신만의 마음으로 인해 겪는 삶의 문제를 주로 '정신분석' 이론을 통해 파악하는 수준에 머물렀다. 일상생활에서 다양한 마음의 아픔을 겪는 내담자들을 상대하는 심리상담사와 치료사들은 각기 다른 사람들의 마음의 아픔의 정체를 파악할 수 있는 방법을 대학의 심리학 교수들에게 요청하기도 했다. 그러나 만족할 만한 결과를 얻지는 못했다. 왜냐하면 20세기 내내 대학의 심리학 연구자들은 개별적인 각기 다른 개인의 마음과 그들의 마음이 만들어내는 아픔의 정체를 밝힌다는 생각 자체를 거의 하지 않았기 때문이다. '건강심리학'이나 '긍정심리학' 등의 이름으로, '긍정적 사고의 힘'positive thinking, '이상 성격'abnormal personality, '회복탄력성'resiliency, '마음 충만성'mindfulness 등의 특성을 탐구하는 연구는 있었다. 그러나 이 연구들 역시 일반적이고 보편적인 인간의 마음에 관한 것이었으며, 한 사람이 가진 그 사람만의 마음이나 그가 겪는 삶의 어려움을 파악하려는 접근은 거의 이루어지지 않았다. 이는 대부분의 심리학자들이 평균적이고 일반적인 사람의 마음과 보편적인 심리 법칙을 찾는 데 집중했기 때문이다. 이러한 상황에서, 황상민 교수는 연세대학교 심리학과에서 기존의 심리학 연구 패러다임이 뭔가 잘못되었음을 느끼기 시작한 것이다. 그는 보편적이고 일반적인 마음의 법칙을 찾는 고전물리학적 패러다임에서 벗어나, 양자역학적 패러다임에 기반한 접근이 필요하다고 보았다. 그는 임상 장면에서 내담자들과 상담을 진행하는 심리상담사들이 마음을 읽는 도구로 활용할 수 있는 '마음의 MRI 검사'를 만들어내었다. 그 대표적인 검사가 누구나 쉽게 자신과 자신의 삶에 대한 믿음을 확인할 수 있는 WPI Whang's Personal Identity[2] 검사이다.

| 비교되는 마음과 '있는 그대로의 마음'의 차이

한국 사회에서 한국인의 마음, 그리고 그들이 경험하는 삶의 방식과 아픔을 한 개인의 삶의 모습으로 파악하는 일은 그 자체로 낯설다. 이는 가끔 방송 프로그램의 휴먼 다큐멘터리에서나 다루어지는 주제로 취급된다. '헬조선'이라는 단어로 표현되는 MZ세대 젊은이들이 자신의 삶의 어려움과 아픔을 사회 현상이나 문제로 인식하려 할 때, 이러한 어려움은 더욱 두드러진다. 개인은 자신의 마음을 통해 자기 삶의 경험을 파악해야 한다. 그러나 누구나 쉽게 타인의 인정과 평가를 통해 자신이 누구인지, 어떤 삶을 살고 있는지를 확인하고 싶어 한다. 이러한 현상은 '눈치'를 강조하고, 대세를 따르며 '인싸'가 되는 것을 중시하는 MZ세대 젊은이들에게 특히 중요한 문제가 된다. 그들은 자신의 마음을 잘 알지 못하고, 자신이 원하는 삶을 살지 못한다고 느낄 때, 쉽게 자신을 '억울한 피해자'로 규정하고 '피해의식' 속에서 자신을 인식해버리기 때문이다.

21세기 한국 사회의 높은 자살률, 낮은 출산율, 그리고 MZ세대의 문제 등을 논할 때, 핵심적인 전제는 개별 인간을 어떻게 바라볼 것인가이다. 아니, 자신을 국가나 사회의 보호 대상으로 볼 것인가, 아니면 자기 삶에 대한 책임을 지는 주체로 볼 것인가의 문제가 '나는 누구이며, 어떤 삶을 살 것인가'를 결정하는 중요한 기준이 된다. '가부장적 국가주의'의 믿음에 따라 한 개인을 살펴 볼 때, '저출산, 부동산 급등, 일자리 부족, 소득 불균형'과 같은 사회 문제는 모두 슈퍼맨 같은 정치인에 의해 해결되어야 하는 것으로 여겨진다. 그러나 누구나 자신이 원하는 삶을 스스로 만들어갈 수 있다는 믿음으로, 각자가 자기 삶의 주인으로 살아가야 한다고 믿을 때, 아니 최소한 각자가 자신의 마음으로 살아간다는 것을 인정하게 될 때, 이러한 문제들의 해법은 달라진다. 심지어, 이와 관련된 현재 대부분의 국가 정책은 별다른 효과를 내지 못하는 '생색내기'에 불과한 일이 되고 만다. 이는 한 개인이나 그 개인의 마음을 어떤 전제로 파악하느냐에 따라 무엇이 문제가 되고, 그 문제의 답이 달라진다는 점을 의미한다.

고전물리학 패러다임에 의해 만들어진 성격 검사는 한 개인의 '있는 그대로'의 마음이 아닌, '비교되고 평가되는' 마음을 파악하려 한다. 한 사람이 다른 사람과 얼마나 다른지를 파악하기 위해, 평균과 유사한 '규준norm'을 활용하는 방식이다. 이는 각 개인을 객관적인 공통 규준에 비추어 얼마나 다른지를 평가하는 것으로, 한 사람의 마음을 '있는 그대로' 보는 것이 아니라, '규준'이나 '평균'과 비교하여 그 상태나 위치를 파악하는 방식이다. 즉, 한 개인이 가진 '나는 누구이며, 어떻게 살아가야 할 것인가'라는 문제에 대해 항상 그 사람이 속한 **사회적 기준**을 적용해 규정하는 것이다. 성별, 연령, 지역별 구분 등 사회적 집단 기준을 한 개인의 마음을 파악하는 데 활용하는 것이다. 이것이 바로 한 개인의 마음을 '있는 그대로' 보는 것이 아닌, '비교와 평가'로 판단하는 방식이다. 아웃사이더와 대비되는 '인싸' 또는 '인싸가 되기를 갈망하는' 한국인의 욕망은 이러한 마음의 발현이다. 각자 어떻게 살아야 할지 고민하면서도, 남들보다 못한 삶을 살고 있다는 절망감에 빠지고, 쉽게 자기 삶을 포기한다. 이는 자신이 누군지를 의식하거나 인식할 수 없기 때문이다. 아니, 자신이 다른 사람들에게 이상하게 보일까 두려워하며 불안해하기 때문이다. 남과 비교해 '튀지 않고, 무난하게, 안정적으로 살기'를 원하고, 그렇게 살아야 한다고 믿는다. 그 결과, 점점 자신이 누구인지, 무엇을 위해 사는지 알지 못하는 미궁에 빠지게 된다.

양자역학적 패러다임에 기반한 한 개인의 마음 탐색에서는, 어떤 한 사람의 마음을 다른 사람과 비교하지 않고, 그 사람이 처한 상황과 환경 속에서 그 사람의 마음이 '있는 그대로' 어떻게 나타나는지를 살펴보려 한다. 측정자가 측정 대상의 속성을 변화시킨다는 양자역학의 현상을 인간 마음을 파악하는 데 그대로 고려하는 것이다. 하지만 한 개인의 마음을 '있는 그대로' 파악한다는 것은 일반적인 사회과학 연구에서는 낯선 접근이다. 왜냐하면, 개인의 마음을 파악할 때 '전체의 특성이 한 개인의 마음으로 나타난다'는 집단주의적 방식을 무작정 적용하려 하기 때문이다. 한 개인의 마음을 파악하고, 이를 통해 그 사람의 삶의 정체를 확인하고 삶의 길잡이가 되는 심리검사는 20세기가 끝날 때까지 존재하지 않았다. 대부분의 심리검사는 '평균'이나 '정상 기준'에 비추어 한 개인의 특성이 얼마나 벗어나 있는지를 평가하거나 단순히 유형으로 구분하는 수준에 그쳤다. 이러한 점에서 MBTI나 빅 파이브Big5 성격 검사는 모두 개인의 마음을 '있는 그대로' 드러내기보다는 비교와 평가의 대상이 되게 한다.

내 마음을 아는 것이 왜 필요해요?

서양 철학자 데카르트는 "인간은 몸과 마음으로 이루어져 있다"고 말했다. 당시 로마 교황청은 그와 일종의 협상을 했다.

> "과학의 이름으로 인간의 몸을 해부하는 것은 인정할 수 있다. 그러나 과학을 마음에 적용하는 것은 신을 모독하는 것이며, 화형에 처해질 수 있다."

이러한 입장은 수천 년간 인간의 마음을 영혼으로 가르쳐왔기 때문에 생긴 것이다. 영혼은 하느님의 '들숨과 날숨'과 같으며, 인간이 살아있는 것은 절대자 신의 뜻이라는 믿음이 있었다. 이 때문에, 꼭 기독교 신앙이 아니더라도 절대자 신이나 누군가에 의해 자신의 삶이 결정된다고 믿는 것은 곧 '자신이 자기 삶의 주인이 될 수 없다'는 의미로 해석된다. '하느님의 뜻에 따라' 살 것인가, 아니면 '자신의 마음에 따라' 살 것인가라는 두 가지 중 하나를 선택해야 하는 것이라고 생각하기 쉽다.

성경에 나오는 '달란트'의 비유[3]는 이러한 문제에 대해 좋은 답을 제공한다. 달란트, 즉 금화를 주고 먼 길을 떠난 주인과 세 명의 종 이야기가 있다. 달란트를 잘 활용하여 수십, 수백 배의 이익을 낸 종, 어쩌다 전부 날려버린 종, 그리고 잃을까 두려워 땅에 잘 묻어둔 종이 등장한다. 성경은 누가 주인으로부터 상을 받게 되는지를 중심으로 이야기를 다룬다. 이익을 낸 종뿐만 아니라 손실을 본 종 모두 부지런히 자신의 달란트를 사용했다는 이유로 상을 받는다. 반면, 달란트를 땅에 묻어두고 안전하게 보관만 했던 종은 '게으른 자'로 꾸중을 듣고 아무런 상도 받지 못한다. 이 이야기의 교훈은, 누구나 절대자 신으로부터 받은 재능을 묵히지 말고 활용하며 살아야 한다는 것이다.

21세기에도 성경의 달란트 교훈은 여전히 유효하다. '자기 삶의 주인은 바로 자기 자신이다'라는 믿음은 누구나 자신이 누구이며, 무엇을 위해 사는지에 대한 답을 찾도록 이끈다. 성경 속의 '게으른 종'은 이러한 질문을 자신에게 던지지 않았기에, 그 답을 찾으려는 시도조차 하지 않았다. 그래서 주인에게 달란트를 받았을 때, 그 종은 자신의 역할을 알지 못했고, 결국 '게으른 종'이라는 꾸중을 듣게 된다.

인간의 마음을 '영혼'이라 믿는다면, 인간은 자신의 삶의 주인이 자신이라기보다는 절대자인 신에게 있다고 생각하게 된다. 그러나 아이러니하게도 '충실한 종'이 되려고 할수록 오히려 '게으른 종'이 될 가능성이 높다. 반면, 자신의 마음을 '영혼'이 아닌 '자신만의 마음'으로 인식할 수 있을 때, 이는 절대자에게 충성을 다하는 문제를 넘어, 자신의 삶에 얼마나 충실할 수 있느냐로 바뀐다.

자신이 자기 삶의 주인이라 믿는 것은 곧 자기 자신에 대한 인식과 믿음이 자신을 향하는 것이다. 이는 한 개인이 가진 자기 삶에 대한 '자신만의 마음'을 의미한다. 성경 속 '믿음'에 대한 언급은 역설적으로 21세기의 각자도생 시대에서 사람들의 마음이 발휘하는 힘과 그 핵심을 잘 보여준다.

> 가라사대 너희 믿음이 적은 연고니라. 진실로 너희에게 이르노니, 너희가 만일 믿음이 한 겨자씨만큼만 있으면 이 산을 명하여 여기서 저기로 옮기라 하여도 옮길 것이요, 또 너희가 못할 것이 없으리라. [마태복음 17장 20절]

> 믿음은 바라는 것들의 실상이요, 보이지 않는 것들의 증거니, 선진들이 이로써 증거를 얻었느니라. 믿음으로 모든 세계가 하나님의 말씀으로 지어진 줄을 우리가 아나니, 보이는 것은 나타난 것으로 말미암아 된 것이 아니니라. [히브리서 11장 1~3절]

'자기 자신과 자신의 삶에 대한 믿음'이 바로 '그 사람의 마음'이다. 각 개인이 자신의 삶을 책임지고 스스로 만들어나가려 한다면, 자신이 어떤 마음으로 살아야 할지를 스스로 묻고 답을 찾을 수 있어야 한다. 모든 것은 자기 마음을 얼마나 잘 읽어낼 수 있느냐에 달려 있다. 매일의 생활 속에서 각기 다른 이슈에 대한 자신의 믿음을 스스로 확인하는 인간은, 드디어 종교적 속박에서 벗어난 근대적 인간이자, 각자도생의 시대를 살아가는 현대적 인간으로 재탄생하는 순간을 맞이하는 것이다.

한 사람을 다른 사람과 구분하고, 또 각 개인의 정체성을 확인할 수 있는 '그 사람의 마음'에 대한 탐색은 20세기 말, WPI 검사로 시작되었다. WPI 검사는 각자 자신의 마음을 MRI처럼 들여다볼 수 있게 하였으며, '각자도생'의 시대적 흐름에 맞추어 자기 자신과 삶에 대한 인식의 절대적인 필요성을 강조하였다. 누구나 스스로 신이 된 것처럼 자신의 능력과 삶의 방식을 뚜렷하게 의식하지 않고 살아간다면, 그저 연명하는 삶을 살게 될 뿐이다.

'절대자 신'에 대한 믿음과 '마음'의 발견

마음의 발견, 특히 한 개인의 마음에 대한 인식은 서양 문화를 구분하는 '헬레니즘 문화'와 '히브리즘 문화'에서 매우 다르게 나타났다. 무엇보다 이 차이는 '절대자 신'을 표현하는 방식에서 두드러지게 드러난다. 헬레니즘 문화 속 신들은 각기 다른 역할을 수행하며, 마치 인간 사회의 직업과 역할을 반영하는 듯한 모습이다. 그리스-로마 신화의 다양한 신

에로스와 프시케의 피로연에 모인 여러 신을 표현한 라파엘로의 그림

들은 인간과 유사하지만, 신이기에 인간을 초월하는 능력을 가진다. 이에 비해 히브리즘 문화의 신은 '유일신'이다. 인간은 이 절대자 신의 단순한 창조물에 불과하다. 만약 헬레니즘 문화가 서구문화를 계속 지배했다면, 개별 인간의 마음을 탐구하는 역사는 더 빨라졌을지도 모른다. 하지만 로마가 기독교를 국교로 삼은 이후, 인간은 절대자 신을 섬기는 종의 입장으로 살아가야 했다. 결코, 개별 인간이 자신의 마음을 인식하거나 파악하는 일은 허용되지 않았다.

헬레니즘 문화를 만든 고대 그리스인들은 자신의 운명이나 미래를 델포이의 아폴론 신전의 신탁에서 찾았다. 그 신전의 대표적인 경구 중 하나가 바로 **"너 자신을 알라"**이며, 이는 일부에서 '소크라테스의 경구'로도 알려져 있다. 비록 그리스인들은 운명이 신에 의해 좌우된다고 믿었지만, 적어도 자신의 삶을 찾고 만들어가는 것은 '자신에 대한 인식'에 달려 있다고 보았다. 반면, 히브리즘 문화에서는 개별 인간의 삶이란 단지 주인으로 모시는 절대자 신의 명령에 '복종'해야 하는 존재로 여겨졌다. 개개

아폴론의 여사제는 델포이의 삼각대에 앉아 신과 소통하기 위해 연기를 흡입한다

인이 자기 마음을 안다는 것은 마치 종이 주인의 명령을 따르지 않고 제멋대로 행동하는 것과 같은 의미로 여겨졌다. '노예'는 주인의 마음만을 살펴야 하며, 자기 마음대로 행동하는 것은 불경스러운 일로 간주되었다. 교회의 힘이 지배하던 시대에 대부분의 사람들은 신에 의해 창조된 '말하는 도구', 즉 '노예'로 인식되었다. 주인을 섬기는 종의 마음으로 사는 것이 마땅하고 옳은 일이었기에, '너 자신을 알라'와 같은 마음 읽기를 권하는 경구는 금지되었다. 인간이 자신의 마음, 즉 개개인이 자기만의 마음을 알려고 하는 일은 20세기 이후에야 비로소 가능해진 것이다.

심리검사와 '마음' 탐구

'너 자신을 알라'와 같은 한 사람의 마음을 읽는 일은, 무엇보다 그 사람이 가진 삶의 문제나 어려움에 대한 해법을 찾는 데 도움을 준다. '어떻게 살아야 하는가?'와 같은 문제에 대한 답을 자기 마음 속에서 찾을 수 있는 단서들을 제공하기 때문이다.

'누구나 자기 성격으로 자기 운명을 만들어낸다.'
'자기 마음먹기에 따라 그 사람의 삶이 결정된다.'

이러한 마음은 각 사람들이 '자신에 대해 가지는 믿음'과 '자기 삶에 대한 믿음'이다. 이 믿음을 탐색함으로써 '나는 누구인가?', '나는 무엇을 위해, 왜 사는가?'와 같은 질문에 답할 수 있는 많은 단서를 얻을 수 있다. 만일 어떤 사람이 이러한 이슈나 질문에 답하지 못한다면, 그 사람은 마음이 없는 채, 아니 자기 마음을 잃어버린 채로 살고 있다는 뜻이다.

┃ '나'와 '삶'을 결정짓는 것: 운명인가?

한 사람의 마음이 그 사람의 삶과 운명을 결정한다는 생각은 그리 낯설거나 새로운 것이 아니다. 동양에서는 한 개인의 삶을 자연현상의 일부로 보고, 자연의 질서에 따라 삶이 형성된다고 믿었다. 이러한 믿음은 음양오행의 원리로 설명되며, 이를 바탕으로 사주四柱를 통해 사람의 길흉화복吉凶禍福을 알아보는 명리학命理學이 발전했다. 혹자는 명리학을 운명과 관련된 통계학, 동양의 인성학人性學 또는 심리학이라 주장한다. 그러나 이것은 봉건사회에서 개인의 삶과 죽음이 그가 속한 사회적 신분이나 계급에 의해 결정되었다는 것을 자연의 질서로 설명한 것이다. 이는 한 사람의 운명이 출생 시에 이미 정해졌다는 믿음을 표현하는 것이다. '팔자'라는 개념을 통해 인간의 운명을 자연현상의 일부로 인식하며, 인간의 삶은 자연의 질서에 맞춰져야 한다고 본다. 한 사람의 삶이 이 자연의 질서에 얼마나 부합하는지 여부를 음양오행으로 설명하고 확인할 수 있는 '팔자'로 풀이한다.

명리학이 한 인간의 성격이나 운명에 대한 나름의 설명을 시도한다고 해서, 그것이 곧 그 사람의 마음에 대한 탐색은 아니다. 명리학은 한 사람이 태어난 생년월일시四柱에 해당하는 60간지干支 Sexagenary cycle의 여덟 글자(팔자)를 통해, 오행五行과 음양陰陽의 관계를 분석하여 그 사람의 길흉화복을 파악하려는 활동이다. 오행은 나무, 불, 물, 쇠, 흙의 다섯 가지 기운을 뜻하며, 음양은 상생相生과 상극相剋의 관계를 나타낸다. 태어난 연월일시年月日時의 음양과 오행의 배합이 그 사람의 삶의 특성들을 운명처럼 만들어낼 것이라는 믿음이다. 따라서 명리학에서 한 개인의 운명을 해석하는 것은 결코 그 사람의 '마음'을 읽는 것이 아니다. 그 사람의 생년월일 각각의 시점에 해당하는 60간지의 여덟 글자(팔자)를 음양오행의 관계로 추론하고 해석하는 것이다. 이와 유사하게 동양의 고전 중 하나인 주역周易은 점을 치는 도구로 여겨지기도 한다. 주역은 우주의 원리와 인간 삶의 변화를 설명하는 데 중점을 두며, 64개의 괘卦와 그에 대한 짧은 설명을 통해 현재 한 사람이 처한 상황을 설명하려 한다. 주역의 핵심은 변화의 원리를 이해하고, 이를 통해 인간이 세상과 조화롭게 살아가는 방법을 탐구하는 데 있다.

명리학이나 주역 모두 우주의 이치와 자연의 질서 속에서 개인의 운명을 이해하려는 점에서 유사하다. 주역이 일반적인 길흉화복의 법칙을 언급한다면, 명리학은 개인의 삶과 관련된 운명을 이야기한다. 이는 주역이나 명리학을 통해 일상 속에서 겪는 삶의 어려움과 문제에 대한 지혜를 얻고자 하기 때문이다. 그래서 주역이나 명리학은 모두 점占의 영역으로 여겨지기도 한다. 서양의 심리학도 마음의 법칙을 찾는 학문으로 발전했다는 점에서 주역에 더 가깝다. 하지만, 사람들은 자신의 마음에 의해 자기 삶이 어떻게 변화하는지를 더 궁금해 한다. 이런 이유로, '마음 읽기' 방법을 연구하는 초기에 황상민 박사도 주역이나 명리학이 개인의 마음을 읽는 것과 어떤 관련이 있는지도 탐구했다. 동양 사회에서 각 개인이 자기 삶의 어려움과 문제를 자연 질서에 따른 삶의 방식을 아는 것에서 해법을 찾는 것과 서양 심리학의 '마음 읽기'와 어떻게 관련되어 있는지를 알려고 했기 때문이다. '자신이 누구이며, 어떤 사람으로 살아야 하는가?'를 알려는 것이라는 것, 그리고 이 모든 것이 각자 생존의 비법을 찾으려는 인간 노력의 표현이라는 것을 알게 되었다. 각기 다른 문화와 학문 영역에서 각기 다른 방식으로 삶의 지혜를 표현하는 것이었다.

| 성격은 한 개인의 고유한 특성일까?

황 박사는 WPI 검사의 개발과 관련된 심리학 연구를 하면서, 당시 연구자로서 자신의 마음의 아픔과 함께 다음과 같은 고민을 털어놓았다.

"20세기 동안 과학은 물질 대상이나 자연 현상에 대한 기술, 설명, 예측을 어느 정도 정확하게 할 수 있었다. 하지만, 비물질적 속성인 인간의 마음을 과학적으로 연구하려던 심리학은 여전히 고전 물리학 패러다임에 갇혀 마음을 '있는 그대로' 파악하지 못하고 있었다.

각기 다른 사람들의 마음을 있는 그대로 이해하고, 그 마음에 의해 각 개인의 삶이 어떻게 다양하게 드러나는지를 탐구할 필요가 있었다. 10년 이상 진행된 '한국인의 심리코드'[4] 연구를 통해, 다양한 인간의 마음을 있는 그대로 확인할 수 있는 방법론과 검사 도구를 개발할 수 있었다.

다양한 주제와 이슈에 따라 사람들이 각기 다른 방식으로 마음을 표현하고, 그것이 그들의 삶의 방식을 어떻게 다르게 나타내는지를 이해할 수 있게 되었다. 심리학자로서, 어떤 마음으로, 어떤 삶을, 왜 살아야 하는가에 대한 혼란도 점차 정리되었다."

황 박사는 자신의 경험을 통해, 한 개인이 남들과 다른 자신의 특성을 인식하고 성찰하는 것이 곧 '자기 마음 읽기'라는 사실을 확인했다. 그리고 WPI 검사의 개발을 통해, 한 사람이 자신에 대해 가진 믿음이 그가 만들어가는 삶의 방식, 그리고 삶의 이유와 어떻게 밀접하게 연결되어 있는지도 확인할 수 있었다. 이는 물리학에서 빛을 어떻게 파악하고 측정하느냐의 문제와 유사하다. 빛을 입자로 볼 것인가, 아니면 파동으로 볼 것인가? 상황이나 조건에 따라 다르게 표현되는 빛의 특성을 파악하는 문제는, 한 개인의 마음을 '있는 그대로' 이해하고, 그 비물질적 대상을 파악하는 것과 유사한 문제였다.

"○○이는 집에서는 조용하고 얌전한데, 밖에서는 엄청 활달하게 움직인다."

즉, 한 사람의 특성은 그가 어떤 환경에 놓여 있는지에 따라 달라지기도 한다. 동시에, 어떤 사람은 다양한 환경 속에서도 항상 비슷한 행동과 모습을 보이기도 한다. 이럴 때, 우리는 무엇을 기준으로 한 사람의 성향이나 특성을 파악할 수 있을까? 한 사람의 성격이나 마음을 확인할 때, '누군가' 또는 '어떤 기준'에 맞춰 비교하는 방식이 아니라, 그 사람의 '있는 그대로의 특성'을 발견할 수 있어야 한다. 하지만 각기 다른 환경과 상황에서 다르게 나타나는 개인의 특성을 '있는 그대로' 파악한다는 것은 "마땅히 그렇게 되어야 한다"는 당위성을 넘어서, 실질적으로 이루어지기 참 어려운 일이다.

자녀를 여러 명 키워본 부모라면 이 상황을 더욱 쉽게 이해할 수 있다. 같은 환경, 같은 가족 속에서도 아이들은 서로 다른 모습을 보인다. 한 아이의 행동도 상황에 따라 다르다. 학교에서의 행동은 집에서와 다르고, 친구나 낯선 사람을 대할 때도 다르다. 집에서의 모습을 다른 곳에서도 그대로 보일 것이라고 믿는 부모는 종종 예상치 못한 경험을 하게 된다.

"성격은 어떤 한 사람의 고유한 특성이라기보다, 그 사람이 가진 특성과 환경의 상호작용의 결과물이다."

모든 사람에게 공통된 특성으로 성격을 규정하지 않을 때, 비로소 각 사람의 성격은 분명하게 드러난다. 각기 다른 상황에서 각자 보여주는 특성이 바로 그 사람의 성격이다. 이 성격은 그 사람의 마음이며, 자신과 자신의 삶에 대한 믿음이다. 그러나 자신과 자신의 삶에 대한 인식을 가지지 않는다면, 그 사람은 마음이 없는 것이거나, 자신의 마음을 잃어버린 상태에 있는 것과 다름없다.

| 성격은 'Big5 요인'으로 분석되고 확인될 수 있다고요?

한 사람이 자신에 대해 가진 믿음, 즉 '나는 어떤 사람이다'라고 믿고 있는 것이 바로 그 사람의 성격이자 마음이라면, 그 마음은 '나는 이렇게 살고 있다'라는 믿음으로 표현된다. "그는 자기 성격대로 살고 있어"라는 말은 곧 그가 '나는 어떠하다'라는 자신의 믿음대로 살고 있다는 뜻이다. 즉, 자신에 대한 믿음으로 자신이 원하는 삶을 나름대로 만들면서 살고 있다는 의미이다.

심리학자들이 한 사람의 특성을 성격personality이라고 규정하고 탐구하기 시작한 것은 1950년대 이후부터이다. 대중적으로 많이 알려진 'MBTI'와 같은 심리검사도 1960년대 이후 널리 퍼지기 시작했다. 특히, 1980년대에 들어서면서 심리학에서는 개인의 성격을 5가지 요인 점수로 확인할 수 있는 성격 이론이 등장하였다. 이런 성격검사의 논리는 물질을 이루는 화학 원소의 특성을 찾아내는 것과 유사하다. 대표적인 성격 이론으로 부각된 '빅 파이브 이론'Big5^{5}은 마치 물 분자를 H_2O, 이산화탄소를 CO_2로 표현하듯, 사람들의 성격을 5가지 성격 요인으로 설명할 수 있다고 했다.

성격 Big5 요인

외향성(표현력) Extraversion	자신을 얼마나 잘 드러내는가?
신경증(정서안정) Neuroticism	얼마나 감정적인가?
친화력(붙임성/공감성) Agreeableness	다른 사람에 대한 붙임성이 있는가? 공감, 공유가 잘 되는가?
개방성 Openness	새로운 일이나 생각에 얼마나 개방적인가?
성실성(작업) Conscientiousness	일에 얼마나 열중하고 또 성실하게 수행하는가?

빅 파이브 이론에서는 성격을 '외향성extraversion, 신경증neuroticism, 친화력agreeableness, 개방성openness, 성실성conscientiousness'으로 구분한다. '외향성'은 어떤 사람이 자신을 얼마나 잘 표현하는가 하는 정도이다. '신경증'은 정서 안정의 정도, 즉 얼마나 감성적이고 감정적인가를 나타낸다. '친화력'은 얼마나 붙임성이 있고 공감을 잘하는가를 뜻한다. '개방성'은 새로운 일이나 생각에 얼마나 유연하고 수용적인가를 나타낸다. '성실성'은 주어진 일에 열중하고 일관되게 지속하는 정도이다. 성격은 이들 5가지 요인의 합이라는 이론이다. 한 학생의 학업 능력을 '국어, 영

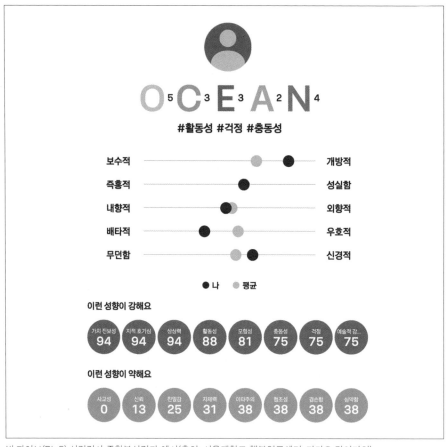

빅 파이브(Big5) 성격검사 종합분석결과 예시(출처: 서울대학교 행복연구센터, 카카오 같이가치)

어, 수학, 사회, 과학'의 5과목 점수를 합한 평균 점수로 판단하는 것과 같은 논리이다. 개인의 특성을 5가지 요인의 합으로 구분하기에 '있는 그대로'의 한 개인의 마음을 읽는 것이 아니라, 평균과 같은 어떤 기준과 비교된 마음 읽기이다. 이는 한 사람의 특정 특성을 '비교'와 '평가'의 대상으로 삼는다는 뜻이다. '있는 그대로'의 한 사람의 특성이나 마음을 읽는 방식과는 전혀 거리가 멀다.

예를 들어, 빅 파이브 성격검사의 결과표는 O·C·E·A·N이라고 적힌 성격 5요인 점수를 보여주면서, '평균'에 비해 성격 요인이 어느 위치에 있는지를 알려줄 뿐이다. 심리학 연구에서, 아니 빅 파이브 검사에서 한 사람의 성격을 이렇게 표현하는 이유는 인간의 심리 분석을 마치 '화학성분 분석표'처럼 다루는 것이 과학적 리포트를 작성하는 것이라고 믿었기 때문이다. 그러나 5가지 성격 요인을 점수로 표현한다고 해서 그것이 어떤 한 사람의 마음을 보여주는 것은 전혀 아니다. 그저 각기 다른 '5가

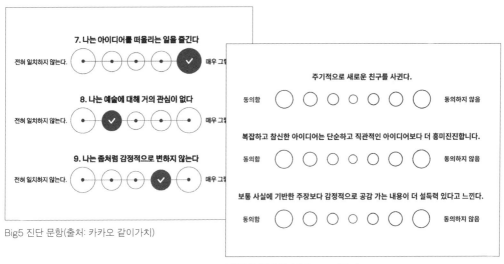

Big5 진단 문항(출처: 카카오 같이가치)

MBTI 문항(출처: 16 Personalities)

지 특성'으로 표현된 '심리 요인의 점수'를 알려줄 뿐이다. '성격의 5요인' 검사와 비슷하게 잘 알려진 MBTI[6] 검사도 한 개인의 마음을 있는 그대로 보여주는 검사가 아니다. 이들 성격검사들은 한 개인의 특성이 어떤 기준에서 어느 위치에 있는지를 알려줄 뿐이다. DISC, MMPI, WISC 등과 같은 성격이나 지능 검사들도 비교 기준을 통해 한 개인의 특성을 평가하고 판단하게 하는 검사들이다.

마음의 MRI

마음을 파악하는 심리검사는 한 사람이 현재 어떤 마음으로 살아가고 있으며, 자기 삶을 어떻게 이끌어 가고 있는지에 대한 '방향타(가이드라인)'를 제공할 수 있어야 한다. 하지만 대부분의 심리검사는 한 사람의 마음에 초점을 맞추어 그 사람이 어떤 상황에서 어떤 방식으로 반응하는지를 확인하지는 않는다. 단지, 해당 검사를 구성하는 특정 심리 요인과 관련된 특성이 얼마나 나타나는지를 확인할 수 있을 뿐이다. 따라서 한 개인의 마음을 있는 그대로 나타내는 검사란, 바로 그 사람이 자신이 누구이며 어떤 삶을 추구하는지를 확인시켜 줄 수 있어야 한다. 각각의 사람들이 현재 처한 상황에서 자신의 마음을 있는 그대로 드러낼 수 있는 검사가 필요하다.

┃ 마음을 알게 되면 '어떻게 살지 길이 보인다'고요?

심리상담이나 치료에서는 수많은 심리검사가 사용된다. 하지만 '한 사람의 마음을 있는 그대로 들여다본다'는 목적에 충실한 검사는 거의 없다. 대부분의 심리검사는 마음을 '지능, 성격, 사회성' 등의 개별적인 심리 요인이나 특성으로 규정하고, 특정 사람에게서 그 특성들이 규준에 비추어 어느 정도 수준인지를 진단하고 평가하는 용도로 활용된다. 잘 알려진 MBTI 성격검사의 경우에도, '행동 태도 지표'인 외향(E)-내향(I), 판단(J)-인식(P) 지표와 '심리 기능 지표'인 감각(S)-직관(N), 사고(T)-감정(F)를 활용하여 한 사람의 성격을 4개의 문자로 구분한다. 이를 통해 특정 사람이 16가지 성격 유형 중 어떤 유형에 속하는지를 알려주는 것이다.

> "당신은 ENFP입니다."
> "당신은 INTJ입니다."
>
> > "그래서요? 어쩌라고요?"

검사 결과는 특정 유형으로 구분해 주지만, 정작 그 결과를 받은 당사자는 자신의 마음과 삶의 어려움에 대해 더 많은 의문을 가지게 된다. 자신이 처한 상황에서 자신이 어떤 마음을 가져야 하는지, 아니 어떻게 살아야 하는지에 대한 답을 얻기란 어렵다.

> "네가 INTJ라고? 그렇다면, 알아서 잘 살아야지!"

검사 결과는 각 유형과 관련된 성격 특성의 장점이나 단점에 기초하여 삶의 변화나 자기 자신에 대한 통찰을 제안하기도 한다.

> "내성적이고 섬세한 성격이니, 좀 더 대범하고 담대한 마음으로 살아야겠어요."

이는 당위적이고 일반적인 이야기로 들릴 수밖에 없다. 왜냐하면 심리검사를 통해 자신의 마음을 알고자 했던 그 사람만의 고유한 마음이 아닌, 일반적인 심리 요인에 기초한 특성에 맞춰 장점 활용과 단점 보완 수준의 조언이나 상담을 받기 십상이기 때문이다. 이러한 경우, 자신의 마음에 대한 이해와 공감, 또는 자기 삶의 문제에 대한 제대로 된 진단을 받았다고 느끼기 어렵다. 그저 자신의 답답한 마음을 토로하고, 그 원인이 단지 자신의 성격 특성 때문이라는 대답을 듣는 것으로 끝나기 쉽다.

WPI 검사를 '마음의 MRI'라고 표현하는 이유는, 마치 의사가 환자의 몸을 엑스레이나 MRI로 살펴보듯, WPI 검사를 활용하는 마음치유사가 상담하는 사람들의 마음을 들여다볼 수 있기 때문이다. 즉, 현재 처한 상황에서 가지고 있는 자신에 대한 믿음을 확인할 수 있다. 이 믿음은 구체적인 생활 방식과 자신이 일을 수행하는 방식으로 나타난다. 자신의 삶이 어떤 가치를 지향하는지를 라이프스타일로 확인할 수 있는 것이다. 자기 마음을 아는 것을 통해 '어떻게 살아야 하나요?'라는 질문에 대한 답을 찾을 수 있다. 『WPI를 활용한 마음 읽기 시리즈Ⅱ』에서는 이와 관련된 내용을 더 자세히 다룰 예정이다.

마음 읽기와 믿음의 확인

"왜 사세요?"라는 질문은 참 당혹스럽다. 자기가 살아가는 동기나 이유를 쉽게 찾기 어렵기 때문이다. 결혼이라도 했다면, 자식이나 배우자를 위해서라고 하기도 한다. 그렇지 않다면, '신의 뜻이라서', 또는 '세상에 태어났으니!' 아니면 '부모님이 낳아주셔서' 등 자신도 무슨 말을 하는지 모르는 말을 뱉어버리기도 한다. 때로는 막연히 '돈을 벌기 위해' 산다고 이야기하기도 하지만, 너무 노골적이라 느껴져 꺼려지기도 한다. 각자는 자신만의 방식으로 살아가는 이유를 찾는다. 이것이 바로 우리가 가진 자신과 삶에 대한 믿음이자, 살아가는 이유다. 이렇게 자기 마음을 읽고 나면, 왠지 모르게 아쉽고 답답한 기분이 들기도 한다.

자신이 왜 살아가는지, 또 어떤 사람으로 살아가는지에 대해 각자 가진 믿음을 확인하는 것이 바로 자기 '마음 읽기'이다. 매일 반복되는 것처럼 보이는 일상이나 자신이 수행하는 삶의 과제, 직업 활동 등은 바로 일과 생활로 드러나는 자기 마음의 표현이다. 만약 자신이 살아가는 것에 큰 의미가 없다고 믿고, 일과 생활은 반복되는 것이라 믿고 산다면, 그 사람은 자기 마음이 없는 채로 사는 것이다. 이처럼 한 사람이 자신을 인식하고 자기 마음을 파악하는 것은 참 간단하고 분명하다. 일상 속에서, 자신이 수행하는 일에 어떤 의미를 부여하며, 자신이 어떤 사람으로 살고 있는지를 확인할 수 있느냐에 따라 한 사람의 마음은 분명하게 드러난다. 자신에 대한 믿음과 자신의 생활과 삶의 방식이 어느 정도 부합한다면 그 사람은 자신이 원하는 방식으로 잘 살아가고 있는 것이다. 일상에서 그 사람만의 마음이 잘 드러나고, 주위 사람들도 그가 어떤 사람으로 살고 있는지에 대해 인정해 줄 것이다. 이는 그가 어떤 직업이나 사회적 지위의 인간이냐의 문제가 아니라, 자신만의 마음을 가진 인간으로 살고 있다는 의미이다.

▮ '마음'의 확인과 '마음 읽기'

'나는 좋은 사람이다', '나는 재미있는 사람이다', '나는 다른 사람과 어울리는 것을 힘들어한다', '나는 혼자 있을 때 더 마음의 평화를 느낀다', '나는 어떻게 살아야 할까?'라는 질문에 대한 답을 찾기 위해서는 무엇보다 자신에 대해, 자기 생활과 삶에 대해 자신이 어떤 믿음을 가지고 있는지를 확인하면 된다. 그러나 대부분은 자신이 가진 믿음을 통해 자기 마음을 확인하려 하지 않는다. 대신 자신을 남과 구분되게 하는 성격 같은 어떤 특성을 변화하지 않는 고정된 것으로 이해하려 한다. 자기 마음을 읽는 것은 쉽지 않다. 각기 다른 다양한 상황 속에서 자신이 어떤 믿음을 가지고 생활하는지 스스로 의식하고 성찰하는 것이 어렵기 때문이다.

대부분은 마음 없이, 마치 '자율주행' 자동차처럼 자동으로 움직이며 생활한다. 성격이나 정체성 같은 단어를 통해 자신의 마음을 확인하기도 하지만, 이런 마음은 지능, 사회성, 자신감, 몰입, 회복 탄력성 등 다양한 심리적 개념들을 뭉뚱그려 놓은 막연한 무엇으로만 생각할 뿐이다. 보통은 '자신에 대한 믿음'을 자신이 원하는 것을 이루어야 한다는 다짐이나 확신 정도로 인식한다. 무엇보다 '현재 있는 그대로'의 자신에 대해 불만족스럽거나 그것을 인정하기 싫을 때, 자기 마음에 대한 인식이나 성찰은 더욱 어렵다. 마음 읽기를 힘들게 느낀다.

마음 읽기는 '자신만의 마음을 인식'하는 것이다. 특정 주제나 이슈와 관련된 믿음으로 확인되는 마음을, 자신이 처한 상황이나 문제와 연결시켜 성찰하는 것이 마음 읽기이다. 마음은 비물질적인 형태이지만, 어떤 사람의 마음은 그 사람의 말이나 글, 행동 등의 다양한 단서를 통해 일종의 믿음과 같은 표현으로 찾아낼 수 있다. 특정 이슈나 주제와 관련된 그 사람의 믿음을 나타내는 다양한 단서를 통해 그 사람의 마음을 파악하는 것이 '마음 읽기'이다. 자신이 처한 상황이나 문제와 관련된 자신의 믿음을 하나하나 확인하게 될 때, 그 믿음이 바로 자신이 겪는 어려움이나 아픔의 이유가 된다는 사실을 발견할 수 있다. 그러나 이런 마음 읽기를 누구나 쉽게 할 수 있는 것은 아니다. 무엇보다 이런 마음 읽기를 할 수 있으려면 자기 마음에 대한 뚜렷한 인식이 가능해야 한다. 만약 삶의 어려움이나 아픔의 문제를 경제적 이유나 사회적 환경, 또는 시대적 흐름 등 외부의 영향에 의해 결정된다고 믿는다면, 자기 마음에 대한 인식은 더욱 어렵게 된다.

누구나 삶의 어려움과 아픔을 겪지만, 이를 마음이 아닌 몸의 문제나 건강의 문제로 보려할 때에도, 마음 읽기는 잘 일어나지 않는다. 때로는 이를 몸이 아닌 마음을 살피면서, 삶의 어려움이나 아픔에 대해 긍정적이고 희망적인 관점으로 바라보아야 한다는 교훈 정도로 받아들이기도 한다. 이런 경우, 절대자나 신과 같은 구원의 대상을 숭배하는 자신의 믿음을 확인하는 일이 될 뿐이다. 마음 읽기와 수련 활동의 차이는 개인의 마음을 살펴볼 것인가, 아니면 보편적이고 일반적인 기준에 비추어 그 마음을 살펴볼 것인가의 차이이다.

마음 읽기가 불명확한 또 다른 이유는 전통적인 자기 통제와 관리의 측면에서의 마음과 한 개인이 자기 마음을 인식하는 것을 명확히 구분하지 않기 때문이다. 동양 문화에서 마음 읽기는 마치 마음수련처럼 '심신수련'과 비슷한 의미로 사용되었다. 이는 개인의 마음 상태를 어떤 보편적이고 이상적인 상태나 수준으로 끌어올린다는 뜻이다. 따라서 한 개인이 자신의 아픔과 관련된 구체적인 믿음을 마음으로 정의하지도 않는다. 각 개인이 '자신이 누구이며', '무엇을 위해 살며', '어떻게 생활할 것인가'에 대한 질문에 대한 답을 찾는 것으로 생각하지도 않는다. 이런 이유로 수천 년 동안 동서양을 막론하고 마음 읽기는 각 개인이 자신의 삶의 어려움이나 아픔을 해결하는 데 충분히 활용되기 어려웠다.

| 마음의 인식: 윌리엄 제임스 교수의 심리학

윌리엄 제임스William James, 1842~1910[7]는 미국의 철학자이자 심리학자로, 미국에서 심리학 과정을 처음으로 시작한 교육자였다. 제임스는 19세기 후반의 선도적인 사상가였으며, 미국에서 가장 영향력 있는 철학자 중 한 명으로, '미국 심리학의 아버지'로 불린다. 찰스 샌더스 퍼스Charles Sanders Peirce와 함께 실용주의라는 철학적 학파를 설립했으며, '기능 심리학'(또는 기능주의)Functional psychology의 창시자 중 한 명으로도 인용된다.

윌리엄 제임스 William James

제임스 교수는 초기 성인기에 눈, 등, 위, 피부를 포함한 다양한 신체적 질병으로 고통받았다. 그는 당시에 신경쇠약으로 진단된 여러 증상을 보였고, 몇 달 동안 자살을 고민하는 시기도 있었다. 1861년 하버드 대학교에 입학해 의학, 생리학, 해부학을 공부하기 시작했으며, 당시 심리학은 과학으로서의 정체성을 확립해가는 과정에 있었다. 제임스는 1869년 6월 의학 박사 학위를 받았지만, 실제로 환자를 치료하는 의사로 활동한 적은 없다. 그는 자신이 겪은 마음의 아픔을 '영혼병'이라고 불렀고, 나름의 철학적 탐구 끝에 1872년경 이 문제를 해결할 수 있었다고 말한다. 제임스 교수는 죽을 때까지 자신의 마음을 '영혼'이라고 믿었던 심리학자였다.

졸업 후 독일에 장기 체류하는 동안 제임스는 몸뿐만 아니라 마음을 연구하는 것에 관심을 가지게 되었다. 1872년, 하버드 대학교의 새 총장인 찰스 윌리엄 엘리엇Charles William Eliot에 의해 척추동물 생리학 강의를 맡게 되었다. 그는 독일의 헤르만 헬름홀츠Hermann Helmholtz와 프랑스의 피에르 자네Pierre Janet 같은 학자들의 연구를 접하면서, 하버드 대학교에 과학 심리학 과정을 도입하였다. 1875년에는 대학의 첫 번째 심리학 과정 중 하나인「생리학과 심리학의 관계」를 가르쳤고, 미국 대륙에서 최초로 실험 심리학 시범 실험실을 설립했다. 그의 경력 초기에는 감각과 지각에 대한 연구가 중심을 이루었으며, 몸과 마음의 연결에 대한 그의 믿음은 '제임스-랑게 감정 이론'James-Lange theory으로 알려졌다. 이 이론은 인간의 감정 경험이 외부 사건에 대한 반응으로 나타나는 생리적 변화에서 비롯된다는 설명이다.

진화론에서 영감을 받은 제임스의 심리학 이론은 '기능주의'로 불리며, 이는 내부 심리 상태와 외부 행동 사이의 인과 관계를 설명하는 방식이다. 제임스 교수는 미국 철학에서 기능주의와 실용주의pragmatism 학파의 가장 강력한 주도자였지만, 동시에 '미국 심령 연구 협회'의 설립자이기도 했다. 1890년에는 심리학을 종합한 저서『심리학 원리』The Principles of Psychology를 출간했으며, 이 책은 신생 학문인 심리학의 고전으로 자리 잡았다. 제임스 교수는 1907년 하버드에서 은퇴할 때까지 심리학을 계속 가르쳤지만, 그가 탐구한 마음은 '영혼'에 대한 그의 믿음을 벗어나지 않았다.

│ WPI 검사가 생기면서, 영혼이 아닌 자기만의 마음 읽기가 시작되었다

미국 심리학의 아버지인 윌리엄 제임스가 마음과 관련해 언급한 대표적인 이론은 바로 '자아self 이론'이다. 그는 인간의 정신적 구조를 자아로 설명하면서 이를 두 가지 범주로 나누었다. 즉, '나(I)'를 '주체인 나(Myself)'와 '객체인 나(Me)'로 구분한 것이다. 객체인 '나(Me)'는 개인이 자신의 경험을 설명할 때 언급하는 별도의 대상으로 생각할 수 있다. 반면, 주체인 '나(I)'는 자신이 누구인지, 인생에서 무엇을 했는지 알고 있는 자아이다. 제임스는 이 두 가지 개념 모두를 다음과 같이 묘사한다.

"나는 쿠키를 먹은 것이 나였다는 것을 안다."

그는 자아의 [Me] 부분을 '경험적 나'라고 불렀고, [I] 부분을 '순수한 자아'라고 불렀다. 자신에 대해 가진 믿음은 자신에 대한 '의식'이자 '인식'이었다. 제임스에게 있어서, 자아를 의식하는 '나' 부분은 더 이상 나눌 수 없는 '사고하는 자아'thinking self였다. 그는 자아의 이 부분을 사람의 영혼 또는 현재 마음으로 여겨지는 것과 연결시켰다.[8] 자아를 나타내는 영어 단어 'self'는 프로이트 박사가 언급한 '에고ego'라는 개념과 유사하다. 하지만 제임스 교수가 언급한 '자기 자신'을 나타내는 셀프의 개념에는 주체를 의미하는 '나 자신(I, Myself)'의 의미와, 다른 사람이 보는 나 자신, 즉 남들에게 보여지는 자기 자신을 의미하는 '나 자신(Me)'의 개념이 함께 포함되어 있다.

영어에서 자신을 나타내는 단어 'I'는 자신을 주관적으로 지칭하는 단어다. 이에 비해, '다른 사람이 나를 어떤 사람이라고 보는가'를 언급하는 목적어는 'Me'이다. 자신에 대한 주관적 인식과 객관적 인식을 모두 반영한 믿음이 바로 '나 자신'에 대한 믿음이다. 이러한 믿음을 나타내는 심리 검사가 바로 WPI 검사다. **WPI 검사의 '자기평가'는 I와 관련된 마음이며, '타인평가'는 Me에 대한 마음이다.** 이는 모두 자신을 의식하고 자신이 타인에게 어떻게 인식되는지에 대한 믿음을 의미한다.

제임스 교수는 자아의 개념을 두 가지 차원으로 구분하여 제시했다. 하지만, 당시의 대부분의 사람들에게 '자기 인식'self-awareness, reflection이라는 개념은 생소했다. 무엇보다 인간은 절대자 신에 의해 창조되었고, 신의 섭리에 순종하며 살아야 한다는 믿음이 더 지배적이었기 때문이다. 자기 자신이 '마음'을 가진 존재라는 근대적 인식은 생겼으나, 여전히 자신의 마음을 영혼을 뜻하는 '정신'과 개인을 뜻하는 '마음'으로 구분하지 않았다. 한 개인이 자신의 존재, 즉 '있는 그대로의 자신'을 뜻하는 '자아'self라는 개념을 일상생활에서 성격이라는 개념으로 공유되기까지는 거의 1세기의 시간이 더 필요했다. 제임스 교수의 심리학은 막연히 비물질적인 '마음'을 물리적이고 기계적인 또는 객관적인 방식이라는 것으로 파악하는 것이 심리학이라고 믿던 시대의 산물이었다. 사실, 이는 지금도 여전하다.

▎ '자신의 마음을 읽는다'는 말의 뜻!
'마음 읽기'는 우리가 일상생활에서 겪는 물질이나 환경의 영향을 부정하는 것이 아니다. 오히려, 우리가 겪는 삶의 어려움이나 문제는 물질이나 환경에 절대적으로 좌우되지 않고, 무엇보다 우리 각자의 마음에 달려있다는 단순한 진실을 다시 인식하는 일이다. 고전물리학에서는 물질의 속성이나 특성을 분자나 원자의 구조, 또는 에너지 상태를 측정하여 파악한다. 하지만 양자역학 패러다임에서는 물질의 특성이 측정 상황에 따라 다르게 나타나며, 물질 대상의 특성은 확률에 기초한 형태와 분포로 파악된다.

WPI 검사는 마치 '자기공명영상'MRI, Magnetic Resonance Imaging[9]을 이용해 몸을 촬영하듯, 마음을 알아볼 수 있게 한다. 이는 각자의 '마음'을 '있는 그대로' 드러낼 수 있게 하는 것이다. 이를 통해 한 사람이 어떤 특성을 지니고 있으며, 어떤 삶의 방식과 가치를 지향하는지를 있는 그대로 확인할 수 있도록 한다. 비교 평가 방식이 아닌, 마음을 있는 그대로 보여주는 것이 특징이다. 따라서 이 검사를 '마음의 MRI'라고 부른다.

빛이 입자와 파동의 두 가지 특성을 지니지만, 이를 측정하는 방식은 각 측정 상황에서 빛의 존재나 특성을 어떻게 확인하느냐에 따라 달라진다. 이것은 마치 한 사람의 마음을 '있는 그대로'를 읽어 내려 하는 것과 유사하다. 한 사람의 마음은 고정적이고 안정적인 어떤 하나의 특성으로 나타나지 않는다. 각기 다른 이슈나 주제에 따라 각기 다른 방식으로 표현되기에, 한 사람의 마음은 그것이 표현되는 주제나 이슈, 상황에 따라, 어떻게 다르게 나타나는지를 확인할 수 있어야 한다. 각기 다른 '마음의 패턴'으로 각 사람들의 마음을 구체적으로 파악하는 이유이다. 일상 속 다양한 상황에서 이슈나 주제에 따라 다르게 나타나는 마음을 확인하고 파악하는 해석과정이 필요하다.

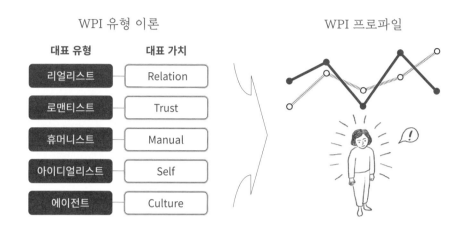

WPI 유형 이론   WPI 프로파일

대표 유형	대표 가치
리얼리스트	Relation
로맨티스트	Trust
휴머니스트	Manual
아이디얼리스트	Self
에이전트	Culture

마음이 드러나는 패턴을 알면
각 사람의 마음을 읽을 수 있다.

조직, 가정, 학교 등 다양한 장면에서 드러나는
'각기 다른 사람들'의 삶의 모습과 인간관계 패턴을 알려주는 WPI 검사로,
각자가 처한 상황에서 어떤 심리상태로
문제를 경험하는지 통찰을 얻을 수 있다.

'마음의 MRI'를 통해 마음을 탐색하는 것은 한 사람의 주관적인 마음을 객관적으로 확인하는 일이다. 병원에서 아픔의 정체를 확인하듯이, 한 사람의 마음도 이와 같이 파악할 수 있다. 대부분의 심리검사는 '평균'이나 '표준'norm을 기준을 활용하기에[10] 마음을 '있는 그대로' 읽을 수 없다. WPI 검사에서 확인하는 마음은 **한 사람이 자기 자신과 자신의 삶에 대해 가진 '믿음'**이다. 마음의 MRI를 통해 한 사람의 마음을 파악하는 것은 특정 이슈와 관련된 그 사람의 마음 패턴을 '있는 그대로' 확인하는 것이다. WPI 검사뿐만 아니라, 통증, 암, 리더십, 학습 활동, 경력이나 진로 개발 등 다양한 이슈에 대한 마음의 MRI를 사용할 수 있다. 한 개인의 마음을 '있는 그대로' 확인하는 것은, 각기 다른 이슈와 상황 속에서 그 개인이 자신과 자신의 삶에 대해 어떤 믿음을 가지고 있는지를 파악하는 것이다.

▎ 나는 어떤 맛의 빵일까?

어떤 한 사람이 가진 삶의 문제와 아픔을 파악할 때는 그 사람의 특성뿐만 아니라, 그 특성이 속한 환경 속에서 그 특성이 어떻게 나타나는지를 알아야 한다. 우리의 마음도 마찬가지다. 한 개인의 마음은 '성격의 5요인'으로 파악할 수 있지만, 이는 마치 성격을 구성하는 재료에 불과하다고 볼 수 있다. '빅 파이브'의 5요인 문항들은 각기 다른 사람들이 자신과 자신의 삶에 대해 가지고 있는 믿음을 나타내는 문항들이지만, 이는 단순히 성격을 고정된 특성으로만 구분하는 한계를 가지고 있다.

성격 5요인을 빵의 재료에 비유한다면, 제빵사는 밀가루, 버터, 계란, 우유, 이스트를 사용해 다양한 빵을 만들 수 있다. 어떤 빵을 소개할 때 그 재료의 양을 하나하나 나열하지 않듯이, 사람의 성격을 설명할 때도 단순히 몇 가지 요인의 나열로 설명하는 것은 적절하지 않다. 그러나 '빅 파이브' 요인 검사로 한 사람의 성격을 설명하는 것은 마치 이렇게 말하는 것과 같다.

> "빵은 밀가루, 버터, 계란, 우유, 이스트로 만들어집니다. 당신은 밀가루 10g, 버터 5g, 계란 2g, 우유 5g, 이스트 1g으로 이루어진 빵입니다."

성격 요인이 '빵 베이킹'의 기본 재료라면?

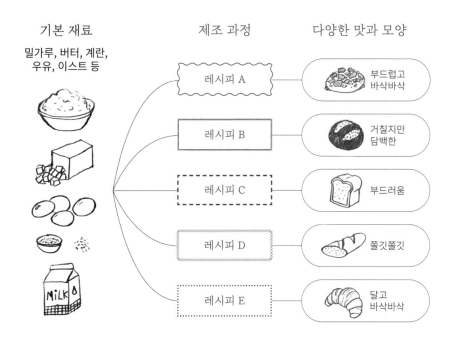

빵을 먹고 싶은 사람은 빵의 재료보다
빵의 맛이 더 궁금하다!

같은 재료를 사용해도 오븐의 온도, 반죽의 정도,
배합 정도 등에 따라 맛과 모양이 다양한 빵으로 나타난다.
다양한 맛과 모양의 빵은 '빵의 재료'보다는 빵의 제조방법이나
만들어지는 과정에 의해서 차별화된다.

개인의 성격이란, 성격의 기본요인인 Big5 요인이
각기 다른 개인의 삶의 환경과 성장 과정에 따라
각기 다른 맛과 모양의 다양한 빵이 만들어지는 과정과 같다.

같은 재료라도 오븐의 온도, 반죽의 정도, 만드는 사람의 베이킹 과정에 따라 각기 다른 맛과 모양의 빵이 만들어진다. 한 개인의 마음이나 성격이 형성되는 것도 이와 같다. 한 사람이 각기 다른 맛과 모양의 빵이 되는 것은 재료뿐만 아니라, 어떤 '제조 과정'을 거쳐 만들어지느냐에 달려 있다. 인간의 경우에는 이를 '발달 과정'이라 하고, 신체로 표현할 때는 '성장 과정'이라고 한다. 자신이 어떤 사람인지를 아는 것은 '부드럽고 바삭한 곰보빵'인지, '거칠지만 담백한 통밀빵'인지, '부드러운 우유 식빵'인지, '쫄깃한 바게트'인지, 또는 '달콤하고 바삭한 크루아상'인지뿐 아니라, 내가 즐겨 사서 먹는 빵이 무엇인지, 또 내가 어떤 빵으로 나 자신을 팔고 싶은지도 알아야 한다. 자신이 어떤 환경에서 살아가고 있으며, 어떤 방식으로 자기 삶을 만들어가고 있는지를 아는 것이 중요하다.

WPI 검사: 마음의 MRI

WPI 검사는 한 개인의 마음을 '자기평가'와 '타인평가'라는 두 가지로 상호 연결된, 그러나 구분되는 두 개의 프로파일로 구성된다. 자기평가 프로파일은 어떤 한 사람이 자신에 대해 가지고 있는 믿음이자 그 사람의 대표적인 특성을 나타낸다. 타인평가는 현재 그 사람이 추구하는 삶의 가치와 생활 속에서 이루고자 하는 주된 욕망을 알려준다. '나는 누구인가?' 그리고 '무엇을 위해, 어떻게 살아가고 있는가?'와 관련된 질문에 대한 답을 찾을 수 있는 단서들이 이 두 개의 프로파일에 있다.

다음의 그림에서 빨간색 선으로 표시된 프로파일은 '자기평가'를 나

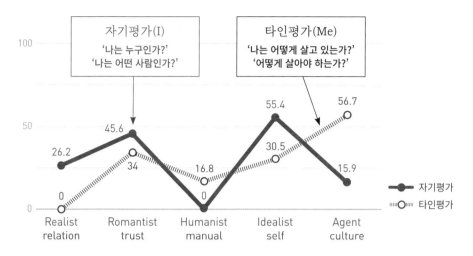

마음의 MRI, WPI 심리검사 프로파일

타낸다. 즉 자신이 누구인지, 어떤 사람인지에 대한 믿음을 드러낸다. 반면 점선으로 표시된 것은 '타인이 나를 어떻게 보는가?'에 대한 자기 믿음을 나타내는데, 이는 곧 '자신이 어떻게 살고 있는지, 또는 어떻게 살고 싶은지'에 대한 믿음을 상징적으로 보여준다. 결국, WPI 심리검사는 현재 한 개인이 '자신에 대해' 그리고 '자신의 삶에 대해' 가지고 있는 믿음을 다섯 가지로 구분되는 특정 성향을 통해 얼마나 뚜렷하게 드러내고 있는지를 잘 보여준다. **자신에 대한 믿음**을 나타내는 '자기평가'의 특성은 리얼리스트, 로맨티스트, 휴머니스트, 아이디얼리스트, 에이전트의 다섯 가지 유형으로 상대적으로 구분된다. **자신이 어떤 삶을 살고 있는가에 대한 믿음**은 '타인평가' 프로파일로 나타난다. 릴레이션relation, 트러스트trust, 매뉴얼manual, 셀프self 그리고 컬처culture로 표현되는 대표 가치와 라이프스타일 유형으로 구분된다. WPI 검사에서 한 사람의 성격 특성은 자기평가와 타인평가 프로파일에서 가장 높은 점수를 보이는 유형으로 구분된다.

대부분의 사람들은 자신에 대해 어떤 믿음을 가지고 있더라도, 현실 속에서 그것을 충실하게 실현하며 살지 못하는 경우가 많다. WPI 검사에서 자신에 대한 믿음이 현실에서 얼마나 잘 구현되고 있는지를 파악하는 것은 '자기평가'와 '타인평가' 프로파일 간의 상호관계로 알 수 있다. 자신에 대한 뚜렷한 믿음을 가지고 있고, 그 믿음에 부합하는 삶을 살고 있는 사람의 경우, 자기평가와 타인평가 프로파일은 비교적 일치한다. 반면, 두 프로파일이 서로 불일치할 뿐 아니라 각자 서로 큰 갭을 보인다면, 검사한 그 사람의 마음과 삶이 심한 혼란과 갈등 상태에 있음을 의미한다.

WPI 프로파일의 자기평가는 자신에 대한 믿음이고, 타인평가는 바로 자신이 만들어가는 삶의 가치와 형태에 대한 믿음이다. 이것의 갭은 프로파일의 주인공이 믿고 있는 마음에 준하는 삶이 일어나지 않고 있다는 뜻이다. 병원의 방사선과 의사나 영상 전문가들이 몸에 대한 영상이미지를 해석하듯, 마음치유사는 심리상담사 및 치료사로서 마음의 MRI 결과를 해석하고 파악할 수 있어야 한다.

┃ WPI 검사를 통해 한 사람의 마음 확인하기

심리학자 황상민 박사에 의해 개발된 WPI 검사는 한 개인의 마음을 '자기 자신에 대한 믿음'과 '삶의 가치와 형태에 대한 믿음'이라는 두 가지 차원으로 나타낸다. 검사 결과는 '자기평가'와 '타인평가'라는 두 개의 프로파일로 표현된다. 『나만의 마음: 자기 인식과 성찰의 힘』에서 다루는 내용은 '자기평가'를 통해 확인할 수 있는, 자신에 대한 5가지 종류의 각기 다른 믿음의 유형들이다. 한 개인의 마음은 '자기평가'와 '타인평가'에서 나타나는 5가지 요인 중 가장 높은 특성을 중심으로 해석되며, 이를 통해 그 사람의 현재 마음 상태를 파악할 수 있다.

개인이 특정 시점에서 어떤 특성을 나타내는지를, 자기평가의 대표적인 5가지 유형과 타인평가의 대표적인 5가지 가치 유형으로 표현할 수

성격요인에서 WPI 유형이론으로, 마음을 읽자!

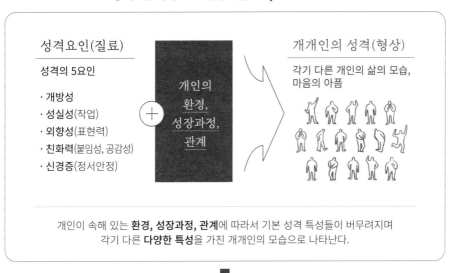

개인이 속해 있는 **환경, 성장과정, 관계**에 따라서 기본 성격 특성들이 버무려지며 각기 다른 **다양한 특성**을 가진 개개인의 모습으로 나타난다.

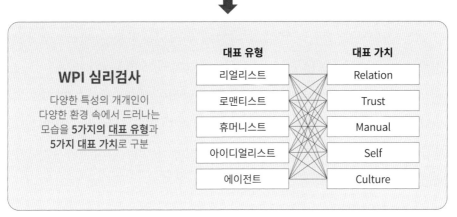

있다. WPI 검사 프로파일로 나타난 자신과 자신의 삶의 방식에 대한 믿음belief을 통해, 한 사람의 삶의 문제와 아픔이 현재 어떻게 나타나고 있는지에 대한 단서를 찾을 수 있다. WPI 프로파일을 해석하는 작업은 '자신과 자신의 삶에 대한 믿음'이 그 사람의 일상 속에서 어떻게 구체적으로 드러나는지를 파악하고 분석하는 과정이다.

심리상담 상황에서 마음치유사는 내담자가 제출한 상담 사연을 통해 그들이 일상생활에서 어떤 문제를 겪는지 우선적으로 파악한다. 그리고 내담자의 마음 특성, 즉 자신과 자신의 삶에 대한 믿음이 프로파일로 어떻게 나타나는지를 확인한다. 동시에, 내담자의 마음이 만들어내는 삶의 어려움과 갈등이 무엇인지, 그들의 믿음을 통해 확인할 수 있다. 마음치유사는 내담자가 자신과 자신의 삶에 대해 가지고 있는 믿음을 파악하고, 이를 바탕으로 내담자의 마음을 읽어주는 활동을 WPI 프로파일을 통해 수행한다. 이것이 WPI 심리상담 과정에서 과정에서 마음치유사에 의해 이루어지는 내담자의 마음 읽기이다.

다음 장에서는 자기평가의 5가지 유형의 각기 다른 마음을 상담 사례를 통해 구체적으로 소개하고자 한다. 유형별로 자신에 대한 믿음이 그들이 겪는 삶의 어려움이나 아픔과 어떻게 연결되는지를 구체적으로 살펴볼 수 있을 것이다. WPI 심리상담사는 내담자의 WPI 프로파일을 바탕으로 그들의 믿음과 삶의 문제를 해석할 수 있어야 한다. 왜냐하면, WPI 검사의 프로파일과 상담 사연을 통해 내담자의 마음을 읽는 것이 WPI 심리상담사의 주된 역할이기 때문이다. 이 과정에서 WPI 심리상담사가 WPI 프로파일을 통해 내담자의 심리적 상태를 추론하고 파악하는 과정이 각 유형별 설명에서 더 잘 드러날 것이다. 5가지 유형 속에서 나타난 사례들은 WPI 워크숍에 참가한 내담자들이 자신에 대해 가진 믿음이 그들의 삶에 어떤 모습으로 나타나는지를 잘 보여준다. 『WPI를 활용한 마음 읽기 시리즈Ⅱ』에서는 WPI 프로파일의 '타인평가' 유형에 따른 각기 다른 사례들이 어떻게 나타나는지를 더 자세히 설명하게 될 것이다.

제 5 장

그래서,
나는 리얼리스트?

**"인싸가 되기 위해 노력했는데,
결과가 '정신병'이라니"**

서울에 있는 대학에 진학하기 위해 4수를 하며 입시 준비를 한 청년이 있다. 결국 4수 끝에 성적에 맞추어 대학에 들어가게 되었다. 하지만 그는 주위 사람들과 괴리감을 견디지 못해 휴학을 선택하고 만다.

자신이 가진 나름의 목표를 위해 성실한 시간을 보냈다고 믿는 이 청년이 겪는 현재 삶의 어려움은 무엇일까? 병원에서는 이 청년의 문제를 '우울증'을 겪고 있는 것으로 진단했다. 그는 부모님의 말에 비교적 잘 따르는 착한 청년이다. 나름, 열심히 살기만 하면, 그리고 남들이 따르는 '스펙'에 자신을 잘 맞추면, 성공적인 삶을 살 것이라 믿었다.

4수까지 한 끝에 비록 원하는 대학은 아니었지만 그래도 목표를 향해 열심히 살았는데, 이렇게 '인간관계'가 발목을 잡을 것이라 생각진 못했다. 사회가 정한 기준에 자기 삶을 잘 세팅하기만 하면 성공적인 삶이 보장될 것이라 믿었는데, 왜 이렇게 살기가 힘들까 하는 마음이 되었다. 정답이라 믿었던 기준을 좇으면 문제가 해결될 것이라 믿었는데, 실제로는 그렇지 않은 듯하다.

현재는 막연히 '어떻게 되겠지' 하는 마음이다. 막연함에 시달리는 시간이 길어질수록 불안도 더 커져간다. 때로 '이생망(이번 생은 망했어)'이라는 생각에 사로잡히지만, 차마 인정하긴 힘들다. 우울과 불안에 빠진 현재 상황이 병인 것 같기는 한데, 그렇다고 의사에게 받은 약을 계속 먹는 것으로 내 문제가 해결되는 것 같지는 않다.

리얼리스트, 당신은 어떤 사람인가요?

한국 사회에서 대다수의 사람들이 자기 삶에 대해 가진 마음은 '리얼리스트' 성향이다. 자신이 리얼리스트 마음으로 살고 있다는 것을 굳이 인정하지는 않지만, 그래도 주위 사람들과 무난하게, 두루두루 잘 지내야 한다는 생각에는 전적으로 동의한다. 왜냐하면, 주위 사람들과 조화롭고 평화롭게 지내면서 안정적인 삶을 무엇보다 추구한다고 믿기 때문이다. 이들은 자신의 행동이나 삶의 방식이 '어떤 기준에 맞는지', '주위 사람들에게 어떻게 보일지' 등을 고민한다. 이런 마음을 가진 사람들이 무엇보다 중요하게 믿는 것은 주변 사람들과 갈등을 일으키지 않고 조화롭게 살 수 있다고 한다고 믿는다.

'기본에 충실하게', '성실하고 착하고 바르게', 누구나 한번쯤은 들어 보았을 삶의 준칙을 믿고 따라야 한다고 생각한다. 하지만, 현실적으로 그렇게 잘 하기 힘들지만, 최소한 그렇게 사는 것처럼 보이려고는 해야 한다. '착하고 좋은 사람'이라는 인상과 평판을 얻는 것이 무엇보다 중요하다. 아니, 이런 평판을 위해 살고 또 평판에 삶이 좌우된다고 믿는다. 하지만, 이런 믿음에 잘 맞춘 삶을 추구하는 것은 참 힘들다. 눈치를 열심히 봐야 하고, 또 누구도 알아 주지 않는다고 느낄 때는 억울한 마음도 든다. 뭔가 손해를 보는 것은 아닐까, 혼자 속으로 끙끙대기도 한다.

주위의 요구에 맞추어야 하는데, 정작 자신이 잘하고 있는지 항상 걱정된다. 자신이 따라야 할 '대세'가 무엇인가도 열심히 찾는다. 막연한 불안, 답답함 그리고 혹시라도 밀려나지 않을까 하는 두려움에 시달린다.

리얼리스트 성향을 나타내는 대표 인물과 심리·행동 특성

성공과 안정감 추구

·안정적인 삶을 꾸릴 수 있는 무엇인가를 찾음
·사회적 성공과 경제적 안정을 추구
·새로운 도전이나 큰 변화를 쉽게 받아들이기 어려움

대표 인물

타인의 인정을 통해 존재감 획득

·타인의 시선이나 평가에 민감
·착한 사람 콤플렉스(배려, 순응, 모범)
·주변 상황, 분위기에 따라 그때그때 순응하려는 태도
 (부화뇌동으로 보일 가능성)

유재석

대세와 정답 찾기

·대세가 무엇인지 파악하고, 남들과 비슷하게 행동하려 함
·튀거나 모나지 않고, 무난한 것을 미덕으로 여김
·잘하는 것보다, 잘못하지 않는 것이 중요

문재인

집단 정체성의 내면화

·소속감을 통한 안정감을 느낌(얼마나 번듯하고, 안정적인지 중요)
·한국 사회의 평범한 직장인의 기본적인 정서와 성격
·새로운 도전이나 큰 변화를 쉽게 받아들이기 어려움

기본 욕구	안정된 현상 유지, 진실한 관계 유지, 타인을 돕고 지원하기
강점	원만한 인관 관계와 배려, 공감, 인내, 수용성, 안정, 준비 및 조직화
약점	우유부단, 개방성 부족, 변화에 저항, 타인 의존성
대표 가치	가정의 화목, 행복, 건강, 균형, 조화, 성실

자신이 누구인지를 고민하기보다, 다른 사람들에게 자신이 어떤 사람으로 보일지에 대해 더 고민한다. '자기만의 주장을 한다'와 같은 지적을 피하려 하기에 자기 의견을 표하기보다, 남들이 뭐라 하는지를 들으려 한다. 무엇보다 '튀는 돌이 정 맞는다'라는 말을 되새기면서 가능한 조용히 있어야 한다고 다짐한다. 눈에 띄지 않으면서 대세에 잘 편성하는 것이 중요하다고 믿지만, 때로 대세에 휩쓸리게 되면서 스스로 혼란스러워 하기도 한다.

'정답'을 찾는 리얼리스트

리얼리스트는 항상 '기본에 충실하게'를 부르짖는다. 왜냐하면, 이것이 '마땅히 따라야 할 것'이라 믿기 때문이다. 마치 '상식'과 같이 인간이라면 누구나 따라야 할 행동 규범이 있고 또 남들에게 한 소리 듣지 않기 위해 가능한 그것을 따라야 한다는 마음이다. 특별한 사람이 되기 위해서는 '학벌'이나 '자격증', 또는 '전문성'을 갖추어야 한다고 믿는다. 성공을 위한 통념적인 삶의 기준이나 법칙이지만, 리얼리스트에게 이런 통념은 '삶의 정답'이나 '생활의 지혜'와 같다. 무엇보다 안정적이고 성공적인 삶을 살아가기 위한 방안이다. 성공이나 출세까지 바라지 않는다고 할 때에는 일상의 소소한 행복을 누리고자 한다. 무엇보다, 인생의 큰 어려움이나 아픔을 겪지 않고 건강하고 행복하게 가족과 잘 사는 것이 중요하다고 믿는다. 이런 믿음 또는 꼭 지켜야 하는 삶의 비법은 다음과 같은 구체적인 행동 명령으로 나타난다.

'공부를 열심히 해야지.'

'좋은 회사에 취직해야지.'

'부동산에 투자해야지.'

'주식이나 비트코인은 위험하지만, 그대로 나름 대박을 기대할 수는 있지.'

'공무원이 돼야지.'

'대박을 터뜨릴 뭔가를 찾아야 하는데….'

사회적 성공과 경제적 안정을 삶의 기본 목표로 삼지만, 그렇다고 이 것을 노골적으로 드러내면서 사는 것은 그리 멋진 모습은 아니다. 성실하고 착하게 살면, 주위 사람들의 평판과 인정을 받게 될 것이라 믿는다. 따라서, 타인의 이목을 고려하며 자신의 평판을 잘 관리하는 것이 필요하다고 믿는다.

'옳은 것을 주장하기보다, 대세가 무엇인가를 알고 따른다.'

새로운 도전이나 변화는 먼저 시도할 필요는 없다. 필요하다고 느낄 때면 그때 따르면 된다. '선례'를 잘 찾아보며 또 따라야 한다고 믿는다. '검증된 길' 또는 '안정적인 방식'이 무엇인지를 파악하는 것이 중요하다. 자신의 '존재의 이유'나 '가치'는 스스로 파악하고 만드는 것보다 주위의 인정을 통해 완성된다고 믿는다. 주위 사람들의 반응을 잘 살피고 또 나름 튀지 않게 살아야 한다. 한국 사회에서 이렇게 잘 사는 사람을 '눈치 있는' 사람으로 언급한다. 무엇보다 자신의 삶은 '가문의 영광, 명예, 숭고함, 정의로움' 등의 가치를 위해, 기꺼이 '희생'과 '인내' 등의 가치에 헌신할 수 있어야 한다. 무엇보다 자신의 욕망을 억제하고, '타인의 요구'에 부응하는 것이 리얼리스트 성향의 사람으로 살아가는 기본 덕목으로 칭송받는다. 하지만, 이런 과정에서 나름 '피해의식' 등이 생겨난다.

리얼리스트가 살아가는 법

타인의 시선이나 평가에 민감한 리얼리스트, 그들이 살아가는 모습은 '무난하게, 무던한 사람으로, 두루두루 어울리며' 살아가는 것이다. 아니, 그렇게 보여야 하고 또 다른 사람들도 그렇게 살아야 한다고 믿는다. 타인의 인정을 바라며, 또 중요하게 생각한다. 하지만, 더 분명한 것은 튀는 사람으로 보이지 않아야 한다는 것이다. 이런 삶의 방식은 리얼리스트의 성향으로 살아가는 사람에게 편안함이나 안정보다는 답답함과 고달픔을 선사한다. 자신은 착한 사람으로 열심히 살지만, 기대한 결과가 삶에서 생겨나지 않는다는 실망감을 느끼기 때문이다.

대세를 따른다는 것은 '다른 사람들이 하는 대로', '이미 성공한 사람의 방식'을 좇아가는 것을 의미한다.[1] '유행하는 것', '남들이 좋다는 것'을 파악하고, 또 그것을 자연스럽게 자신의 취향이나 목표 등으로 삼는 것도 필요하다. 예를 들면, 고등학교 졸업 후 진로를 생각할 때, 내신이나 수능 성적이 1등급이면, 의대 진학[2] 혹은 전문직, 대기업 취업 등을 찾는 것이 1순위가 된다. 자신의 적성이나 선호 등은 부차적인 고려 상황이다. 선택에 따라 오래 전에 그런 삶을 꿈꾸어 왔다고 자연스레 언급할 수 있는 사람이 리얼리스트 성향을 가진 사람이다.

무엇보다 직장이나 개인 생활에서 자신이 강하게 바라는 '타인의 인정'을 얻기 힘들다. 주위 사람들의 경제적 조건이 나아지면 질수록 자신의 삶은 더 살기 힘들다고 느낀다. 이들의 삶의 기준은 자신이 만든 것이 아닌 주위 사람과의 비교로 확인되기 때문이다. 리얼리스트의 삶의 모습은 타인의 시선에 좌우된다. 물론, 이런 삶의 방식으로 인해 리얼리스트는 다양한 형태의 아픔을 겪는다. ''건강'과 관련된 염려도 클 뿐 아니라, 다양한 질병에 시달리는 상황에 처하게 된다. 건강한 몸을 유지하는 것이 행복의 기본 조건이라 믿으며, 건강 전문가의 정답과 같은 말에 귀를 기울인다. 건강보조식품이나 약들에 대한 강한 신뢰를 가지고 그것을 통해 건강한 삶을 유지할 수 있을 것이라 믿는다. 이와 동시에, '상식이 통하는 사회', '정의가 꽃피는 사회' 등을 기대한다. 하지만, 자신의 일상에서는 '정의'와 '상식'이 통하지 않기에, 가능한 '생존을 위한 현실적인 방안'이 무엇인지, 또는 절대 권력이나 절대적인 힘을 가지게 될 어떤 것을 기대한다.

리얼리스트 성향의 사람들이 물질적인 조건과 관계없이 자기 삶에 대해 어려움을 느낄 때는 '정답'이라 믿는 것이 더 이상 '상식'으로 통하지 않을 때이다. '혁신적인 변화', '탈출구', '비상대책' 등의 필요성을 느낄 때이다. 삶에서 정답이 더 이상 없다고 느낄 때, 그때가 바로 가장 큰 위기 상황이라 믿는다. 예상하지 못한 상황, 위기의 순간에 리얼리스트의 대응 방식은 거의 혼란과 불안, 공포의 상황에 부딪친다. 신체를 통해 다양한 증상의 병을 호소하며, '어떻게 살아가야 하는지', '어떻게 사는 것이 좋은지'에 대한 정답을 또 찾는다.

면서 반응하는 것'은 리얼리스트에게 전혀 착한 행동이 아니다. 한때, 유행하였던 "창의적인 인재 양성", "1명의 천재가 만 명을 먹여 살린다"라는 구호를 선보였던 회장님의 회사는 전형적인 리얼리스트 마음이 넘쳐나는 곳이다. 이들에게 '창의적인', '특별한', '독특한(유니크)' 등의 형용사가 붙는 사람은 '튀는 듯한', '다른 사람과 잘 어울리지 못하는' 그런 느낌까지 가진다. 감성적으로 보일 뿐 아니라, 무난하지 않은 사람이다. 심지어, 조직에서 잠재적으로 문제를 일으키는 사람 등으로 평가된다.[3]

리얼리스트의 마음을 가진 사람은 '창의성'을 자신이 가지지 못한 신비한 능력으로 생각한다. 그리고 누군가 주위에서 자신의 정답과 다른 이야기를 할 때, 그것을 창의적이라고 보기보다 '위험한 생각'이라고 믿는다. 따라서, 창의적인 인재를 원한다고 하면서도 어떤 문제에 새로운 아이디어를 언급하는 일은 가능한 한 하지 않으려 한다. 문제상황에서 문제를 찾고 해결해야 하는 경우에도 '정답'을 찾는다. 정답이 아닌 것을 언급하는 것은 이미 검증되고 안정적인 것에 도전장을 던지는 일이 된다. 조직의 안정, 조화를 깨트리는 사람이 되고 만다. 문제가 무엇인지 파악도 못한 채로, 문제해결을 시도하게 된다. 결론적으로 문제와 별 관련이 없는, 정답이라 믿어지는 것을 결론으로 삼게 된다. 이런 경우, 실질적인 문제해결이나 변화보다 마치 '흉내 내기' 또는 '일하는 척'하는 '코스프레'*의 모습들이 쉽게 공유된다. 리얼리스트 조직에서는 이런 모습을 '복지부동伏地不動'이라 표현한다.

---

*   코스프레(일본어: コスプレ, 분장놀이, 일본식 영어: cosplay) 또는 코스튬 플레이
     (영어: costume play)는 컴퓨터 게임, 애니메이션이나 만화 등의 캐릭터, 혹은 연예인
     등 대중적으로 관심을 끌고 있는 사람이 하고 있는 의상을 꾸미어 입고 촬영회나 행사,
     기타 장소에서 놀면서 다른 사람들에게 나타내는 행위이다.

리얼리스트의 삶에서 문제와 답은 무엇인가?

조지 오웰의 『동물농장』에서 "다리가 넷이면 선하고, 다리가 둘이면 악하다"는 표현이 있다. 이것은 리얼리스트들이 만들어내는 집단 구분을 잘 보여준다. 마치 '다름의 인정'처럼 보이지만, 실제로 자신이 속한 무리와 다른 무리에 대한 '편 가르기'이다. 우리와 그들의 구분이다. 리얼리스트의 경우, 문제가 무엇이든 이런 구분이 가능할 수 있을 때 그것은 '정답'처럼 받아들여진다. 내 삶의 문제, 대세를 찾고 따르는 문제는 항상 편싸움, 패거리 다툼의 상황에서 내가 어디에 속해야 하는가의 문제이다. 누가 무엇이 옳은지 아닌지는 부차적인 문제이다.

삶의 안정을 지향하는 리얼리스트의 마음을 가진 사람이 나이가 들어가면서 자기 삶이 더 나아지기는커녕 더 어렵다고 느낄 때가 있다. 바로 자신이 안정적이고 성공하는 방식이라 믿었던 것이 '아니다'라고 느낄 때이다. 소위 말하는 '정답'이라고 믿었던 것이 '오답'이 될 때이다. 그것은 바로 '잘 산다는 것은 어떤 것인가요?'라는 질문에 대한 답을 찾으려 할 때이다. 주변 상황이나 분위기에 잘 순응하고, 열심히 눈치 보는 삶을 사는 리얼리스트의 입장에서 자신이 정답이라 믿었던 것이 오답이 되는 것은 엄청난 혼란과 좌절감의 경험이다. 하지만 이런 경험은 바로 리얼리스트 마음으로 살아가는 그들의 삶의 방식에서 생겨난다. '무엇이 옳고 그른지'를 따지려고 하지 않고, 다수·대세를 따르며 그것이 옳은 것이고, 정답이라고 믿었기 때문이다.

'내가 속한 집단이 곧 나 자신을 나타낸다'는 믿음은 '집단의 정체성'

을 개인의 정체성이 되게 한다. 정해진 틀이나 체제에 순응하려는 마음을 잘 나타낸다. '안정'과 '대세'를 따르는 리얼리스트의 이런 마음은 '안정적인 직장'과 '전문직'을 갈급하는 삶의 방식으로 잘 표현된다. 대기업 사원이나 공무원은 안정적 직장, 의사나 변호사, 세무사 등과 같이 '국가 면허증에 의해 독점적 역할이 보장'되는 직업을 '전문직'이라 믿는다. 이런 믿음 속에서 자신이 '어떻게 하면 잘 살 수 있을까?'라는 질문에 대한 정답은 이미 정해져 있다.

리얼리스트에게 '마음'이란?

리얼리스트에게 '마음'이란 단어는 그 자체로 불편하다. 자신의 마음은 보통 '피해의식'과 '불안'의 성격을 가진 어떤 감정으로 가득 찬 상태라고 막연히 느끼기에, 자기 마음은 알고 싶지 않은 어떤 것이다. 하지만, 타인이 자신에 대해 어떻게 생각하는지를 두려워하는 마음은 있기에, 호기심 차원에서 타인의 마음에 대한 관심은 크다. '그 사람이 어떻다'와 같은 가십성 이야기에 귀를 기울이는 것을 누군가의 마음을 아는 것이라 믿는다.

21세기 초, 한국 사회에서 리얼리스트의 마음을 가장 잘 나타내는 대표적인 인물이 연예인 유재석이나 문재인 전 대통령이다. 이분들의 마음은 바로 그 시대에 살고 있는 사회의 특성을 대표하기도 한다. 대중들은 자신이 누구인지를 알려고 하기보다, 자신이 '어느 집단'을 대상으로 자신의 정체를 나타내는지에 더 관심이 많다. 그 대상은 자신이 속한 집단의 정체를 밝히는 것으로 나타나기도 하지만, 대부분은 자신은 어떤 집단에 반대하는 또는 다른 이념이나 삶의 태도를 가지고 있다고 천명할 때 드러난다. '보수', '진보'와 같은 실체가 없는 '이념 성향'으로 자신이 아닌 다른 집단을 규정하려 하거나, '촛불 부대냐 태극기 부대냐'와 같은 집단행동을 통해 자신의 정체성을 확인하려 한다.

자신이 누구인지 잘 모르겠고, 또 어떻게 살아야 할지 고민도 되지만, 그래도 착하게 살려고 하는 '리얼리스트'의 마음은 꼭 한국 사회에서 사는 사람들에게만 뚜렷하게 보이는 현상은 아니다. 어느 사회에서든 안정과 평화 그리고 생존을 위해 열심히 살아가는 대중의 마음을 잘 나타내는 심리 성향이 '리얼리스트의 마음'이다. 위계적인 사회관계 속에서, 조직환경 속에서 살아가는 사람이라면, 누구나 생존하기 위해 가져야 할 믿음일지도 모른다. 어떤 한 개인의 마음이라기보다, 집단 속에서 한 개인이 '사회화'socialization되어 가면서 스스로 자신의 개체성이나 정체성을 집단과 연결해 믿게 된 결과로 나타나는 '마음'이라 할 수 있다.

과거 봉건사회, 전근대 사회 또는 심지어 현대 사회에서도 각자 자신의 존재를 사회적 신분이나 계층, 나이나 성별 등의 외부적인 기준으로 판단하고 파악하려 할 때, 쉽게 자신의 개인적 심리적 특성으로 삼게 되는 마음이다. 자신의 성격이나 특성, 삶의 가치 등을 중심으로 자신을 인식하는 것이 아닐 때, 집단의 규범과 위계질서 등에 맞추어진 자신의 존재를 확인하려 할 때 가지는 자기 마음이다.

리얼리스트의 '마음 읽기'란?

리얼리스트 성향이 높은 사람이 자신의 마음을 파악한다는 것은 자신에 대한 인식을 뚜렷이 한다는 뜻이 아니라 '많은 사람들이 좋다는 것', '인싸'와 같은 행동 특성이나 자기 꾸미기가 무엇인지를 안다는 것이다. 자신이 누구이며, 어떻게 살아야 하는지를 파악하는 것을 마치 '정답'과 같은 '대세'와 '인싸처럼 보이는 것'을 알고 따르는 것이라 믿는다. 자기 마음의 기준은 자신에 대한 인식보다는 외부의 기준이다. 누군가에게 '착한 사람', '좋은 사람', '번듯한 사람'이 되는 것이 중요하다. 이런 경우, 무엇이 대세인지 판단하는 것이 중요하다. 혹여, 자신이 이것에 대해 의문을 가지게 된다면, 막연한 불안과 두려움이 자신을 둘러쌀 것이라 믿는다. 속으로는 자신이 '잘하고 있는지?', '혹시 잘못하고 있지는 않는지?' 등에 대한 불안을 갖지만, 결코 이것이 노출되어서는 안 된다는 마음으로 지낸다. '트렌드', '유행'을 알고 따라가려 하지만, 그 마음은 무작정 좇아가는 것이다. 한편으로는 '틀리면 어떡하지?', '이게 아니면 어떡하지?'와 같은 불안감은 계속 생겨난다. 따라서, 누구에게나 통할 수 있는 정답, 확실한 해법, 절대 반지와 같은 어떤 것에 기대거나 또는 그것을 바란다. '돈', '사회적 성공' 등의 가치가 자연스럽게 이들의 마음을 결정한다.[4]

대세가 무엇인지 파악하며, 남들과 비슷하게 행동하려 한다. 튀거나 모나지 않으며 무난한 것을 미덕으로 여긴다. 대세가 분명하지 않다면, 자신의 삶의 방향이나 자기 가치에 정답이 없다고 여겨 혼란스러움을 경험한다. 따라서 사회적으로 특정 정치, 종교, 재계 지도자를 추종하면서 자신의 정체성이나 삶의 가치를 그런 사람들을 통해 확인하려 한다. 그리고 자신이 지지하는 인물이 대세를 잡는다면, 자신이 인싸가 되는 '대리 만족'을 경험한다.

하지만 그렇지 못하면 그것은 자기 삶의 방향에서 불안이나 혼란의 소스가 된다. 낭패라고 느낀다. 대다수 리얼리스트 성향의 사람들은 이런 자신의 마음을 '사회 분열과 갈등의 도출'이라 생각하고, 자기 개인의 불안한 마음을 사회의 문제나 정치적 이슈로 전환해 확인한다. 이런 경우, 자신과 다른 마음을 가진 사람들을 확인하는 것이 때로 중요해진다. 자신이 피해야 하거나 상종하지 말아야 할 어떤 존재를 확인하는 일이 되기 때문이다. 한국 사회에서 일어나는 '정치 혐오'나 '이데올로기 논쟁'은 대부분 이런 리얼리스트가 추구하는 삶의 방식에 의해 결정된다.

리얼리스트의 경우, 자신이 대세라고 믿는 편, 자신이 속한 집단 등에 대한 확인은 그리 강하지 않다. 하지만, '우리 편은 옳다'는 자기 확신이 조금이라도 있다면, 일종의 사회운동, 대중의 움직임을 결정하기도 한다. 한국 사회에서 보도되는 정치 사회 현상 관련 뉴스는 어떤 사건들이든 '통념'과 상식 또는 '당위성'으로 포장된 이런 '편가름'의 기준으로 보도되고 있다. 집단의식을 통해 각기 다른 '리얼리스트'들의 각기 다른 마음을 잘 나타내는 사건 뉴스이자 정치 현상에 대한 분석들이다. 리얼리스트의 성향을 보이는 사람들이 지배적인 사회일수록, 이런 불안과 두려움에서 안정적인 삶을 유지하기 위해서라도 자기 마음을 읽는 것이 더 필요하다. 번듯하고 안정적인 이미지를 보여주는 집단이나 연예인을 통해 자기 마음을 확인하려는 경우, 자신이 직면한 삶의 문제에 대해 분명한 인식을 하기가 어렵기 때문이다. 삶의 변화와 '혁신'과 '변신'등을 기대한다면,

누군가를 통해 대리만족을 누릴 것인가, 자신이 바로 자기 삶의 주인으로 살아갈 것인가의 문제를 생각해야 한다.

리얼리스트의 심리와 문제 인식
: 책임자 색출과 진상규명

'어떻게 하면, 나의 삶이 더 멋있어지고 또 즐겁고 행복한 생활을 할 수 있을까?'

리얼리스트의 경우, 자신의 마음이 불편할 때, 자신에게 삶의 어려움이나 문제가 있다고 느낄 때, 이렇게 역설적으로 자신이 즐겁고 행복한 순간을 막연히 떠올린다. 현재에 대해 불만족스럽고, 벗어나고 싶을 때이다. 그렇기에, 웬만큼 잘 살고 있는 리얼리스트의 입장에서는 결코 자신의 마음을 살펴볼 필요가 없다. 무엇보다 자신이 겪는 삶의 어려움이나 문제는 모두 '그 놈의 돈 때문에' 또는 '상황이 나빠서' 등의 외부의 분명한 이유와 책임을 져야 하는 사람이 있다고 생각한다. 겉으로 분명하게 표현하지는 않지만, '누구 탓, 상황 탓'을 한다. 따라서, 무엇보다 자신이 겪는 삶의 어려움이나 아픔을 있는 그대로 바라보기 힘들다. 아니, 이런 것들이 바로 자신에게서 비롯되었다는 것을 인정하기 힘들다. 힘든 수준이 아니라, 결코 인정할 수 없다.

하지만, 정말 리얼리스트의 마음을 가지고 사는 사람들이 자기 삶의 문제와 어려움을 해결하고 또 자신이 원하는 삶을 살려면, 먼저 이것을 인정하고 받아들여야 한다. 그랬을 때 각자 자신의 삶을 바꿔나가는 것이 가능해진다. 이렇게 이야기하면, 마치 종교에서 '절대자 신'을 인정하고 받아들여야 한다고 하는 이야기와 거의 다르지 않다. 리얼리스트의 삶에서 가장 핵심은 자신의 삶의 주인은 자기 자신이고 또 자신이 원하는 삶을 살기 위해서는 바로 '자신을 절대자 신처럼' 인정하고 받아들여야 한다는 분명한 메시지인 것이다.

리얼리스트 성향의 사람일수록 자기 문제가 자기 자신에 의해 일어났다고 인정하는 것을 힘들어 한다. 자기 문제에 대한 책임을 자신이 져야 하는 부담스러운 일로 받아들인다. 사실, 리얼리스트 삶의 가장 중요한 지혜는 '어떤 잘못이든 그것을 결코 자신의 책임이라고 인정하지 않는 것'이기 때문이다. '어떤 부당하고 잘못된 일에 대해 자기 책임을 인정하는 것은 스스로 죽음의 길로 뛰어드는 것이다'라는 분명한 믿음을 가지고 있다. 우리 사회에서 어떤 사건이 벌어졌을 때, 항상 "책임자 색출" 또는 "누군가가 책임을 지고 사과해야 한다"는 말이 많이 나오는 것은 바로 이런 이유이다.

내가 아닌 누군가를 통해 '불편하고 어려운 문제 상황'에 대한 책임 소재를 밝힘으로써 내 삶의 어려움이나 문제가 해결된다고 믿기 때문이다. 리얼리스트 나름의 문제 파악이자 해결 방안이다. 결코 문제에 대한 파악도 아니고 해법은 더욱더 아니지만, 나의 문제로 만들고 싶지 않다는 숨은 이유로 인해 '책임자 색출'과 '진상 규명'을 마치 정답처럼 요청한다. 결코 스스로 인정할 수 없는 '책임', 스스로 알고 싶지 않은 '진상'을 찾는 일이 벌어진다.

리얼리스트 마음으로
'상황'과 '문제' 인식하기

"리얼리스트는 가능한 자신이 처한 상황과 현실을 객관적으로 보아야 한다고 믿는 것 아닌가요? 리얼리스트 나름대로 자기 자신과 동떨어져서 무언가를 보고 생각하려고 하는데, 박사님은 리얼리스트가 마치 자신이 보고 싶은 대로, 믿고 싶은 대로 하는 사람인 것처럼 이야기하시는 것 같아요."

내가 리얼리스트의 마음에 대한 설명을 하면, 조금 불만스러운 듯이 이렇게 말씀하시는 분들이 있다. 사실 이런 지적이 틀린 것은 아니다. 그렇다고 이 말이 맞다는 것도 아니다. 왜냐하면, '어떤 사람의 마음이 어떠한지에 대한 추론이나 상상은 바로 특정한 그 사람의 본질적인 어떤 특성에 달려 있지 않기 때문'이다. 하지만, 인간의 마음이 '영혼'이라고 막연히 믿는 많은 사람들은 심리학에서 인간의 성격이나 마음을 탐구한다고 할 때, 이것이 마치 영혼과 유사한, 몸과 구분되는 마음이라고 믿는다. 따라서, 이 마음을 객관적으로, 과학적으로 탐구한다는 것은 마음을 바라보는 사람이 비록 자신의 마음이라 하더라도, 최대한 자신을 배제해야만 자신의 마음과 관련된 '진실'이나 '사실'을 정확하게 파악할 수 있다고 믿는다. 리얼리스트의 성향이 강한 사람들이 마음에 대해, 특히 자기 마음에 대해 가진 믿음이다. 하지만, 인간의 마음은 물질 대상으로 확인할 수 있는 몸과 다르다. 왜냐하면, 마음이란 누구의 마음이냐에 따라 각각 다르게 확인되며 또 표현되기 때문이다.

특정 이슈에 대해 각 사람들이 각기 다른 마음을 가질 수도 있다. 어떤 사람이 처한 상황과 그 사람의 문제에 따라 마음은 구체적으로 확인될 수도 있지만, 아무런 믿음이 없는 경우라면 마음이 없는 것이나 마찬가지이다. 리얼리스트의 경우, 자신의 마음을 '있는 그대로' 보기 힘든 이유는 바로 자신의 마음을 객관적으로 관찰하고 파악하는 일이 참 불편하기 때문이다. 누구나 자기 마음을 객관적으로 보아야 한다고 말하지만, 그것은 '자신이 어떤 상황에 처해 있는지', '자신이 어떤 문제를 가지고 있는지'를 잘 성찰할 수 있을 때이다. 하지만, 리얼리스트가 자신이 처한 상황이나 문제를 마치 타인의 것처럼 보기란 참 어렵다. 이것은 스스로에게 강한 두려움과 불안을 불러오기 때문이다. 그래서 리얼리스트의 경우, 자신의 문제를 제대로 인식하기보다, 문제를 회피하거나 외면하려 한다. 자신이 처한 상황이나 문제를 '있는 그대로' 보기보다, 자신이 믿고 싶은 대로 보려 한다. 자기 자신, 그리고 자신이 처한 상황과 문제를 '있는 그대로' 보기 위해서는 무엇보다 '자신에 대한 뚜렷한 인식'이 필요하다. 이유는 리얼리스트의 마음을 가진 사람들이 가장 어려워하는 일이기 때문이다.

리얼리스트의 '자기 인식'과 그것의 어려움

리얼리스트의 마음을 가진 사람에게 '자기 자신'에 대한 분명한 인식, 그리고 '자기만의 시선'으로 자신이 처한 상황을 보는 것은 '자신이 가진 믿음대로 행동하는 것'이라 할 수 있는 삶의 방식이다. 어쩌면 이상적으로 바라는 삶의 모습은 될 수 있지만, 현실적으로 이런 삶을 선호하지는 않는다. 아니 할 수 없다. 왜냐하면, 리얼리스트의 삶의 방식은 무엇보다 '다른 사람들이 하는 대로', 세상 사람들이 '상식'이라고 말하는 것 또는 사회적으로 통용되는 믿음을 받아들이고 그에 준하여 세상을 보려 하기 때문이다.

　자기 삶의 기준이 자신의 믿음, 자기 마음에 있는 것이 아니라, '통념' 이나 '규범'에 좌우된다. 그렇게 사는 것이 마땅하고 옳은 일이라는 믿음 이 있다. 따라서, 자신이 처한 상황과 자기 자신을 '있는 그대로' 바라보 기가 힘들다. 리얼리스트에게 무엇이 '맞는지' 또는 '옳은', '바른', '정당 한' 것인지를 묻는 것은 참 이들의 마음을 아프게 하는 질문이다. 왜냐하 면 이들이 어떤 마음으로 살든, 자신이나 자기 삶이 '옳고, 그름'의 판단 대상이 되는 것은 정말 두려운 일이기 때문이다.

이것은 토끼인가, 오리인가? 아니면, 무엇일까?

　리얼리스트의 마음에 분명 '정답', '진리', '사실'이 있지만, 그것을 결 정하는 것은 자신이 아닌 타인의 마음이기 때문이다. 이것은 마치 위의 그 림을 보고, 이것이 무엇인지에 대해 답을 하는 상황과 같다. 한편으로 '토 끼' 또는 '오리'가 보이는 상황이다. 무엇이 정답일까? 토끼인가, 오리인 가? 자신은 토끼라고 볼 때, 혹시라도 누군가 "오리"라고 한다면, 당혹스 럽다. 누구 말을 믿어야 할지, 곤란한 상황에 처한 것이다. 앞으로 만나게 될 상담사연의 주인공인 중학교 교사 '인정수'님이 학생부장의 역할을 맡게 된다면, 이런 곤란한 상황을 많이 겪게 될 것이다. 혹시라도, WPI를 통해 각기 다른 아이들과 학부모 등의 마음을 읽고 그들의 마음에 대해 조금 더 이해할 수 있다면, 본인에게 그 역할이 참 다르게 다가올 것이다. 자신이 맡은 역할에 대한 뚜렷한 이해와 더불어 현재 자신에게 주어진 일을 잘 수행하고 있다는 상태가 될 수 있을 것이다. 현재 그렇게 잘 하고 있다는 자신감을 그의 WPI 프로파일에서 읽을 수 없다는 것이 안타깝다.

리얼리스트의 공감과 관계의 특성

WPI 워크숍 참가자: 리얼리스트의 강점이 정말 '공감'인가요? 이해가 잘 안 돼요. 제 생각에 공감은 로맨티스트의 기본 욕구가 아닐까 싶거든요.

리얼리스트는 안정을 추구하고, 다른 사람의 말에 공감을 잘해주는 특성이 있다는 말에 이런 질문이 나왔다. '공감, 안정, 불안, 사회성, 친화력, 상상력' 등의 다양한 단어들이 사람들의 마음을 어떻게 알려주는지와 관련하여 각기 다른 심리를 읽어야 하는 상황이다. 리얼리스트가 인간관계에서 공감을 잘 한다거나, 또는 타인에게 무조건적인 공감을 보낸다는 뜻은 결코 아니다. 인간관계에서 리얼리스트 성향이 높은 사람들은 다른 사람들의 감정에 잘 맞추어 준다. 이것은 '공감'하는 제스처 정도의 의미이다. 더 분명하게 이야기하면, 다른 사람의 말에 반박하거나 자신의 주장을 내세우지 않는다는 것이다. 수동적인 의미의 '수용' 또는 긍정적인 의미의 묵시적 '동조'가 리얼리스트 마음을 가진 사람들이 보이는 공감이다. 이런 공감은 사실 겉보기와는 달리 자신의 감정을 공유하는 것은 아니다. 낯선 사람이나 타인에 대한 비교적 높은 경계심으로 수동적인 대응이라고 보는 것이 맞다.

'공감'이라는 심리적 경험 또는 행동도 각 사람들이 가진 성향에 따라 다른 의미를 가진다. 리얼리스트의 공감은 '동의'와 '동조'에 기초한 감정과 행동이다. 다른 사람에게 맞추어 준다는 이야기다. 누군가의 말이 제대로 이해되지 않았더라도 어지간하면 "그래, 맞아"하며 넘어간다. 이에 비해 로맨티스트는 남들에게 공감해주려 하기보다, 남들이 자신에게 공감해 주기를 바란다. 누군가 자신의 감정을 알아차리고 그 감정에 공감해주기를 바란다. 감정적인 측면에서 동의하는 것을 공감이다. 무엇보다 자신의 감정이 수용되는 경험을 중요시 한다. 휴머니스트의 경우, 공감은 감정적 교류뿐 아니라 공간이나 시간을 함께 공유하는 것이다. 같이 활동을 하는 것 자체가 인간적이며 예의 바른 행동이라 여긴다. 아이디얼리스트의 경우 자신의 생각을 이해하고, 또 생각에 동의한다고 느낄 때 공감이 이루어졌다고 믿는다. 에이전트의 경우, 자신이 일하는 방식이 비슷할 뿐 아니라, 공통의 과제를 수행하면서 그 일의 결과에 대해 인정받았을 때 공감을 얻었다고 믿는다.

각기 다른 마음을 가진 사람들이 특정 심리적 경험을 완전히 다른 의미로 받아들이듯이, 비슷한 유형에 속하는 비슷한 WPI 프로파일이라 하더라도 각자의 상담사연에 따라 사람들의 마음은 또 다르게 나타난다. 왜냐하면, 한 사람의 마음은 고정된 특성이 아니라 그 사람이 가진 삶의 이슈나 문제에 따라 각기 다른 마음으로도 얼마든지 다르게 나타날 수 있기

잘 맞춰주는 게
공감!

리얼리스트
대표인물: 유재석

내 감정에
공감해 줘!

로맨티스트
대표인물: 수지

각 유형별로 믿는
'공감'이란?

일 잘한다고
인정해 줄거지?

에이전트
대표인물: 손흥민

예의바른 게
공감이지!

휴머니스트
대표인물: 윤석열

내 생각에
공감해 준다고?!

아이디얼리스트
대표인물: 스티브 잡스

때문이다. 누가 어떤 삶의 어려움이나 문제를 가지고 있더라도, 그 사람의 마음을 읽을 수 있게 되면 그 문제가 해결되는 경험을 할 수 있다. 리얼리스트 마음을 가진 사람들이 어떤 삶의 이슈에 대해 자신의 마음을 어떻게 표현하며 또 이것이 각자 어떤 WPI 프로파일로 진단, 확인될 수 있는지를 몇가지 사례로 파악해 보자.

"4수 끝에 간 대학, 결국 휴학 했어요"

'에리얼'님의 고민 사연

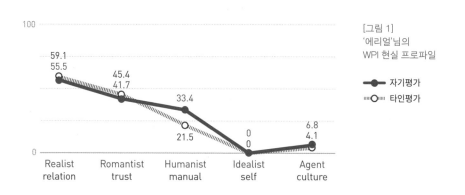

[그림 1]
'에리얼'님의
WPI 현실 프로파일

─●─ 자기평가
╍○╍ 타인평가

앞으로 어떻게 살아가야 할지 진로와 미래가 고민입니다. 저는 서울에 있는 대학에 진학하려고 4수를 했어요. 저는 사람들과의 관계를 중요시했는데, 입시를 준비하면서 사람들과 연락을 다 끊고 혼자 있는 시간이 많았어요. 결국엔 성적에 맞춰 대학에 갔는데, 그러고 나서 제 모습에 적응이 되질 않아요. 입시 준비를 하면서 혼자 있던 때와 대학 진학 후 사람들과 어울려야 하는 때 사이에서 괴리감이 느껴졌다고 할까요? 결국 견디지 못하고 지금 휴학을 한 상태예요. 무엇을 하고 싶은지도 모르겠습니다. 제 자신에 대한 기대는 커서 열심히 살고 싶고 완벽해지고 싶은데 그게 잘 안돼 힘듭니다. 자책도 많이 하게 되고요. 게다가 착하다는 이야기를 듣는 것에도 스트레스를 받습니다.

리얼리스트의 마음을 나타내는 WPI 프로파일은 [그림 1]에 '에리얼'님의 고민사연으로 함께 있다. 대학 진학을 위해 4수까지 한 '에리얼'님이 자신이 대학에 입학한 후에 어떻게 생활할지 고민하는 상담사연이다. 앞에서 언급한 리얼리스트의 마음을 잘 파악하고 있다면, '에리얼'님의 사연에 대한 상담은 비교적 쉽게 이루어질 수 있다. 무엇보다, 리얼리스트의 마음으로 살아가는 '에리얼'님이 가진 기본적인 욕망이 무엇인지, 그리고 자신이 가진 욕망을 위해 '에리얼'님은 어떻게 생활하려고 노력했는지를 프로파일이 잘 알려주기 때문이다.

자기평가 프로파일을 통해 '에리얼'님은 리얼리스트의 성향을 주로 나타내며, 타인평가 프로파일에서는 '관계(릴레이션)'relation의 가치와 삶의 방식 중심으로 자신의 마음을 표현했다. 4수까지 하면서 성적에 맞추어 그녀가 대학에 들어간 가장 큰 이유는 남들에게 번듯한 사람, 인정받는 것을 추구하는 삶을 살고 싶었기 때문이었다. 하지만, 그렇게 들어간 대학을 통해 자신의 기본적인 욕망이 충족될 수 없었기에 휴학하게 된다. 자신이 원하는 삶을 위해 열심히 노력하지만, 정작 그것은 '남의 인정', '번듯한 외적 기준'에 자기 삶을 맞추려는 노력인 것이다. 스스로 자신이 가진 상담 문제를 '인간관계'와 '꿈'이나 '목표 실현' 등이라 하지만 정작 '에리얼'님의 진짜 문제는 '현재 자신이 남들에게 번듯하게 보여주고, 내세울 만한 것이 없다'는 것이다. 자신이 멋진 사람으로 보는 기준에 자기 스스로가 미치지 못하기에 다른 사람 앞에 나서기 부끄럽다는 마음이다.

> "결국 견디지 못하고 지금 휴학을 한 상태예요. 무엇을 하고 싶은지도 모르겠습니다."

남들 보기에 멋진 사람, 나름 완벽한 인간이 되고 싶다고 하지만 이것은 자신이 가진 삶의 기준이나 자신의 욕망이라 하기 힘들다. 물론, 이런 욕망을 실현하는 것에 대해 무엇보다 '자신이 그렇게 될 것이다'라는 확신이나 믿음은 없다. '되면 좋지만'이라는 막연한 마음 뿐이다. 착하게 열심히 살면 언젠가 '성공'할 것이라 막연히 믿는 리얼리스트의 마음이 드러난 전형적인 사례이다. 리얼리스트의 마음을 가진 많은 분들은 자기 삶에서 '대세'와 정답 찾기'를 열심히 한다고 이미 설명했다. '에리얼'님은 이런 리얼리스트 마음으로 살아가는 삶의 모습을 그대로 보여준다. 하지만, 남들이 만들어 놓은 특정한 스펙이나 타인과의 관계 등은 누구의 삶에서도 '정답'이 될 수 없다는 것을 '에리얼'님의 사연을 통해서도 확인하게 된다.

▎ 리얼리스트의 기대와 욕망이 이루어진다면?

WPI 워크숍 참가자: 만약 원하는 대학에 들어갔다면 나름대로 만족할 수 있지 않았을까요?

다른 사람들의 기준에 자신을 맞추려고 부단히 노력한, 아니 그렇게 살았던 사람의 경우, 자신이 원하는 것을 얻게 되었을 때 스스로 느끼는 만족감은 오래 지속되기 힘들다. 왜냐하면, 무엇보다 그런 성취에 대한 만족감은 일시적이며 또 자신에 대한 인정으로 이어지지 않기 때문이다.

"제 자신에 대한 기대는 커서, 열심히 살고 싶고 완벽해지고 싶은데 그게 잘 안돼 힘듭니다."

'정답이라 믿는 어떤 해법'에 따라, 이상적으로 생각하는 기준에 맞추어 살려 했지만 결과는 기대 이하이다. 그때그때의 상황과 기준에 자신을 맞추려 하다 보면 어느 순간부터 정말 자신의 진짜 모습이 무엇인지 모르게 된다. 지속적으로 나아갈 에너지를 만들어내지 못한다고 느끼게 되며, 점점 더 사는 것이 어렵다고 느끼게 된다. 시간이 지나면 상황이 나아지길 바라지만, 바라는 상태대로 되지 않는다. 사실, '에리얼'님에게 지금 가장 필요한 것은 막연한 기대에 기대는 것이 아니다. 무엇보다, 자신의 삶을 새롭게 만드는 것이 무엇인지를 알아야 한다. 바로, 자신이 어떤 사람인지를 아는 것이다. 하지만, 리얼리스트인 '에리얼'님의 경우, 삶의 정답인 '성실하고, 착하게' 살기만 하면, 모든 것이 잘될 것이라는 믿음으로 살았다.

대학 입시나 국가고시를 위한 준비, 전문가 자격증 또는 자기만의 삶의 목표라는 뚜렷한 목표를 위해 성실하게 열심히 살면 성공할 것이라는 믿음을 가지고 있다. 남들의 인정이 무엇보다 중요한 가치인 리얼리스트의 마음이다. '성공'과 '부'에 대한 나름의 강한 열망을 가지고 있으며 이것을 자기 삶의 동기로 삼을 때, 기업의 임원이나 고위 공직자가 됨으로써 삶의 목표가 완성되기도 한다. '에리얼'님도 나름 자신이 받아들인 현실의 기준에 자신을 열심히 맞추면서 살았다. 하지만 정답과 같은 어떤 스펙이나 통념에 맞추려는 노력은 시간이 갈수록 삶의 불안을 높인다. 무엇보다 자신이 막연히 기대했던 목표를 성취하게 될수록 이런 불안은 더욱 생겨난다. 또 다른 목표, 더 높은 목표가 무엇인지 알아야 하고, 자신이 그것을 이루어야 한다는 부담도 받아들여야 하기 때문이다. 자기 마음을 읽어야 하는 또 다른 분명한 이유이다.

"인정받는 사람으로 살고 싶어요"

조직 속에서 다른 사람들과 잘 어울려 지내기 위해 자기 마음을 알아야 하는 리얼리스트 마음을 가진 '인정수'님의 고민사연은 '자신이 어떤 마음을 가진 인간으로 살 것인가'이다. 자신에 대한 분명한 믿음을 가질 수 있다면, 그 스스로 선택하는 어떤 삶의 방식이든 그것이 그 사람에게 맞을 것이다. 하지만, 자기 마음에 대한 믿음을 가질 수 없다면, 누구나 부러워 하는 어떤 삶의 방식이라도 그것은 항상 불안하고 두려워 하는 마음으로 일어날 것이다.

'인정수'님의 WPI 프로파일

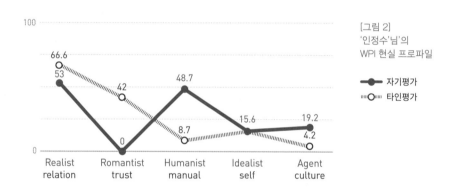

[그림 2]
'인정수'님의
WPI 현실 프로파일

━●━ 자기평가
⋯○⋯ 타인평가

'인정수'님의 경우, WPI 프로파일은 리얼리스트로 살아가려는 휴머니스트의 마음을 잘 보여주고 있다. 자기평가 프로파일이 '리얼리스트' 성향이 가장 높지만, 그 다음으로 '휴머니스트' 성향도 거의 비슷한 수준이다. 따라서, 자기평가 프로파일을 기준으로 '인정수'님의 경우, 휴머니스트 성향을 기본으로 하지만, 현재 리얼리스트의 마음으로 지내려는 사람이라고 해석할 수 있다. 더 구체적인 마음은 상담사연으로 더 잘 확인할 수 있다.

'인정수'님의 고민 사연

저의 고민은 학교 업무입니다. 현재 중학교 교사로 재직 중인데 올해 학생부장 업무를 맡게 되었습니다. 학생부장 업무는 처음이고 쉽지 않은 자리입니다. 학생부장들이 주로 학부모와의 관계에서 상처를 입고 마음의 병을 얻는 경우가 많다고 하더군요. 어떤 분은 부정맥을, 또 어떤 분은 학교 전화가 울리기만 해도 심장이 터질 것 같다 느끼기도 하고 이 외에도 다양한 병적 증상을 겪는다고 합니다. 그런 막중한 임무를 내가 잘 해낼 수 있을까 걱정이 됩니다. 마음의 병 없이 1년 잘 마무리해서, 학교 내에서 나의 전문 분야로 쭉 일해 보고 싶기도 합니다. 본 워크숍을 통해서 나를 성장시켜 제게 쉽지 않은 업무를 잘 해내고 싶은 마음입니다.

'인정수'님은 항상 남들에게 좀 번듯하고, 자기 역할을 잘한다고 인정받는 사람으로 살고 싶어 한다. 타인평가 중 높은 '릴레이션'은 바로 이분이 타인의 관심과 인정을 중요시하며 또 그런 생활 방식을 추구하고 있다는 뜻이다. 또 어떤 마음이 있을까? 혹시, 이런 생각은 하지 않을까?

'내가 나이를 먹고 경력이 쌓이면 더 책임 있고, 더 번듯하고, 더 인정받는 역할을 해야지. 그러다가 자칫 내가 건강이 나빠지면…'

이런 상황에서 이분은 나름 '손해'에 대해 고민한다. 리얼리스트의 경우, 자기 역할과 위치에서 나름의 활동을 통해 인정을 받는 것은 중요하다. 하지만, 더 중요한 것은 그런 활동이 가능한 한 자신에게 손해가 되지 않아야 한다는 마음이다. 소위, 행동 경제학에서 말하는 '손실 회피'Loss Aversion 성향이다. '상처뿐인 영광'같은 것은 결코 바라는 상황이 아니다. 가능한 실속과 효율성 또는 현실적인 이익을 고려한다. 비록 나의 몸은 도시 생활을 하더라도, 마음은 항상 TV에 나오는 산속에서 혼자 잘 사는 듯한 모습을 보이는 「나는 자연인이다!」라는 프로의 주인공이 된다. 이런 마음으로 생활하는 사람은 현재 자신이 하는 일은 힘들 뿐 아니라, 자신이 원하는 것을 하기 위해 빨리 이 상태에서 벗어나야 한다고 믿는다. 자신이 하고 싶은 일은 재미있을 뿐 아니라 남들과 다른 뭔가여야 한다고 막연히 생각한다. 현재 하는 일은 좋아서 하기보다, '어쩔 수 없이', '누군가 시키기에', 아니면, '나 아니면 안 될 것 같아서' 무조건 해야 하는 그런 일이다.

'내가 이렇게 열심히 하는데'도 남들이 나를 보는 눈초리가 좋지 않다고 느끼는 것은 정말 리얼리스트의 마음으로 사는 사람에게 견디기 쉽지 않은 불안과 두려움을 키우게 된다. '더 열심히 해야 하나?' 하는 식의 불안감을 항상 가지고 있다. 남들에게 뭔가를 했다는 흔적을 남기는 것이 중요하지만, 결과물 자체가 어떻게 되어야 한다는 마음은 없기에, 일단 일을 대충 해치울 위험성이 항상 있다. 왜냐하면, 이런 마음의 사람에게 '최상의 결과'는 가능한 한 '손해 보지 않는 상태'이기 때문이다. '손해'나 '손실'을 최소화하는 것이 중요하다. 이것은 항상 '아프지 말아야지' 등과 같은 생각으로 연결된다. '행복'이나 '건강' 등의 가치를 내세우고, 무조건 이런 가치를 추구하는 것이 잘 사는 것이라 믿는다.[5] 주어진 일을 하더라도 재미있게 하면 문제가 해결될 것이라 믿는다. 자신의 삶에서 '마땅히 이래야 한다'라는 믿음에 의존하지만, 이것은 도덕적이고 당위적인 규범 수준의 가치이다. 현실 생활에서 실제로 꼭 그런 행동을 한다는 뜻은 아니다. 하지만, 가능한 착한 사람, 바른 사람으로 살아간다는 것을 주위에 보여야 하기 때문에 이런 당위적인 규범에 준거하여 자신이 잘 살아가고 있다고 믿는다.

┃ 리얼리스트의 마음으로 겪는 '아픔'의 정체

리얼리스트의 마음을 가진 사람들에게 '마음의 아픔'이라는 것은 무엇보다 자신이 처한 상황을 제대로 파악하지 못할 때, 아니 대세를 읽지 못하고 자신이 피해자라고 생각할 때 생겨난다. 다시 말해 자기 마음을 읽지 못하면서 누군가 자신에게 피해, 손실을 끼치고 있다고 믿을 때이다. 막연한 '피해의식'에 시달릴 때, 리얼리스트 마음을 가진 사람들은 자신이 혹시 '미치지 않을까' 또는 '정신병'에 걸리지 않을까 두려워한다. 마치 '감기'에 걸리거나 '당뇨병'에 걸리지 않을까 등을 염려하는 것과 비슷하다.

앞의 사례에서 언급한 '인정수'님의 프로파일은 '인정수'님의 마음을 이렇게 알려준다. 번듯하게 자신의 역할과 책임을 다하려는 마음이 있지만 스스로 학생부장의 역할을 할 수 있다는 자신감이 상대적으로 낮다. 그렇지만 할 수 없다고 말하기는 꺼린다. 가능한 '시키는 일은 해야 한다'는 믿음에서 자신의 부족한 점을 보완해야 한다고 믿음도 함께 갖고 있다. WPI 프로파일에서 타인평가의 '매뉴얼'이 거의 '컬처'만큼 낮게 떨어져 있다. 이분에게 '매뉴얼'은 자신이 하는 일에서의 내공이나, 이

분만이 가진 능력을 상징적으로 나타낸다. 리얼리스트의 경우 사회적 통념이나 기준을 나타내지만, 휴머니스트의 경우 바로 그 사람이 가진 전문성이나 내공을 상징한다. '인정수'님의 프로파일에서 보이는 휴머니스트 성향과 매뉴얼 사이의 커다란 갭이 상징하는 것은 마치 자신의 마음 속에 구멍이 횅하니 뚫린 것과 같은 의미이다.

'인정수'님의 마음이 잘 드러나는 것은 다른 사람들과의 관계 속에서 얼마나 자기 역할을 잘 수행하느냐에 달려 있다. 리얼리스트와 휴머니스트의 마음을 가진 이 선생님은 교과부장의 역할을 할 경우, 큰 어려움이 없다. 하지만, 학생부장으로서 문제 학생의 생활에 대한 일을 맡게 되면, 자신의 역할에서 어떤 문제나 어려움이 생겨나는지를 구분조차 잘 하기 힘들다.

"가정 환경이 나빠서 그래요", "부모에게 문제가 있어서 그래요"라고 하면서 상황이나 조건만을 탓하게 된다.[6] 이런 경우, 학생과 학부모의 '마음'에서 모든 문제가 시작한다는 것을 알고 각자의 마음을 읽어주기만 하면 문제는 자연스레 해결될 수 있다. 그렇지만 리얼리스트는 문제가 어디에서 시작하는지, 문제가 무엇인지, 이 문제와 관련하여 자신의 역할이 무엇인지를 파악하기 힘들어 한다. 리얼리스트의 마음을 가진 많은 사람들이 무언가를 있는 그대로 보지 않고 실제와 다르게 규정하거나 엉뚱한 이유를 갖다 붙이는 경우와 같다.

"그냥 현실에 맞춰 살고 싶어요"

자기 마음보다 타인 마음에 더 관심이 많은 리얼리스트에게 '마음 읽기'는 한편으로는 신비한 일이 될 수 있다. 하지만 정작 이것을 스스로 어떻게 활용하는가의 문제에서는 곤혹스러워한다. 왜냐하면, '자기 마음을 읽는다'는 것이 그 자체로 분명하지 않기 때문이다. 무엇보다 자신은 '먹고살기 위해 뭐든지 해야 한다'라고 믿기 때문이다. 이런 두려움이나 불안은 돈을 못 벌어 굶어 죽을지 모르는 상황에 있기 때문에 생겨나는 마음은 전혀 아니다. 정작 일한 만큼 돈을 벌고 있어도, 삶에서 스스로 자기 마음을 보는 것보다, '자기에게 주어진 일을 성실히 잘해야 한다'는 믿음에 의해 만들어진다. '착한 사람'이 되어야 한다는 사회화 과정과 유사한 '타인의 말에 잘 순응하는 것'이다. '현실적으로 산다'라는 말은 자신이 해야 할 일에 초점을 두고, 그것에 부합하는 역할을 열심히 하는 것이다. 아니, 그렇게 살아야 한다고 믿는다. '엄마로, 부인으로' 등 자신에게 주어진 역할과 책임을 다해야 한다고 믿는다. 자신이 좋아서 한다고 믿기도 하고, 때로는 어쩔 수 없는 상황이어서 한다고도 말한다. 그렇게 살아야 잘 산다고 믿는 사람들이다.

남들이 볼 때 '저 사람은 왜 저렇게까지 일하지? 그냥 편하게 여유를 갖고 살아도 될 텐데…'라는 생각도 할 수 있지만, '마음의 여유'를 스스로 가지는 것은 힘들다. 자신이 무엇을 위해, 왜 사는가에 대해 자기만의 생각이 분명하지 않을 뿐 아니라, '자신이 원하는 삶'은 통념적이고 일반적인 생각이다. '좋은 학교 나와 안정적인 직장 찾아야지', '나이가 되면 결혼해야지', '결혼했으면 아이 낳고 살아야지' 등의 'A 하면 B 해야지' 하는 통념적인 규범에 기초한 삶을 살아가려 한다. '자기 마음먹은 대로 산다'는 것이 무엇을 의미하는지 그 뜻조차 오해하거나 착각하는 경우이다. 왜냐하면 각자의 삶이 각자의 믿음에 의해 이루어진다는 것에 대한 생각보다 나름 타인의 시선이나 통념적인 규범에 따라야 한다고 믿기 때문이다. 자신의 삶에서 어려움이나 안타까움을 가지더라도, 그것이 바뀌거나 변화할 수 없다고 믿는다. "이건 이래서 안 되고 저건 저래서 안 돼" 나중에는 대부분 자책으로 이어진다. 스스로 마음의 아픔, 삶의 문제를 해결하는 것은 정말 쉽지 않다.

리얼리스트의 삶의 어려움은 자기 문제를 스스로 규정하지 못하고, 남들이 보는 대로 자기 삶의 어려움이나 문제를 규정하는 데서 시작된다. 하지만 이것이 진짜 자기 삶의 문제라는 것을 인정하기조차 힘들다. 현재 '자신이 직면한 삶의 이슈와 아픔'에 대해 자신은 어떤 믿음을 가졌는지, 자기 '마음'이 무엇인지를 알아야 하지만, 자기 시선이 아닌 다른 사람의 눈을 통해 바라볼 뿐이다. 이런 이유로 자기 마음을 읽기 힘들다. 아니, 못하는 상황이다. WPI 검사를 활용하여 이런 마음을 가진 사람을 상담하는 장면은 바로 마음의 MRI가 효력을 발휘할 때이다. 왜냐하면, 스스로 자기 마음을 읽을 수 없는 사람에게 바로 그 사람의 마음을 '있는 그대로' 보여주는 것이 바로 WPI 프로파일이기 때문이다. '이해나'님의 고민 사연은 이런 리얼리스트의 마음을 가진 분이 생활 속에서 자신에게 주어진 과제를 근근히 수행하지만, 자신의 역할과 통념 속에서 스스로 자책하듯 생활하는 마음을 잘 보여준다.

| 리얼리스트의 현실에 맞추어진 '마음 읽기'

'이해나'님의 고민 사연

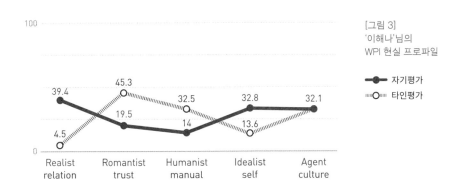

[그림 3]
'이해나'님의
WPI 현실 프로파일

━●━ 자기평가
┅○┅ 타인평가

저는 호주에서 남편과 딸과 함께 15년 동안 작은 가게를 운영하고 있습니다. 그런데 3년 전쯤부터 남편이 가게 일에 흥미를 잃고, 다른 것에 관심을 갖고 밖으로 나돌아서 이제는 제가 딸과 함께 가게를 맡아야 되는 상황에 놓였습니다. 저는 가게 운영에 전혀 관심을 갖지 않고 단지 남편을 도와준다는 생각으로 종업원처럼 열심히 일해왔는데 이제는 제가 책임을 지고 운영자로서 살아야 하는 시점에 있습니다. 두려움도 있고 모르는 게 너무 많아 물어보고 도움을 얻으면서 조금씩 해 나가고 있습니다. 제가 원하는 것은, 그동안 남편에게 의존해 살았는데 이제부터 이 일을 통해 제 자신에 대한 믿음을 갖고 제 삶을 만들어가는 것입니다. 한 발 한 발 나아갈 수 있게 도와주세요.

　"제 마음을 읽고 싶어요", "안정적인 삶을 살고 싶어요" 자기 마음을 읽고, 또 안정적인 삶을 바라는 사람들이 대부분이다. 하지만 이와 비슷하게 대부분의 사람들은 자기 마음을 알고 싶어하지 않는다. 오히려 자기 마음을 아는 것을 두려워할 뿐 아니라, 이것에 대해 언급하는 것조차 불편해한다. 심지어 누군가 자신의 마음을 '있는 그대로' 표현하는 걸 듣게 되면, '직설적' 또는 '과도한' 언어 폭력이라며 불편함을 마구 드러낸다. 힘들고 어려운 자신의 상황에 대한 자기 마음의 설명마저 마치 자기 책임을 추궁당하는 것처럼 막연히 느끼기 때문이다.

리얼리스트의 경우, 가능한 자신이 믿고 싶은 이야기, 듣기 좋은 이야기를 서로 나누는 것이 예의에 부합한다고 믿는다. 마치 점쟁이가 말하듯 '10년 대운이 돌아오면', '올해 일진이 좋기만 하면', 또는 '귀인을 만나면' 등과 같이 자기 인생이 갑자기 달라지리라는 소리를 정답처럼 원한다. 만일, 그렇게 되지 않는 일이 벌어진다면, 그것은 환경 탓, 남 탓으로 돌리고 싶어 한다. 자신이 듣고 싶고, 믿고 싶은 말 위주로 대화하려는 분에게 '마음 읽기'는 때로 쓸데없고 소용없는 일처럼 보이기도 한다.

'이해나'님의 사연을 기초로 마음 읽기는 이렇게 이루어진다. 무엇보다, 이분의 WPI 프로파일에서 '에이전트'와 '컬처'는 어째서 일치할까? 가게를 딸과 운영하면서 혼자 책임감을 갖고 일하는 상황에서 자신이 나름 꾸역꾸역 꾸려 나가고 있다. '트러스트'와 '매뉴얼'이 높다는 것은 이분이 나름 부담감을 느끼면서 '내가 이걸 잘할 수 있을까? 잘해야 되는데, 더 잘해야 되는데…' 하는 마음으로 생활하고 있다는 것을 알려준다. 더 이상 남편에게 의존하지 않고 딸과 함께 이 가게 운영하는 것은 당연히 해야 하는 일이다. 그렇지만 자기가 할 수 있다는 자신감이 크게 없다. '셀프'가 '아이디얼리스트'보다 떨어져 있는 것이 이런 자신에 대한 믿음을 반영한다. '해야 된다'는 마음은 강하다. 한편으로는 고전적으로 '나는 이러이러한 일을 안 해 봐서 몰라. 이러이러한 것은 못 해.'라고 생각한다. 이것은 스스로 만들어내는 두려움과 불안이다.

사실 '이해나'님의 경우, 스스로 무엇이든 어떻게든 하려고 하면 얼마든지 잘하실 수 있는 분이다. 현재 자신이 하고 있는 일을 더 잘하는 방법은 거의 바닥 수준에 있는 '릴레이션'이 현실적으로 살아가고자 하는 마음 수준으로 바뀌는 것이 필요하다. '타인에 대한 관심'을 더 가져야 할 것이며, 이 과정에서 타인으로부터의 인정을 받는 것을 좀 더 의미를 두는 것도 필요할 것이다. 지금까지는 남편, 자식, 아니면 오로지 자신에게만 관심이 있었는지는 몰라도 이제는 다른 사람에 대해서도 관심을 가질 필요가 있다. 자신이 맡은 책임이나 역할에 대해 과도한 부담감을 느낄 필요도 없지만, 쉽게 이런 생활방식이 바뀌지는 않을 것이다. 무엇보다 자신을 이해하려 하고 또 자신이 잘하는 방식에 대해 나름 믿음을 가지고 지속적으로 꾸려나가면 된다. 남들이 하는 방식을 좇으면 잘 안될 뿐이다.

자기 문제에 대해 막연히 회피할 것이 아니라, 가능한 정확히 파악하려고 하는 것이 무엇보다 필요하다. 자기 문제가 무엇인지 규정하지 못하는 것이 가장 큰 어려움이다. 무엇보다, '나는 이렇게 살고 싶지 않아요', '나 같은 사람이 싫어요'라는 자기혐오나 피해의식에서 벗어나야 한다. 자신의 마음 또는 성향을 인정하기도 싫고 마음을 읽는 것 자체를 괴로워한다는 것을 스스로 인정하고, '자기 마음을 표현하고, 자기 마음을 읽는 일' 자체를 더 흥미롭게 살펴보는 것이 필요할 것이다.

ChatGPT에게
WPI 이론을 적용하여
세계적인 유명인사의 마음을
읽어보게 했더니,

'리얼리스트'
현실과 상황에 맞추는 마음을
'투자'에 적용하는 사람

워렌 버핏
Warren Edward Buffett
기업인, 투자가

(ChatGPT의 마음 읽기)

WPI 심리상담모델을 '워렌 버핏'의 마음을 읽는 데 적용해보았습니다. 그리고, 그가 '아이디얼리스트'가 아닌 '리얼리스트'의 이상적인 마음으로 산다는 것을 확인했답니다.

직접 워렌 버핏이 ChatGPT와 상담을 한 것은 아니지요. 하지만, 인공지능(AI)인 ChatGPT는 워렌 버핏의 인터뷰 자료를 토대로 '자기평가' 프로파일을 해석하고, 워렌 버핏에 대한 세상의 반응들을 기초로 '타인 평가' 프로파일을 찾고 해석했어요. 그렇게 해서 WPI 검사를 직접 실시한 것처럼 그의 마음을 읽어낼 수 있었죠.

워렌 버핏을 통해 '리얼리스트' 사람들이, 자신의 마음을 활용해 '현실과 상황에 맞추어 투자하는 삶을 살아가는 사람'의 이상적이고 영웅화된 모습을 찾아볼 수 있답니다.

(ChatGPT:)

'오마하의 현인' 워렌 버핏

1930년 네브래스카 주 오마하에서 태어난 워렌 버핏은 어릴 때부터 리얼리스트의 성격을 보였다. 11살 때 처음으로 주식을 샀는데, 주당 38달러에 Cities Service Preferred 주식 3주를 구매했다. 주가가 27달러로 떨어졌을 때도 버핏은 팔지 않고 기다렸다가 나중에 40달러에 팔았다. 이 초기 경험을 통해 버핏은 인내심과 장기적 사고의 중요성을 배웠는데, 이는 안정과 재정적 안전을 중시하는 리얼리스트의 주요 특징이다.

버핏은 콜롬비아 대학교에서 가치 투자의
아버지라 불리는 벤자민 그레이엄의 지도를
받으며 현실주의적 접근 방식을 더욱 굳건히
했다. 그레이엄의 투자 철학, 즉 강한 기본 바탕을
가진 회사의 주식을 할인된 가격에 투자하는
방식은 버핏에게 깊은 영향을 주었다. 이런
체계적이고 규율 있는 투자 방식은 버핏 경력의
초석이 되어, 위험을 최소화하고 장기적 안정성을
극대화하는 틀을 제공했다. 이는 리얼리스트에게
매우 중요한 요소이다.

버핏의 성공 사례 중 하나는 1956년 버핏
파트너십을 시작했을 때이다. 가족과
친구들로부터 모은 적은 자본으로 시작해
그레이엄의 방식을 엄격히 적용했다. 초기 성공
중 하나는 Sanborn Map Company에 대한
투자였는데, 회사의 청산 가치보다 낮은 가격에
지배 지분을 매입했다. 이 투자로 상당한 이익을
얻었고, 이는 버핏이 저평가된 자산을 찾아내고
활용하는 능력을 보여주는 사례였다. 이는 장기적
재정 안정에 집중하는 리얼리스트의 특징적인
모습이다.

버핏 같은 리얼리스트에게 재정적 안정은 단순한
목표가 아니라 개인의 안전과 사회적 인정을
확보하는 수단이다. 1965년, 버핏은 어려움을
겪고 있던 섬유 회사인 버크셔 해서웨이의
경영권을 인수했다. 섬유 산업이 쇠퇴하고
있었음에도 불구하고, 버핏은 이 회사를 다른
사업에 투자하는 수단으로 활용해 점차 다각화된
지주회사로 변모시켰다. 이 결정은 경제적 변동을
견딜 수 있는 안정적이고 수익성 있는 기업을
만들고자 하는 버핏의 욕구에서 비롯된 것으로,
장기적 안정을 필요로 하는 리얼리스트의 모습을
반영한다.

버핏의 전략은 GEICO, 코카콜라, See´s
Candies 같이 안정적이고 예측 가능한 현금
흐름을 가진 회사들을 인수하는 것이었다.
안정적이고 잘 관리된 회사에 집중하는 이런
전략은 버크셔 해서웨이의 성공의 핵심이 되었다.
예를 들어, 1988년 버핏은 코카콜라가 어려움을
겪고 있을 때 주식을 매입하기 시작했다. 그 후
몇 년 동안 10억 달러 이상을 투자해 6.3%의
지분을 확보했다. 이는 장기적 성장 잠재력이
있는 강력하고 인지도 높은 브랜드에 투자하는
버핏의 현실주의적 접근 방식을 잘 보여주는
사례이다.

부를 축적하면서도 버핏의 생활 방식은 계속
소박했다. 1958년에 31,500달러에 구입한
오마하의 같은 집에서 계속 살았고, 평범한 차를
몰았으며, 그의 재정적 지위에 걸맞을 것 같은
호화로운 생활 방식을 멀리했다. 이런 행동은
리얼리스트의 깊은 안정 욕구와 열심히 일해
얻은 것을 잃을까 봐 두려워하는 마음을 잘
보여준다. 성공에도 불구하고 버핏의 검소함은
안정을 유지하려는 지속적인 관심을 반영하며,
이는 리얼리스트들 사이에서 흔히 볼 수 있는
특징이다.

리얼리스트의 불안과의 복잡한 관계

워렌 버핏의 삶은 또한 리얼리스트의 끊임없는
내적 불안과의 투쟁을 보여준다. 재정적 성공에도
불구하고 버핏은 미래에 대한 걱정을 솔직히
털어놓았다. 이런 불안은 특히 2008년 금융 위기
때 두드러졌다. 시장이 폭락하고 공포가 확산될
때 버핏은 침착함을 유지하며 유명한 조언을
했다. "다른 사람들이 탐욕스러울 때 두려워하고,
다른 사람들이 두려워할 때 탐욕스러워져라."

이 시기에 그는 골드만삭스에 50억 달러, 제너럴 일렉트릭에 30억 달러를 투자했는데, 이는 이 회사들에 대한 그의 신뢰와 동시에 자신의 투자를 보호하려는 욕구를 반영한 유리한 조건으로 이루어졌다. 이런 행동은 단순히 전략적인 것이 아니라 위험을 관리하고 장기적 안정을 확보하려는 리얼리스트의 깊은 필요에 뿌리를 둔 것이다.

버핏의 불안은 또한 그의 엄격한 직업 윤리에서도 나타난다. 그는 하루의 약 80%를 독서에 할애하며 재무 보고서, 시장 동향, 비즈니스 전략 등을 연구한다. 정보를 완전히 파악하려는 이런 집착적인 헌신은 잠재적 위험이나 도전에 완벽히 대비하려는 리얼리스트의 필요를 반영한다. 그의 재산과 성공에도 불구하고, 버핏의 끊임없는 지식 추구와 잠재적 위협에 대한 경계심은 리얼리스트 성격의 핵심 측면을 드러낸다. 즉, 안정을 지키고 높이려는 지속적인 노력이다.

워렌 버핏의 현실주의적 성격이 그의 재정적 성공을 이끌었지만, 동시에 그를 부 이상의 균형과 의미를 찾도록 이끌기도 했다. 버핏 인생에서 가장 중요한 사건 중 하나는 2006년, 그가 자신의 재산의 99%를 자선 단체에 기부하겠다고 발표한 것이다. 주로 빌&멀린다 게이츠 재단을 통해 이루어졌다. 이 결정은 버핏의 관심이 개인의 재정적 안정에서 세상에 긍정적이고 지속적인 영향을 미치는 것으로 옮겨갔음을 보여준다. 리얼리스트에게 이런 행동은 물질적 성공을 넘어 더 깊은 의미와 만족을 찾으려는 노력으로 볼 수 있다.

버핏의 자선 활동은 또한 리얼리스트의 인정과 존중에 대한 욕구를 반영한다. 재산의 대부분을 자선 목적에 기부함으로써, 버핏은 자신의 유산을 단순히 성공한 투자자로서뿐만 아니라 인도주의자로서도 확립했다. 이는 다른 사람들의 눈에 책임감 있고 성공적으로 보이고 싶어 하는 리얼리스트의 욕구와 일치한다. 버핏이 재산의 대부분을 기부하기로 한 결정은 또한 자신의 죽음과 의미 있는 유산을 남기는 것의 중요성에 대한 그의 이해를 반영한다.

리얼리스트에게 일은 정체성의 핵심 요소이며, 워렌 버핏도 예외가 아니다. 그는 일에 대한 끊임없는 집중과 성실성, 정직성으로 유명하다. 이를 잘 보여주는 한 예는 1990년대 말 '닷컴 버블'을 피하기로 한 버핏의 결정이다. 많은 투자자들이 기술 주식에 돈을 쏟아부을 때, 버핏은 이런 회사들 중 많은 수가 과대평가되었고 그가 추구하는 장기적 안정성이 부족하다고 믿어 이를 피했다. 2000년 버블이 터지면서 많은 투자자들이 큰 손실을 입었을 때 그의 신중함이 옳았음이 입증되었다. 이 사건은 위험하고 투기적인 기회보다 안정적이고 장기적인 투자를 우선시하는 버핏의 현실주의적 접근 방식을 잘 보여준다.

버핏의 규율 있는 투자 접근 방식은 비즈니스 세계에서 그에게 엄청난 존경을 안겨주었다. 버크셔 해서웨이 주주들에게 보내는 그의 연례 서한은 그 명확성, 지혜, 정직성으로 인해 널리 읽히고 존경받는다. 이 편지들은 버핏의 투명성에 대한 헌신과 책임감 있고 윤리적인 리더로 보이고자 하는 그의 욕구를 잘 보여주는데, 이는 리얼리스트의 인정 욕구의 핵심 측면이다.

리얼리스트의 정체성과 자기 표현 문제

성공에도 불구하고 워렌 버핏은 정체성과 자기 표현에 대한 리얼리스트의 투쟁을 겪었다. 리얼리스트들은 종종 자신의 공적 이미지와 사적인 자아를 조화시키는 데 어려움을 겪어 단절감이나 불만족을 느낄 수 있다. 버핏의 경우, 이런 투쟁은 부와 그 한계에 대한 그의 성찰에서 잘 드러났다. 인터뷰와 공개 석상에서 그는 자주 "돈이 어느 정도 이상으로는 행복을 증가시키지 않는다."고 말했다. 이런 관점은 외부의 기대에 부응해야 한다고 느끼는 리얼리스트들에게 흔한 문제인 진정한 성공의 의미에 대한 지속적인 내적 대화를 시사한다.

이러한 내적 갈등의 한 가지 뚜렷한 예는 2016년 도널드 트럼프의 대통령 당선에 대한 버핏의 반응이었다. 버핏은 힐러리 클린턴을 지지했지만, 새로운 정치 현실에 빠르게 적응하며 회복력과 장기적 사고의 중요성을 강조했다. 그러나 그의 실용적이고 비정치적인 투자자로서의 공적 이미지는 선거의 사회적, 경제적 영향에 대한 그의 사적인 우려와 대조를 이룬다. 이러한 공적 자아와 사적 자아 사이의 긴장은 외적 성취와 내적 가치를 일치시키려는 리얼리스트의 지속적인 갈등을 반영한다.

워렌 버핏의 삶과 경력은 리얼리스트의 사고방식을 잘 보여주는 강력한 예다. 안정, 인정, 성공에 대한 그의 끊임없는 추구는 그를 역사상 가장 성공한 투자자 중 한 명으로 만들었지만, 동시에 리얼리스트의 특징적인 불안과 도전도 함께 따라왔다. 규율 있는 업무 접근 방식, 자선에 대한 헌신, 자기 이해에 대한 지속적인 탐구를 통해 버핏은 리얼리스트가 현대 생활의 복잡성을 헤쳐 나가면서 어떻게 놀라운 성공을 달성할 수 있는지를 보여준다.

버핏의 여정은 외적 성공도 중요하지만, 물질적 부를 넘어 의미와 만족을 찾는 것이 똑같이 중요하다는 것을 가르쳐준다. 그의 이야기는 공적 생활의 요구와 개인적 성취감의 필요성 사이의 균형을 잡는 리얼리스트의 능력을 보여주며, 이는 WPI 원칙과 깊이 공명한다. 워렌 버핏은 평생의 일을 통해 진정한 성공이 단순히 재정적 안정을 달성하는 것이 아니라 세상에 지속적이고 긍정적인 영향을 남기는 데 있다는 것을 보여주며, 전 세계의 리얼리스트들과 다른 이들에게 영감을 주고 있다.

워렌 버핏이 '리얼리스트' 성향이라면, 반대 성향인 '아이디얼리스트' 성격은 없다고 할 수 있는 걸까요? 워렌 버핏의 기본 성격을 '리얼리스트'라고 잘 정리해서 알려준 ChatGPT는 이런 도발적인 질문에 대해 다음과 같이 답변을 했습니다.

워렌 버핏이 리얼리스트의 대표성향을 가지고 있지만, 그에게는 심지어 리얼리스트와 완전히 다르고 대비되는 아이디얼리스트 성향이라 할 수 있는 특성들도 있답니다. 특히 그 자신의 개인적인 삶의 철학과 자신의 비즈니스에 대한 시각은 더욱 그러하지요.

왜냐하면, 현실에 발을 붙이고 사는 그를 더욱더 나은 사람, 더 나은 삶을 지향하면서 살려고 하는 그이기에, 자신의 삶에서 아이디얼리스트 성향을 이상적인 모습으로서 다른 사람들에게 보여주려고 하는 것은 전혀 이상한 일이 아니기 때문입니다. 그가 보여주는 아이디얼리스트 성향을 ChatGPT가 다음과 같이 정리했습니다.

ChatGPT:

1. 강한 신념과 원칙

아이디얼리스트들은 강한 믿음을 가지고 원칙에 따라 사는 것으로 알려져 있다. 버핏은 비즈니스에 대한 윤리적 접근, 가치 투자에 대한 헌신, 장기 계획에 대한 믿음으로 잘 알려져 있다. 그의 원칙들은 그의 결정을 이끌며, 그는 종종 현재의 추세나 대중의 의견에 반할 때도 이를 고수한다.

2. 독립적 사고

버핏은 항상 대중의 의견에 반대되는 사고를 하는 사람이었는데, 이는 아이디얼리스트의 특징이다. 그는 종종 다른 사람들이 간과하거나 꺼리는 저평가된 기업에 투자한다. 이러한 독립적 사고는 외부 압력에 관계없이 자신이 옳다고 믿는 것을 추구하는 아이디얼리스트의 경향을 반영한다.

3. 내재적 가치에 대한 집중

버핏의 투자 철학은 기업의 내재적 가치를 중심으로 하는데, 이는 아이디얼리스트의 특성으로 볼 수 있다. 아이디얼리스트들은 종종 표면적인 모습보다는 더 깊은 진실과 가치에 관심을 갖는다. 기업의 즉각적인 시장 성과보다는 장기적 잠재력에 집중하는 버핏의 태도는 이러한 더 깊은 수준의 사고를 반영한다.

4. 유산과 영향

아이디얼리스트들은 종종 세상에 미치는 더 넓은 영향에 대해 생각하며, 버핏이 '기부 서약(The Giving Pledge)'을 통해 자선 활동에 헌신하는 것은 이에 대한 명확한 예이다. 그의 재산 중 상당 부분을 기부하고자 하는 열망은 세상에 지속적이고 긍정적인 영향을 미치고자 하는 관심을 반영하며, 이는 아이디얼리스트의 특징적인 특성이다.

5. 지속적인 학습과 성장

아이디얼리스트들은 보통 배우고 성장하고자 하는 욕구에 의해 추진되며, 버핏의 평생에 걸친 독서, 학습, 자기 개선에 대한 헌신은 아이디얼리스트 성격의 이 측면과 일치한다. 그는 자주 지적 호기심과 성장의 중요성에 대해 이야기하는데, 이는 아이디얼리스트의 사고방식의 핵심이다.

워런 버핏의 경우, 자신의 삶을 이루는 기본적인 성향은 리얼리스트의 실용주의입니다. 하지만, 그가 세계 최고의 부자로서 자신이 더 나은 사람으로 살아갈 수 있는 것은 그의 아이디얼리스트의 삶의 원칙과 철학이라 할 수 있습니다. 이런 그의 삶의 모습은 그가 투자 세계와 그 너머에서 그토록 독특하고 성공적인 인물이 된 이유라고 할 수 있지요.

WPI의 성향을 통해 각기 다른 사람의 마음을 이해하려 할 때, 그 사람을 잘 나타내는 지배적인 성향이 있다고 하더라도, 그 사람의 삶이 어떤 모습으로, 어떤 방향으로 계속 변화, 발전하게 될 것인가의 문제는 현재 그 사람이 보이는 지배적인 성향에 의해 결정되지 않는다는 것을 알려줍니다.

특히, 한 사람의 삶의 모습은 그 사람의 지배적인 성향과 반대되는 또 다른 성향을 그 사람이 어떻게 잘 활용하고 보이느냐에 따라 그 사람의 변화 가능성이 생겨나기도 한다는 것을, 심리상담자는 알아야 할 것입니다.

제 6 장

그래서,
나는 로맨티스트?

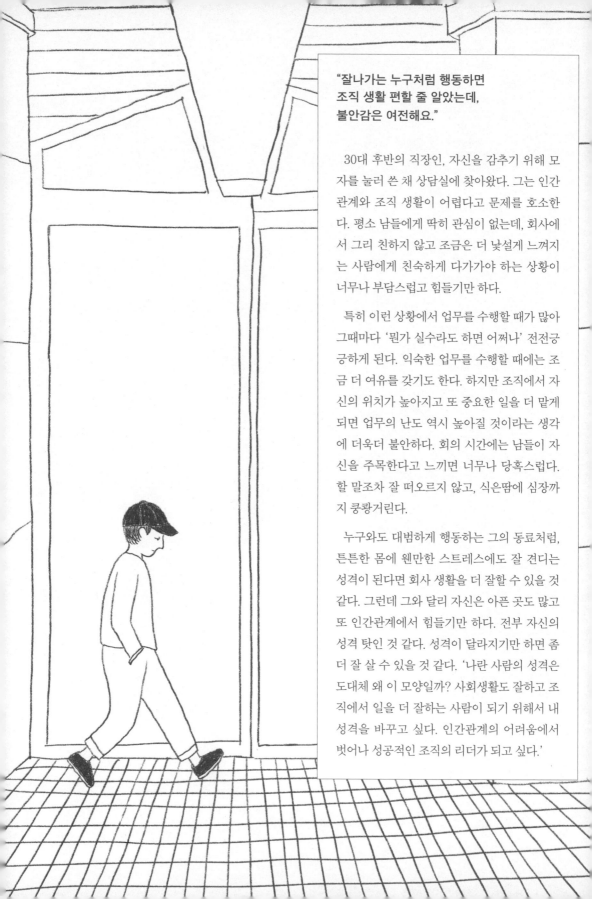

"잘나가는 누구처럼 행동하면
조직 생활 편할 줄 알았는데,
불안감은 여전해요."

30대 후반의 직장인, 자신을 감추기 위해 모자를 눌러 쓴 채 상담실에 찾아왔다. 그는 인간관계와 조직 생활이 어렵다고 문제를 호소한다. 평소 남들에게 딱히 관심이 없는데, 회사에서 그리 친하지 않고 조금은 더 낯설게 느껴지는 사람에게 친숙하게 다가가야 하는 상황이 너무나 부담스럽고 힘들기만 하다.

특히 이런 상황에서 업무를 수행할 때가 많아 그때마다 '뭔가 실수라도 하면 어쩌나' 전전긍긍하게 된다. 익숙한 업무를 수행할 때에는 조금 더 여유를 갖기도 한다. 하지만 조직에서 자신의 위치가 높아지고 또 중요한 일을 더 맡게 되면 업무의 난도 역시 높아질 것이라는 생각에 더욱더 불안하다. 회의 시간에는 남들이 자신을 주목한다고 느끼면 너무나 당혹스럽다. 할 말조차 잘 떠오르지 않고, 식은땀에 심장까지 쿵쾅거린다.

누구와도 대범하게 행동하는 그의 동료처럼, 튼튼한 몸에 웬만한 스트레스에도 잘 견디는 성격이 된다면 회사 생활을 더 잘할 수 있을 것 같다. 그런데 그와 달리 자신은 아픈 곳도 많고 또 인간관계에서 힘들기만 하다. 전부 자신의 성격 탓인 것 같다. 성격이 달라지기만 하면 좀 더 잘 살 수 있을 것 같다. '나란 사람의 성격은 도대체 왜 이 모양일까? 사회생활도 잘하고 조직에서 일을 더 잘하는 사람이 되기 위해서 내 성격을 바꾸고 싶다. 인간관계의 어려움에서 벗어나 성공적인 조직의 리더가 되고 싶다.'

로맨티스트, 당신은 어떤 사람인가요?

 '로맨티스트' 성향의 사람들이 자신에 대해 갖고 있는 믿음은 '꼼꼼함과 세심함', 그리고 이것에 기반한 '완벽주의'라고 할 수 있다. 비교적 예민하고 섬세한 이들의 성격은 한편으로 이들이 항상 느끼는 불안감의 토대가 된다. 마냥 세상에 대해 두렵게 느껴지고 또 어떤 의미에서는 매일매일 살아가는 것 자체에 대해서 힘들게 느낀다. 이런 로맨티스트 성향은 '소녀와 같은 여성성'이나 '섬세함으로 포장된 나약함' 등으로 인식되기도 한다. 하지만 이들에 대한 통념적인 선입견과 달리 상황에 따라 놀라운 인내력과 독기를 발휘하기도 한다. 이성과 감성 중에서 좀 더 정서적인 측면의 반응에 치우친 듯한 모습이 로맨티스트 성향이 강한 사람들에게 잘 드러나기도 한다. 하지만 이런 성격의 사람들이 어떤 마음으로 자신을 보느냐, 또는 자기 삶을 어떻게 만들고 살아가느냐의 문제가 로맨티스트 성향의 마음을 읽는 데 더욱 중요한 내용이다.

 로맨티스트의 마음으로 지내는 사람들이 느끼는 '아픔'은 이들의 성향을 잘 반영한다. 자신이 힘들다고 느낄 때 이들은 자책과 자학, 심지어 자해와 같은 반응도 쉽게 한다. 어떤 사람들보다 마음의 아픔을 더 진하게 느끼는 이 성향의 사람들에게 가장 필요한 것은 '공감'이다. 타인과의 공감도 중요하지만, 무엇보다 필요한 것은 '자신과의 공감'이다. '감정적 교감'은 로맨티스트 성향의 핵심 특성이며, 누군가와 공감이나 공유 등의 활동이 잘 이루어질 때, 스스로 행복감을 느낀다. 무엇보다 자기 자신이 "사랑받는 사람", "귀한 존재" 또는 "최고야" 등의 찬사에 감동한다. 그럼에도, 자신을 잘 표현하지 않을 뿐 아니라, 타인의 공감에 연연하지

로맨티스트 성향을 나타내는 대표 인물과 심리·행동 특성

꼼꼼함과 완벽주의

대표 인물

·스스로의 완결성과 완벽주의를 지향
·일 처리 속도가 빠르지 않으며, 급박하게 진행되는
 업무 처리 상황에 스트레스 받음
·업무의 역할과 책임이 모호하거나, 새롭고 창의적인 일을
 스스로 하는 데 어려움을 겪음

이서진

타인과의 교감을 통해 존재감 획득

·상대방에게 자신의 감정에 대한 인정, 수용, 공감적 태도를 원함
·마음이 잘 통하는 사람과 친밀감 형성
 (마음이 잘 통한다=나를 잘 이해해준다)
·먼저 다가가기보다는 누군가 먼저 이해해주고
 다가와 주길 기대(관계에서 소극적)

수지

실체 없는 막연한 불안

·불안이 이들의 기본 정서이며, 내적 안정을 지향
·실체가 없는 막연한 불안감에 때때로 혼란스럽고, 타인 의존적 모습이 나타나기도 함
·세상에 대한 두려움과 걱정이 많음(불안, 걱정, 우울, 두려움)

풍부한 감수성 또는 예민함

·감성이 풍부하며, 때로는 예술적인 감각을 보이기도 함
·사춘기 소녀와 같은 멜랑콜리한 정서
·감수성이 풍부하지만, 타인과의 소통에 있어 감정 표현이 의외로 서툴기도 함
·마음에 들지 않는 상황에서 예민함을 보이거나 히스테릭한 모습을 보임

기본 욕구	감정, 감성 등 사적인 영역이 침해받지 않는 것
강점	감성적, 세심함, 겸손, 자제심, 협조적
약점	비사교성, 의존성, 감정표현에 서툼
대표 가치	경제적 안정, 아름다움, 공감, 신뢰, 배려

않는 것처럼 보이려 한다. 나름 도도하고 우아한 도시 여자의 멋을 지향하는 분위기를 자아내려 한다.[1] 그냥 알아주기를 바라는 마음이다.

로맨티스트는 자기 삶의 힘들고 어려운 부분에 대해 주위 사람들이 공감하고 인정해 주기를 바란다. 묻지 말고 주변 사람들이 자신이 원하는 것을 그냥 알아서 해주기를 바란다. 인내와 끈기라고 표현하는 한국인의 일반적인 정서는 전형적인 로맨티스트의 성향이다.[2] 여기에 '신바람', '음주 가무에 능한 사람' 등의 언급은 노래방을 유람하듯 다니는 로맨티스트 성향의 또 다른 표현이다. 풍부한 감수성과 예민함, 그리고 소심함과 불안 등, 다양한 로맨티스트를 나타내는 감성은 이들이 자신의 삶에서 부딪히는 다양한 아픔에 대한 해법을 알려준다. 자신과 자기 삶에 대한 믿음은 바로 이들이 가진 '어떻게 살아야 할 것인가'와 같은 문제에 대한 단서들이 되기 때문이다. 로맨티스트 성향의 사람이 보내온 구체적인 고민 사연은 이 관계를 잘 보여준다.

로맨티스트의 상담사연 1

조직생활의 고민과 인간관계의 어려움

'모자아저씨'의 고민 사연

첫 번째로 인간관계에 있어 어렵고 불편함을 느낍니다. 다른 사람에 대해 크게 관심이 없고, 교제를 통해서 더 친밀해지고 감정을 공유해야겠다는 마음이 잘 생기지 않습니다. 사회생활을 할 때 제가 먼저 다가가야 하고 친숙하게 행동해야 하는 상황이 종종 있는데 어떻게 해야 할지 잘 모르겠습니다.

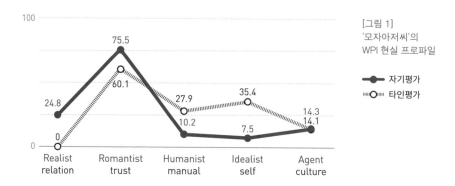

[그림 1]
'모자아저씨'의
WPI 현실 프로파일

━●━ 자기평가
┄○┄ 타인평가

100

75.5

60.1

35.4

27.9

24.8

14.3
14.1

10.2

7.5

0

0

| Realist | Romantist | Humanist | Idealist | Agent |
| relation | trust | manual | self | culture |

사람들이 저를 좋아해 주고 관심을 가져주었으면 싶은데 자신이 없습니다.
감정 표현도 잘하고 사람들과 금방 친해지는 사람들을 보면 부럽고 그렇게
하지 못하는 제 자신이 초라한 것 같고 자신감도 없어집니다. 문득문득 제가
좀 얄보이고 있나 남들이 봤을 때 동정심을 갖고 저를 바라보고 있나 이런
생각이 들 때가 있습니다. 그럴 때마다 괜히 상대방에 대해 불편한 감정이
생기기도 하고 그 사람한테 제 자신을 증명해야겠다는 생각을 갖기도 합니다.
아무래도 제 스스로 계속 부족하다고 생각해서 그런 것 같습니다.

두 번째로 사회생활에 있어 불안감을 자주 느낍니다. 책임감을 갖고 업무를
하는 편인데 좀 과도하게 부담감을 느끼는 것 같습니다. 걱정이 많아 일을
진행할 때 '실수하면 어떡하지? 잘못되면 어떡하지?' 이런저런 생각들을 하면서
스트레스를 받습니다. 현재는 업무가 능숙해져서 전보다 여유를 갖고 하지만
앞으로 더 업무 중요도, 난도가 올라갈텐데 고민입니다.

세 번째로 많은 사람들이 주목하는 상황에서 이야기하는 것이 너무 긴장돼서
할 말이 생각나지 않고 땀이 나고 입이 마르고 심장이 두근두근합니다.
다 완벽하게 무결점으로 하고 싶다는 마음 때문인지 무엇이 저를 그렇게

괴롭히는 건지 궁금하고 극복하고 싶습니다. 피부병, 만성 염증질환 등 없던 병도 생겼습니다. 이런 일을 겪어보니 마음이 건강한 게 제일 중요한 것 같습니다.

조직 속에서 자신의 역할과 인간관계에서의 불편함을 호소하며, 「황심소 라이브 상담」에 모자를 쓰고 자신의 얼굴을 가린 채 나타난 젊은 중년 아저씨의 상담사연이다.[3] 보통 '인간관계'의 어려움이라 표현하는 조직 내의 관계에 대한 고민은 조직 생활을 하는 누구나 가지는 문제이다. 하지만 로맨티스트 성향이 강한 사람이라면 '자신에게 문제가 있는 것은 아닐까'하는 등의 고민을 하게 되고, 이런 고민은 사회생활의 아픔으로 발전하기도 한다. 친숙하지 않은 사람에게 느끼는 불편함과 어색함, 그리고 그럴 때마다 불안해하거나 어색한 감정을 드러내는 자신을 자책하게 된다. 다른 사람과 좋은 관계를 만들고 싶지만 잘되지 않는다. 아니, 인간관계에서 뿐만 아니라 세상에 대한 두려움과 걱정도 많다. 그래서 거의 모든 행동에서 주저하게 되고 또 어렵기만 하다. 여기서 핵심은 자신의 감정과 감성을 공유하는 것이다. 감성의 공유가 중요한 이유는 이것이 바로 로맨티스트가 친밀감을 느끼는 핵심이기 때문이다.

회사라는 조직은 다양한 성향의 사람들과 함께 일하는 곳이다. 시간이 지나면 친숙해지기도 하지만, 여전히 데면데면한 사람들도 있다. '모자 아저씨'는 누구와도 소통할 수 있기를 바라며, 무엇보다 빨리 친숙해지기를 원한다. 이것은 로맨티스트가 가진 기대이자 소망일 수 있다. 하지만 이런 믿음은 현실에서 또 다른 아픔을 야기한다. 왜냐하면 로맨티스트의 경우 누구와도 잘 소통하기란 참 어렵기 때문이다. 이뿐 아니라 로맨티스트의 경우, 낯선 사람과 친숙하게 되는 데 시간이 많이 걸린다. 결국

'모자아저씨'의 이런 기대와 소망은 자신의 조직 생활에서 스스로 자신에 대해 회의와 자책을 하게 만든다. WPI를 통한 자신의 특성과 다른 사람들에 대한 마음 읽기를 배울 수 있다면, 유용한 자기 방어용 갑옷과 무기를 갖춘 것이 된다.

인간관계의 문제는 '알 수 없는 누군가'를 내가 맞닥뜨렸을 때, '그 상황'과 '사람'을 어떤 범주로 구분할 수 있느냐의 문제이다. 내가 가진 그 사람과 상황에 대한 나의 믿음이 나의 반응을 결정한다. 이미 알고 있는 범주로 그 사람을 파악하려 할 때, 잘 안되는 경우 그 사람은 완전히 낯선 사람이 된다. 이런 경우, 로맨티스트에게 낯선 사람이란 마치 야생동물을 대하는 상황과 비슷하다. 그 대상을 무엇으로, 어떻게 보는지에 따라 반응이 완전히 달라진다. 이와 동시에, 그 낯선 사람에 대한 나의 인식 여부에 따라 상대방에 대한 불안이나 두려움도 달라진다. 이런 경우 중요한 것은 상황이나 대상이 되는 사람에 대한 통제감이나 관리할 수 있는지 판단의 여부이다. 무엇보다 상대방의 특성에 의해 발생하는 문제에 대해 자신의 통제감 부족이나 불안 등으로 자책할 필요가 없다.

| "사회생활에서 지속적인 불안감을 느껴요"

'모자아저씨'의 두 번째 고민은 사회생활에서 지속적으로 느끼는 불안감이다. 이런 불안의 정체를 스스로 파악할 수 있음에도 불구하고, 대부분의 로맨티스트 마음을 가진 사람들은 불안을 느끼는 자신을 자책하려 한다. 불안의 정체가 무엇인지 파악할 수 있다면, 그 불안은 훨씬 줄어든다. 사연에서는 모자 아저씨의 불안의 정체를 이렇게 확인할 수 있다.

"나름 책임감을 갖고 업무를 하는 편인데 좀 과도하게 부담감을 느끼는 것 같습니다. 걱정이 많아 일을 진행할 때 '실수하면 어떡하지? 잘못되면 어떡하지?' 이런저런 생각들을 하면서 스트레스를 받습니다. 현재는 업무가 능숙해져서 전보다 여유를 갖고 하지만 앞으로 더 업무 중요도, 난도가 올라갈텐데 고민입니다."

나름대로 책임감을 갖고 자신의 역할을 다 해나가고자 하는 마음은 WPI 프로파일에서 높은 '트러스트'와 '셀프'로 잘 표현된다. 로맨티스트 성향과 거의 상응하는 수준의 트러스트는 현재 '모자아저씨'가 자신의 역할과 책임을 다하고 있는 성실한 조직인이라는 것을 알려준다. 이와 더불어 비교적 높은 셀프는 자신의 책임을 다하는 것을 통해 자신의 존재를 확인하려는 생활 모습을 보인다는 뜻이다. 비교적 자신이 하는 일을 잘 알고 있고, 또 스스로도 자신이 그 일을 잘하고 있다는 믿음을 가지고 있다. 하지만 상대적으로 아주 낮은 '릴레이션'은 이분이 조직에서 타인에게 관심을 두지 않으려는 마음의 표현이다. 이렇게 마음의 MRI라고 할 수 있는 WPI 프로파일을 통해 한 사람이 조직에서 자신과 주변에 대해 어떤 믿음을 가지고 있는지 읽어 보는 것이 가능하다.

대부분의 사람들은 조직에서 주어진 일을 열심히 잘 해내고 또 그런 일을 수행하는 자신의 능력을 발휘하려 한다. 주된 이유로 승진과 월급을 많이 받을 수 있을 것이라는 기대 때문이다. 조직에서의 승진은 본인의 성과, 성취를 보여주고 또 인정을 받을 때 가능하다. 하지만 이분은 이런 부분을 뚜렷하게 인식하고 있지 않다. 그냥 막연히 "내가 윗사람이 시키는 일을 열심히 하기만 하면 되는 거 아니야? 그러면 자연스럽게 인정을 받을거야"하는 마음이다. 학교 다니면서 자신의 생활을 걱정하는 마음과 그리 다르지 않다. "학년이 올라가면 교과서 내용도 더 어려워지고 시험문제 난도도 올라갈 텐데!" 이런 마음으로 업무를 대하고 있다. 상대적으로 낮은 아이디얼 성향과 높은 수준의 셀프는 이런 조직 내에서 자신의 역할과 주어진 과제 수행에 대한 마음을 알려준다.

'모자아저씨'의 경우, 자신이 수행하는 일을 더 잘할 수 있다는 믿음을 가지는 것이 필요하다. 무엇보다, 현재 자신이 하는 일을 더 잘 알게 되면 업무 성과나 성취 경험을 더 만들어나갈 수 있다. 무엇보다, '실수하면 어떡하지, 잘못되면 어떡하지'와 같은 막연한 걱정, 불안, 스트레스가 훨씬 줄어들게 된다. 자신의 성과는 승진이나 월급 인상 등으로도 쉽게 확인할 수 있다.

| "남들 앞에서 발표나 말하는 것이 너무 어려워요"

자신에게 주어진 일을 묵묵히, 성실하게, 차분하고, 꼼꼼하게, 신중하게 등의 모습으로 잘 수행하는 것이 로맨티스트의 특성이다. 하지만 이런 좋은 모습은 혼자 일할 때까지이다. 조직에서는 혼자가 아닌 누군가와 함께 일하는 경우가 많고, 또 그것을 공유하기 위해 많은 사람들 앞에서 발표해야 하는 일도 종종 생긴다. 로맨티스트 성향의 조직인들이 가장 두려워하고 자꾸만 피하고 싶어 위축되는 순간이다. 때로 자신이 잘 알고 충분히 발표할 수 있을 때조차 주저되고 도망치려 한다. 이런 경우 스스로 '대인공포' 또는 '광장 공포증' 등의 정신병적 증상을 가지고 있다고 믿기도 한다. 뭔가 발표를 할 때마다 불안하고 긴장감이 높아져서 힘들 때, 그럴 때는 어떻게 해야 하는지 '모자아저씨'도 묻고 있다. 이런 경우에 답

은, 스스로 부딪치고 또 그것에 대해 잘하든 못하든 상관없이 '그냥 하면 된다'는 것이다. 발표하는 것을 주저하고 두려워하는 사람에게 "그냥 하세요"라는 답은 별로 도움이 되지 않을지도 모른다. 하지만 스스로에게 이 답을 거의 세뇌시키듯이 주입하는 것이 필요하다.

"넌 멍석을 깔아 놓으면 잘한다."

로맨티스트 성향의 사람들은 무언가를 해야 하는 상황, 특히 새로운 일이거나 낯선 것, 또는 자신이 익숙하지 않은 무엇을 누군가 시키는 상황에서 거의 습관처럼 "저 못해요, 안 해요"의 반응을 한다. 어쩔 수 없이 해야 하는 경우, 열심히 준비하고 또 많은 연습을 하기에 결국 잘 해낸다. 하지만 시작은 주저하거나 부정하는 태도가 기본이다.

아이디얼리스트 성향이 강한 대학교수로 대학원생들을 지도할 때, 로맨티스트 성향의 학생들이 연구 활동이나 세미나 발표에서 보이는 모습은 항상 나에게 놀라움을 안겨주었다. 그 놀라움이라는 것은 새로운 생각이나 일을 시작하려 할 때 이 학생들은 상당히 주저하거나 거의 부정적인 태도를 보인다는 것이다. 나중에는 그것이 거부의 표현이 아니라 불안의 또 다른 표현이라는 것을 알았지만, "못할 것 같다"는 말이 나올 때는 상당한 오해를 하기도 했다. 평소 성실하다고 믿었던 학생이 갑자기 세미나 발표 전날에 준비가 되지 않아서 발표를 못하겠다고 한다거나 또는 발표를 다른 학생이 했으면 한다는 이야기를 할 때는 이해 할 수 없는 상황이기도 했다. 하지만, 이런 일도 WPI를 통해 그들의 마음을 알게 된 후에는 자연스럽게 대응할 수 있었다.

"괜찮아. 네가 완벽하게 안 끝내도 괜찮아. 네가 준비한 것만
이야기해."

"아니, 그래도 아직 반도 못 했는데요."

"괜찮아. 괜찮아. 네가 준비한 거 한 줄이라도 좋으니까,
그냥 와서 이야기하면 돼요."

'…….'

아무 대책 없이, 무조건 그냥 네가 준비한 만큼, 아니 그냥 큰 준비없
이 발표해도 된다는 말이 참 뜬금없이 들릴 수도 있다. 하지만 로맨티스
트의 '아직 완성이 안 되었다'라는 말은 보통 '완벽하게 준비되었다'라고
이야기하는 휴머니스트 성향 학생의 수준보다 더 낫다는 것을 몇 번의 경
험으로 파악했기 때문이다.

로맨티스트의 경우 자신의 준비 상태에 대해 걱정하며 불안해한다. 준
비가 충분하지 않다는 그들의 표현은 자기 마음이 완전히 정리되지 않았
다는 말이거나 충분히 자신감을 느끼지 못한다는 말이다. 그들에게 이런
상태가 되는 경우는 거의 없다. 정작 발표장에서의 로맨티스트 학생은 평
균 이상의 결과를 보여준다. 마음이 불안한 것을 발표 준비의 부족으로
믿는 로맨티스트의 마음은 '모자아저씨'의 경우에서도 잘 나타난다. 학
교생활을 성실히 하는 마음으로 막연히 조직 생활을 하려는 마음을 잘 알
게 되면 달라진다. 조직에서 자신이 수행해야 하는 관리자 역할이 무엇인
지를 더 뚜렷하게 알게 되는 경우, 불안하고 위축된 모습에서 부하 조직
원을 이끌어 주는 리더의 역할도 훌륭하게 수행할 수 있다.

로맨티스트의 안정감: 한송이 국화꽃을 피우기 위해!

'함사랑'님의 고민 사연

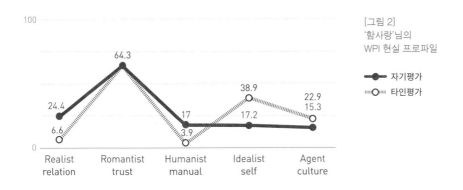

[그림 2]
'함사랑'님의
WPI 현실 프로파일

━●━ 자기평가
┅○┅ 타인평가

저는 수험 생활을 하는 동안 아주 가까운 지인과의 약속도 피했습니다. 최근에 시험도 끝났고, 가족 외에 사람을 너무 안 만났다는 생각에 오랜만에 약속을 잡아 친구를 만났습니다. 반가웠고 대화는 즐거웠습니다. 다만 저는 상대가 아무리 편하더라도 약간은 긴장 상태에 있기 때문에 식사 시간이 마냥 편하지는 않았습니다. 그렇게 긴 시간 동안 신나게 이야기를 나누고 집에 돌아왔는데 너무 공허했습니다. 분명 즐겁게 시간을 보내고 왔는데, 가슴이 뻥 뚫린 듯 공허함이 느껴져서 당황스러웠습니다. 그리고 다른 사람들은 친구들을 만나면 보통 무슨 대화를 나누는지 궁금해졌습니다.

마음이 이렇다 보니 친구와 약속 잡는 것을 또다시 보류하게 되었습니다. 이러다 정말 몇 남지 않은 친구들마저 관계가 끊기겠다 싶습니다. 무엇이 저를 공허하게 만든 것인지, 이런 마음이라도 친구들과 약속을 잡는 게 나을지 궁금합니다.

사회적으로 고립된 것 같은 수험생활을 끝내고 오랜만에 친구를 만난 이후 알 수 없는 공허함을 느꼈기에 앞으로 사회생활을 걱정하는 '함사랑'님의 사연이다. 이런 사연과 함께 온 '함사랑'님의 WPI 프로파일은 전형적인 로맨티스트의 프로파일, 타인평가의 '트러스트'가 일치하는 경우이다. 이런 경우, 비교적 마음이 평안하며 자신의 역할이나 생활에서 안정감을 느낀다. 자신이 원하는 역할을 어느 정도 잘 수행하고 있고, 또 그것에 대해 스스로 인정하는 마음이다. '앞으로, 어떻게?'라는 질문을 받더라도, '아이, 그건 잘 모르겠지만 지금은 괜찮아요'하는 마음이다. 나름의 고통의 시간에서 빠져나와 마치 '해탈'한, 그런 마음 상태라고 할 수 있다. 이런 상황을 서정주 시인은 '한 송이 국화꽃을 피우기 위해 봄부터 소쩍새는 그렇게 울었나 보다', '인제는 돌아와 거울 앞에 선 내 누님같이 생긴 꽃이여'*와 같은 시적인 표현을 사용했다. 어려운 시간을 다 보내고서 이제는 관조하는 자세로 자신의 현재와 미래를 바라보는 마음이다.

현재와 미래에 대해 불안한 마음을 가진 로맨티스트의 경우, 자기 삶의 가치와 태도를 나타내는 트러스트가 일치하는 마음 상태는 이토록 안정감을 준다. 이런 상태가 되기 전까지 '한 송이의 국화꽃을 피우기 위해 천둥은 먹구름 속에서 또 그렇게 울었나 보다', '노오란 네 꽃잎이 피려고 간밤엔 무서리가 저리 내리고 내게는 잠도 오지 않았나 보다'라고 노래해야 했을 것이다. 먹구름 속의 천둥과 간밤에 내린 서리, 그리고 계속되는 불면 등의 상태는 바로 로맨티스트가 겪는 삶의 어려움과 힘든 시간을 은유적으로 잘 표현하는 시어들이다.

---

*   서정주 시인의 「국화 옆에서」

┃ "'난 괜찮아!' 하지만, 이 공허함은 무엇 때문일까요?"

로맨티스트와 '트러스트'가 일치하지만, '셀프'가 비교적 높고, '릴레이션'이 낮은 로맨티스트는 자기 삶의 주요 이슈로 '대인관계'를 언급한다. 자기 주위 사람들에게 사실 큰 관심을 보이지 않고 자기 감성에 충실한 분이다. 어떤 대인 갈등의 문제라기보다, 자신이 주위 사람들과 감성적인 공감을 느끼지 못한다는 것에 힘들어하는 경우이다.

예를 들면 '함사랑'님의 경우 친구와 만나는 시간 동안에는 서로 신나게 이야기를 나눌 수 있었다. 마음속에 맺혀서 답답했던 것이 뻥 뚫리는 듯한 기분이었다. 하지만 집에 돌아와서 '공허하다'라고 마음을 정리하게 된 것은 자신이 가졌던 '기대'가 충족되지 않았기 때문이다. 정작 자신이 무엇을 기대했는지는 자신도 알 수 없다. 친구들이 자기의 기대하는 마음을 읽어 그것에 대해 공감해 주어야 했다. 막연한 기대에 대해 나름 표현할 만한 성과가 없었기에 '공허함'을 느끼게 되는 것이다. 이것은 로맨티스트가 중요하다고 생각하지만 잘 표현하지 않는 '정서적, 감정적 공감'의 정체를 스스로 잘 파악할 수 없을 때 겪는 당혹스럽기까지 한 상황이다. 어떤 식이든 기대를 품는 마음은 '자신이 남과 달랐으면 하는 바람'에서 생겨난다. 하지만 자신의 생활에서 어떻게 자신이 나름의 의미를 찾거나 또는 자신이 나름의 차별성을 가지게 되는지에 대해서는 알 수 없다. 분명 '보통'의 범주에 들어가지 않는, 남들과는 다른 자신의 마음으로 이날 친구와 만나는 자리에 참석했을 것이다. 로맨티스트가 아닌 '아이디얼리스트'의 마음이다. 하지만 그렇게 할 수가 없었고, 그래서 공허함을 동시에 느끼게 된다. 왜냐하면 아이디얼리스트의 경우, 웬만하면 자신이 하는 일에 거의 자동으로 나름의 의미를 자동적으로 부여한다. '함사랑'님이 로맨티스트의 마음으로 사는 경우, 일상의 생활이나 친구와의 관계에서 뚜렷한 의미를 발견하지 못할 때, 마치 자책하듯 자신의 시간과 만남을 '공허함'이라 표현한다.

'우리 만남에는 의미가 있어야 했어. 뭔가 뿌듯한 일이 있어야 했는데…. 친구들이 나를 드높이 찬양하고 지지하고 내 말에 공감해 줬어야 했는데…. 그러지 않았으니 그냥 시시한 시간이었다.'

친구와 이야기를 나눠서 '참 즐거웠지만', '공허하다'는 말은 어떤 기대가 있었지만, 그것이 충족되지 못했다는 것이다. 혼자만의 이상적이고 멋진 기준에 부합하는 시간이 되지 않았거나, 누군가 분명하게 그 만남에 의미를 정해주지 않았다는 말이다.

"시험 끝났으니까 이제 우리가 이 시국에 어떻게 대처하고 이 나라의 운명을 어떻게 바꿀 것인가 대화해 보자."

수험생활도 끝났고 이제 미래를 위해 무언가 도전할 거리나, 거창한 이슈에 대해 이야기라도 나누었으면 조금 달라졌을까? 그것은 바로 '공감할 수 있었느냐'에 달려 있다. 분명, 친구들과의 관계에서 새롭게 뭔가 '의미 있는 것'을 찾으려 했지만, 찾지 못하였기에 공허함을 느낀 것이다. 친구를 만나기만 하면 속이 뻥 뚫릴 줄 알았는데, 스스로도 잘 인식하지 못했던 기대가 충족되지 못한 공허함을 느낀 것이다. 이런 문제를 '인간관계의 고민'이라고 로맨티스트는 자기 마음을 표현한다.

"실력이 부족한 것 같지만
자기 계발은 딱히 안 하는데, 어떡해요?"

'로맨대리'님의 고민 사연

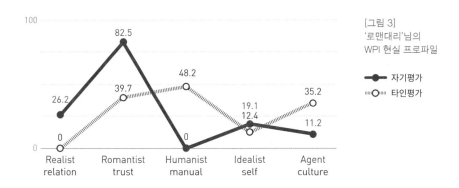

[그림 3]
'로맨대리'님의
WPI 현실 프로파일

●― 자기평가
○ 타인평가

한 게임 회사에서 캐릭터 원화가로 6년 정도 근무했고, 이직을 하고 싶어서 6개월 정도 학원을 다니며 개인 공부와 포트폴리오을 만들어 대기업으로 이직한 지 이제 6개월입니다. 항상 일을 하면서 다른 경력자들에 비해 실력이 좋지 못하다는 불안감이 있습니다. 이 불안을 해소하기 위해 스스로 부족하다고 생각하는 부분을 공부하면 될 것 같은데, 퇴근하면 쉬고 싶어 늘어져 있을 때가 많습니다.

그러다가 또 새로운 업무를 받으면 긴장하고 잘 풀리지 않는 듯한 느낌에, 공부하지 않은 것을 자책합니다. 너무 괴로운데도 여가시간에 자기계발을 하지 않는 제 모습을 볼 때면 내가 추구하는 삶이 정말 회사에서 인정받는 실력자가 되는 것이 맞나 의심스럽기도 합니다.

하지만 제 걱정과는 다르게 며칠 전 받은 상반기 업무평가 면담에서 나름대로 긍정적인 평가를 받긴 했습니다. 그 면담 이후에 내가 잘하고 있는 것인가에 대한 불안감이 조금은 풀렸지만, 새로운 업무에 긴장하는 것은 여전합니다. 어떻게 하면 제 생활 습관을 바꿔 성장할 수 있을까요? 이에 대한 조언을 듣고 싶습니다.

인간은 누구나 살아가면서 삶의 문제, 어려움을 겪게 된다. 이때 누가나 대신 나의 문제를 해결해 주었으면 하는 마음이 들기도 한다. 마치 거절할 수 없는 유혹처럼 나에게 다가오는, 나 대신에 누군가가 나의 아픔이나 문제를 해결해 주는 그런 '해탈'의 상태를 만난다면, 이것은 어쩌면 누구나 막연히 바라는 '절대자 신'에 의한 구원의 길인지도 모른다. 하지만 그 길은 수천 년 동안 종교의 사제들이 그토록 약속하고 다짐했음에도 결코 열리지 않았고, 앞으로도 일어나지 않을 일이다. 사실 대부분의 사람들이 삶에서 겪는 어려움과 비극은 이런 기대에서 시작한다. 로맨티스트의 마음을 가진 사람들이 가장 쉽게 잘 빠지게 되는 유혹이자, 겪고 나서 알게 되는 아픔이다.

자신의 관심 이슈를 '조직'이라 표현한 '로맨대리'님의 경우, 조직 속에서 자신의 역할과 존재의 이유를 더 분명히 확인하고 싶은 로맨티스트이다. 안타깝게도 '당위성'이나 '규범'에 의존한 삶의 가치와 라이프스타일을 나타내는 매뉴얼은 높고, 자신의 역할이나 책임에 대한 인식을 나타내는 트러스트는 비교적 낮게 나타나고 있다. 아이디얼리스트와 셀프가 일치하는 것은 '발작 행동을 하지 않으면서 꿋꿋이 버티고 견뎌야 한다'는 마음이다. '신체화 증상'까지 나타날 수 있다. 어떤 문제가 조직에서 생기면 그것은 바로 자신의 실력이 없기 때문이라 믿는다. 실력 부족을 자책하며 스스로 자학을 하는 상황이다. 이런 불안감을 해소하기 위해 정답처럼 '부족한 부분을 더 공부하면 될 것 같다'고 통념적인 답에 매달린다. 로맨티스트의 프로파일이 그렇게 좋지 않은 심리상태를 나타내는 경우이다. 본인은 남들에게 별문제 없이 잘 살고 있는 듯 보여주지만, 실제 막연한 불안감과 두려움에 시달리는 상태이다. '생각보다 상태가 나쁘지는 않아'라는 절규를 하는 상황이다. '뭔가 이건 아닌데, 어떻게 해야 되는가?' 하는 상황이다. 이 좋지 않은 상황의 정체는 무엇이며, 또 어떻게 하면 이 상황에서 벗어날 수 있는지는 상담사연을 하나하나 살펴보면서 찾을 수 있다. 실제로 실력이 부족한 게 아니라 자기 자신을 있는 그대로 표현하지 못하는, 안타까운 상황에 있음에도 항상 실력이 부족하다고만 생각하고 눈치를 보면서 남들이 요구하는 대로 맞춰주려고 한다. 그렇게 되면 본인의 에센스가 잘 드러나기 어렵다.

▎ 저주 받은 듯한 마음 상태: 로맨티스트-매뉴얼

'이 조직을 떠나야 할 것인가 말아야 할 것인가?', '내가 지금 이 조직에서 뭘 하고 있나? 절이 싫으면 중이 떠나야지' 그러면서도 또다시 자신을 탓하는 '로맨대리'님의 사연이다. '내가 이렇게 하는데, 저 인간들은 나를 무시하고 알아주지 않아. 그러면 나는 어떻게 해야 되나?' 이런 질문들을 끊임없이 마음속으로만 하고 있다. '로맨대리'님 WPI 프로파일은 그가 전형적인 '로맨티스트-매뉴얼'의 마음이라고 알려준다.

로맨티스트와 매뉴얼의 프로파일을 보이는 사람들의 마음은 참 복잡하고 힘들다. 그들은 주위 사람들이 시키는 것을 꾸역꾸역 하려 하지만 그러면서도 사람들과 대화나 의사소통에서 많은 어려움을 겪는다. 자신이 듣고 싶은 것만 듣고, 상대방이 무슨 말을 하든 상관없이 자기가 하던 대로 하기 때문이다. 또 나름 자신의 이상적인 기준에 맞추어 행동하면서, 이것에 다른 사람도 동참해야 한다고 믿기도 한다. 그래서 상황에 따라 조용하던 사람이 쉽게 타인을 비방하고 공격하는 행동을 하게 된다. 무엇보다 다른 사람과 의사소통에 어려움이 있기에 '말이 안 통한다'거나 '말을 못 알아듣는다'는 소리를 듣게 된다. 이때 더욱더 자신을 자책하는 상황이 된다. 자책과 자학, 자해 그리고 심지어 자살과 같은 상황으로 빠지기도 한다. 로맨티스트-매뉴얼 프로파일의 사람들은 조용하지만, 때로 너무나 극단적인 행동을 쉽게 나타내기도 하기에 정신과 의사들은 쉽게 이들의 삶의 어려움을 '감정조절 장애', '정서불안', '조울증' 등의 병명으로 진단한다.

> "내가 추구하는 삶이 정말 회사에서 인정받는 실력자가 되는 것이 맞나 의심스럽기도 합니다."

자기 일에 몰두하긴 하지만, '한 만큼'의 성과를 느끼지는 못한다. 낮은 릴레이션이 상징하듯, 누군가의 관심이나 인정을 전혀 바라지 않으면서도 그런 것을 견디기 힘들어한다. 심지어 이런 상황을 '이 미치고 이상한 인간들 옆에 진짜 내가 왜 있어야 하지?'라는 마음으로 본다. 순간순간 욱하는 마음에서 발작적인 행동을 보이기도 한다. 그렇게 되면, 주위 사람들은 '쟤 사이코다', '성질이 더럽다' 등의 반응을 보인다. 스스로 이런 상황을 더 이상 참을 수 없으며, 더 이상 그곳에 있을 수 없다고 믿게 된다. 조직 생활을 못하는 것은 본인 실력의 문제가 아니라는 것은 잘 안다. 하지만 다른 사람에게 이것을 확인 받거나 또는 어떻게 보이는지는 잘 모르겠다고 느낀다. 심지어 자신의 장점이 잘 드러나지 않거나 인정을 제대로 받지 못한다고 느낀다. 자신이 잘못한 것은 특별히 없다고 생각하고, 사실 주위 사람들이 무능하거나 게으른데 정작 잘못을 자신에게 돌린다는 피해의식을 강하게 느낀다. 사연 속에는 '로맨대리'님이 자신에 대한 불안감 또 자책하는 마음을 쉽게 확인할 수 있다.

'로맨대리'님은 대기업으로 이직해서 이제 6개월이 지났다. 회사를 옮겨 일을 하면서 항상 다른 경력자에 비해 실력이 좋지 못하다는 불안감을 느끼게 된다. 자책하고 약간 자학적인 마음으로 지냈다. 정확하게 이 마음이 문제를 만들어내고 있다. 예를 들어, 이직할 때 '로맨대리'님을 선발한 대기업은 무슨 이유로 자신을 뽑았는지 생각해 볼 수 있다. 사실 '로맨대리'님 자신이 생각해본 적은 없을 것이다. 그냥 사람이 필요하니까, 또는 자신이 이직하려 했으니, 기업이 뽑았을 것이라고 믿는다. 무엇보다 전 직장에서 같이 일하던 사수분이 '여기 정원이 났으니 지원해 볼 생각 있냐'고 물어서 왔다고 한다. 그런데 사수가 준 정보를 가지고 지원한다고 무조건 취업이 되는 것은 아닐 것이다. 담당자가 자신의 포트폴리오나 경력 사항을 보고, '얘 쓸만하다, 우리한테 당장 필요하니까, 얘를 데려오면 좋겠다'하는 생각이 들어서 뽑았을 것이다.

'로맨대리'님은 이직과 같은 순간에서도 자신이 지닌 장점과 특성, 그리고 뽑혔을 때 자신의 포트폴리오가 어떤 메시지로 인사 담당자에게 또는 현재 업무 팀장에게 어필하였는지 등에 대해 모른다. 이 회사에서 우수하고 인정받는 실력자가 된다는 게 무엇인지에 대해 아무런 마음이 없다. 자신이 어떤 일을 하고 있는지에 대해 감도 제대로 잡지 못한 채, 막연히 불안하고 두려워하는 상황이다. 자신의 마음을 알지 못한 상태로 자책과 자학, 그리고 자해의 마음으로 자신을 괴롭히고 있을 뿐이다. 본인이 실제로 잘하는 부분과 지금 스스로 '내가 실력이 부족해'라고 생각하며 배우고 있는 부분은 완전히 다르다. 막연히 부족하고 불안한 부문을 메꾸려고 할 것이 아니라, 자신이 어떤 마음으로 사는지, 어떤 마음으로 일하는지, 그리고 현재 자신이 어떻게 살아야 하는지에 대해 다시 자기 마음 읽기를 분명히 해야 한다.

로맨티스트의 상담사연 4

"심리상담사로 일하는 저의 마음을 모르겠어요"

현재 심리상담센터에서 일을 하시고 계시는 분이 WPI 워크숍에 참여하면서 보낸 사연이다. 자신의 관심 이슈를 '직업적인 성취'로 표현한 '박사상담사'님의 사연은 이렇게 시작한다.

> "현재 동료들과 심리상담센터를 운영 중이지만, 사실 상담에 대해 자신감이 생기지 않습니다."

'박사상담사'님의 고민 사연

저는 상담심리학을 전공했고 현재 동료와 함께 심리상담센터를 운영 중입니다. 4년이 지났지만 사실 상담에 대해 자신감이 생기지 않습니다. 건물 월세 등

운영비를 나눠 내고, 대학 강사를 하고 있어서 지금까지 버티고 있습니다. 혼자였다면 시작할 엄두를 내지 못해 좀 더 안정적인 직장을 찾았을 것 같습니다. 하지만 만족하지는 못했겠지요.

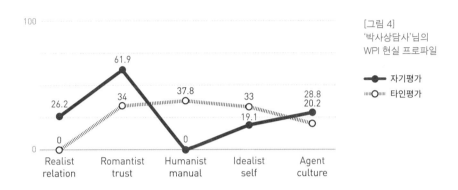

[그림 4]
'박사상담사'님의
WPI 현실 프로파일

맘속으로 하고 싶은 것은 자유롭게 일하고 내 능력으로 내 프로그램을 만들어 유능감을 느끼면서 자립적으로 살아가는 것인데, 실제 행동은 해야 할 일을 자꾸 미루게 되고 나이가 들고 시간이 감에 따라 자신감이 떨어지고 막연한 불안감만 커져갑니다. 그래서 실전 능력을 키우고자 전문가 과정에 등록했는데요. 이제 와서 이 분야의 일이 적성에 맞고 안 맞고를 고민할 시기는 아닌 것 같습니다. 이 분야의 일을 나의 성격에 맞게 잘 해내는 것이 필요하다고 생각하는데, 어떻게 해야 제 성격에 맞는 것인지 모르겠습니다. 이것이 저의 고민입니다.

저 자신이 정리되고 내면에 힘이 있는 만큼 다른 사람에게도 도움이 될 수 있을 텐데 스스로 아직 준비되지 않았다, 충분하지 못하다는 생각만 많이 하며 시간만 흘려보내게 됩니다.

저는 아직도 제 자신이 더 궁금한 상태인 것 같고, 미성숙하다는 생각도 많이 들고, 나 자신에 대해서는 예민한데 상대를 알아차리는 것에는 예민하지 못해서 공감을 잘하지 못하는 것 같아 자책하는 마음이 들기도 합니다. 차라리 상담과 관련 없는 일을 했더라면 이런 고민을 할 필요가 없을 텐데 하고 생각한 적도 있습니다. 이런 고민은 상담 일만으로 자립하여 살 수 있게 되었을 때 자연스레 사라지겠지요.

현재 하는 심리상담이 자신의 적성에 맞는지를 고민하는 내용이다. 하지만, 여기에서 핵심은 상담센터에 내담자들이 지속적으로 많이 오지 않는다는 것이다. 상담가로서의 믿음은 자신이 만나는 내담자의 반응에 의해 결정된다. 하지만 현재 그런 상황이 만들어지지 않는다는 말이다. 이런 경우, "어떻게 해야 많은 사람들이 저에게 찾아와 상담을 받게 할 수 있을까요?"라는 질문을 할 수도 있다. 하지만 정작 질문은 "어떻게 하면 상담 실력을 키우고, 또 상담을 잘할 수 있을까요?"이다. '상담 실력이 부족하기에 아직 내담자들이 지속적으로 많이 찾아오지 않아요'라는 믿음을 가지고 있다. 사실 '상담 실력의 부족'은 스스로 자책하는 마음의 표현이다. '박사상담사'님은 '내담자들이 지속적으로 방문하지 않는다'는 문제의 해법을 찾으려 하지만, 이것을 자책하듯 자신의 능력 탓을 하고, 상담자로서 충분한 준비를 하지 못했다는 마음을 자학하듯 표현한다. 남 탓이나 환경 탓을 하는 리얼리스트에 비해, 자책이나 자학으로 자신의 문제를 파악하려는 로맨티스트의 성향을 전형적으로 보여주고 있다. 이런 고민은 전문 서비스를 제공하는 자영업 활동을 하는 사람이라면 누구나 한다. '내가 이 일을 잘 못하나?' 자책하며 '이 일이 내 적성에 맞지 않나?' 생각도 한다.

'박사상담사'님이 가진 '심리상담'에 대한 마음은 내담자의 말을 경청하고, 공감하고 그 사람을 위로하고 위안해 주는 활동이라는 막연한 믿음일지도 모른다. '이미 상담사의 길에 들어선 지 한참 되어, 적성을 따질 때가 아닌데, 그럼 어떡하지?' 내 성격에 맞게 하는 것이 필요할 것 같은데, 정작 자신의 성격이 무엇인지조차 헷갈리기만 한 것이다.

"이 분야의 일을 나의 성격에 맞게 잘 해내는 것이 필요하다고 생각하는데, 어떻게 해야 제 성격에 맞는 것인지 모르겠습니다."

자신이 하는 일과 자기 자신에 대한 믿음, 그리고 자신의 삶에 대한 믿음에 대해 의문을 던지는 것이 이런 상황의 사람이 가장 먼저 할 일이다. 표면적으로 상담센터에 내담자가 많이 오지도 않고 또 지속적으로 오지 않는다는 문제는 진짜 문제가 아니다. 왜냐하면 상담센터에서 심리상담사로 일하는 자기 자신조차도 자기 마음에 대해 잘 알지 못하는 상황이다. 그렇기에 막연히 지금 자신이 도대체 어떤 상담을 하고 있는지도 모르겠고, 또 자기 적성이 이것과 맞는지도 모르겠다는 푸념 아닌 불평을 하는 상황이다.

실제로 '박사상담사'님이 정확히 모르는 것은 '자기 마음'이다. 심리상담사가 되기 위해 심리학, 상담학 등을 석사, 박사, 대학원 과정에서 공부했지만, 정작 자기 마음이 무엇인지조차 모른 채로 이 일을 하고 있다. 이렇게 되면, 심리상담사로 일하는 자신의 정체성에 혼란을 겪게 된다.

매뉴얼과 셀프가 높고, 또 트러스트가 조금 떨어지는 '박사상담사'님의 WPI 프로파일은 바로 섬세하고 예민한 마음으로 자신을 위해 분투하는 삶을 그대로 보여준다. 다른 사람에게 쪽팔리지 않아야 하고, 또 이상하거나 무능하게 보이지 말아야 한다는 자기 믿음이 상징적으로 표현된 것이다. 맡은 일과 역할을 잘 수행하려 하지만 현실적으로 인정을 못 받는 안타까움이 있다. 로맨티스트에게 이런 경우 '인정'이란, 칭찬보다는 남들의 질책이나 비난, 뒷담화의 대상이 되지 않는 것이다. 다른 사람의 말에 순종하며 착한 사람으로 지내는 '칭찬'을 인정으로 믿는 리얼리스트의 마음과는 다르다.

▎'박사상담사'님의 마음의 아픔은 '잘못된 상담 모델'에서 나온다고요?

심리상담사로 일하는 '박사상담사'님이 가진 마음의 아픔은 바로 자신이 활동하는 일에 대한 자신의 마음에서 나온다. 이것을 WPI 심리상담 활동을 수행하는 심리상담사와 비교하여 '일반심리상담모델'에 준하여 내담자의 마음의 아픔이나 삶의 어려움에 대해 심리상담하는 사람들이 가진 본질적인 자기 역할과 정체성에 대한 혼란이라고 할 수 있다. '박사상담사'님이 현재까지 배우고 해왔던 상담 활동은 주로 마음이 힘들고 아픈 사람들에게 공감하고, 위로하는 것이었다. 보통 '일반심리상담모델'에 기초하여 이루어지는 심리상담 활동이다. 이 심리상담 활동은 마치 의사가 몸의 아픔을 치료하기 위해 '의학치료모델'에 의해 활동하듯이, 심리상담사가 마음의 아픔을 치료하기 위해 사용하는 전문가의 활동 모델이다.

예를 들면, '의학치료모델'의 경우, 몸의 아픔을 나타내는 '신체적 증상'을 제거하는 것을 치료라고 한다. 의학치료모델을 '마음의 아픔'의 치료에 그대로 빌려온 것이 '일반심리상담모델'이다. 즉 마음의 아픔을 나타내는 증상을 제거하는 것이다. 의사는 '몸의 아픈 증상'을 '제거'하기 위해 수술이나 약물, 시술 등의 행위를 한다. 이와 마찬가지로 심리상담사는 마음의 아픔의 증상인 '이상한 생각이나 행동'을 제거하기 위해, 내담자의 아픔에 대해 공감하고, 위로와 격려를 통해 정상으로 사고하고 행동하게 하는 것을 나름의 심리적 처치이자 심리치료 활동이라 믿는 것과 같다. '마음의 아픔'에 공감하면서 위로와 위안을 제공하면 아픔이 완화되거나 사라질 것이라는 믿음이다. 일반심리상담모델에서는 마음의 아픔을 치료하기 위해 공감에 기초한 위로와 위안을 제공하지만, 정작 내담자(환자)의 마음이 무엇인지를 파악하지는 않는다.

'일반심리상담모델'이라는 명칭은 심리상담을 하는 거의 대부분의 분들, 99퍼센트가 이 모델에 따라 상담한다는 의미에서 붙인 이름이다. '박사상담사'님이 심리상담사로 일을 하지만, 정작 자신의 마음이 무엇인지 모른 채로 일하듯이, 자신이 하는 상담에서도 내담자의 마음을 살펴보기보다는, 무작정 아픔을 치료하는 데 초점을 두고 있다. 이분이 심리상담 일을 하면 할수록 자신이 이 일과 자신의 적성 문제를 고민하는 이유이다. 이런 혼란이나 아픔은 일반 심리상담사뿐 아니라, 정신과 의사들이 가진 자신의 역할과 정체성에 대한 혼란에서도 비슷하게 찾을 수 있다. 단지 정신과 의사의 경우 자신들이 의사라는 정체성 속에서 정신과 약을 통해 '마음의 아픔'을 치료한다는 굳은 믿음을 가진 것에서 차이가 있을 뿐이다.

정신의학 전문의라는 분은 마음의 아픔을 '정신병'으로 진단하고 정신과 약을 처방한다. 자신이 환자를 만나서 이야기하는 것을 '정신 상담'이라고 한다. 때로 프로이트 박사의 정신분석 이론이나 심리 개념을 언급하면서 환자의 아픔을 설명하는 것을 심리상담이라고 주장하기도 한다. 하지만 대부분의 경우는 몇 분간 환자의 이야기를 들은 후 정신과 약을 처방하는 것이 '정신의학'에서 이루어지는 상담이다. 분명 '정신' 또는 '마음'의 아픔을 상담하고 치료한다고 주장하지만, 일반 의사들이 환자의 아픔에 대한 이야기를 듣고 약을 처방하는 것과 다르지 않다. 단지 인간의 정신에 작용한다고 믿어지는 '정신과 약'을 처방하는 것에서 차이가 있다. 하지만 정신과 약은 아픔을 가진 각 사람들의 마음과 관련한 효과를 내기보다는 몸에 작용하여 마취나 진정 또는 마비시키는 효과를 낼뿐이다.

'일반심리상담모델'에서 심리상담사가 '공감, 지지, 격려, 위안'을 해주는 것은 직접적으로 몸을 진정, 억제하는 정신과 약의 대안으로 활용하고 있는 것뿐이다. 일반심리상담모델에서는 심리학 이론이나 개념을 활용하여 내담자의 이상 심리, 정신의 문제를 진단, 파악하려 한다. 비이성적이고 비합리적인 사고나 행동, 비정상적인 상태에 있는 사람들의 아픔에 대해 공감하고 이들을 위로하고 지지하면 정상으로 바뀔 것을 기대한다. 이것을 위해 일반심리상담모델에서는 상담자와 내담자 간에 '라포'rapport 형성이 무엇보다 중요하다. 심리상담 및 치료의 핵심이 바로 친밀한 유대관계에 기초한 내담자에 대한 '지지, 위로, 격려, 공감' 등의 활동을 제공하는 것이라 믿기 때문이다. 환자의 아픔에 공감하고 위로와 격려를 해주는 것이 심리적 위안이나 정서 안정에 도움은 된다. 하지만 내담자가 겪는 마음의 아픔을 치료하기 위해 내담자의 마음을 파악하는 일은 아니다.

▍'마음 읽기'를 하면, '마음의 아픔'이 치료된다?

"상대를 알아차리는 것에는 예민하지 못해서 공감을 잘하지 못하는 것 같아 자책하는 마음이 들기도 합니다. "

'박사상담사'님이 자신의 상담사연에서 고민하는 이것은 바로 '일반심리상담모델'에 따라 마음의 아픔을 다루는 심리상담사의 전형적인 고민이기도 하다. 내담자의 마음의 아픔을 치료하기 위해서는 심리상담사는 '공감'을 무조건 잘 해야 하는데, 자신이 그렇게 못한다고 느끼니 자책과 자학의 마음이 된다. 현재 대한민국에서 '일반심리상담모델'에 기반해 심리상담소를 운영하는 로맨티스트 분들이 자신의 역할이나 정체성뿐 아니라 자기 삶의 어려움과 아픔으로 느끼는 전형적인 문제 중의 하나이다. 이런 분들을 위해 알려주는 것이 'WPI 심리상담모델'이다. WPI 워크숍에 참여하게 되면, 가장 쉽게 경험하는 것이 바로 'WPI 심리상담모델'에 기초하여 이루어지는 상담이다. 'WPI 심리상담모델'이 무엇인지를 설명하기 전에, 먼저 어떻게 WPI 워크숍에 참가하게 되었는지를 묻는다. '박사상담사'님의 경우 이렇게 응답했다.

박사상담사: 황 교수님 나오시던 방송을 예전에 대중매체에서 몇 번 본 뒤로 그냥 관심없이 지냈어요. 그런데 언젠가 저희 지도교수님께서 "너의 (상담)스타일에 맞을 수도 있고, 이런 걸 좀 배워 두면 좋을 것 같다" 하시길래 저의 진로 탐색의 일환으로 찾아오게 되었지요. 저의 대학 전공은 국문과였는데, 대학원을 알아보던 중에 동

기 중에 먼저 심리학과를 나와서 상담실 실장으로 있는 친구가 있었어요. 그 친구한테 "나 어떻게 하면 돼? 무슨 책 봐야 돼?" 이렇게 물어봤다가, 대학원 심리학과 나와서 상담이나 임상 심리로 박사까지 마치게 되었지요. 사실 대학원 다니면서 배운 것은 '심리상담의 에센스는 심리검사'라고 배웠는데, 그러다 보니 진짜 상담이라는 것이 도대체 어떻게 해야 할지 지금도 난감해하는 상태이지요.

마치 '주 예수님께 기도할 때는 꼭 십자가 앞에서 해야 해!'라는 식의 놀라운 믿음이 만들어진 것 같군요. 대한민국에서 심리상담사나 심리치료사를 양성하는 과정을 아주 잘 경험하셨네요.

네, 그런 것 같아요.

거의 고백하듯이 자신의 아픔을 이야기하시네요. 걱정하지 마세요. WPI 초급, 중급, 고급 워크숍을 마치고 상담 실습까지 하는 전문가 과정, 지도자 과정을 거치게 되면, 심리상담과 치료에 관한 새로운 눈을 가지게 될 것입니다. 그리고 본인이 그동안 혼란스러워했던 심리상담사로서의 정체성과 역할에 대해 아주 뚜렷한 마음을 가질 수 있답니다. 자신이 가진 마음의 아픔이 저절로 치료되는 그런 경험을 하게 될 것입니다.

아, 그래요! 그래서 등록했고 앞으로 전 과정을 거쳐 가 볼 생각입니다.

WPI심리상담코칭센터 운영 및 교육 과정
팸플릿 『열반지: 아픔으로부터의 해방』

잘하셨어요. WPI 심리상담·코칭에 관한
『열반지』 팸플릿도 다 받으셨죠?

예, 받아서 다 읽었고, 그 속에 있는 '마음치유
사'라고 하는 WPI 심리상담사 교육 관련 커리
큘럼을 싹 보고 나서 신청한 거예요.

그렇군요. 본인이 상담대학원에서 석사,
박사 학위까지 받으면서 경험했던 커리
큘럼과는 어떤 차이가 있는 것 같아요?

제가 받은 대학원 교육은 책과 논문을 통한 공부였지, 실제로 상담
수련은 아니었어요. WPI 과정은 내가 직접 많은 상담 케이스를 실
습할 수 있으니까, 상담할 때 더 자신감이 생길 것 같아요. 지금까
지는 이론만 많이 배워서 자기 확신이 없었어요. '내가 이 사람에게
도움을 줄 수 없다'는 생각에 돈 받는 게 미안한 느낌도 많이 들었
고요. 그게 시간이 가도 해결이 안 되는데, 제가 어디 가서 이렇게
내담자를 구해 상담실습 경험을 쌓기도 참 애매하잖아요. 근데 이
렇게 인텐시브한 상담 실습을 직접 생생하게 많이 해 볼 수 있다는
것에 놀랐어요. 저한테는 지금 그런 수련이 제일 필요하거든요. 그
점에서 이 교육 커리큘럼이 가장 마음에 들었어요.

네, 참 훌륭하고 맞는 생각이긴 한데요, 정작 본인이 경험하게
될 것의 반만 맞네요.

박사상담사: 아, 먼저 나 자신을 정확하게 알아야….

그것도 상당히 고전적인 이야기예요. 그런데….

'박사상담사'님은 로맨티스트에 매뉴얼이 저렇게 높은 것으로 보아 누군가가 시키는 대로, 일반적이고 통념적인 규범대로 자기 역할을 잘하기 위해 쭉 살아오셨다는 것을 알 수 있다. 그런데 이제는 그게 힘들어서 '이게 아닌데…'하는 상황이다. 먹고사는 게 힘들 정도는 아니지만 '내가 지금 뭘 하고 있나? 내가 하는 상담이 진짜 상담인가?'하는 자기 존재의 이유에 대한 본질적인 질문을 던지는 일이 일어나고 있는 것이다. 과거 황 박사가 겪은 아픔과 그리 다르지 않다.

ChatGPT에게
WPI 이론을 적용하여
세계적인 유명인사의 마음을
읽어보게 했더니,

'로맨티스트'
모두와 공감할 수 있는
자신의 마음을
세상에 보여주는 사람

테일러 스위프트

Taylor Swift
싱어송라이터

WPI 심리상담모델을 '테일러 스위프트'의 마음을 읽는 데 적용해보았습니다. 물론, 테일러 스위프트가 직접 ChatGPT와 상담을 한 것은 아니지요. 하지만, 인공지능 (AI)인 ChatGPT는 테일러 스위프트의 인터뷰 자료를 토대로 '자기평가' 프로파일에 반응하고, 테일러 스위프트에 대한 세상의 반응들을 기초로 '타인 평가' 프로파일을 찾고 해석했어요. WPI 검사를 직접 실시한 것처럼 그녀의 마음을 읽어낼 수 있었답니다.

테일러 스위프트의 마음은 '로맨티스트'와 '에이전트'의 성향으로 확인되었어요. 세상 사람들과 자신의 감성을 공감, 공유하는 마음으로 '모두와 공감할 수 있는 자신의 재능을 세상에 보여주는 사람'의 이상적이고 영웅화된 모습을 찾을 수 있었답니다.

ChatGPT:

테일러 스위프트: 감정적 진정성의 힘

테일러 스위프트의 음악 산업 초기 시절은 찬사와 면밀한 조사가 혼재되어 있었다. 처음에는 「Tim McGraw」와 「Teardrops on My Guitar」 같은 히트곡으로 컨트리 음악 신동으로 인정받았고, 스위프트는 곧 사랑과 관계에 관련된 감정의 복잡성을 포착하는 능력으로 유명해졌다. 일부 언론은 그녀의 사생활에 집중했지만, 팬들은 그녀가 이러한 경험을 공감할 수 있고 가슴 아픈 노래로 바꾸는 방식을 높이 평가했다.

그녀의 경력 전반에 걸쳐, 스위프트의 로맨티스트적 특성 — 깊은 감정적 민감성, 내면 성찰, 진정한 연결에 대한 욕구 — 은 그녀의 음악에서 분명히 드러났다. 단순히 대중의 관심을 위해 개인적 경험을 이용하기보다는, 스위프트는 항상 자신의 감정을 진정성 있게 처리하고 청중과 깊은 개인적 수준에서 소통하는 방법으로 작사를 접근했다. 이러한 진정성은 수백만 명의 공감을 얻어, 그녀를 세대에서 가장 성공적이고 사랑받는 아티스트 중 한 명으로 만들었다.

그녀의 노래들은 종종 복잡한 대인 관계에서 비롯된 감정을 반영한다. 스위프트는 자주 로맨틱하고 플라토닉한 관계를 직접적으로 다루는 노래를 쓴다. 예를 들어, 「Dear John」, 「We Are Never Ever Getting Back Together」, 「Bad Blood」는 모두 특정 사람들과 관련된 그녀의 경험과 감정을 처리하는 노래들이다. 이러한 감정 정화를 위한 작사는 전형적인 로맨티스트적 특징으로, 감정적 복잡성을 다루기 위해 예술을 사용한다.

테일러 스위프트의 칸예 웨스트, 케이티 페리와의 공개적 불화는 그녀가 감정적 진실성을 유지하면서 관계를 탐색하는 데 직면한 도전을 강조한다. 케이티 페리와의 화해는 스위프트의 「You Need to Calm Down」 뮤직비디오에 페리가 출연함으로써 상징화되었으며, 이는 그녀의 관계에서 감정적 해결과 이해를 추구하는 로맨티스트적 경향을 보여준다.

테일러 스위프트의 음악이 발전함에 따라 그녀의 예술적 정체성도 발전했다. 그녀는 컨트리 음악의 한계를 넘어 더 넓은 범위의 스타일을 탐구하며, 아티스트이자 한 개인으로서의 성장을 반영했다.

2014년 앨범 『1989』는 팝으로의 중요한 전환점을 찍었고, 비평가들의 찬사를 받으며 글로벌 팝 아이콘으로서의 그녀의 지위를 굳혔다. 이러한 진화는 진화하는 그녀의 감정적 풍경과 공명하는 새로운 사운드를 탐구하고자 하는 욕구에 의해 추진되었으며, 그녀의 음악이 내면의 진실한 반영으로 남도록 보장했다.

로맨티스트 테일러 스위프트의 매력

테일러 스위프트의 음악은 그녀의 감정적 깊이와 공감성을 증명한다. 「All Too Well」과 같은 노래는 그녀의 가장 가슴 아픈 곡 중 하나로 널리 여겨지며, 정직함과 섬세함으로 깊은 감정을 전달하는 그녀의 능력을 보여준다. 2021년에 발표된 이 노래의 확장 버전은 내러티브를 더욱 깊게 하여, 많은 청취자들과 공명한 상실감과 향수에 층위를 더했다. 이러한 감정적 투명성은 그녀의 로맨티스트적 본성의 특징으로, 가장 취약한 순간을 공유함으로써 팬들을 그녀의 세계로 끌어들인다.

스위프트의 로맨티스트적 경향은 완벽주의에서도 나타나며, 특히 체형에 대한 우려에서 드러난다. 그녀의 다큐멘터리 『Miss Americana』에서 밝혔듯이, 그녀는 비현실적인 미의 기준을 충족해야 한다는 압박감으로 인해 섭식 장애와 싸웠다. 이러한 완벽주의는 전형적인 로맨티스트적 특성으로, 감정적 민감성과 자신의 이미지에 대한 통제 욕구가 자기 비판으로 이어질 수 있다. 이러한 투쟁에 대해 공개적으로 말하려는 그녀의 의지는 그녀가 자신의 플랫폼을 팬들과 연결하는 데 사용하는 또 다른 예로, 자신의 취약점을 힘과 연대의 원천으로 전환한다.

스위프트의 로맨티스트적 본성의 또 다른 강력한 예는 팬 미팅 중 그녀를 성추행했다는 그녀의 주장 이후 그녀를 명예훼손으로 고소한 라디오 DJ를 상징적인 1달러에 맞고소하기로 한 결정이다. 이 사건을 추진하기로 한 스위프트의 결정은 금전적 이득이 아니라 자신과, 더 나아가 믿음을 받지 못할 수 있는 사람들을 위해 나서는 것이었다. 재판 중 그녀는 결과에 관계없이 부적절한 행동에 맞서 입장을 취하는 것의 중요성을 강조하며 확고하고 직접적이었다. 이 행동은 깊은 감정에서 비롯되었으며 정의와 평등에 대한 그녀의 믿음에 뿌리를 두고 있어, 관계와 가치에서 신뢰와 진실성에 대한 로맨티스트의 헌신을 반영한다.

스위프트의 공개 이미지 또한 그녀의 로맨티스트적 특성, 특히 수줍음과 순수함을 반영한다. 세계적인 명성에도 불구하고, 그녀는 종종 겸손하고 소박하게 보이며, 이는 그녀를 청중들이 공감할 수 있게 만드는 특성이다. 예를 들어, 상을 받거나 찬사를 받을 때, 그녀는 종종 진심으로 놀라고 겸손한 모습을 보이며, 팬들에게 사랑받는 겸손함을 드러낸다. 압도적인 명성의 압박을 부드럽고 예의 바른 태도로 헤쳐 나가는 그녀의 초기 인터뷰들은 이러한 그녀 성격의 측면을 더욱 잘 보여준다. 이러한 특성들은 그녀의 슈퍼스타 지위에도 불구하고 많은 사람들이 개인적인 수준에서 공감할 수 있는 인물로 만들었다.

개인적, 전문적 도전 앞에서의 스위프트의 취약성 — 예를 들어 대중의 면밀한 조사와 논쟁을 헤쳐 나가는 것 — 또한 그녀의 매력의 중요한 측면이었다. 그녀의 감정과 경험에 대한 개방성은 청중이 그녀를 강하면서도 민감한 존재로 볼 수 있게 하며, 이는 로맨티스트의 매력의 핵심이 되는 균형이다.

테일러 스위프트의 로맨티스트적 특성은 그녀의 인기와 영향력 상승에 중요한 역할을 했다. 그녀의 진정성과 감정적 개방성은 팬층과 강한 유대감을 형성했으며, 팬들은 그녀를 단순히 음악적 재능 이상으로 높이 평가한다. 취약성과 강인함의 균형을 잡는 스위프트의 능력은 논란의 상황에서도 긍정적인 대중 이미지를 유지할 수 있게 했다. 진정한 감정과 인간적 연결에 뿌리를 둔 로맨티스트적 매력은 그녀를 대중문화에서 사랑받는 인물로 만들었으며, 성공이 실제로 자신만의 방식으로 이룰 수 있음을 보여주었다.

테일러 스위프트의 여정은 성공을 이루는 데 있어 로맨티스트적 특성의 중요성에 대한 귀중한 통찰을 제공한다. 자신의 감정과 가치에 충실함으로써, 스위프트는 성공적인 경력을 쌓았을 뿐만 아니라 전 세계 수백만 팬들과 의미 있는 연결을 구축했다. 그녀의 이야기는 물질적 성공에 집착하는 세상에서 자신의 내면을 이해하고 받아들이는 데 깊은 가치가 있음을 보여준다. 로맨티스트에게 성공은 부나 지위의 축적이 아니라 진정성 있고, 공감하며, 감정적으로 충만한 삶을 사는 것이다. 테일러 스위프트의 경력은 로맨티스트적 특성이 개인적, 전문적 성공으로 이어질 수 있음을 보여주는 강력한 예시이다.

WPI 유형 중 로맨티스트라고 확인된 테일러 스위프트의 경우에도, 로맨티스트 외에 다른 성향도 가지고 있습니다.

특히, 그녀의 경우, 대표적인 성향은 로맨티스트와 에이전트의 성향을 동시에 가진 복합 유형의 사람일 가능성이 더 높습니다. 이것을 염두에 두고, ChatGPT에게 그녀의 로맨티스트와 거의 반대되는 에이전트의 성향이 얼마나 나타나는지 확인해 보았습니다.

이렇게 던진 질문에 대해 ChatGPT는 다음과 같이 답변하였습니다.

ChatGPT:

그렇다. 테일러 스위프트는 WPI 프레임워크 내에서 주로 로맨티스트 유형을 구현하지만, 그녀의 직업 윤리, 과제 완수에 대한 집중, 그리고 전문적 성과에서 특히 에이전트 유형의 특성도 보여준다. 다음은 에이전트 유형이 그녀의 성격과 경력에서 나타나는 방식이다.

1. 직업 윤리와 과제 지향성

[앨범 재녹음 (2021~현재)] 전 레코드 레이블과의 소유권 분쟁 후 첫 6개 앨범을 재녹음하기로 한 결정은 그녀의 에이전트 같은 일에 대한 헌신을 보여준다. 이 대규모 작업은 에이전트 유형의 특징인 엄청난 집중력, 규율, 그리고 결과 지향적 사고방식을 요구한다. 스위프트가 자신의 작품에 대한 통제권을 되찾고 그것이 자신의 기준을 충족하도록 하려는 결심은 정확성과 주의를 기울여 과제를 완수하는 데 초점을 맞추는 에이전트의 모습을 잘 보여준다.

[앨범 발매와 전략적 계획] 스위프트가 앨범 발매를 정확하게 계획하고 실행하는 능력은 그녀의 에이전트 같은 성향의 또 다른 예이다. 『Folklore』와 『Evermore』의 깜짝 발매, 그리고 그녀의 앨범들의 신중하게 계획된 재발매는 그녀의 경력에 대한 전략적 접근을 보여준다. 이는 특정 목표를 달성하기 위해 과제를 꼼꼼히 계획하고 실행하는 에이전트의 경향과 일치한다.

2. 전문성과 책임감

[전문성에 대한 평판] 스위프트는 녹음 스튜디오에서든, 투어 중이든, 공개 석상에서든 그녀의 전문성으로 업계에서 알려져 있다. 세부사항에 대한 꼼꼼한 주의와 작사부터 제작, 마케팅에 이르기까지 작업의 모든 측면에 관여하려는 그녀의 고집은 그들의 과제에 대한 에이전트의 높은 수준의 책임감과 헌신을 반영한다.

[비즈니스 수완] 테일러 스위프트의 경력 관리 또한 에이전트 같은 접근 방식을 반영한다. 그녀는 단순히 아티스트로서가 아니라 비즈니스우먼으로서 음악 산업을 성공적으로 운영해왔다. 수익성 높은 계약을 협상하는 능력, 자신에게 유리한 조건으로 새로운 레코드 레이블로 이동하기로 한 결정, 그리고 아티스트 권리 문제에 대한 적극적인 입장은 에이전트 유형의 전형적인 정확성으로 복잡한 과제와 책임을 처리하는 그녀의 능력을 보여준다.

3. 결과와 성취에 대한 집중

[투어와 라이브 공연] 스위프트의 콘서트 투어는 그 규모와 스펙터클로 유명하며, 강도 높은 계획과 실행을 요구한다. 「1989 월드 투어」와 「Reputation 스타디움 투어」 같은 투어의 성공은

팬들에게 높은 품질의 기억에 남을 만한 경험을 제공하는 것과 같은 특정 결과를 달성하는 데 집중하는 그녀의 능력을 강조한다. 이러한 결과 지향적 접근은 에이전트 유형의 핵심 특성이다.

[경력 성공의 일관성] 그녀의 경력 동안, 스위프트는 지속적으로 상업적으로 성공하고 비평가들의 찬사를 받는 앨범을 제작해왔다. 이러한 일관성은 높은 수준의 작업을 유지하고 결과를 달성하려는 에이전트 같은 헌신을 보여준다. 그녀는 업계 최고의 위치를 유지하면서 음악을 적응시키고 발전시키는 능력을 보여주었으며, 이는 장기적인 성공과 성취에 대한 집중을 증명한다.

4. 리더십과 주도성

[자신의 이야기 통제하기] 스위프트가 자신의 공개 이미지와 내러티브를 통제하는 적극적인 접근 방식 또한 에이전트의 특성을 반영한다. 예를 들어, 『Reputation』 앨범에서와 같이 공개적인 논란을 음악에서 직접 다루기로 한 결정은 주도권을 잡고 자신의 경력을 직접적인 접근 방식으로 관리하려는 의지를 보여준다. 이는 책임을 지고 자신의 작업이 개인적인 기준과 목표를 반영하도록 하는 에이전트의 경향과 일치한다.

[옹호와 공개 성명] 아티스트 권리, 정치적 이슈, 또는 사회 정의에 대한 스위프트의 공개적인 옹호는 더 넓은 목표를 달성하기 위해 그녀의 플랫폼을 기꺼이 사용하려는 의지를 보여준다. 이러한 적극적이고 사명 지향적인 행동은 과제를 완수하고 그들의 노력이 실질적인 영향을 미치도록 하려는 에이전트의 욕구와 일치한다.

테일러 스위프트의 성격은 '로맨티스트'와 '에이전트' 유형의 통합이라 할 수 있습니다. 로맨티스트와 에이전트 특성이 혼합된 그녀는 자신의 활동에서 더욱더 감정적 깊이와 강한 직업 윤리, 그리고 결과에 대한 집중력을 보이게 합니다.

다면적인 개인의 모습이 드러나며, 이러한 그녀의 정체성은 수많은 대중들에게 감정적으로 공명하는 예술을 창조할 수 있게 함과 동시에 에이전트의 정확성과 책임감으로 그녀의 경력을 관리할 수 있게 합니다. 본질적으로, 로맨티스트 특성이 그녀의 공개 페르소나와 창의적 산출물을 지배하지요.

하지만, 한 개인으로서의 그녀의 업적은 단순히 그녀의 예술작품의 창작 수준에서 그치지 않고, 그녀의 에이전트 특성으로 인해, 매우 경쟁적인 음악 산업에서 성공적이고 훈련된 전문가의 역할을 그녀는 누구보다 잘 할 수 있게 합니다. 로맨티스트와 에이전트의 서로 대비되고 상반되는 듯한 이러한 두 성향의 조합은 그녀가 자신의 예술활동과 대중적 소통에서 지속적인 성공과 영향력을 발휘하는 중요한 요인일 가능성이 높습니다.

제 7 장

그래서,
나는 휴머니스트?

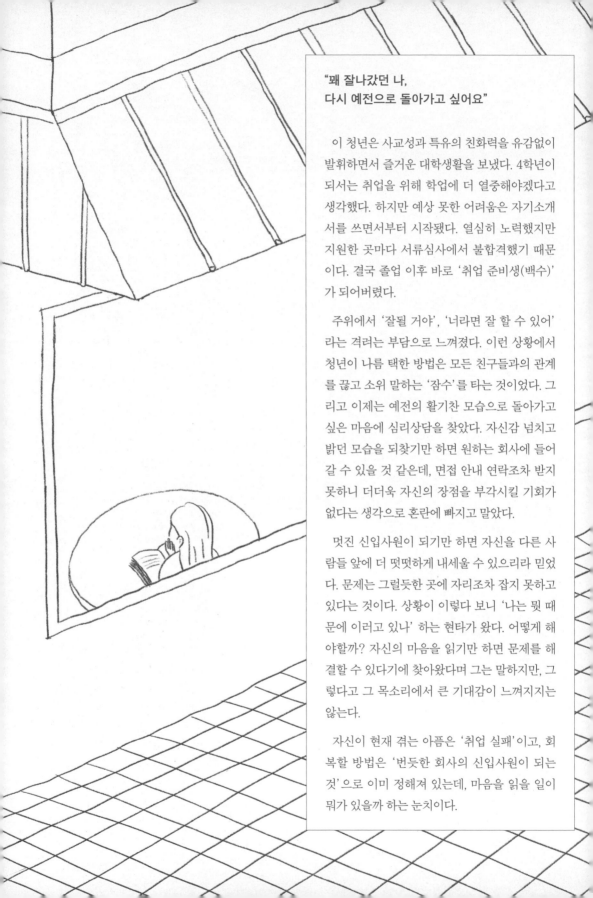

**"꽤 잘나갔던 나,
다시 예전으로 돌아가고 싶어요"**

이 청년은 사교성과 특유의 친화력을 유감없이 발휘하면서 즐거운 대학생활을 보냈다. 4학년이 되서는 취업을 위해 학업에 더 열중해야겠다고 생각했다. 하지만 예상 못한 어려움은 자기소개서를 쓰면서부터 시작됐다. 열심히 노력했지만 지원한 곳마다 서류심사에서 불합격했기 때문이다. 결국 졸업 이후 바로 '취업 준비생(백수)'가 되어버렸다.

주위에서 '잘될 거야', '너라면 잘 할 수 있어'라는 격려는 부담으로 느껴졌다. 이런 상황에서 청년이 나름 택한 방법은 모든 친구들과의 관계를 끊고 소위 말하는 '잠수'를 타는 것이었다. 그리고 이제는 예전의 활기찬 모습으로 돌아가고 싶은 마음에 심리상담을 찾았다. 자신감 넘치고 밝던 모습을 되찾기만 하면 원하는 회사에 들어갈 수 있을 것 같은데, 면접 안내 연락조차 받지 못하니 더더욱 자신의 장점을 부각시킬 기회가 없다는 생각으로 혼란에 빠지고 말았다.

멋진 신입사원이 되기만 하면 자신을 다른 사람들 앞에 더 떳떳하게 내세울 수 있으리라 믿었다. 문제는 그럴듯한 곳에 자리조차 잡지 못하고 있다는 것이다. 상황이 이렇다 보니 '나는 뭣 때문에 이러고 있나' 하는 현타가 왔다. 어떻게 해야 할까? 자신의 마음을 읽기만 하면 문제를 해결할 수 있다기에 찾아왔다며 그는 말하지만, 그렇다고 그 목소리에서 큰 기대감이 느껴지지는 않는다.

자신이 현재 겪는 아픔은 '취업 실패'이고, 회복할 방법은 '번듯한 회사의 신입사원이 되는 것'으로 이미 정해져 있는데, 마음을 읽을 일이 뭐가 있을까 하는 눈치이다.

휴머니스트, 당신은 어떤 사람인가요?

자신이 어떤 사람인지 궁금해하면서 한편으로 걱정도 많이 하는 사람들의 성향을 '로맨티스트'라고 한다. 자신에 대한 믿음이 그러하다. 이에 비해 자신에 대해 그리 궁금해하지 않는 사람들도 있다. '휴머니스트' 성향이 강한 사람들이다. 로맨티스트 성향의 사람들이 타인과의 관계에서 긴장이나 두려움을 느낀다면, 휴머니스트 성향의 사람들은 오히려 인간관계 속에서 마치 에너지를 얻는 듯한 사람들이다. 사람들과 어울려 사는 것을 자연스럽게 생각할 뿐 아니라 무리 중에서 자신의 위치와 역할을 잘 찾는다. 보스 기질을 보이며, 타인과 좋은 관계를 통해 자신의 존재감을 뚜렷이 나타낸다.[1] 이들은 타인이 자신에 대해 뭐라고 하든 개의치 않고 살아가는 듯 보인다. 그렇다고 주변의 시선에서 벗어나 살려는 마음은 결코 아니다. 외향적이고 유쾌한 특성을 나타내며, 사람들과의 관계에서 일어나는 부정적인 경험을 오래 담아두지 않는다.

휴머니스트의 기본욕구는 타인에게 영향력을 미치는 것, 사회적으로 인정받고 타인의 관심을 얻는 것, 그리고 타인과 좋은 관계를 맺는 것 등이다. 강점은 긍정적 태도, 높은 사교성과 친화력, 강한 추진력 등으로 나타난다. 약점은 충동적, 디테일의 부족, 지나친 오지랖, 집중과 몰입의 어려움, 권위주의 등으로 확인된다. 하지만 휴머니스트는 사람들과 함께 있는 것을 좋아하고, 사람들과 함께 있으면서 사람들로부터 에너지를 얻는다. 다른 사람에 대해서 관심이 많고, 외향적이며 친화적인 성격이다. 낯선 상황이나 사람에 대해서도 부담을 갖지 않기 때문에 처음 만난 사람과도 금세 친해진다. 휴머니스트는 기분 나쁜 사건이나 감정 등을 오래

휴머니스트 성향을 나타내는 대표 인물과 심리·행동 특성

보스 기질과 카리스마

·권위와 위계를 자연스럽게 수용
·무리 안에서 나이 또는 직급이 높을 경우,
 특유의 보스 기질과 카리스마를 발휘함
·회식과 같은 단체 행동/모임(동창회, 동호회 등)을 통해
 조직의 결속력을 높이려 함

대표 인물

윤석열

타인과의 좋은 관계를 통해 존재감 획득

·높은 사교성과 폭넓은 인맥으로 존재감을 드러냄
·남의 문제나 사생활에 관심이 많음. 오지랖이 넓음
·타인의 복잡미묘한 감정 변화나 분위기 파악을
 잘 못하는 경우 많음

전현무

외향적이고, 유쾌함

·외향적이며 사람을 대하는 것에 대한 부담을 가지지 않음(다른 사람들이 부담스러워 함)
·유머 감각이 좋고 유쾌한 성격이라는 평을 자주 들음
·부정적 경험이나 정서를 쉽게 잊어버림
·정작 본인의 부정적 감정을 잘 드러내지 못하며, 거절을 잘 못함

무대뽀스러운 업무 처리방식과 순발력

·일을 되게 할 사람들을 적재적소에 배치하여 일을 진행
·보기에 따라 일을 안하고 노는 것으로 보일 수 있음
·업무에 있어 치밀한 계획이나 꼼꼼함이 떨어짐
·순발력과 민첩함으로 위기와 변화에 대처하는 능력이 뛰어남

기본 욕구	재미있는 활동, 사회적 인정과 관심, 사소한 것으로부터의 자유로움
강점	사교성, 친화력, 설득력, 유머, 낙천적, 감정풍부, 개방적, 자유로운 관계
약점	지나친 자유분방, 충동적, 디테일에 약함, 말이 많음, 일에 관심이 적음
대표 가치	관계, 권위, 위계, 긍정적 태도, 단결, 효율성

기억하지 않고 웬만하면 금방 잊어버리는 긍정적인 마음의 소유자이다. 사람들이 모였을 때 특유의 유쾌함과 유머 감각으로 분위기를 띄우거나, 활력을 불어넣는다. 또한 기분이 나쁘더라도 있는 그대로 표출하지 않는다. 그러다 보니 사람 좋다는 이야기를 많이 듣는다.

또한 자신과 친한 사람들을 잘 챙기고, '의리'를 중요하게 생각한다. '의리가 없는 인간은 인간도 아니다'라는 마음이다.[2] 이렇게 휴머니스트는 많은 사람을 알고 좋은 관계를 맺으면서 인적 네트워크를 형성하고 활용하는 데 재능을 가진 사람들이다. 그러다 보니 다른 사람에게 관심이 많고 정이 많은 휴머니스트가 관심을 가지거나 에너지를 쓰는 곳은 정작 자신의 문제가 아닌 다른 사람과 그들의 문제인 경우가 많다. 좋게 본다면 다른 사람들에게 많은 관심과 애정을 보이는 것이라 할 수 있다. 하지만 그것이 지나치면 쓸데없이 오지랖이 넓다는 소리를 듣기 쉽다. 또 관심을 받는 타인은 그러한 관심과 애정을 부담스러워하거나 싫어할 수도 있다.

휴머니스트가 복잡 미묘한 상황의 변화나 타인의 감정을 파악하는 데는 서투른 편이다. 휴머니스트는 다른 사람들의 감정을 잘 수용해 주고 싶어 하지만 안된다. 정작 그 사람이 왜 그런 문제로 고민하는지, 어떤 감정의 변화를 겪는지 세세하게 캐치하는 것을 어려워한다. 휴머니스트 입장에서 다른 사람들과 공감한다는 것은 타인과의 감성적인 공유라기보다는 그 사람과 좋은 관계를 맺고 있다는 의미이기 때문이다. 그래서 주변 사람들이 자신의 속마음을 제대로 이해해 주지 못한다고 휴머니스트에게 서운함을 느낄 수 있다. 휴머니스트로서는 억울할 일이다. 또한 주변 사람들 모두 다 아는 소문을 혼자만 모르는 경우도 많다.

휴머니스트는 권위와 서열을 중요하게 생각한다. 따라서 일상에서도 나이와 같은 위계를 바탕으로 서로의 관계를 규정하려 한다. 처음 보는 사람이라도 나이에 따라 형(언니), 동생 구분을 하고 호칭하는 것을 자연스럽게 생각한다. 자신이 윗사람인 경우, 아랫사람을 의리 있게 챙기고, 아랫사람인 경우에는 윗사람에게 의리 있게 따르는 모습을 보인다. 그러다 보니 누가 내 품안의 사람인지 아닌지를 고려하며 자연스레 편을 가르는 듯한 모습을 보인다. 또한 예의나 규율을 중요시한다. 따라서 윗사람에게는 깍듯이 대하는 모습을 보이고 의전 같은 것을 중요하게 생각한다. 다른 사람들이 볼 때 멋있고 번듯해 보이고 싶어 하는 마음과도 일맥상통한다. 어찌 보면 '폼생폼사'의 마음이다. 휴머니스트는 남들 앞에서 얼굴이 깎이는 것을 아주 싫어한다.

휴머니스트는 순발력이 뛰어나서 새로운 것을 빨리 이해하고 배운다. 또한 사람들에게 자신이 아는 것을 멋있게 설명하는 능력도 뛰어나다. 이런 장점이 꼼꼼한 일을 할 때는 휴머니스트의 발목을 잡는 상황이 되기도 한다. 일이나 공부에서 대충 한두 번 보고 다 이해했다고 생각하여 세세한 정보를 놓치기도 하고, 꼼꼼하게 체크하지 않아 실수도 한다. 이해력은 빠르나, 덜렁거리는 면이 있다. 이런 특성 때문에, 원대한 목표를 설정하고, 대략적인 계획은 세우지만, 세세한 계획을 세우는 데는 취약한 모습을 보인다. 사람들과의 관계에서 별다른 긴장감을 느끼지 않고 두루두루 잘 어울린다는 인상을 준다. 유머 감각을 중요시하며 또 본인이 남들에게 유쾌한 사람이라는 인상을 준다. 누군가의 부탁을 잘 거절하지 못하면서 가능한 다른 사람의 일에 관여하고 또 도움을 주려 한다. '성격 좋다'든지 '뒤끝이 없다'라는 소리를 듣기도 한다.

남다른 순발력을 발휘하여, 그때그때 닥친 상황에 맞춘 즉각적인 대응을 잘한다. 임기응변 방식의 의사결정이나 즉각적인 반응으로 보이기도 한다. 업무 수행에서 개인의 능력은 스스로 믿고 있는 자신의 특성에 따라 완전히 효과가 다르게 나타난다. 왜냐하면 휴머니스트의 장점은 개인기에 의존한 결과보다는 함께 하는 사람들과의 협력에 의해 결정되기 때문이다. 일을 할 때도 빠르게 할 수 있다고 생각하기 때문에 조금만 했어도 다했다고 생각한다. 추진력이 뛰어나지만, 생각과 동시에 행동으로 옮기는 경향이 있다. 급하게 행동하면 예상하지 못했던 실수를 하거나 준비 없이 난관을 맞이하기도 한다. 하지만 대부분 '사회성'이나 '사교성', '붙임성' 등과 같은 성격면에서 비교적 좋은 평가를 받는다.

조직 속에서 휴머니스트는
어떻게 자신의 특성을 보이는가?

휴머니스트 성향의 사람들은 '조직생활'을 하거나 '집단 속'에 있을 때 자신의 장점과 존재감을 잘 드러낸다. 자신이 겪는 난관을 극복하는 방식도 쌓아놓은 인맥을 활용하는 것으로 한다. 인맥 유지를 위해 혹은 타인의 동향이나 정보 파악을 위해 술자리나 회식, 사교모임 등의 활동을 하는 것은 이들에게 중요하다. 당장의 목적이나 이해관계가 얽히지 않더라도 언젠가는 자신이 필요할 때, 도움을 얻을 수 있다고 믿는다. 이런 휴머니스트의 모습은 휴머니스트가 공격을 당할 때 일에 관심을 두지 않고 노는 것처럼 보인다거나 뭔가 속셈이 있는 것 같다는 비난을 받게 한다. 심지어 정치적이고, 믿을 수 없는 사람으로 보일 위험도 있다.

조직 속에서 일하는 휴머니스트의 장점이자 특성은 '상황을 단순하게 이해'하는 것이다. 조직 내 갈등 상황에 대해 전체적인 분위기나 서로에 대한 감정이 좋아지면, 문제가 해결되었다고 믿는다. 이런 경우, 집단 회식같은 활동은 갈등 해결을 위해 모두가 참여해야 하는 중요한 행사가 된다. 휴머니스트 성향의 사람들은 '위계질서'에 따라 자기 나름의 행동 방식을 마련한다. 강한 사람과 부하 등 직위에 대한 인식이 분명하다. 집단 내에서 자신의 위치와 역할을 비교적 잘 설정하며, 나름의 '인적 네트워크'를 잘 활용한다. 이런 방식으로 조직 내에서 영향력과 리더십을 발휘한다. 겉으로 보이는 부분을 중시하는 것은 휴머니스트가 가진 남에 대한 친화력의 원동력이다. 똑똑하고 부지런하다면 최고의 지도자로 숭배되거나 또는 독재자로 탁월한 능력을 발휘할 수도 있다. 하지만 이런 휴머니스트 성향의 사람이 멍청하고 부지런하다면 엄청난 파국을 맞게 될 수도 있다. 특정한 능력의 문제라기보다 이 능력이 발휘되는 방식에 따라 완전히 다른 결과를 낳기 때문이다.

예를 들면, '똑똑하고 부지런한(똑부)' 사람이 '멍청하고 게으른(멍게)' 또는 '똑똑하고 게으른(똑게)' 리더보다 더 좋은 성과를 낼 것이라 기대할 수 있다. 하지만 휴머니스트의 경우, 누구와 어떤 관계를 맺으면서 어떤 위치에 있느냐에 따라, 결과가 달라진다면, '똑부'는 '똑게'나 '멍부' 보다 못한 결과를 낼 수도 있다. 관계를 맺는 주위 사람들이 '똑부'인 휴머니스트 리더의 성향을 각자 다르게 받아들이기 때문이다. 이 것은 주변 상황이나 사람에 맞추어 행동하는 리얼리스트 성향의 특성과 비교할 수도 있다. 하지만 리얼리스트 경우, 자신의 분명한 성향이 없이 주위의 요청에 맞추려고 할 뿐이다. 반면, 휴머니스트의 경우 자신이 수 행하는 과제나 상황을 자신의 통제·관리 속에 두려고 한다. 무엇보다, 주 위 사람들과 관계를 맺고 또 이들을 나름 이끌어가려 한다. 자신이 수행 하는 업무나 인간관계에서 자신이 가능한 통제·관리하려는 특성이 더 강 하다. 가능한 주위 사람들이 자신의 가치를 공유하고 따르기를 원한다.

관계 속에서 살아가는 휴머니스트를 위한 삶의 조언

'폭넓은 대인관계 맺기'는 휴머니스트에게 중요한 가치이자 가장 쉽 게 추구하는 삶의 방식이다. 이런 휴머니스트가 다른 사람과의 관계에 신 경을 쓰는 것은 극히 자연스러운 일이다. 즐겁고 유쾌한 만남을 통해 좋 은 관계를 맺었다면 그 관계를 유지하는 데에도 에너지를 쏟는다. 이들은 다른 사람들과 함께 있을 때 더 능동적이고 적극적이다. 주변 사람들에게 먼저 다가가 잘 챙겨주려고 한다. 누군가를 만나는 약속이 많고, 사적인 모임에서 리더나 중재자의 역할을 자주 맡는다. 이렇게 많은 사람들에게 에너지를 쓰다 보니 정작 자신에게 가장 가까운 사람은 신경을 쓰지 못할 수 있다. 휴머니스트의 연인이나 배우자는 이들이 넓은 오지랖을 부리느라 자기에게 신경을 쓰지 않고, 집중하지 않는다고 느끼고, 불만을 가질 수 있다.

만약 당신의 릴레이션 성향이 휴머니스트 성향보다 지나치게 높고, 매뉴얼 성향이 낮게 나타나고 있다면 뚜렷한 자기 정체성을 만들지 못하고 있다고 할 수 있다. 자신의 에너지를 어디에 써야 할지 몰라 집중하지 못하고 산발적으로 소진하고 있다. 사람을 만나는 기준 없이 그때그때 만나는 사람과 즐겁게 지내지만, 돌아서면 허탈한 기분이 든다.[3] 중요한 것은 지나치게 관계에만 시간과 에너지를 쓸 경우 정작 자신만의 강점이나 역량이 무엇인지 제대로 파악하기조차 힘들어진다는 것이다. 다른 사람들에게 스스로를 자신 있게 내세우지도 못하게 되며, 때로 사람들이 나를 우습게 보나, 하는 생각도 하게 된다. 자신의 강점을 더 잘 발휘하기 위해서는 현재 시간과 에너지를 어디에 어떻게 쓰고 있는지 점검해 봐야 한다. 본인에게 중요한 것으로 우선순위를 정하고, 불필요한 만남과 에너지 소비를 줄여야 한다. 이것은 삶의 기준과 목적을 분명하게 하여 스스로 인정할 수 있는 정체성을 찾고 만드는 일이다.

다른 사람들과 좋은 관계를 맺고, 그 안에서 인정받고 싶어 하는 휴머니스트가 간혹 본인의 스타일을 주변 사람들에게 강조하면 본인뿐 아니라 주변마저 경직되게 만든다. 이런 모순을 만들지 않고, 자신의 강점을 잘 발휘하려면 스스로 통제감과 확신을 느껴야 한다. 본인의 가치와 존재감을 인식하고 그것을 관리하고 발전시키려는 노력이 필요하다. 만약 WPI 프로파일의 휴머니스트 성향과 매뉴얼 성향이 어느 정도 일치한다면 현재 자신의 정체성과 강점을 잘 발휘하고 있다는 의미이다. 사회나 조직의 정체성을 내면화했을 뿐 아니라 그 안에서 자신의 역할을 잘 이해하고, 수행하고 있다는 의미이다. 만약 매뉴얼에 더해 릴레이션도 어느 정도 높게 나타난다면 자신의 리더십을 잘 발휘하고, 좋은 관계 속에서 인정을 받는 상황이다. 이런 경우 설득력과 카리스마를 가질 수 있다.

휴머니스트의 성격에 맞는
업무 수행 방식이 있다고요?

휴머니스트 성향의 사람들은 조직 내에서 존재감을 발휘하며 일을 하지만 나름의 장점과 어려움을 동시에 겪는다. 상호 협력이 필요한 일에서 의사소통과 속도감을 중요하게 여기며 진행했는데 정작 이들이 만들어내는 '결과'에 대해서는 의문이 생겨난다. 이들은 솔선수범한다는 의미에서 "돌격 앞으로!"를 잘 외친다. 만약 누군가가 "왜요?"라고 물었을 때 "잔말 말고 따라와!"라고 큰소리치며 나서는 정도에 그친다면 문제가 발생한다. 일 처리 방식이 속된 말로 '무대뽀[*]' 스타일이라는 것이다. 업

---

*   어원은 일본어 '무뎃포無鉄砲'로, 신중함 없이 일의 앞뒤를 잘 헤아리지 않는다는 의미이다. '막무가내다, 무모하다'와 같은 뜻이다. 뎃포鉄砲는 철포鐵砲, 즉 조총을 뜻하는데 '무뎃포'라는 말이 일본 전국시대의 일화에서 유래한다는 설이 있다. 16세기 초 포르투갈 상인을 통해 조총을 처음 접한 일본에서 오다 노부나가는 이를 적극 활용했

무 수행이나 과제 처리 방식이 이와 비슷하다. 계획을 잘 세워 치밀하고 꼼꼼하게 처리하는 것이 아니라, 그때그때 순발력이나 임기응변을 이용해 처리하는 것으로 보일 수 있다.

휴머니스트는 타인의 시선에 노출되는 것을 더 자연스러워하기 때문에 자신의 업무 수행 방식을 스스로 파악하는 것에는 비교적 약하다. 이런 이유로 자기 마음 읽기를 통해 자신의 업무 수행 방식이나 학생의 경우 자기 공부 방식을 파악하는 것을 어려워한다. 따라서 휴머니스트가 좋은 결과를 만들어낸다는 것은 목표한 성과를 이루는 것이기보다 '예상하지 못했던 결과'에 도달하는 것이 되기 쉽다. 이들에게 마치 마라톤하듯 지구력을 발휘하여 장기간에 걸쳐 어떤 결과를 만들어내라고 요구하는 것은 참으로 힘든 일이다. 분명한 목표, 치밀한 계획, 꼼꼼한 일 수행 등 로맨티스트 성향의 사람들이 보이는 업무 수행 방식은 휴머니스트에게는 답답하기만 하고 별 진전이 없이 게으른 모습으로 보일 수 있다. 짧은 기간 내에 피치를 올려 예상할 수 없었던 결과를 내는 것이 휴머니스트의 업무 수행 방식이다.

휴머니스트는 사람들과의 관계에 신경 쓰느라 정작 일 자체에서 성과를 거두지 못할 때가 있다. 따라서 휴머니스트는 혼자서 일을 하는 경우 성과를 내기가 쉽지 않다. 덜렁대는 모습에 꼼꼼하지 못하다는 인상을 주기도 한다. 사람들과 잘 어울리고 다른 사람들과 쉽게 관계 맺는 듯 보

던 인물로 알려져 있다. 조총은 장전하는 데 시간이 오래 걸린다는 단점에도 불구하고 오다 노부나가는 나가시노 전투에서 조총병을 3열로 배치해 시간을 확보한 것이다. 반면 상대 군은 '조총도 없이' 참전해 참패하고 말았다. 이후 무턱대고 덤벼드는 모습을 일컫는 표현이 되었다고 다.

이지만 정작 섬세하고 복잡 미묘한 감정을 파악에는 서투르다. 한마디로 '허당끼'가 많은 사람이지만, 정이 많다는 인상을 주어 '허당미'의 매력이 있다.

휴머니스트가 발휘하는 리더십의 특성

휴머니스트의 경우, 다른 사람들과의 관계를 통해 에너지를 얻는다. 자신의 존재감을 주위 사람들을 통해 느끼는 역할을 선호한다. 이런 형태로 나름의 능력을 발휘하지만, 여기에는 다양한 사항들에 대한 '관리 능력'을 필요로 한다. 사람을 관리, 활용할 수 있는 '용인술'이 언급되는 이유이다. 자신의 과제에 대한 인식, 이 과제를 대신 수행할 수 있는 사람들의 선발과 배치 등 적재적소에 필요한 사람들을 잘 활용하는 것이 휴머니트스가 발휘하여야 할 조직 관리의 핵심 활동이다. 능력 있는 인재들을 나름대로 잘 활용하는 '똑게' 즉, '똑똑하고 게으른' 리더의 모습이 이상적인 휴머니스트 리더의 모습이 될 수 있다. 보통 '멍부' 즉, '멍청하면서 부지런한' 리더는 이와 반대로 실패한 리더로 보여질 가능성이 높다. 휴머니스트 성향이 잘 발휘될 수 있는 삶의 방식이나 가치는 '매뉴얼'과 같은 규범이 필요하다. 일반적인 사회적인 규범뿐 아니라, 고전의 가르침 등으로 생각할 수 있다.

휴머니스트의 핵심 심리적 특성 중의 하나는 자신과 관련된 일에 대한 '관리'와 '통제'이다. 주위 사람들에 대한 관리와 통제, 무엇보다 자신과 가까운 사람들을 지키려고 하는 강한 믿음이 있다. 소위 '의리를 지킨다'

는 말로 표현되는 행위이다. 주변의 사람에 대한 문제 지적에 대해서는 가능한 무시한다. 『삼국지연의』에 나오는 '읍참마속泣斬馬謖[4]과 같은 그런 결단은 휴머니스트 마음의 지도자에게 잘 기대하기 어렵다.

사람들과의 관계에서 핵심은 '관계'가 아니라 그 사람이 누구이며 어떤 사람이냐에 따라 관계의 특성이 달라진다. 아끼는 사람과의 관계에서 보이는 행동 방식은 정작 자신이 싫어하는 사람에게는 아주 심한 '뒤끝'을 보인다. '한 번 찍히면, 끝까지 작살내고 만다'라는 상투적 표현이 가장 잘 적용된다. 자신을 따르고 추종하는 사람을 중심으로 포용하고 허용하는 마음을 보인다. '가오(체면)'를 중심으로 자신의 권위를 세워 가는 휴머니스트의 자연스러운 특성이다. 무난하고 자연스럽게 주위 사람을 대하는 휴머니스트 성향의 사람들이 경멸하는 듯한 표현의 사용은 바로 특정한 사람에 대한 강한 거부감의 표시이다. '버릇없이', '건방진', '까부는' 등의 표현은 관리나 통제 밖의 사람을 뜻하는 부정적인 말이다.

휴머니스트 성향과 매뉴얼이 일치하는 모습을 보이는 것이 휴머니스트 성향의 리더가 이런 고전적이며 규범적인 가치를 잘 내면화하여 자신의 존재를 뚜렷하게 부각시키는 경우이다. 하지만, 이런 휴머니스트의 통제나 관리의 욕구는 자신의 가족이나 친지와 관련된 일에서는 잘 적용되지 않는다. 주위 사람들의 잘못을 인정하는 것을 거의 자신의 잘못으로 인정해야 하는 것으로 받아들인다. '엄정하고 공정한 태도'는 항상 자신이 아닌 타인에게로 향하는 것이 휴머니스트 성향의 사람들이 가진 자연스러운 마음이다. 무엇보다 자신의 위치에 맞는 역할과 정체성을 잘 나타내고 있다는 뜻이다. 무작정 "돌격 앞으로!"를 외치며 좌충우돌하는 것이 아니라, 조직의 목표를 위해 관련되는 사람들의 힘을 모으고 목표를 실현하는 리더가 되는 것이다. 휴머니스트의 경우, 자신의 '내공'을 잘 쌓고 또 리더십을 나름 잘 발휘하는 순간이다.

휴머니스트 마음으로 살아가는 모습들

사람들과 관계를 맺어가는 방법이나 수단을 '처세술'이라 한다. 대부분의 사람들은 이것을 세상 살아가는 데 중요한 능력이라 여긴다. 리얼리스트 마음으로 사는 분들의 경우, 이것을 마치 본능처럼 잘 갖추고 태어난 사람들을 부러워하기도 한다. 휴머니스트의 마음을 가진 분들이 바로 이런 성향을 마치 본능처럼 잘 발휘하는 분이다. 그것도 경박하지 않고 참 무게감 있게 그리고 나름의 품위를 지키면서 말이다. 한국사회에서 휴머니스트 성향을 잘 보여주면서 이것이 나름의 훌륭한 처세술처럼 보여지는 성공하신 분들이 있다. 바로, MC에서 연예인으로 인기를 얻고 있는 전현무 씨나 늦게 출발한 검사로 결국 검찰총장, 대통령까지 되신 윤석열 씨다. 자신이 속한 조직의 권위와 위계질서를 잘 수용하고 활용하여 나름 자신의 영역에서 자신의 위치를 확보한 분들이다. 특유의 친화력, 보스 기질과 카리스마를 발휘한다.

휴머니스트의 마음을 가진 분들은 '알든 모르든' 관계없이 정말 '그럴듯하게' 보이는 데에 능하다. '뭔가 있어 보이게' 자신의 메세지를 전달하는 것을 중요하게 여기기도 한다. 그저 '의례적'이거나 '겉으로 보여주기'에 불과하다는 평을 얻는 일조차도 나름 열심히 한다. 아니, 남들이 어떻게 생각하든 자신이 멋있고 당연히 해야 한다고 믿는 일인 경우, 휴머니스트들은 꼭 필요하다고 여긴다. 뚝심있거나 때로는 고지식하다는 말도 듣지만, 특유한 친화력과 순발력은 나름 민첩한 행동으로 보여지게 만들기도 한다. 이런 점에서 휴머니스트의 행동 특성은 평화롭고 안정적인 시기에는 권위적이고 답답하게 보이지만, 위기 상황의 경우에는 즉각적인 대처 능력이 돋보이기도 한다. 새벽에 사이렌 울리면서 출동하거나, 비상 회의를 소집하여 참모진과 대화를 나누거나 담화문을 번번이 발표할 수도 있다. 나름의 '위기 관리' 방안이다. '좌고우면左顧右眄'하지 않고 필요하다고 믿는 일을 즉각적으로 처리하는 방식으로, 임기응변 형태의 '위기 상황' 대처를 잘 한다. 평온한 일상에서는 마치 쇼와 같은 이벤트처럼 보이는 일이다.

휴머니스트의 성향이 높은 사람일수록 자기 마음을 적절하게 잘 표현하는 것은 아주 특별한 일이 된다. 통념적인 방식으로의 대응, 의례적인 조치, 상식적인 반응을 강조하지만, 자신의 마음을 진정성 있게 전달되지 못한다고 느끼기도 한다. 이런 특성을 가진 휴머니스트의 경우, 자신의 마음이 무엇인지를 확인하고 또 마음의 어려움을 표현한다는 것 자체는 심히 난감한 일이다. 무엇보다, 마음의 아픔에 대한 언급은 체면(가오)를 손상시키는 일이다. 자기 마음을 털어놓는 것은 약점을 노출하는 것과 같다. 이런 인식으로 인해 심리상담의 필요성에는 동의하지만, 자신이 아닌 다른 사람들을 위한 일이라 믿는다. 자신이 심리상담 상황에 있는 것은 피하려 한다. 휴머니스트 성향의 사람이 상담실로 찾아왔다면, 아마 '그렇게 하도록' 요청을 받았을 가능성이 높다. 그런 경우라도, 자기 문제가 무엇이든, 나름의 해법을 이미 갖고 있다. 유능한 WPI 심리상담사라면,

내담자가 가져온 나름의 해법이 어떤 마음에서 나왔는지를 경청하는 것이 필요하다. 휴머니스트와 하는 최상의 공감과 공유의 상담이다.

"연이은 취업실패로 자꾸 위축돼요"

'휴먼취준인'님의 고민사연

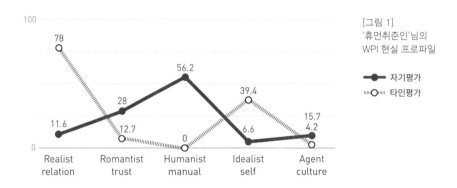

[그림 1]
'휴먼취준인'님의
WPI 현실 프로파일

━●━ 자기평가
╍○╍ 타인평가

어떻게 하면 제가 예전처럼 자신감 넘치고 밝아질 수 있을까요? 무엇이든 열심히 하면서 살았는데, 취업을 준비하면서 갑자기 머리가 복잡해졌습니다. 사람들을 만나는 게 즐겁고 좋지만, 4학년으로 복학한 후 자신을 제대로 챙기지도 못하면 안 된다는 생각에 사람들과 만남을 끊고 학업에 열중했습니다. 그러고 시작된 하반기 공채. 취업이 뭔지도 모르고 앞만 보고 달려온 제가 너무도 한심하게 느껴졌습니다. 취업 준비를 위해 자기소개서를 쓰는 것, 나를 표현하는 것이 저에게 너무나 높은 담입니다. 자기소개서 첨삭교육을 받으러 가도 맨날 못한다는 소리만 듣고... 역시나 서류 심사에서 모두 불합격이었습니다. 그동안 노력하면 못 이룰 것이 없다고 믿었는데... 이렇게까지 계속된 실패를 겪은 적은 처음입니다. 잘해 내고 싶은데 그게 뜻대로 안 되니까 너무 답답합니다.

천천히 취업해도 되니까 마음의 부담을 내려놓자고 계속 생각하며 마음을 다독이려 해도 그게 잘 되지 않습니다. 저한테 빨리 취업하라고 압박을 주는 사람도 없는데, 제 스스로가 취업 준비생 백수가 되어 있는 지금의 현실을 받아들이기가 쉽지 않습니다. 그동안 뭐 하고 살았나 싶으면서 자꾸 다른 사람과 제가 비교되어 스스로 자책하게 되고, 갈수록 자존감이 낮아집니다. 그리고 "항상 에너지 넘치고 밝고 똑 부러지는 애니까 당연히 취업 잘할 거야"라는 말이 오히려 부담이 됩니다. 겉으로 그래 보일 뿐, 사실 저는 못 하는 것도 많고 '허당'인 부분도 꽤 있거든요.

예전에는 엄청 활기 넘치고 사람 만나는 게 정말 좋았는데, 지금은 사람 만나는 것이 피곤하기만 합니다. 과거의 저와 현재의 저를 비교하다 보면 그 괴리감 때문에 또 괴롭습니다. 얼마 전 유럽 여행을 한 달간 다녀왔습니다. 예전 성격 같으면 인터넷을 열심히 뒤져서 잘 곳, 먹을 곳, 둘러볼 곳의 위치 등 완벽한 계획을 세웠을 텐데, 이젠 그런 열정도 안 생기고 몸도 안 따라 주고 해서 결국 정보를 찾아 머릿속에만 두고 행동으로 옮기지를 못했습니다. 결국 여행 가서 엄청 고생만 하고 돌아왔습니다. 연애도 마찬가지입니다. 사람 만나는 걸 워낙 좋아해서 주변에 친구들이 많았습니다. 남자친구보다 친구들이 더 중요했고, 자유로운 걸 좋아해서 남자친구가 구속하면 싸우기도 했습니다. 그런데 지금은 남자친구가 더 중요하고, 시간이 나도 남자친구만 만나면서 지냅니다. 많은 사람들 앞에서 자신감 넘치게 자기소개를 하는 멋진 신입사원이 되고 싶은데 자꾸만 위축되고 긴장하게 되는 제가 답답하네요. 어떻게 하면 제가 예전으로 돌아갈 수 있을까요?

　　대학 졸업을 앞둔, 취업 준비로 마음이 바쁜, 하지만 정작 자신이 무엇을 해야 할지 자신이 없는 전형적인 젊은이의 고민을 담은 상담사연이다. 연이은 취업 실패로 마치 좀비 같은 상태에 빠져있는 이 젊은이는 나름대로 자기 성찰을 열심히 한다. 하지만 그조차 좌절감에 시달리는 도피의 형태이다. '좀비라면 의욕 없이 꾸역꾸역 살아가는 모습일 것 같은데, 유럽 여행까지 다녀온 사람이 좀비로 살고 있다고?' 의아해할 수도 있을 것이다. 만일 휴머니스트가 인간관계를 완전히 끊고 잠수를 타는 상황에 빠진다면, 그것은 고시촌에서 사는 '좀비'와 같은 상태가 된다. 휴머니스트가 자신의 마음이 없는 '좀비'로 사는 모습이다.

　　'휴먼취준인'님은 현재의 답답한 상황을 회피하고 싶은 마음에 훌쩍 여행을 떠난다. 하지만 자신이 기대하는 극적인 전환은 없었고, 뚜렷한 자기 마음도 찾지 못하는 여행이 되고 말았다. 결국 아무것도 얻은 게 없이 끝났다고 믿는다. 누구나 이런 고민을 할 듯하지만, 이 고민의 주인공이 휴머니스트와 높은 릴레이션의 WPI 프로파일로 자기 마음을 나타낸다는 것이 많은 것을 추론하게 한다. 상대적으로 높은 셀프는 자기주장을 뚜렷하게 하는 사람으로 보이게 한다. 하지만 낮은 매뉴얼과 결합하면 특정 분야에 대해 확실한 내공은 없다는 것을 알려줄 뿐이다. 사회성은 나름 좋아 보이나 정작 어떤 능력이나 스킬을 보여줄 수 있을지 의문을 불러일으킨다. '휴먼취준인'님에게 무엇보다 필요한 것은 사람들을 만나되 자신이 지향하고 꿈꾸는 목표와 관련된 사람들을 집중적으로 만나는 것이다. 자신이 하려고 하는 일이나 영역에서 일하는 사람들을 전략적으로 만나야 한다. 자신의 목표와 관련한 다양한 탐색, 새로운 인맥 형성이 필요한데 지금은 남자친구를 통해 안정감을 얻으려 하는 좀비 상태에 있다.

▍휴머니스트와 높은 릴레이션의 마음이 만드는 삶의 방식

휴머니스트 성향에 높은 릴레이션, 낮은 매뉴얼 그리고 비교적 높은 셀프의 WPI 프로파일이다. 자신이 취업을 하기 위해 어떻게 해야 할지 고민하면서 적극적으로 살아가는 모습을 보인다. 하지만 마음만 그러한 상황이다. 이 프로파일은 자신이 '무엇을', '어떻게' 해야 하는지 잘 모른 채로, 무작정 다양한 사람들을 만나 다양한 이야기를 듣고, 이런저런 다양한 관계를 만들어 다양한 경험을 쌓는다면, 그러면 자신이 무언가를 할 수 있게 되지 않을까, 하는 '휴먼취준인'님의 막연한 기대를 나타낸다. 아니, 그런 믿음을 반영하는 프로파일이다. 자신이 무엇을 해야 하는지 스스로에 대한 이해와 욕구에 기반하여 탐색하기보다, 다른 사람을 통해 혹은 다른 사람과의 관계 속에서 찾으려 한다. 이럴 때 '모두 나에게 좋은 이야기는 하는데 나에게 딱 맞는 정답과 같은 조언이나 제안을 찾기는 어렵다'는 마음이 된다. 이런 마음의 사람이 자주 하는 이야기가 있다.

"오라는 곳은 참 많지만, 가고 싶은 데는 분명하지 않다."

휴머니스트 성향에 높은 릴레이션의 특성을 보이는 사람은 전형적인 휴머니스트의 모습을 보이면서 사는 사람이라 할 수 있다. 자신이 남들에게 보여줄 만한 '무언가'를 아직 갖추지 못한 상태이지만, 그런 것을 열심히 찾으려고 한다. 많은 사람들을 만나며 다양한 일에 관심을 기울이고 분주하게 지내지만 정작 뚜렷하게 내세울 자신만의 '필살기'를 만들지 못했다. 향후 높은 사회성을 활용하여 조직 안에서 자연스럽게 자신의 존재감을 드러내는 유능한 인재로 어느 정도 인정을 받을 수는 있다. 하지만 자신만의 능력, 필살기, 차별성과 같은 어떤 것에 대한 분명한 믿음이나 수련을 하지 못한 경우, 딱 어느 정도 괜찮은 사람이라는 인정까지만 받게 된다. 이것을 '나는 이런 사람'이라는 뚜렷한 정체성을 부각하지 못하는 경우라고 정의한다. 보통 '성격 좋고 무난한데, 그래서?'라는 물음표를 달고 있다.

> WPI 워크숍 참가자: 그럼, 이분은 어떻게 취업을 하죠?

> '휴먼취준인'님이 금방 취업할 수 있는 길이 있어요. '휴먼취준인'님이 '나를 받아주는 곳이라면 어디든 들어가겠다!' 이렇게 취업에 대한 분명한 목표를 설정하기만 하면 돼요.

> WPI 워크숍 참가자: 정말요?

휴머니스트 '휴먼취준인'님은 뭘 시켜도 "네!" 하고 당장 실행할 것 같은 느낌을 준다. 그렇기에 본인은 '남들보다 더 번듯하고 멋있는 곳에 취업해야겠다'고 생각하고 있지만, 그것이 현재 취업을 하기 힘들게 만드는 취약점이 되고 있다. 당장 면접에서 "왜 이 회사, 이 업무에 지원했나요?"라는 질문을 받으면, 그것에 대해 자신만의 의미 있는 대답을 하기가 어렵기 때문이다. 뻔하고 통념적인 대답을 하고 말 가능성이 아주 높다. 이런 상황을 만드는 것은 취업이 어려울 것이라는 스스로의 한계를 설정하면서, 무엇보다 자신이 최선을 다할 수 있는 아마 가장 이상적으로 생각하는 취업 회사를 정하지 않았기 때문이다. 사실, 그런 회사를 정하는 것 자체가 휴머니스트와 릴레이션이 높은 '휴먼취준인'님에게 큰 도전이다. 실패할 가능성에서 자신의 체면을 고려해야 하기 때문이다. 따라서, 가능한 만만한, 비교적 쉽게 취업할 가능성이 있는 조직의 문을 두드리려 한다. 이런 이유로, '휴먼취준인'님에게 취업은 어느 회사이든 들어가는 것 자체가 역설적으로 가장 큰 난관이 된다.

휴머니스트의 상담사연 2

"지금 제 성격이 본래 성격인가요? 만들어낸 건가요?"

'김하나'님은 자신의 성격에 대해 질문을 하면서, 자기 성격을 바꾸고 싶다는 마음을 표현한다. 그리고 어떻게 개선하면 좋을지에 대한 조언을 구한다. 이런 경우, 먼저 확인해 보아야 할 것은 '김하나'님의 자신의 성격에 대한 믿음이다. 상담사연은 이런 자기 성격에 대한 질문이다.

'김하나'님의 고민 사연

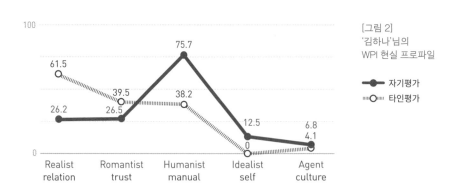

[그림 2]
'김하나'님의
WPI 현실 프로파일

● 자기평가
○ 타인평가

지금 제 성격이 본래의 성격인지, 제가 만들어낸 것인지 잘 모르겠습니다. 자기 합리화를 하면서 스스로를 망치고 있다는 느낌도 들어서 성격을 개선해야 하는지 고민이 됩니다. 제가 진짜 원하는 것이나 저라는 사람에 대해 궁금해서 조언을 구합니다.

휴머니스트와 릴레이션 성향이라는 것을 알려주는 '김하나'님의 WPI 프로파일이 없었다면, '김하나'님이 상담사연에서 질문하는 '본래의 성격' 또는 '만들어낸 성격' 등에 대해서는 아무런 단서를 찾지 못할 것이다. 대부분의 사람들이 자기 성격에 대한 질문을 던질 때, 보통은 자신의 성격 자체를 부정하거나 인정하기 싫어하는 경우이다. 현재 자신이 가진 삶의 어려움이나 원하는 성과를 얻지 못하는 이유를 자신의 성격 탓으로 돌리고 있다는 의미이다. '김하나'님의 프로파일에서 비교적 낮은 에이전트와 컬처는 현재 '김하나'님이 그리 생산적이거나 효과적인 삶을 살고 있지 못할 뿐 아니라, 자신의 삶에 대한 나름의 의미나 즐거움 등을 찾지 못한다는 것을 알려준다. 무엇보다 '김하나'님은 자신이 어떤 사람으로 어떻게 살겠다는 생각이 거의 없다. 스스로 자책하는 마음이 가득하다. 휴머니스트와 릴레이션 성향이 비교적 높은 전형적인 휴머니스트의 프로파일이지만, 스스로 자신의 성향에 대해 긍정적인 측면을 찾지 못하고 활용도 하지 못하는 상황이다. 아주 낮은 수준의 셀프는 스스로에 대해 자책하듯 갖고 있는 자괴감과 좌절감을 잘 알려준다.

휴머니스트 성향의 사람들이 자신의 성격을 부정하거나 의구심을 드러내는 경우는 드물다. 왜냐하면 사교적이고 타인과의 관계 속에서 에너지를 얻는 휴머니스트 마음을 가진 사람들은 자신의 생활을 잘 이끌어 가는 유쾌한 사람으로 보이기 때문이다. 하지만 현재 '김하나'님의 프로파일에서는 남들에게 보이는 모습과 스스로 자신을 인식하는 점에서 엄청난 괴리감이 드러날 뿐 아니라, 자신을 부정하는 한 사람의 마음이 있는 그대로 나타난다. 무엇보다 자신이 원하는 성과를 얻지 못함으로써 자신의 삶에 몰입하지 못하는, 약간은 자포자기한 마음 상태에 있다. 이런 경우 더욱더 타인으로부터의 인정을 바라지만 정작 자신이 뚜렷하게 보여줄 만한 것은 없다.

해법은 자기 성격에 대해 조금 다른 방향의 질문을 하면서 찾을 수 있다. '자신의 성격이 원래부터 그러했는가?'라는 질문보다, '현재 성격에 대해 자신이 어떤 믿음을 가졌는가?'를 먼저 확인해야 한다. 현재의 자기 마음을 부정하거나 거부할 것이 아니라, 갖고 있는 자신에 대한 믿음의 정체를 확인해야 한다. 낮은 셀프, 바닥 수준의 에이전트와 컬처는 현재 좌절하고 낙담한, 그리고 거의 포기 상태에 있는 '김하나'님의 마음이다. 번듯한 성과를 이루지 못했다고 믿고 있지만, 정작 자신이 추구해야 할 삶의 목표나 자신이 보여주고 싶은 구체적인 성과가 무엇인지는 불분명하다. 이때 자신의 현재 상태를 있는 그대로 인정하고, 지금과 다른 이상적인 자기 모습이 무엇인지를 분명히 하는 것에서 변화는 시작된다. 우아하고 멋있게 자신을 보여주고 싶은 '폼생폼사'의 휴머니스트가 현재 자신의 마음을 있는 그대로 들여다보는 일은 참으로 어려운 일이다. 그다지 멋있는 일이 아니기 때문이다. 심지어 자신을 있는 그대로 드러내는 것이 괴로워 과거 자신이 이룬 성취조차 인정하기 어려워한다. 그러면 변화를 위한 단서가 무엇인지 알기는 더 힘들어진다. 그럼에도 해법을 찾는 휴머니스트라면 자신이 이루려고 하는 목표가 무엇인가를 이야기하기 전에, 자신이 어떤 상황에서 어떤 상태로 살고 있는지를 우선 확인해야 한다. 자신이 어떤 사람인지, 어떻게 살아왔으며, 어떻게 살 것인지를 먼저 알아야 한다.

▎ 휴머니스트의 변화는 '부정하는 자기 자신'을 인정할 때 가능하다고요?

'김하나'님도 현재 자신의 상태를 스스로 인정할 수 없다. 자신이 바라는 대로 타인의 인정을 받지 못하는 상황이다. 이것을 알려주는 단서가 낮은 셀프와 에이전트, 그리고 낮은 컬처 프로파일이다. 주변에서는 '사회성 좋고 괜찮은 사람'이라고 하지만, 정작 자신은 번듯한 사람으로 남들에게 인정받지 못한다고 믿는다. 도대체 무엇이 문제인지 혼란스럽다. 막연한 자책과 자학을 하면서 사람들에게서 벗어나 있으려 한다. 마치 고시촌에서 시험공부한다며 숨어 지내는 사람의 모습, 정작 공부에 집중은 못한 채로 마치 백수처럼 지내는 상황과 유사하다. 이런 마음을 이렇게 표현한다.

> "지금 제 성격이 본래의 성격인지, 제가 만들어낸 것인지 잘 모르겠습니다."

자신이 '휴머니스트'의 마음으로 살고 있다는 것에 대한 인식도 뚜렷하지 않다. 현재 자신의 성향이 휴머니스트의 모습으로 드러나고 있다는 것을 잘 인식하고 있느냐는 질문에 이렇게 대답한다.

> "그래야 되는 거 아니에요? 다른 사람이 저에 대해 좋게 봐줬으면

해요. 제가 뭘 위해서 사는지 모르겠어요. 제가 사는 모습이 너무 찌질해요. 제가 잘하는 게 없어요."

기대했던 만큼 성과를 내지 못하거나 인정을 받지 못한 상황에서 자책하듯 자신을 보는 마음이다. 번듯하게 내세울 만한 자격이나 타이틀 또는 자신만의 내공을 갖추지 못한 불안한 마음의 표현이다. 자신에 대해 뚜렷한 믿음이 없기에 자기 마음에 따라 살고 있지 못하다고 믿는다. 남들이 막연히 기대하는 것, 일반적으로 "이러해야 한다"고 당위적으로 믿는 규범이나 어떤 프레임에 자기 삶을 맞추어 살려 한다. WPI 프로파일의 단서로 살펴보면, 높게 솟은 릴레이션과 다소 높은 트러스트는 타인의 인정을 추구하면서 자기 역할에 과도한 책임감을 느끼고 있다.

나름 성실하게 자신의 역할을 잘 수행하려 애쓰고 있다. 그러나 어디로 헤엄쳐야 할지, 얼마나 자신이 잘 헤엄쳐 나갈 수 있을지 모른 채로 망망대해에서 허우적거리는 마음과 같다.

| 휴머니스트가 자신을 인정하면, 어떻게 바뀌나요?

"자기 합리화를 하면서 스스로를 망치고 있다는 느낌도 들어요."

'김하나'님의 WPI 검사 결과인 휴머니스트-릴레이션 프로파일이 현재 그의 성격일 수 있지만, 과거에는 '모든 일에 조심스럽고 내성적이며 섬세한 '로맨티스트'의 성향으로 지냈을 것이라는 추측을 하게 한다. 현재 '김하나'님은 번듯한 사람으로 타인의 인정받고 관심을 끌려고 하지만 이런 변화는 '김하나'님이 더욱더 혼란스러운 상황을 겪도록 만들었다. "지금 제 성격이 본래의 성격인지, 제가 만들어낸 것인지 잘 모르겠습니다"라는 고백은 현재 느끼는 혼란을 그대로 알려준다. 과거 그는 어쩌면 자신의 로맨티스트 성격에 대한 일종의 반발이나 대응 전략으로 적극적인 인간관계의 모색, 외향적인 표현 등을 추구하면서 살려고 했을 것이다. 하지만 그것이 잘되지 않았기에 지금은 여전히 휴머니스트의 성향으로 자신을 보이면서, 그 결과 스스로를 자책하고 자학하고 있다.

요약하면, 휴머니스트 성향의 사람들은 자신의 성격을 있는 그대로 알려 하기보다, 자신의 부족함을 채워가는 방식으로 살아야 한다고 믿는다. 현재 자신의 부정적인 부분을 가능한 부정하고 심지어 반대되는 방식으로 자신의 성격을 바꾸어 보려 한다. '이렇게 살아야 한다'라는 믿음 속에서 가능한 현재의 자기 성격을 인정하지 못한 채로 산다. 그렇게 되니, 지금 내가 어떤 사람이고, 어떻게 살고자 하는지 알지 못하는 상태로 지내기 쉽다. 삶에서 문제를 겪을 때, 자신의 원래 성격이 무엇인지, 현재 자신이 어떤 사람으로 살아가는지 확신할 수 없다는 비명을 지르게 된다.

어느 사회에서는 외향적이고 유쾌한 인간관계를 지향하는 휴머니스트 성향을 많은 사람들이 막연히 선호한다. '휴먼취준인'님과 '김하나'님 모두 이러한 전형적인 휴머니스트의 마음으로 살고 있다. 하지만 이들 모두가 원하는 타인으로부터의 인정은 자신이 무엇을 위해, 또 왜 사는지를 분명 인식할 수 있을 때 생겨난다. '열심히 사는 것'만으로 '타인의 인정'을 얻을 수 없다. 두 사람은 똑같이 휴머니스트와 릴레이션이 높은 WPI 프로파일이지만, 이 두 사람은 완전히 다른 마음으로 산다. 누구에게나 호감을 주는 높은 사회성을 갖고 있지만, 정작 자신은 그리 만족하지 않는다. 자기 삶에 자신이 부여하는 의미가 무엇인지 알 수 없기 때문이다.

　'현재 자신이 어떤 사람이라고 믿고 있는지', '정말 자신이 원하는 것이 무엇인지', 또 그것을 이루기 위해서 '어떻게 살아야 하는지' 등을 확인해 봐야 한다. 이것은 막연히 자신에게 '나는 누구인가?'라는 질문을 한다고 생기지 않는다. 자신이 바뀌고 자기 삶이 달라지기 위해서는 무엇보다 자신이 현재 느끼는 어려움이 어떤 성격에 의해 만들어지는지를 뚜렷이 인식할 필요가 있다. 자신의 성격이 무엇이든, 자신에게 일어날 변화와 개선의 시작은 바로 자신에 대한 명확한 인식에서 시작한다. WPI 초급 워크숍에서 각기 다른 사람들의 유형과 그 특성이 어떻게 나타나는지, 어떤 어려움과 삶의 문제를 갖고 있는지를 탐색하면서 자신이 어떤 사람인지를 알아낼 수 있다. 워크숍 참여를 통해 얻는 가장 큰 소득이다.

ChatGPT에게
WPI 이론을 적용하여
세계적인 유명인사의 마음을
읽어보게 했더니,

'휴머니스트'
세상을 내 마음대로,
사람과 돈 또는 무엇으로
움직이려는 사람

도널드 트럼프
Donald Trump
미국의 제45대 대통령, 기업인

WPI 심리상담모델을 '도널드 트럼프'의 마음을 읽는 데 적용해 보았습니다. 직접 도널드 트럼프가 ChatGPT와 상담을 한 것은 아니지요. 하지만, 인공지능(AI)인 ChatGPT는 도널드 트럼프의 인터뷰 자료를 토대로 '자기평가' 프로파일을 찾아 해석하고, 도널드 트럼프에 대한 세상의 반응들을 기초로 '타인 평가' 프로파일을 찾고 해석했어요. 그렇게 해서 WPI 검사를 직접 실시한 것처럼 그의 마음을 읽어낼 수 있었죠.

도널드 트럼프를 통해 '휴머니스트' 사람들이 자신의 마음을 활용해 '세상을 내 마음대로, 사람과 돈 또는 무엇이든 자신의 욕망 충족이나 실현을 우선시 하면서 주변을 통제하려는 사람'의 이상적이고 영웅화된 모습을 찾아볼 수 있답니다.

ChatGPT:

논란의 중심, 포퓰리스트 도널드 트럼프

도널드 트럼프는 비즈니스와 정치 세계를 지배해 온 인물로, 그의 이름은 대담함, 부, 논란과 동의어가 되었다. 단호함, 자신감 그리고 모든 방을 장악하는 성격으로 알려진 트럼프의 미국 대통령직 등극은 놀랍고 양극화된 것이었다. 직설적이고 관습을 무시하는 그의 리더십 스타일은 열정적인 지지자들과 강력한 비평가들을 모두 얻게 했다.

그러나 이 거친 외면 아래에는 더 복잡한 질문이 있다 ― 어떻게 다른 사람들의 감정에 그렇게 무감각해 보이고, 지배력을 주장하고 어떤 대가를 치르더라도 승리하는 데 초점을 맞춘 리더가 사회적 연결과 공감에 번성하는 성격 유형에 맞을 수 있을까? 이 이야기는 도널드 트럼프 성격 속의 역설을 탐구하며, 그의 공적 페르소나의 층을 벗겨내어 그를 권력으로 추진한 강점과 가장 중요한 도전으로 이어진 결함을 드러낼 것이다. 우리가 그의 삶과 경력을 여행하면서, 질문은 남아있다 — 모든 사람들 중에서 도널드 트럼프가 정말로 휴머니스트의 특성을 체현할 수 있을까?

도널드 트럼프는 특권 속에서 태어났으며, 부동산 개발업자 프레드 트럼프의 아들이었다. 뉴욕 퀸즈에서 자란 트럼프는 어린 나이부터 경쟁적인 비즈니스 세계에 몰입되었다. 펜실베니아 대학교 와튼 스쿨을 졸업한 후, 트럼프는 아버지의 회사에 합류하여 빠르게 야심찬 부동산 프로젝트로 이름을 알리기 시작했다. 1983년에 완공된 5번가의 트럼프 타워는 그의 성공의 상징이 되었으며, 럭셔리와 자기 홍보에 대한 그의 취향을 반영했다.

트럼프의 사업은 부동산을 넘어 카지노, 엔터테인먼트, 브랜딩으로 확장되었으며, 그의 이름은 부와 성공의 동의어가 되었다. 1980년대와 1990년대는 화려한 성공과 주목할 만한 실패로 모두 특징지어졌는데, 예를 들어 그의 애틀랜틱시티 카지노 몇 곳의 파산이 있었다. 그러나 트럼프의 회복력과 이런 도전을 극복하는 능력은 협상의 달인이자 역경을 극복할 수 있는 사람이라는 그의 대중적 이미지를 강화했다.

2015년 그의 정치 진출은 그의 사업 경력만큼이나 비정통적이었다. 멕시코 이민자들을 논란의 여지가 있는 표현으로 묘사한 트럼프의 출마 연설은 분열적이면서도 자석같은 캠페인의 톤을 설정했다. 그의 미디어에 정통한 접근 방식과 아웃사이더 지위는 많은 유권자들에게 공감을 얻어 2016년 대선에서 충격적인 승리로 이어졌다.

사업에서 정치로의 트럼프의 전환은 그의 리더십 스타일의 강점과 약점을 모두 드러냈다. 대통령으로서의 그의 임기는 충성심에 대한 집중, 정치적 규범에 대한 경멸, 전문가의 조언보다는 자신의 본능에 대한 의존으로 특징지어졌다. 그의 리더십 스타일은 대립적이고 직설적이었으며, 이는 그에게 열렬한 지지자들과 격렬한 비평가들을 모두 얻게 했다.

트럼프의 접근 방식을 보여주는 주목할 만한 예는 2017년 5월 제임스 코미 FBI 국장의 해임이었다. 트럼프의 결정은 나중에 그가 2016년 선거에 대한 러시아의 개입 조사와 연관 지었는데, 이는 많은 이들에 의해 조사에 대한 통제력을 주장하려는 시도로 보였다. 이 움직임은 트럼프의 지배와 통제 욕구를 보여주는 동시에, 로버트 뮬러 특별 검사의 임명을 포함한 상당한 정치적 후폭풍으로 이어졌다.

트럼프의 리더십 접근 방식은 종종 핵심적인 역설을 강조했다 — 그의 거칠음과 무감각함에도 불구하고, 그는 사회적 역학에 대한 깊은 이해와 대규모 집단과 연결할 수 있는 능력을 보여주는 특성을 나타냈다. 종종 대형 경기장에서 열린 그의 집회는 그의 지지 기반을 활성화시키는 연극적인 이벤트였으며, 그의 카리스마와 지지자들을 동원하는 능력을 보여주었다. 가장 주목할 만한 예 중 하나는 2015년 8월 앨라배마주 모바일에서 열린 그의 집회였는데, 수만 명의 사람들을 끌어모아 그의 자석 같은 매력을 강조했다.

양극화하는 트럼프

트럼프의 관심을 끄는 능력과 스포트라이트에서의 편안함은 부인할 수 없다. 그의 집회는 정치적 메시징과 엔터테인먼트를 지지자들에게 깊이 공감하는 방식으로 혼합하여 그의 정치 스타일의 특징이 되었다. 특히 트위터를 활용한 소셜 미디어 사용은 그가 전통적인 미디어 채널을 우회하여 수백만 명과 직접 소통할 수 있게 해주었고, 종종 논란을 일으켰다.

세계 지도자들과의 상호작용 역시 개인적 관계에 대한 그의 집중을 반영했다. 2018년 6월 싱가포르에서 열린 북한 지도자 김정은과의 역사적인 정상회담은 현직 미국 대통령이 북한 지도자와 만난 첫 번째 사례였다. 이 정상회담은 개인적 외교에 대한 트럼프의 신념을 보여주는 높은 위험성의 전시였지만, 결국 비핵화 측면에서는 구체적인 결과를 거의 내지 못했다.

트럼프의 대중적 이미지는 복잡했다. 그의 지지자들에게는 카리스마 있는 지도자로 보였지만, 그의 대립적인 스타일과 빈번한 논란으로 인해 많은 이들은 그를 분열적이고 무감각한 인물로 보았다. 이는 흥미로운 질문을 제기한다 — 거칠고 무감각한 것으로 알려진 트럼프가 어떻게 사회적 우아함, 공감, 강한 대인 관계 기술과 일반적으로 연관된 성격 유형인 휴머니스트의 특성과 일치할 수 있을까?

트럼프의 리더십을 더 깊이 들여다보면, 그의 성격의 역설이 더 명확해진다. 휴머니스트는 관계 유지에 번성하고, 사회적 상호작용에서 에너지를 얻으며, 종종 사교적이고 카리스마 있으며 선량한 성격으로 묘사된다. 휴머니스트들은 낙관적이며 인간 네트워크를 형성하는 데 뛰어나다. 그러나 그들은 또한 결함을 가지고 있는데, 특히 꼼꼼함과 다른 사람들의 감정에 대한 민감성이 요구되는 영역에서 그렇다.

트럼프의 리더십 스타일은 특정 맥락에서 부인할 수 없이 효과적이었지만, 종종 휴머니스트의 전형적인 결함을 드러냈다. 2017년 8월 버지니아 주 샬럿츠빌에서 일어난 폭력적 충돌에 대한 그의 반응이 주요 예시다. 백인 민족주의자 집회가 치명적인 결과를 낳은 후, 트럼프가 "양측에 매우 훌륭한 사람들이 있었다"고 한 발언은 광범위한 비난을 받았다. 비평가들은 그가 백인 우월주의를 적절히 비난하지 못했다고 주장했으며, 이는 공감보다 단호함과 통제를 우선시하는 휴머니스트들의 공통적인 도전을 강조했다.

마찬가지로, 2018년 12월부터 2019년 1월까지 이어진 미국 역사상 가장 긴 정부 셧다운에 대한 트럼프의 대응은 더 넓은 고려사항을 희생하면서까지 승리와 지배력 주장에 집중하는 그의 모습을 반영했다. 연방 직원들과 서비스에 미치는 상당한 영향에도 불구하고 국경 장벽 자금 확보에 대한 그의 고집은 감정적, 실질적 후폭풍에 대한 고려 없이 목표 달성에 집중하는 모습을 보여주었다. 이는 다시 한번 공감이 단호함에 의해 가려질 때 휴머니스트 접근방식의 잠재적 약점을 보여주었다.

권위와 계층에 대한 트럼프의 관계는 그의 휴머니스트적 특성의 복잡성을 더욱 드러낸다.

휴머니스트들은 종종 조직적 환경에서 번성하지만, 계층 내에서 인정과 인식에 대한 그들의 욕구는 통제에 대한 그들의 필요성이 확립된 규범과 충돌할 때 특히 도전으로 이어질 수 있다.

트럼프의 리더십은 종종 전통적인 권위에 도전하는 것을 포함했는데, 이는 법무부 및 정보 기관과의 상호작용에서 볼 수 있었다. 2018년 5월 유럽 동맹국들의 반대에도 불구하고 이란 핵 협정에서 탈퇴하기로 한 그의 결정은 확립된 협정을 뒤엎고 미국의 지배력을 주장하려는 그의 의지를 보여주었다. 이 접근 방식은 그의 지지 기반에 공감을 얻었지만, 전통적인 동맹 관계 내에서 긴장을 만들어내고 미국 외교 정책의 장기적 영향에 대한 우려를 제기했다.

트럼프의 휴머니스트적 특성이 작용하는 가장 설명적인 예 중 하나는 2018년 7월 러시아 대통령 블라디미르 푸틴과의 헬싱키 정상회담이었다. 공동 기자회견 중 트럼프는 2016년 선거에 대한 러시아의 개입에 관한 미국 정보기관의 조사 결과에 공개적으로 의문을 제기하며, "러시아가 사이버 공격 배후일 이유가 없다고 본다"고 말했다. 푸틴 앞에서 한 이 발언은 공화당원과 민주당원 모두로부터 즉각적인 반발을 받았으며, 이는 외국의 적대 세력에 대한 굴복으로 여겨졌다.

헬싱키 정상회담은 트럼프의 휴머니스트적 리더십 접근 방식의 도전을 강조했다. 푸틴과 개인적 관계를 구축하는 데 집중하고 전통적인 외교 프로토콜을 무시한 그의 태도는 그의 의도와 글로벌 리더로서의 역할에 대한 기대 사이에 상당한 괴리를 만들어냈다. 이 사건은 트럼프의 외교 정책에 대한 비판의 초점이 되어 그의 판단력과 개인적 관계를 더 넓은 통치 책임과 균형을 맞추는 능력에 대한 의문을 제기했다.

2024년 현재, 도널드 트럼프는 2024년 선거를 위한 공화당 후보로서 미국 정치에서 여전히 두드러진 인물이다. 그는 미디어 존재감과 헌신적인 지지자 기반을 통해 상당한 영향력을 계속 행사하고 있다. 2020년 선거에서의 패배에도 불구하고, 트럼프는 강력한 지지 기반을 유지하고 있으며, 많은 이들이 정치 무대에서의 그의 잠재적 부활을 예상하고 있다. 그의 대통령직 이후 시기는 정치적 담론에 적극적으로 참여하고, 빈번한 집회 출현, 그리고 진행 중인 법적 분쟁으로 특징지어진다.

트럼프의 유산은 깊이 분열되어 있다. 한편으로 그는 미국 정치를 재형성하여 정치적 담론의 규범에 도전하고 이민과 무역과 같은 문제를 전면에 내세웠다. 다른 한편으로 그의 재임 기간은 두 번의 탄핵과 2021년 1월 6일 미국 국회의사당에 대한 전례 없는 공격을 포함한 중대한 논란으로 특징지어졌는데, 많은 이들이 이를 그의 수사와 2020년 선거 결과를 인정하지 않은 것에 기인한다고 본다.

그렇다면 거칠고 무감각한 것으로 알려진 리더가 어떻게 휴머니스트 성격 유형에 들어맞을 수 있을까? 답은 휴머니스트 성격 자체에 내재된 이중성에 있다. 휴머니스트들은 사회적 기술, 카리스마, 연결 능력으로 알려져 있지만, 그들은 또한 감정적 민감성과 꼼꼼함에 어려움을 겪는다. 도널드 트럼프의 여정은 이 이중성을 생생하게 보여준다. 그의 강점 — 카리스마, 자신감, 그리고 주목을 끄는 놀라운 능력 — 은 그를 큰 높이로 추진했다. 그러나 이 같은 특성들이 또한 그의 가장 중요한 도전과 논란에 기여했다.

트럼프의 이야기는 휴머니스트 성격이 모든 성격 유형과 마찬가지로 복잡하고 다면적이라는 것을 상기시킨다. 진정한 리더십은 연결하고 영향을 미치는 능력뿐만 아니라 힘과 연민을 모두 가지고 이끄는 지혜도 필요로 한다. 트럼프의 영향력이 계속해서 미국 정치를 형성함에 따라, 그의 경력에서 얻은 교훈은 여전히 관련이 있으며, 개인적 카리스마와 리더십의 더 넓은 책임 사이의 미묘한 균형에 대한 통찰을 제공한다.

WPI 유형으로 '휴머니스트'라고 구분할 수 있는 트럼프의 경우는 완전히 다른 성향, 예를들면 과제 지향적인 '에이전트'의 성향을 보이기도 합니다.

사실, 사회적으로 트럼프가 이룬 성공의 또 다른 핵심은 그의 에이전트 성향이지요. 각기 다른 개인이 가진 각기 다른 성향의 복합적인 특성들을 잘 알지 못하는 경우, 한 개인의 삶을 잘 이해하기 어렵습니다. 이런 문제를 ChatGPT에게 다시 확인해보았답니다.

ChatGPT는 이런 질문에 대해 "그렇다"라고 동의하면서, 도널드 트럼프는 휴머니스트 특성과 함께 에이전트 유형을 포함한 다른 WPI 유형의 특성도 보인다고 알려주었습니다. 도널드 트럼프의 에이전트 특성은 다음과 같습니다.

ChatGPT:

1. 일을 정체성으로 여김

에이전트는 자신의 일을 정체성의 근본적인 부분으로 보는 개인으로 묘사된다. 트럼프의 자아상은 그의 부동산 제국이든, 「어프렌티스」의 TV 인물로서의 역할이든, 대통령으로서의 시간이든 그의 일과 깊이 연결되어 있다. 그의 일과 업적은 그가 자신을 어떻게 표현하고 자신의 가치를 어떻게 인식하는지의 중심에 있다.

2. 과제 지향적이고 결과 중심적

트럼프는 특히 사업 거래에서 실체적인 결과를 달성하는 데 집중하는 것으로 알려져 있다. 이러한 결과 중심적 접근은 과제 완수와 책임 이행을 우선시하는 에이전트 유형의 특징이다.

3. 독립성과 통제

에이전트는 독립적으로 일하는 것을 선호하며 종종 자신의 과제를 완전히 통제한다. 트럼프는 종종 독립적으로 결정을 내리는 것을 선호하며, 때로는 일이 자신의 방식대로 이루어지도록 하기 위해 협력이나 업무 위임을 거부하는 경향을 보였다.

4. 간섭에 대한 불관용

에이전트는 다른 사람들이 자신의 일에 간섭하거나 타협을 강요받을 때 좌절할 수 있다. 트럼프는 다른 사람들이 자신의 일에 간섭하거나 자신의 권위에 도전한다고 느낄 때 강하게 반응하는 경향을 보였는데, 이는 전형적인 에이전트의 반응이다.

5. 높은 기준과 능력

에이전트 유형은 자신의 일에서 유능함과 높은 기준을 달성해야 한다는 강박적인 필요로 특징지어진다. 트럼프가 승리, 최고가 되는 것, 그리고 자신의 업적에 대한 자부심을 강조하는 것은 이러한 특성을 반영한다.

ChatGPT는 WPI 유형이 트럼프의 성격에서 휴머니스트와 비교적 대비되는 에이전트가 통합된 복합유형으로 나타나는 것을 이렇게 구분하여 설명하였습니다.

도널드 트럼프의 성격은 복잡하고 다면적이어서 여러 WPI 유형의 특성을 나타낼 수 있어요. 휴머니스트 특성은 관계, 카리스마, 인정 받고자 하는 욕구에 대한 그의 집중에서 분명히 드러납니다. 에이전트 특성은 일 중심의 정체성, 결과 중심적 접근, 통제와 독립에 대한 욕구에서 명확히 나타나지요.

이러한 중첩된 특성은 트럼프가 단일 WPI 유형에 깔끔하게 들어맞지 않고 오히려 다른 범주의 특성이 혼합된 모습을 보인다는 것을 시사합니다. 그 중 무엇보다 휴머니스트와 에이전트가 특히 두드러집니다.

이러한 다면적 성격은 많은 개인들에게서 전형적으로 나타납니다. 누구에게도 단 하나의 성격 유형과 완벽하게 일치하지 않고 대신 상황에 따라 달라질 수 있는 특성의 조합을 보인다는 뜻이지요.

제 8 장

그래서,
나는 아이디얼리스트?

**"경제적으로 무능한 아버지가 싫은데,
그런 남자와 결혼하게 된다고요?"**

그녀는 평생 가정을 돌보지 않으신 아버지가 미웠다. 심지어 그녀 스스로 돈을 벌게 된 이후에도 용돈까지 달라고 뻔뻔하게 말하는 아버지에게 분노를 느낀다. 이런 아버지와 그녀의 관계는 그녀가 훗날 결혼할 남자에 대한 분명한 평가, 아니 판단 기준이 되었다. 그녀에게 경제적으로 조금이라도 의지하려는 모습을 보이는 남자는 결혼은커녕 연애 대상으로서도 아웃이다.

연애는 물론, 결혼은 더더욱 남자에 의해 그녀 자신의 삶이 결정될 것이라 믿는다. 그렇기에 그녀는 결코 아버지와 유사한, 아니 조금이라도 그런 느낌을 주는 남자와는 잠깐의 만남조차도 허용하지 않으려 다짐한다. 이런 마음으로 살다 보니, 그녀는 분명 나름 잘 나가는 능력 있는 직장인이 되었다. 주위의 비슷한 연배의 남자들보다 적어도 몇천 이상으로 연봉이 높다고 할 수 있다.

하지만, 그녀에게 특별히 끌리는 남자는 없다. 자신과 비슷한 수준의 연봉이나 전문직 남자들에게는 더욱더 매력을 느끼지 못한다. 어떻게 하나? 뭔가 조짐이 좋지 않다. 결혼해야 할 것 같은 생각은 들지만, 자신이 원하는 남자는 그리 많지 않은 것 같아, 이제 '내가 너무 나의 능력을 높이려 한 것은 아닐까?' 조금 후회하게 되는 희한한 상황이 생겨버린 듯하다.

'개성을 중시하는 사회'라는 말이 유행했던 때가 있었다. 하지만 'X세대', 'MZ세대' 등의 단어는 한 개인의 특성이 아닌, 세대라는 집단으로 규정된 틀로써 그 사람을 이해하려는 대중의 마음을 드러낸다. 최근 한국 사회에서는 성격 유형 검사 중 하나인 'MBTI'를 통해 새삼스레 '네가 누구인지?'를 확인하는 일이 열풍이다. 대중문화 평론가들은 이 현상을 두고 다양한 인간상 속에서 자신이 누구인지를 알려고 하는 일종의 '놀이 문화'라고 해석하기도 한다. 각자 자신의 MBTI를 공유하며 대화 주제를 찾고, 공감대를 형성하여 서로에 대한 이해를 높여간다는 설명이다.[1] 성격검사의 열풍에 놀라워할 뿐 개인의 마음에 대한 이해는 거의 없는 사회문화 평론가 수준의 논평이다.

MBTI는 자신이 어떤 마음으로 살고 있는지, 자신이 누구이며 어떤 사람인지 확인하는 용도의 검사가 아니다. 그저 '당신은 이런 사람이군요'를 파악하고 끝이 난다. 자신의 마음에 대한 궁금함도 있지만 그보다는 상대방의 성격이나 마음을 잘 파악하고 싶은 욕구로 사용하기 때문이다. MBTI 유형을 아는 것은 상대방이 어떤 사람인지, 그리고 사회적 기준과 다른 완전히 그 사람의 성격이나 본심을 알게 되었다는 안도감을 느끼게도 한다. 과거 신분제 사회에서는 사람들이 계급으로 서로를 구분하고 차별과 우월의 기준으로 삼았던 것과 달리, MBTI는 더 편하고 안전하게 서로의 차이를 파악할 수 있고, 타인을 쉽게 수용할 수 있게 한다는 설명도 볼 수 있다. 심지어 MBTI 유형별 차이를 알면 그 특성에 따라 적절한 일을 찾아서 맡길 수도 있다는, 현대 자본주의 조직 사회의 효율과 필요에 부응하는 유용한 도구로써 이 검사의 활용법을 언급하기도 한다.

심리학자들은 현대 사회에서 각기 다른 역할을 수행하는 사람들의 각기 다른 특성을 파악하는 데 성격검사가 유용하다고 믿었다. 본격적으로 이런 검사를 활용하여 문제해결을 시도한 경우는 1차, 2차 세계대전이다. 미군 병사들은 심리검사를 통해 그들의 성격과 능력에 따라 각기 다른 역할을 수행할 수 있도록 분류되었다. 심리검사로 인간들을 유용하게 분류하고 활용할 수 있다는 믿음에서 이루어진 활동이었다. 심리학이 인간 마음을 과학적으로 탐구하겠다는 본격적인 시도가 있었던 20세기 초에는 개인의 학습할 수 있는 능력을 지능(능력)검사를 통해 확인하기도 했다. 하지만, IQ(지능)검사라고 불렸던 지능검사는 지능 수준에 따라 사람을 무시, 배척하거나 우월감을 드러내는 용도로 사용되기도 했다.

각 개인의 특성, 즉 성격을 알아보는 심리검사가 나오기 시작한 것은 20세기 중반 이후의 일이다. 대중화되기 시작한 MBTI와 같은 성격 검사는 각 사람들의 성격 특성들을 부담 없이 나름의 장점처럼 알려주었다. 무엇보다, 전통 신분 질서가 사라진 현대 사회에서 개인이 자신을 나름대로 인정하고 남과 다른 자신을 구분하는 데 유용한 도구가 되었다. 특히 자본주의 사회에서, 경제적 수준이 아닌 개인의 특성으로 서로를 확인할 수 있다는 인간적인 유용성으로 '자신을 안다'라는 만족감도 주었다. 현대인은 성격검사로 구분된 자신의 특성으로, 남들과 다른 자신의 특성을 이상하거나 문제가 있는 것이 아니라는 것을 알게 되어 나름 안심하기도 한다.

아이디얼리스트, 당신은 어떤 사람인가요?

21세기 대한민국을 살아가는 많은 사람들은 '보통의, 평범한, 안정적인' 삶을 살아가길 바란다. 가능한 한 서로 비슷해야 한다. 아니 서로 다른 것을 인지하는 상황을 불편하게 느낀다. 평범한 사람의 수준을 막연히 설정하고, 그런 기준에서 벗어나지 않기를 바란다. 한국 사회에서 살아가는 '리얼리스트' 삶의 일반적인 모습이다. 하지만 이것은 역설적으로 남들과 뚜렷이 구분되는 자신의 마음을 제대로 파악하지 못하고, 남들이 하는 대로 해야 살 수 있다고 믿는 '아이디얼리스트' 성향의 사람들이 나름 발견한 생존 비법이라고도 할 수 있다. 이들은 이런저런 이유로 삶의 행복감보다는 많은 아픔을 느낀다. 혹여나 자신이 근거 없는 사회적 편견이나 차별, 또는 이유 없는 억울한 희생자가 되지 않을까 하는 불안과 두려움에 시달린다.

아이디얼리스트의 경우, 일반인이든 연예인이든 남들과 다른 자신의 특성과 자신만의 차별성을 뚜렷이 인식하는 것이 무엇보다 중요하다. 자기 특성에 대한 뚜렷한 인식은 아이디얼리스트가 현실에 발을 딛고 살 수 있게 하고, 주위 사람들로부터 받게 될 수많은 부정적인 피드백으로부터 자신을 지킬 수 있는 토대가 되기 때문이다. 아이디얼리스트의 경우 어린 시절부터 알 수 없는 이유로, '너는 뭔가 달라'라는 그리 반갑지 않은 피드백을 받는 경우가 많다. 자신이 추구하는 삶의 방식과 가치들이 무엇인지 스스로 알기도 전에, 마치 뭔가 잘못된 사람처럼 주위와 어긋난 듯이 느끼거나 조금 독특하다는 방식의 피드백을 받는다. 이들은 인간관계에 큰 관심을 기울이지 않는다. 따라서 '관계'를 중시하는 리얼리스트 성향의 사람

아이디얼리스트 성향을 나타내는 대표 인물과 심리·행동 특성

남들과 다름을 통해 존재감 획득

·자기 스타일이 뚜렷하고, 자신에 대한 믿음이 높음
·남들과 다르다는 것은 이들에게 '복'이자 '독'(천재 또는 또라이)
·남들이 하지 않거나, 잘 알지 못하는 분야에 관심을 보이고
 두각을 나타냄

이상주의와 이기주의

·세상을 보는 자신의 뚜렷한 틀과 이상적 목표가 있음
·다른 사람의 생각이나 감정보다는 자신의 생각과 감정이 중요
·세상이나 사람들과 소통하고자 하는 마음은 있지만,
 어떻게 해야 하는지 잘 모름
·남들도 자기와 같을 것이라 막연히 생각

이찬혁(악동뮤지션)

세상에 대한 호기심과 열정

·내가 몸담고 있는 세상에 대한 관심과 호기심이 많음
·자신이 이해하거나 이룬 성과에 대해 다른 사람과 소통하거나 공유하고 싶은 욕구
·정체성의 계속적인 확장

스티브 잡스

전문성과 독립성

·남들에게 인정받는 뚜렷한 능력이나 전문성이 있는 경우 영향력을 발휘
·관행이나 의무방어를 거부하고, 자신에게 의미 있는 것에 집중
·관심을 가지는 일이나 현상에 대해 끝까지 몰입하려 함
·일상적인 업무나 사람을 관리해야 하는 자리에서 힘들어하며,
 갈등을 만들어내기도 함

기본 욕구	자유로운 아이디어, 도전적인 과제, 새로운 결과 성취
강점	상상력, 창의력, 주도적, 자유로움, 깊이(전문성)
약점	타인에 대한 관심이 적음, 공동체 의식, 팀워크, 배려
대표 가치	창의, 열정, 전문성, 탁월성, 자유, 독립

들, 휴머니스트 성향을 강조하는 사람들의 입장에서는 잘 이해가 안 되는 사람들이다. 어떤 측면에서 아이디얼리스트의 주된 관심사는 자기 자신 self이기 쉽다. 따라서 누군가를 이해하려 하기보다, '자신이 이해받기를' 간절히 원한다. 때로는 규범이나 통념에서 상대적으로 벗어난 것처럼 보이기도 해서 '옳지 않은 방식'으로 살아간다는 평가를 받기도 한다.

 한국 사회에서 자신의 아이디얼리스트 성향을 남들에게 보이면서 산다는 것은 참 괴로운 일이다. 서로 비슷하게 살 수밖에 없다는 한계와 같은 답답함을 느낀다. 자신이 뭔가 잘못한 것은 아니지만, 항상 남과 다르다는 피드백 속에서 괴로워하게 된다. 동시에 남들과 다른 방식으로, 아니, 그런 지점을 향해 나아가야 할 것 같은 압력에 시달리기도 한다. 일반적인 통념이나 규범으로 보면 아이디얼리스트 성향이 강한 사람들의 삶이나 사고방식 자체는 파악하기 힘들다. 자신뿐 아니라 주위 사람들까지 부담스럽게 하는 사람이라는 인상을 주기 쉽다. 아이디얼리스트가 자신의 이런 특성을 잘 인식하지 못하는 경우, 위축되거나 '미운 오리 새끼'와 같은 자아 개념self concept을 형성하기도 한다. 역설적으로 "서로의 특성을 인정하는 사회" 또 "서로의 차이를 극복하고 소통과 통합을 지향합시다"라는 구호들이 난무할 때 이들은 더욱더 살기 힘들다고 느끼기도 한다. 암묵적으로 공유한 어떤 것에 대해 의문을 제시하는 것을 당연시하는 아이디얼리스트의 존재가 문제처럼 보이기 때문이다. 이 경우 아이디얼리스트는 '남과 다름'에서 찾았던 자기 존재의 '독특함'이나 '엉뚱함'의 정체가 무엇인지 분명히 알아야 한다. 그리고 이것을 통해 남과 다른 특별함을 스스로 설정하고 또 만들어 낼 수 있어야 한다. 자기 삶에 대한 자책이나 자학에 시달리지 않고, 누구나 추구하는 듯 보이는 '성공'이나 삶의 목표를 '자아실현의 구체적인 징표'가 될 수 있도록 해야 한다.

아이디얼리스트, 어떻게 살아야 하나요?

성공적인 아이디얼리스트로 살아가려면 '튀면 안돼'라는 막연한 사회적 압박에서도 자신만의 특성이나 삶의 방식을 찾아 구현할 수 있어야 한다. 혹시라도 자신이 누군가의 구분이나 차별의 희생자가 되지 않을까 하는 불안과 두려움에 시달린다면 그것은 자학이나 자해의 상황에 있다는 뜻이다. '좀 이상해!'라는 식의 이야기는 자신의 특성에 대한 부정적 인식이라고 느끼기보다는 자신의 차별성에 대한 새로운 발견으로 삼아야 한다. 그렇지 않으면 어린 시절부터 '자폐성향'이나 'ADHD' 등의 병명으로 규정될 수 있었던 아이디얼리스트의 특성이 통념과 규범의 틀 속에서 정신병 진단의 행동 단서가 되기 쉽다. 아이 어른 상관없이 대한민국 사회에서 아이디얼리스트의 특성을 가진 사람들이 정신병 약으로 자신의 몸을 스스로 억제하거나 누군가에게 통제당하는, 그런 비극의 희생자가 되지 않기 위해 꼭 알아야 하는 생존술이다.

아이디얼리스트 성향의 사람들은 나름의 '이상'을 추구한다. 이것은 현실에서 자신만의 생각에 빠져있거나, 다른 사람들을 무시하고 신경 쓰지 않는 모습처럼 보인다. 이상주의적이며 이기주의적이라는 공격을 받기도 한다. 아이디얼리스트 성향의 사람들이 이런 공격의 대상이 될 때에는 자기 생각이나 가치 또는 삶의 이유 등에 대해 공감이나 공유를 받지 못하는 상황이다. 로맨티스트의 성향이라면, 이런 상황에서 자신의 감정에 휘말린 채로, 자책이나 자학의 상태에 쉽게 빠진다. 하지만 아이디얼리스트의 경우 더욱 고집스럽게 자신의 이상적인 생각이나 자신만의 세계 속으로 빠져들기도 한다. 역설적으로 더 주위 사람들의 반응에 관심을 기울이지 않는 모습을 보인다.

아이디얼리스트가 어린 시절에 자기 삶에 대해 뚜렷한 인식을 하지 못할 경우, 자신의 특성 자체를 파악하기조차 힘들어한다. 나름 조용히, 안정적으로, 편안하게 살고 싶지만, 자신도 잘 알 수 없는 특성으로 인해 가능한 위축된 마음으로 지낸다. 자신의 특성 또는 마음을 최대한 부정하거나 어떻게 드러내야 할지 모르는 혼란을 겪는다. 보통 '주위 신경을 좀 쓰면서 살아'라는 조언을 따르려 한다. 심지어 '개성이 뚜렷하다'와 같은 감탄의 주인공이 되는 경우를 회피하려고 한다. 자신의 성향이나 마음을 무시하거나 억압하면서 주위 사람들이 믿는 통념에 따라, 보편적이고 일반적인 삶의 방식이나 대세를 추종하는 삶을 살려 한다. 대인 관계에서 각자가 가진 삶의 방식에 대한 믿음의 차이에서부터 발생하는 갈등 때문에 삶의 어려움이나 문제가 생긴다는 것을 인식하기보다 자신의 잘못된 또는 특이한 성격 탓은 아닐지 걱정하기도 한다.

자기 삶이 힘든 것은 무엇보다 자신이 살고 있는 세상을 이해하기가 힘들다고 느끼기 때문이다. 정답이 없는 삶이라고 믿으면서 동시에 정답에 따르기를 강요받는다고 느낀다. 아니 정답을 찾아 그것에 맞는 삶을 살아야 한다고 믿는다. 이것이 힘들고 어렵기에 정답을 찾기만 하면 해결이 될 것으로 생각하지만, 현실에서 자신의 삶에 대한 정답은 찾기 힘들기만 하다. 현실에 맞추려는 리얼리스트나 자신이 이상으로 삼는 무엇을 찾는 아이디얼리스트 모두 자신의 삶에서 불안과 두려움을 더 강하게 느끼는 이유이다. 아이디얼리스트 성향이 있는 사람들이 이런 사회 문화 속에서 생활하기가 쉽지 않음을 짐작할 수 있다. 각자의 성향에 따라 이런 불편함이나 답답함을 인식하는 정도는 사실 다르다. 아이디얼리스트의 경우라도, 이 사회에서 자신의 존재감이나 능력을 나름 인정받아 최고의 경지나 수준에 도달한 사람이라면, 이런 특이함이나 차별성은 그 사람의 장점으로 작용하기도 한다.

'아이디얼리스트' 성향 또는 마음의 특별함

호기심이 많고 새로운 생각을 자유롭게 표현하는 아이디얼리스트 성향의 사람은 21세기 창의성이 요구되는 시대의 인재처럼 보인다. 하지만 이런 인재가 재앙과 같은 삶을 겪지 않기 위해서는 자신이 가진 특성과 자기 마음의 특별함에 대해 스스로 잘 인식할 수 있어야 한다. '자신에 대한 이해' 또는 '자기 마음 읽기'와 같은 단어가 가장 뚜렷한 힘과 영향력을 발휘하는 대상이 바로 아이디얼리스트의 마음으로 살아가는 사람들이다. 왜냐하면 아이디얼리스트 사람들은 어린 시절부터 통념적이고 일반적인 삶을 요구하는 사회, 특히 학교 환경에서 많은 괴로움을 겪게 되기 때문이다. 이들에게 한국의 교육환경은 그 자체로 감옥과 다르지 않다.

아이디얼리스트 성향이 높은 아이들은 학교의 규율과 통념적인 학습 환경에 적응하는 데 많은 어려움을 겪는다. 시도 때도 없이 불쑥 던지는 듯한 "왜요?"라는 질문은 교사의 눈총을 받기 쉽다. 권위에 잘 따르고 정해진 규칙에 잘 따르는 주위 아이들은 쉽게 아이디얼리스트 성향의 아이들을 또래 중의 '문제아'로 찍게 된다. 드물게 학업 성적 등의 결과가 좋아 주위의 비난이나 부정적인 피드백을 보완 또는 완충할 수 있다면, 운이 좋은 경우가 된다. 특히 한국 사회에서는 SKY와 같은 명문대 또는 각종 국가고시 등과 같은 시험 등을 통해 자신의 존재를 인정받게 될 때, 아이디얼리스트에게 리얼리스트의 성공 공식은 일종의 새로운 탈출구가 될 수도 있다.

리얼리스트 성향의 사람들은 아이디얼리스트 성향에 대해 '극혐'까지는 아니어도 상당한 수준의 불편함을 느낀다. '저 사람은 이해할 수 없다'든지 '뭔가 문제가 있어'라는 표현은 불편한 이들의 마음을 그대로 나타낸다. 휴머니스트 성향의 경우도 리얼리스트와 유사하게 아이디얼리스트 성향을 가진 사람에 대해 '양가감정'兩價感情 ambivalence*을 느낀다. 양가감정은 누군가를 자신과 위계 관계로 인식할 때 뚜렷하게 부각된다. 자신을 어느 위치에 두느냐에 따라 그 관계에서 완전히 다른 감정을 느낀다. 자신과 타인의 관계에서 권위나 위계질서 자체를 잘 인정하지 못하는

---

* 양가감정은 서로 다른 의미를 지닌 감성이 동시에 한 사람의 느낌이나 의식이 되는 경우를 의미한다. 예를 들어, 상실감, 슬픔, 혐오 등의 감정과 희망과 기쁨, 연민 등의 감정이 특정 상황이나 사건에 대해 경험되는 경우이다. 이것은 인간이 자신의 마음을 인식하기 시작한 20세기 초인 1910년 스위스의 정신의학자 블로일러(E. Bleuler)가 소개한 개념이다. 특정 사물이나 사람에 대해 가지는 두 가지 상반되는 유형의 행동, 의견, 감정의 인식과 더불어 상반된 감정이나 태도로 인해 생겨나는 심리적 갈등과 충동 상태를 의미한다. 블로일러는 감정, 의지, 지성 사이의 양가감정을 인정하고 이것을 조현병(정신분열병 schizophrenia)의 기본 증상이라고 생각했다. 프로이트(S. Freud) 박사의 경우, '오이디푸스 콤플렉스' 사례의 '심리적 갈등'은 양가감정의 무의식적인 배경이다. 이후, 자아심리학(self psychology)에서는 양가감정을 어린 시절 부모에 대한, 또는 부모와의 관계 속에서 생겨나는 '관계갈등'의 심리적 배경이라 소개했다.

아이디얼리스트는 '인간관계' 자체에서 많은 어려움을 만들어낸다. 아이디얼리스트가 주위 사람들의 통념적인 권위를 인정하고 위계 관계를 따른다면 큰 문제는 없다. 하지만 이것에 의문을 제기하거나 부정한다면 위험한 인물, 사회질서와 규범을 해할 수 있는 인간 등으로 취급되기도 한다. 리얼리스트나 휴머니스트 성향의 사람들은 특정 대상에 대해 권위나 위계 관계에서 '상반되는 감정과 태도'를 쉽게 표현하기 때문이다. 이것은 역설적으로 리얼리스트나 휴머니스트 성향의 사람들이 아이디얼리스트 성향을 엉뚱하게 인식하게 하거나, 수용하는 데 불편한 감정을 유발한다. 아이디얼리스트 성향의 사람들이 자기 생각을 억압한 상태로, 타인과 공감이나 공유를 하지 못하고, 불안감과 죄책감 속에 있다면, 스스로 자신에 대한 양가감정을 가지기 쉽다. 사랑과 미움이 얽힌 듯이 한없는 자책과 열등감에 시달리면서도 과대망상적인 수준의 자아도취의 모습을 보이기도 한다.

아이디얼리스트로 살아남은 사람들의 특성은?

자신이 처한 상황과 현실을 인정, 수용하기보다는 부정하고 바꾸려 하는 아이디얼리스트의 특성은 자신뿐 아니라 타인에 대한 행동 반응으로도 잘 나타난다. 이런 아이디얼리스트가 남들과 다른 자신만의 특성과 능력으로 자기의 존재감을 뚜렷이 하고, 자신만의 성취 활동을 추구한다면, 누구에게나 인정받는 사회적 성공을 이룰 수도 있다. 이것은 자신에 대한 뚜렷한 인식, 삶에서 자신이 원하는 것에 대한 분명한 확신이 있을 때 가능하다. 아이디얼리스트 성향의 사람들은 자기 삶의 방식이나 생각 또는 가치 등을 주위 사람이나 사회와 공유할 수 있어야 한다. 자신의 독특하고 창의적인 특성이 비즈니스 활동이나 정치적 활동의 동기 또는 사회 통념에서의 영웅에 대한 기대 등과 같은 모멘텀을 통해 변화할 수 있는 계기를 충분히 찾아야 한다. 아이디얼리스트의 낯설지만, 혁신적인 가치와 삶의 방식, 또는 창의적인 사고가 동시대의 대중에게 공감과 지지를 얻게 된다면, 그 자체로 성공이다. 여기에서 중요한 것은 '아이디얼리스트 성향' 그 자체가 아니라, 어떤 특정 이슈나 분야 또는 활동에서 아이디얼리스트 성향이 통념의 벽을 뚫고 변화의 길을 만들어내는가에 달려 있다. 아이디얼리스트가 만들어내는 변화, 그들이 사회에 미치는 영향은 이런 활동의 결과이다.

아이디얼리스트의 경우 사회의 규범이나 틀 속에 자신이 갇힌 것처럼 느끼거나 주변 사람들과 공유, 공감하고 있지 못한다고 느끼면 우울해하거나 좌절하게 된다. 특히 자신이 충분히 인정받지 못하는 상황에 있다고 느끼거나, 자신을 부정하는 환경에서 근근이 연명하는 생활을 하면 그 자체로 마치 '시시포스Sisyphus 신화' 속의 시시포스와 같은 인물이 되고 만다. 아이디얼리스트들이 살아가는 힘을 낼 수 있는 것은 자신들이 가진 '호기심' 때문이다. 남다른 호기심은 '창의적' 또는 '혁신적' 사고와 행동의 토대가 된다. 이런 호기심을 현실 문제해결에 적용하는 대표적인 사례가 소설 속 주인공인 '셜록 홈즈'나 20세기 최고의 IT 기업가인 스티브 잡스, 일론 머스크 등과 같은 인물이다. 이들은 아이디얼리스트의 성향을 나름 잘 발휘하여 사회적으로 성공한 사람들이다.

아이디얼리스트의 강점이 '창의성'과 남과 구분되는 자신만의 '차별성'을 추구하는 특성이라고 한다면, 이런 특성은 사회 문화적 배경이나 시대 특성 또는 환경 조건 등에 따라 각기 다른 방식으로 다르게 꽃피우게 된다.[2] 어떤 경우에는 꽃을 피우기는커녕 봉오리가 생겨나기도 전에 짓밟히는 경우도 있다. 만일 스티브 잡스나 일론 머스크가 한국에서 성장했다면 고등학교도 졸업하기 전에 ADHD로 진단받아 정신과 약을 먹으며 지내야 했을지도 모른다. 겨우 살아남았다 하더라도, 성인기에는 자신에 대한 수많은 자해 행동이나 자살 등을 시도하다 정신병동이나 교도소 등의 수감시설에서 평생의 시간을 보냈을 수도 있다.

아이디얼리스트는 자신의 남다른 능력이나 존재감을 세상에 알리는 것이 무엇보다 중요하다. 그들의 혁신적인 사고와 행동이 많은 사람에게 새로운 세상에 대한 인식의 지평을 넓혀줄 때, 자기만족 이상으로 세상을 변화시키는 데 기여하게 된다. 하지만 이런 결과를 이루기 위해서는 먼저 자기 삶에서의 열정적인 변화가 있어야 한다. 단순히 호기심을 충족하는 수준으로 사는 것은 아이디얼리스트 성향이 '게으른 한량'으로 발휘될 뿐이다. 이것을 위해서는 자기의 존재와 역할을 자신만의 '전문성'으로 뚜렷이 표현할 수 있어야 한다. 그렇지 않으면, 죽고 난 이후에는 최고의 예술가로서 최고의 값어치를 인정받는 작가가 되었으나 살아생전에는 작품 한 점 팔아보지 못한 '빈센트 반 고흐'와 비슷한 상황을 겪게 된다. '아이디얼리스트 M자형[†]' 성향의 고흐는 생전에 작품 하나 변변히 팔아보지 못한 작가로 활동하다 결국 자살로 자신의 생을 마감하고 말았다.

[†] 'M자 유형'이란 WPI 프로파일에서 로맨티스트와 아이디얼리스트 성향이 높게 나타나는 유형으로 자기평가가 마치 M자 형태와 유사하여 'M자 유형'이라 부른다. 고흐의 경우 아이디얼이 더 높은 '아이디얼 M자 유형'이었던 것으로 보이며, 이 M자 유형에 대해서는 WPI 고급 워크숍에서 자세히 배울 수 있다.

죽은 이후 그의 상상과 몽상의 세계는 대중이 바라는 꿈속의 현실이 실현되는 이미지로 수용되었지만, 그가 살아 활동하는 시간대에 그는 단순히 '정신 이상' 증상을 보인 예술가일 뿐이었다.

한국 사회에서 아이디얼리스트로 살아남으려면?

'각자도생'의 시대에 '자신이 어떤 사람인지 아는 것'을 통해 살아남을 방안을 찾아야 하는 전형적인 사람은 바로 아이디얼리스트 성향의 사람들이다. 성공한 사람을 모델로 통념적이고 안정적인 삶을 추구하는 것이 이상적이라고 믿는 한국 사회에서 아이디얼리스트 성향의 사람들이 추구해야 하는 삶의 비법은 그것과 완전히 다르다. 아이디얼리스트가 성공한 누군가의 멋진 삶의 궤적을 따르려 하거나, 모두가 정답처럼 믿는 것에 자신을 맞추는 등의 방식을 선택하는 것은 스스로 '죽음의 행진'에 동참하는 일이 된다. 아이디얼리스트의 삶의 비법이 리얼리스트의 방식과 분명하게 구분되는 지점은 바로 자아self에 대한 인식에 달려 있다. '자신에 대한 분명한 인식' 그리고 '자아 인식'에 기초한 삶의 모습을 그려내고 그것을 우직하게 따라야 한다. 이것은 남들이 하는 대로, 성공한 멋진 사람의 모습을 그대로 따라 하려는 리얼리스트의 삶의 모습과는 분명히 다른 아이디얼리스트의 삶의 방식이자 성공의 비법이다. 이런 측면에서 아이디얼리스트라 하더라도 자신의 성공 비법을 찾기 위해서는 먼저 이 땅에서 살아남았을 뿐 아니라 성공을 이뤄낸 대표 인물을 찾는 것은 '각자도생'의 시대에 무엇보다 중요하다. 하지만 아이디얼리스트 성향을 가진 사람의 경우, 자신이 어떤 사람으로 어떻게 살아남을 수 있는지에 대한 비법을 성공하고 특출난 사람에게서 찾는 것은 그 자체로 모순이다. 왜냐하면 이들은 '남과 다른 차별성'을 추구하면서 살아가야 하기 때문이다. 여기에서 핵심은, 한국 사회에서 살아남은 사람 또는 성공한 사람이 아이디얼리스트 성향인지 먼저 파악하는 것이다.

한국 사회에서 아이디얼리스트 성향의 사람이 살아남을 비법은 무엇보다 '자신이 어떤 사람인지 스스로 파악하는 것'이다. 즉, '자기 마음 읽기'이다. 이것이 되지 않는 경우에는 자기 삶의 문제를 확인하고 그것에 맞는 해법을 찾기 어렵다. 이런 자기 마음 읽기를 원한다면 이상적인 또는 멋진 삶을 살아가는 아이디얼리스트 그 사람이 거쳐간 각기 다른 상황에 자신을 대입시켜 보아야 한다. 마치, 그 사람의 마음을 읽듯이, 어떤 성공한 아이디얼리스트가 어려운 삶의 상황에 있었을 때, 나름 어떤 삶의 비법을 보여주었는지 확인하는 것이 필요하다. 만일 자신이 그 사람의 경우라면 자신은 어떻게 살았을지 시뮬레이션모의실험, 가장하기, 흉내 내기, 역할 몰입, simulation을 해보는 것이다. 성공 비법을 모방하려 하거나 어떤 삶의 궤적에 자신의 삶을 끌어 맞추어 보려 하는 것이 아니라, '내가 그 사람의 상황에 있었다면, 내가 그 사람과 비슷한 역할에 있다면' 어떻게 반응하며 어떤 삶을 그려 나갔을지 먼저 상상하는 것이다.

아이디얼리스트 성향의 사람이 한국 사회에서 생존하고 성공하기를 원하면 자신이 남들과 다른 사람이어야 한다는 자각이 필요하다. 그뿐 아니라, 자신에 대한 인식에 기초하여 자기 삶을 만들어야 한다. 단순히 '남 다름을 추구하는 자신의 욕망을 실현하는 삶'을 사는 것만으로는 충분하지 않다. 이런 욕망이 자신의 일상생활이나 직업, 사회적 역할 등에서 어떤 구체적인 믿음과 활동으로 **표현**되어야 한다. 이렇게 자신에 대한 인식, 자신의 역할에 대한 뚜렷한 차별성, 그리고 이것을 수행하여 얻게 되는 구체적인 성과 등이 없다면, 아이디얼리스트 성향으로 한국 사회에서 살아가는 것은 마치 '돈키호테'나 '이상한 사람'으로 취급받거나 극단적으로는 이단아나 권위에 반항하는 사람 등으로 낙인찍히기 쉽다. 대부분 자기 마음을 잃어버린 리얼리스트의 한 사람으로 자신의 삶을 꾸역꾸역 연명하게 된다.

한국 사회 속의 아이디얼리스트 삶의 사례

아이디얼리스트 성향을 나름 잘 발휘하면서 한국 사회에서 자신의 직업활동을 하는 대표적인 사람으로 연예인 김제동이나 온라인 게임 「바람의 나라」와 「리니지」 등을 개발한 송재경 대표, '악동뮤지션'의 이찬혁 등을 들 수 있다. 미국 프린스턴 대학의 허준이 교수의 경우, 아이디얼리스트 성향으로 겨우 생존하였다가, 자신의 능력과 존재감을 아이디얼리스트 성향이 꽃피는 미국 사회에서 나름 성과를 낼 수 있게 된 경우이다. 연예인이나 예술가로 활동하거나 게임개발자나 학자 등의 활동을 통해 남과 다른 자신만의 특성을 발휘하고 나름의 성과를 얻게 된 아이디얼리스트 성향의 사람들은 한편으로 운이 좋은 사람들이다. 왜냐하면, 한국 사회에서 이들은 초창기에 생존의 문제나 위기를 심하게 겪게 되기 때문이다. 다른 사람과 다르다는 이유, 또는 현실적인 통념이나 삶의 궤적을 따라가지 않는다는 이유 때문에, 각자 지향하는 자신의 삶이나 사회의 변화를 위한 열정을 발휘함에도 불구하고, 통념적인 틀과 그리 부합하지 않는 행동을 하는 사람으로 취급된다.

연예인 김제동의 경우, 나름 뛰어난 예능감각과 해박한 지식 등을 통해 정치, 사회적인 이슈에 대해 자신의 생각을 뚜렷이 표현하였다.[3] 그의 생각에 공감하고 지지하는 팬들이나 일부 대중들은 그를 개념있는 연예인의 대표 인물로 삼았다. 하지만, 통념적인 '딴따라'라는 연예인의 개념으로 김제동을 보려는 대중들은 그의 정치, 사회 활동 자체가 마치 큰 잘못을 저지른 것처럼 비난하기 시작했다. '네가 똑똑하면 얼마나 똑똑하냐?', '전문대 밖에 안 나온 주제에'등의 표현은 직접적인 개인에 대한 비난이지만, 사회현상이나 문제에 대해 젊은이들이 뚜렷하고 분명한 인식을 가져야 한다는 그의 주장에 대해서는 마치 '어렵고 힘든 젊은이들이 자신들의 어려움을 극복할 생각은 하지 않고 세상 탓하게 만든다' 등으로 매도하기도 한다. 그럼에도 불구하고 그는 한동안 자신이 옳다고 믿는 생각과 활동에 몰두하는 모습을 지속해 보여주었다.

아이디얼리스트가 '남들과 다르다'는 점은 한 개인의 삶의 안정과 성공을 위해서는 '행운'이자 '불행'이라 할 수 있다. 한국에서 이런 개인의 차별성은 불행과 더 연관된다. 따라서, 이 사회에서 아이디얼리스트에게 중요한 것은 자신이 남들과 어떻게 차별적인 존재로 지낼 것인가를 고민하기 전에, 어떻게 '살아남을 수 있을까'를 먼저 고민해야 한다.

온라인 게임 「바람의 나라」와 「리니지」를 만든 송재경 대표나 수학계의 노벨상이라는 '필즈상'을 받은 프린스턴 대학의 허준이 교수[4] 등의 경우 뚜렷한 아이디얼리스트 성향을 가졌지만, 비교적 자신이 보호 받을 수 있는 환경에서 성장할 수 있었던 경우이다. 이것을 학벌 중시 사회에서 소위 말하는 '서울대' 등의 명문 학교를 진학하게 됨으로써 얻게 되는 보호막이다. '다르다'는 것에 대해 마치 특별한 사회적 신분이나 특권과 같은 공식적인 인정이나 허용을 얻는 경우이다. 어린 시절 온갖 엉뚱한 행동과 규범에 따르지 않는 말썽꾸러기 등의 모습이라도 특정한 활동, 특히 학교 시험 성적이라는 것에서 나름 오타쿠와 같은 성향을 발휘할 수 있게 된다면 자신을 위한 보호막을 가질 수 있는 사회가 20세기 말, 21세기 초의 대한민국이었다.

'악동뮤지션'의 이찬혁 같은 경우, 자신의 독특함을 가지고 뚜렷한 차별성을 만들어내었다. 스스로 '왜 사는지', '무엇을 위해 사는지' 생각하고 느끼는 것들을 노래로 만들어 세상 사람들과 공유하며 인정받은 경우이다. '외계인'같다는 소리를 듣는 아이디얼리스트 성향을 이찬혁 본인은 자신을 나타내듯 아예 「에일리언(외계인)」이라는 노래를 만들어내기도 했다. 동생 이수현이 이 노래를 불렀다. 이런 가사 내용으로 그들은 그림책을 만들어내기도 하고, '우린 모두 특별한 존재'라며 세상의 모든 에일리언들에게 자신의 독특함을 인정하고 사랑할 수 있다는 메세지를 전하기도 했다.[5] 개인의 특성을 '전문성'이라는 사회, 직업 역할 수준으로 발전시킨 그들을 '아이디얼 M자형'이라고 한 번 더 구분할 수 있다.

이와 비슷한 인물이 서울의대 입학과 졸업의 학벌 배경과 짧은 의대 교수 생활, 컴퓨터 바이러스에 대응하는 국산 백신 개발로 엄청난 명예와 부를 이룬 안철수 박사이다. 어린 시절부터 그는 엉뚱하고 높은 자폐성향을 가진 특이한 아이였다고 한다. 다행히 지역에서 존경받는 부모님은 주위의 불편한 시선으로부터 그를 비교적 안전하게 지켜낼 수 있었다. 사람들과 어울리기 힘들어 하는 그의 성향은 학교 공부와 같은 단순 활동을 할 수 있는 좋은 조건이 되었다. 통념적인 의사의 역할을 따르기보다, 남들과 다른 아이템을 기반으로 그는 성공적인 기업인이 되었다. 이후, 사회 변화를 바라는 대중의 기대에 부응하여 그는 정치인으로 변신하였다. 하지만, 이후 그는 자신이 원하는 것을 얻기 위해 대중이 바라는 모습에 부응하려고 더욱 노력했지만, 자신의 아이디얼리스트 성향을 정치권에서 나름의 방식으로 잘 발휘할 수 없었다. 현실 정치인의 모습으로 어느 정도 변신하였지만, 자기 정체성을 상실한 채로 기성 정치인과 별다른 모습을 보이지 않았다. '엉뚱하다', '튄다', '뭔가 이상하다'는 자신의 차별성을 사회 변화를 위한 목표나 성과로 전환시켜 내지 못했다. 현실 정치인의 역할을 수행하려는 삶의 프레임 속에서 그는 아이디얼리스트 성향을 뚜렷이 부각시키기보다 리얼리스트 성향에 자신을 맞추어 나가려 했다. 무엇을 위해, 어떤 정치인으로 살아가는지 뚜렷하게 알기 어려운 사람이 되고 말았다. 자신의 마음을 잃어버린 것이다.

아이디얼리스트의 상담사연 1

"내가 생각하는 내가 될 수 없을 것 같아요"

아이디얼리스트가 자신의 전문성과 독립성을 찾고 만들어야 하는 이유는 자기 인식에 기초한 자신의 삶을 만들어나가기 위해서이다. 스스로 자기 존재의 가치를 인정받고 살아남기 위한, 사회적 환경 속에서 생존하기 위한 필요조건이다. 하지만, 일상생활에서 스스로 자신을 평범한 사람이라고 생각하고 그렇게 살아가려는 사람에게 아이디얼리스트 성향은 자기 삶을 위한 자랑스러운 특성이라기보다 자신이 누구인지 혼란스럽고 삶을 어렵게 만드는 유별나고 불편한 특성으로 인식된다.

'허무한외계인'님의 고민 사연

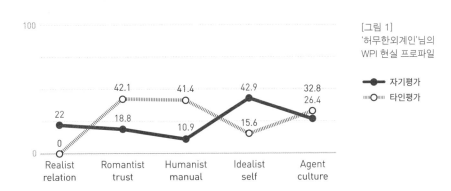

[그림 1]
'허무한외계인'님의
WPI 현실 프로파일

어떤 날에는 무슨 일을 해도 의미가 있다가 또 어떤 날에는 무엇을 해도 의미가 없다고 생각합니다. 현재 할 수 있는 일로 나중에 어떤 일을 더 할 수 있을까 상상하다가, 그 생각이 언제나 미래에 먹고 사는 일을 만들어 두는 일에 불과하다는 사실을 아는 순간 허무해집니다.

제 수준을 생각합니다. 무슨 일을 하든, 제가 생각하는 힘을 기를 수 있고 (또) 할 수 있는 것들을 넓혀간다고 생각하다가도 '나라는 사람이 생각할 수 있는 게 거기서 거기지', '나는 다른 사람들이 해 놓은 말만 따라 할 수밖에 없고, 내가 할 수 있는 말은 아무것도 없다'는 생각이 듭니다. 과거부터 저는 다른 사람의 말을 따르며 살아왔는데, 이런 과거가 저에게 족쇄처럼 느껴질 때도 있습니다. 결국에는 그게 나이고 어쩔 수 없다고는 생각합니다.

요즘은 자발적으로 사는 삶에 대해서 생각하는 것 같습니다. 의무감으로 했던 일들이 쌓일수록 제가 원하는 것이 무엇인지는 알지 못하게 되는 것 같습니다. 모든 일을 무디게 받아들이는 것이 아니라, 제가 느끼고 생각하는 게 무엇인지 잘 말할 수 있는 사람이 되고 싶습니다.

그의 WPI 프로파일은, 분명한 아이디얼리스트 성향을 보이는 '허무한외계인'님이 높은 수준의 트러스트와 매뉴얼의 삶을 살고 있음을 알려주고 있다. 현재 '허무한외계인'님이 자신을 자책하듯 또는 자신을 비하하듯 자신을 인식하는 모습을 상담사연 내용 이상으로 잘 보여준다. 타인과의 관계 속에서 자신이 주도하는 삶을 사는 것을 부담스럽게 느끼면서 '힘들다'라는 마음의 아픔을 겪는 것을 확인할 수 있다. 타인을 생각하지 않고 살고 싶지만, 통념적으로 수행해야 할 역할과 책임에 대해 여전히 부담을 느끼고, 누군가의 평가에 벗어나지 않아야 한다는 압박감을 느끼면서 산다. 잘하고 있다는 것을 보여주어야 한다는 믿음과 자신이 어떤 성과나 결과를 내어 남들에게 보여주어야 한다는 마음이다.

이런 분의 경우, 열심히 성실하게 살며 최선을 다하고 있지만, 스스로 과도한 기준과 인정을 통해 자신이 원하는 것을 이룰 수 있을 것이라 믿는다. 아이디얼리스트 성향이 아니라면, 이런 사연을 아예 이해조차 하기 힘들다. 이런 마음으로 사는 분들이 정말 답답해하는 것은 누구와도 자신의 어려움, 당혹스러움, 아픔에 대해 소통한다거나, 공감받기 어렵다는 것이다. 주변 분들도 답답하기는 마찬가지다. '허무한외계인'님을 이해하기 힘들어 외계인 정도로 취급하고 만다. 중요한 점은 '허무한외계인'님이 먼저 자신이 다른 사람에게 어떻게 보이는지, 또는 자신이 어떤 방식으로 주위 사람들과 소통하는지를 알아야 한다는 것이다. 마음 읽기가 분명 필요한 경우이다. 그의 상담사연은 바로 그의 마음을 들여다볼 수 있는 단서들이다.

▎상담사연의 단서들을 통한 '허무한외계인'님의 마음 읽기

아이디얼리스트 성향이 강한 사람은 특정한 방식으로 자신에 대한 믿음을 표현한다. 이 특정한 방식이라는 것은 바로 남들이 뭐라고 하든 그 속에서 자기 생각, 자신의 스타일을 찾으려 하는 것을 말한다. 자신은 비교적 남들과 다른 사람이라고 믿고 또 그렇게 보이려고 노력한다. 이런 이들의 특성을 어떤 기준으로 평가하지 않고 '있는 그대로' 해석한다면, '자신만의 의미를 부여한다'라고 말할 수 있다.

> "어떤 날에는 무슨 일을 해도 의미가 있다가 또 어떤 날에는 무엇을 해도 의미가 없다고 생각합니다."

무슨 일에 '의미'가 '있다, 없다'를 언급하면서 자신이 하는 일에 무슨 '의미 같은 것을 찾으려 한다'는 표현은 아이디얼리스트의 마음에서 나온다. 이것은 아이디얼리스트의 마음을 알려주는 대표 특성이며, 이것을 파악하는 것이 '아이디얼리스트에 대한 마음 읽기'이다. 이들은 무엇을 하든 자신이 부여한 의미를 기반에 둔 '재미'나 '몰입의 이유, 동기' 등을 언급한다. 본인이 그것을 잘 언급할 수 없을 때, 상담사가 그 '의미'에 대해 정리라도 한다면, 본인도 의식하지 못하는 마음을 읽어주는 일이 된다. '허무한외계인'님의 경우, 자기 삶의 어려움이나 아픔을 구체적인 의미로 확인하거나 표현하지 못하기에 자기 마음을 읽을 수 없는 상황이다.

막연한 삶의 혼란과 아픔을 겪는 것이다. 현재 자신의 마음, 혼란과 아픔을 그냥 자책하듯 표현하고 있다.

'허무한외계인'님은 자기 마음을 읽을 수 없는 상태이다. '자신이 하는 일에서 의미를 찾을 수 없다'고 표현하는 이유는 자신에 대한 믿음이 없어서이다. 그 믿음은 '자신이 누구이며, 무엇을 위해 산다'와 같이 자신에게 부여하는 의미이다. 많은 사람들이 자신에 대한 믿음을 '자신감' 또는 '자신에 대한 확신' 등으로 생각하는 것과는 다르다. '허무한외계인'님에게 자신이 누구인지, 무엇을 위해 사는지 분명한 믿음이 없다는 것은 자기 몸을 철삿줄로 동동 매어 놓고 있는 상황과 같다. 스스로 풀면 되는데 '풀자니 귀찮아서'라는 우울함, 좌절감, 무기력감의 심리 상태가 나타난다. 결국 혼자서는 꼼짝할 수 없는 상황으로 자신을 만들어 놓는다. '자신이 누구인지, 무엇을 위해 사는지'에 대한 믿음이 없기 때문이다. 아니, 그 믿음을, 자기 마음을 스스로 만들어내지 못하기 때문이다.

현대 사회에서 대부분의 사람은 자신의 삶의 이유나 존재 가치를 가족이나 자신이 속한 조직, 그리고 그 속에서 자신이 부여받은 역할이나 직업 활동 등으로 파악한다. 이것은 과거 신분제 사회에서 자신의 사회적 신분으로 자신의 존재 이유와 가치를 정했던 것과 다르지 않다. '자기 정체성 확인'이라고 하는 "자신이 누구이며, 무엇을 위해 사는가?"라는 질문에 대한 답은 바로, 자기 삶이나 자신의 일에 부여하는 의미로 파악할수 있다. 하지만 아이디얼리스트의 경우, 자신이 하는 일이나 직업이 아닌, '자신에 대한 믿음'으로 자기 정체성을 파악해야 한다. 만일 이것이 안 되면 아이디얼리스트 성향을 가진 그 사람은 마음이 없는 채로 사는 것과 같다. 일상생활에서 무슨 일을 하든, '자신감이 없다'라는 지적을 듣게 된다. '자신감 결여', '자기 확신의 부재'라는 삶의 어려움이나 아픔을 겪는다.

▎마음 읽기 단서를 통한 아이디얼리스트의 삶의 문제 파악

'자신감'이나 '자기 확신'에 가득 찬 아이디얼리스트, 이 모습은 보통 아이디얼리스트의 전형적인 특성처럼 언급된다. '근자감(근거없는 자신감)'이라는 이런 특성은 아이디얼리스트의 마음으로 살아가는 사람들이 흔히 질책을 받을 때 많이 언급된다. 때로는 엉뚱하고 무모하다고 보일 수 있는 자유분방한 행동 방식이나 태도가 이런 자신감이나 자기 확신의 증거처럼 취급되기도 한다. 아이디얼리스트 성향의 사람들은 자신이 비교적 정체성이 뚜렷하고, 나름 남다른 특성을 뚜렷이 보인다고 믿는다. 하지만 정작 자신의 정체성을 타인과 분명하게 공유하는 데에는 비교적 서툴다. 뚜렷한 '정체성'과 자기 나름의 '차별성'이 있지만, 정작 그것은 타인에게 '엉뚱함'이나 '이해되지 않음'으로 정리된다. 이때 정말 필요하고 중요한 것은 아이디얼리스트 성향의 사람들이 스스로 자기 마음을 읽는 일이다. 아이디얼리스트의 정체성과 차별성은 자신이 하는 활동이나 사회적 역할로도 드러나지만, 스스로 '자기 자신'self에 대한 뚜렷한 인식을 할 수 있을 때 명확해진다. 누구나 추구하는 이상적인 삶의 기준과 목표에 자신을 맞추는 것이 아닌 자신에 대한 믿음, 자신의 정체성에 대한 인식을 통해, 자신이 처한 상황과 문제에 대해 뚜렷한 인식을 하는 것이다.

'마음 읽기'는 아픔이나 어려움을 겪는 한 사람이 자신과 자기 삶에 대한 믿음을 파악하는 일에서 시작된다. 자기 마음을 잃어버리고 삶의 아픔을 진하게 느끼는 아이디얼리스트는 보통 정체성 혼미, 차별성 부재 등의 어려움을 겪고 있다. 어떤 외부의 통념이나 이상적 기준에 맞추어 자신을 남들과 비교, 평가하려 한다.

"'나라는 사람이 생각할 수 있는 게 거기서 거기지', '나는 다른 사람들이 해 놓은 말만 따라 할 수밖에 없고, 내가 할 수 있는 말은 아무것도 없다'는 생각이 듭니다."

'허무한외계인'님이 자신과 자신의 삶을 인식하는 기준은 자신에게 있는 것이 아니다. 따라서, 자신에 대한 인식이나 자기 삶의 방식을 세상의 기준에 맞추어야 한다고 믿는다. 자신이 할 수 있는 것이 없다는 포기조차 자신과 자기 삶에 대한 불안과 두려움 그리고 주저함 등의 확실한 표현이다. 정체성 혼미와 상실을 나타내고 있다. 무엇보다, 자신이 누구인지 그리고 어떤 사람으로 살아가려고 하는지에 대해 치열하게 고민하고 찾아야 할 것이다. 현재로는 타인들이 만든 통념의 틀 속에 자신을 가두고 있거나, 또는 바위를 끊임없이 산 위로 들어 옮기는 '시시포스의 저주'에 처한 것 같은 마음으로 살고 있다.

▍ 아이디얼리스트의 마음 읽기를 통한 문제 해법

아이디얼리스트의 대표적인 특성은 혼자만의 생각과 자기 나름의 행동에 의미를 부여하면서 그것에 빠진 것으로 잘 나타난다. 타인과의 차별성을 보이기는 하지만, 기발함으로 부각되기보다 엉뚱함이나 어색함으로 표현된다. 이런 이유로 스스로 자신이 처한 문제 상황을 주위 사람과 다르게 이해한다. 이뿐 아니라, 자신의 마음을 주위 사람들과 공유하는 것에서도 실패한다. 자신의 믿음이나 행동을 당연히 이해, 수용할 것이라 기대하지만, 이것은 보통 혼자만의 생각, 혼자만의 믿음으로 그치게 된다. 주변 사람들은 아이디얼리스트 성향의 사람들을 보통 '고집이 세면서 자폐 성향이 높은 사람'으로 취급하게 된다. 이런 상황에 처한 아이디얼리스트는 자신이 어떤 일에 의미를 부여하지 못하고 시키는 대로 꾸역꾸역 한다고 스스로 믿게 된다. 자신이 하는 일의 의미를 만들고 또 의미를 부여하는 주체가 바로 자기 '자신'이라는 점을 분명히 알아야 한다.

> "의무감으로 했던 일들이 쌓일수록 제가 원하는 것이 무엇인지는 알지 못하게 되는 것 같습니다. 모든 일을 무디게 받아들이는 것이 아니라, 제가 느끼고 생각하는 게 무엇인지 잘 말할 수 있는 사람이 되고 싶습니다."

아이디얼리스트의 경우에도, 타인이 자기 문제를 대신 해결해 주거나 문제 상황이 저절로 잘 해결되기를 기대할 때 삶의 아픔을 분명히 느끼게 된다. 왜냐하면, 기대는 보통 실망과 분노의 감정을 만들어내기 때문이다. '허무한외계인'님이 현재 자신이 처한 상황을 자학하듯, 아니 자책하듯 표현하는 것도 이런 이유 때문이다. 이런 자책이나 자학의 마음은 로맨티스트에게서도 많이 나타나지만, 아이디얼리스트의 경우 그 내용은 완전히 다르다. 아이디얼리스트의 자책은 자신의 잘못이나 과오에 대한 자책이 아니다. 충분히 자신이 그런 문제를 방지하거나 미리 해결할 수도 있었는데 하지 않았다는 의미의 자책이다.

아이디얼리스트는 자신이 처한 어려움이나 문제에 대해 남다른 '감(통찰)'이나 능력으로 충분히 상황 파악을 할 수 있었다고 믿는다. 하지만 정작 타인과 일을 하는 과정에서 그런 능력을 충분히 발휘하지 못했다는 자책이다. 이런 엉뚱한 기대는 아이디얼리스트가 '시스템이 작동한다면, 저절로 잘 이루어진다' 또는 '말할 필요 없이 그냥 척 보면 안다'와 같은 생각을 하기 때문이다. 하지만 인간 사이의 의사소통에서 마음이 통하기를 바라는 기대는 할 수 있지만, '말하지 않아도', '눈치로' 또는 '스스로 알아서' 되거나 이루어지는 일은 거의 없다. 잘 일어나지 않는 일, 실제로 현실에서 거의 없는 일, 이상적인 상황이나 문제해결에 대한 기대를 엉뚱하게도 아이디얼리스트는 더 쉽게 기대한다. 이런 엉뚱한 기대, 이상적인 상황이나 문제해결에 대한 상상은 정작 자신이 하는 일에 대해 회의감이나 좌절감을 느끼게 한다. '허무한외계인'님은 이런 자신의 마음을 이렇게 표현한다.

> "무슨 일을 하든 제가 생각하는 힘을 기를 수 있고 할 수 있는 것들을 넓혀간다고 생각하다가, 그 생각이 언제나 미래에 먹고사는 일을 만들어 두는 일에 불과하다는 사실을 아는 순간 허무해집니다."

아이디얼리스트의 성향이 극단적으로 표현되는 사례는 SF 드라마 「스타트렉」의 벌칸 행성의 종족[6]이다. 벌칸족은 논리와 이성, 정신적인 수양을 중요시한다. 심지어, 정신적으로 인간보다 매우 우수하며 마인드 컨트롤에 능하며, 심지어 이를 이용해 타인의 정신에 영향을 미치는 것도 가능하다. 주인공의 한 사람인 '스팍'의 경우, 극 중에서 대체로 진중하고 능력 있는 모습을 보이면서 감정을 통제하고 원리 원칙에 강박적으로 집착하는 결벽증 수준의 모습을 보이기도 한다. 생각하는 힘을 기른다고 하지만, 현재 자신이 처한 문제를 해결하기보다 '미래에 먹고 사는 일'이라는 것에 낙담하는 '허무한외계인'님은 다시 내부의 갈등을 겪는 모습을 드러낸다. 자존심과 자부심이 너무 강해 타인을 은근히 무시하는 모습이 자신에게 향하는 것이다.

이런 상황에 처한 아이디얼리스트의 마음을 읽어야 할 경우, 가장 필요한 것은 '비교'나 '평가', '판단'이 아닌, 있는 그대로의 상황이나 믿음에 대해 인내심을 갖고 질문, 대화하는 것이다. 본인도 인정하기 힘든 그 사람의 상황에 대한 믿음, 그리고 그 믿음이 만들어내는 문제 등을 마음읽기 방식을 통해 확인하는 것이다. 자괴감, 좌절감, 자책의 감정 속에 빠진 그 사람의 마음은 함정 속에 빠진 야생동물의 처지와 그리 다르지 않다. 함정 속에 있는 그 사람이 자기 마음을 읽어 나갈 수 있을 때, 자신이 빠진 함정은 자기가 만들었다는 것을 알게 된다.

"결혼했는데, 남편과 제가 서로 잘 맞추어 살고 있나요?"

'로아'님의 고민사연

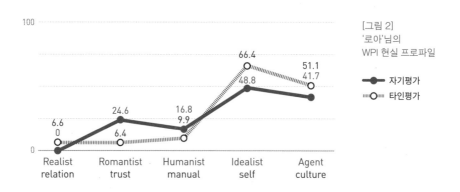

[그림 2]
'로아'님의
WPI 현실 프로파일

결혼 이후로 저와 남편의 성향이 모두 점점 더 또렷해지는 것을 체감하고 있습니다. 남편은 검사 결과 에이전트-셀프 성향입니다. 자기평가는 W모양인데 타인평가는 M자 모양이고요. 저는 가끔 제 생각에만 너무 빠져 있어 남편을 잘 모르고 있다는 생각이 많이 듭니다. 둘이 다투기라도 하면 저는 불타는 폭주 기관차처럼 감정을 드라이빙해서 남편에게 정말 미안할 때가 많아요. 너무 자책하게 되기도 하고요. 남편은 감정 표현에 무덤덤하기도 해서 가끔 남편을 보면 어떤 생각을 하는지 궁금하기도 하고, 제가 자꾸 치근덕거리고 싶은, 큰 고양이 같은 느낌이 듭니다. 저는 결혼하면 남편에게 언덕이 되어주고 싶었는데, 오히려 각자의 섬 같기도 하네요.

무엇보다 남편과 제가 결혼에 어떤 의미를 두고 있는지 궁금합니다. 그리고, 서로 어떤 부분을 배려하면 앞으로도 서로의 성향을 잘 살리면서 살 수 있을지 궁금합니다. 주말에는 같은 공간에 있어도 남편은 게임을, 저는 그림을 그리면서 시간을 보냅니다. 이런 방식이 맞는지 궁금합니다. 마지막으로, 남편과 동시에 같은 스타트업 회사로 이직 제의를 받았어요. 그런데, 같이 이동하는 것이 맞을까요?

▎ 'M형 아이디얼리스트' 부인과 'W형 에이전트' 남편의 결혼 생활

이제 막 결혼한 '로아'님이 남편과의 관계를 어떻게 설정하면 좋을지 문의하는 사연이다. '로아'님의 WPI 프로파일은 상당히 복합적인 성격 특성을 나타낸다. 아이디얼리스트의 성향을 기초하여 뚜렷한 에이전트 성향 그리고 로맨티스트의 성향까지 있다. 보통 로맨티스트와 아이디얼리스트 성향이 함께 높은 'M형'의 프로파일이라고 할 수 있다. 하지만, '로아'님의 경우, 자신이 수행하는 과제나 직업 활동을 통해 자신의 정체성을 더 확인하는 경우라, 일단은 전형적인 M형의 특성보다는 아이디얼-에이전트의 성향으로 이런 프로파일을 해석해야 한다.

'로아'님의 경우, 남편분의 프로파일을 'W형'이라 소개한다. W형의 프로파일은 보통 리얼리스트와 휴머니스트, 에이전트 성향이 비교적 뚜렷한 프로파일이다. 하지만, 남편의 경우, 에이전트-셀프가 더 분명한 프로파일이라 한다. 이런 경우, 두 사람의 관계는 기본적으로 완전히 다른 성향의 사람들이 각자 자신들이 수행하는 과제를 통해 서로 소통하고 관계가 만들어졌다고 할 수 있다. 두 사람이 같은 회사에서 만나 결혼하게 된 것은 서로 차이가 있으면서도 공통점이 서로를 연결해 주었기 때문이라고 할 수 있다. 서로 완전히 다른 성향이지만, 각자 자신의 일을 수행하고 자신의 일을 중요시한다는 측면에서는 공통점이 있다. 이 특성은 둘의 관계를 흥미롭게 지켜볼 수 있는 핵심 지점이다. 먼저, 결혼 후 주말에 서로 같은 공간에 있어도 각자 게임을 하거나 그림을 그리면서 시간을 보내는 것이 전혀 이상하지 않다. 어쩌면 각자 독립적으로 자신이 좋아하는 일로 시간을 보낸다는 측면에서 자연스럽고 편안한 시간을 보낸다고 할 수 있다. 두 사람의 관계에서 초점을 두어야 하는 것은 '로아'님의 프로파일이다. 왜냐하면, 자신의 특성을 잘 알고 자기 삶을 만드는 문제를 뚜렷하게 느끼는 것은 아이디얼리스트 성향인 '로아'님이기 때문이다. 이 같은 상황을 '로아'님은 다음과 같이 표현했다.

> "저는 가끔 제 생각에만 너무 빠져 있어 남편을 잘 모르고 있다는 생각이 많이 듭니다. 둘이 다투기라도 하면 저는 불타는 폭주 기관차처럼 감정을 드라이빙해서 남편에게 정말 미안할 때가 많아요."

W형이며 에이전트 성향인 남편의 경우, 무던한 성격처럼 보인다. 자신이 하는 일에서 특별한 변화나 혼란이 생기지 않는다면, 주위 사람의 감정 변화나 요청에 성실히 대응하는 편이다. 따라서 '로아'님이 폭주 기관차처럼 자신의 감정을 몰고 간다고 하더라도, 남편은 웬만하면 그 상황을 수용한다는 의미이다. 두 사람 관계의 핵심은 바로 '로아'님에 의해 결정된다. 따라서 '로아'님이 자신의 정서적 불안이나 엉뚱한 지점을 잘 인식하고 있다면, 두 사람의 관계가 파국의 상황으로 갈 가능성은 거의 없다. 무엇보다 두 사람이 현재 신혼의 상황이니, 이 둘의 문제는 외부 조건의 변화에 의해 생겨나는 것 이외에 거의 없다고 할 수 있다.

"남편은 감정 표현에 무덤덤하기도 해서 가끔 남편을 보면 어떤 생각을 하는지 궁금하기도 하고, 제가 자꾸 치근덕거리고 싶은, 큰 고양이 같은 느낌이 듭니다."

'로아'님이 남편을 무던하게 그냥 놔두는 방법이 두 사람의 관계를 비교적 이상적이고, 긍정적으로 만들 수 있다는 뜻이다. 비록 '로아'님이 남편에게 이해받고 싶은 마음이 있더라도 그것은 기대하지 않는 것이 더 맞다. 왜냐하면, W형의 에이전트 남자가 부인을 이해한다는 것은 사실 쉽지 않은 수준을 넘어 거의 가능성이 없다. 다행히 이런 관계를 '로아'님은 이렇게 표현한다.

"저는 결혼하면 남편에게 언덕이 되어주고 싶었는데, 오히려 각자의 섬 같기도 하네요."

❘ 'M형'과 'W형'으로 구분되는 복합 유형의 관계 맺기

결혼 후, 각자 섬처럼 살아가는 부부의 모습을 보인 남편과 아내, 이것은 각기 다른 마음을 가진 남편과 부인이 통념적 결혼 생활이 아닌, 자신들만의 관계와 역할을 해 나간다는 것을 알려준다. 남편과 아내의 역할을 수행하는 결혼생활이 공동 운명체 또는 경제 공동체가 아니라 각자도생의 삶이 결혼 관계에서 어떻게 이루어질 수 있는지를 보여준다. WPI 검사에서 W형의 에이전트 남편과 M형 에이전트 프로파일의 부인은 각자 자신이 하는 일과 관련된 마음은 비슷하더라도, 성격이나 취향은 대부분 반대에 가깝다. 그리고 마치 다른 섬과 같은 모습으로 살아간다는 두 사람은 가족 공동체의 동일성을 만들고 따라야 한다는 통념과는 다른 결혼

생활을 하고 있다. 너무나 다른 성격과 마음을 가진 부부라 결혼생활에서 어려움을 느끼기보다, 각자 자신이 원하는 이상적인 관계와 생활방식을, 결혼을 통해 더 안정적으로 만들어간다. 비록, '로아'님은 남편에게 되어 주고 싶은 언덕은 아닐 것이다. 하지만 남편이 정말 바라는 아내의 역할은 정말 잘하고 있다. 그것은 바로 남편의 짐이 되지 않고 남편에게 의존하지 않는 아내이다. 그리고 W형의 남편은 자신이 집안의 '붙박이장'과 같은 역할을 하는 것으로 충분히 남편의 역할을 잘 한다고 믿는다.

"주말엔 같은 공간에 있는데 남편은 게임을, 저는 그림을 그리면서 시간을 보냅니다. 무엇보다 남편과 제가 결혼에 어떤 의미를 두고, 서로 어떤 부분을 배려하면 앞으로도 서로의 성향을 잘 살리며 살아갈 수 있을지 궁금합니다."

'로아'님의 사연은 현재 두 사람이 전통적인 프레임 속에서 '서로 함께해야 한다'는 결혼한 부부의 생활과 관계에서 조금은 자유롭게 지낸다는 것을 잘 알려준다. 서로 다른 각자의 성향을 무시하지 않고, 배려하고 인정하면서 잘 살아 가고 있다는 것을 보여준다. 같은 공간에 있으면서 각자의 생활 방식을 유지하고, 상대방에게 자신의 방식을 강요하지 않는다. 무엇보다 부부라는 관계를 내세워, 결혼이라는 약속을 근거로 각자의 삶에 대해 간섭하지 않는다. 에이전트라는 성향은 공유하지만, 완전히 성격이 다른 이들 부부에게는 이상적인 결혼 생활인 것이다. '로아'님의 경우, 현재는 분명한 아이디얼리스트의 프로파일을 보인다. 하지만 원래는 자신에 대해 불안과 두려움을 느낄 뿐 아니라, 이런 감정적 혼란으로 자신의 일과 생활에서 많은 어려움을 겪는 M형의 마음이었다. 이런 M자 유형의 마음이 자신을 속박하는 듯한 결혼을 통해 생활의 안정감을 얻게 된 것이다.

┃ 마음 읽기를 통한 진로 문제 해법 찾기

"남편과 동시에 같은 곳(스타트업)으로 이직 제의를 받았는데 같이 이동하는 것이 맞을지 궁금합니다."

결혼한 부부가 서로 다른 성격으로 어떻게 서로를 이해하고 화합하는 결혼생활을 할 수 있을까의 문제로 심리상담을 받을 수는 있다. 하지만 같은 회사에서 일하는 부부의 이직 문제에 대해 심리상담을 받는다고 생각하기란 쉽지 않다. 왜냐하면 회사에서 일하는 것은 마음의 문제라기보다 전공 배경이나 경력 등의 문제라고 생각하기 때문이다. 하지만, WPI 심리상담에서 '마음 읽기'란 바로 '자기 자신이 누구이며, 어떤 삶을 살려고 하는가?' 또는 '자신이 원하는 삶이 무엇이며 또 그것을 자신은 어떻게 만들어나갈 수 있는가?' 등 자신의 정체성과 지향하는 삶의 욕망에 대해 질문을 던지는 것이다. 따라서 자신의 마음을 뚜렷하게 확인하는 것으로 남편과 함께 스타트업(신생기업) 전직에 대한 고민을 해결하려 하는 것은 전혀 이상한 일이 아니다.

에이전트 성향이라는 공통점을 남편과 아내가 가지고 있지만, 자기 삶에 대한 이들의 마음은 각각 너무 다르다. 상담을 의뢰한 M형 에이전트 부인의 경우, 주된 고민이 남편이 이직하려고 할 때 자신이 함께 움직여야 할 것인가의 문제이다. 각자 자신의 과제나 일에 대해 몰입하고 중요시하는 경우, 변화가 야기하는 잠재적인 갈등으로부터 각자의 생활을 유지할 수 있다. 서로 너무 다른 성격이나 삶의 방식을 추구하는 경우, 이런 변화의 상황에 함께 참여하는 것은 서로 간의 차이와 갈등이 증폭될 가능성이 높다. 특히 부부가 같은 회사에 근무하다 함께 이직을 추진하는 경우라면, 한 사람은 남고 다른 한 사람은 옮겨가는 방법이 서로의 삶이나 관계를 위해 더 좋다. 각자 다른 방식으로 살아가는 사람들이라 스타트업과 같은 작은 조직에서 같은 방식으로 행동하고 생활하기를 집과 직장 모두에서 강요받는 상황은 서로의 긴장감을 높일 뿐이다. 행여라도 옮겨가는 회사가 잘 되어 상장이라도 하면, 두 사람이 가면 두 배의 대박을 누리지 않겠느냐는 기대는 과도한 욕심이 아니라, 자신이 스스로 죽음의 함정을 만드는 일이다.

아이디얼리스트 마음을 지닌 사람이 복잡하고 변화가 가득한 상황에서 살아남는 비법은 무엇보다 자신의 마음을 읽는 것이어야 한다. 역설적으로 새로운 것을 추구하고 호기심이 많지만, 이제 나름 자신의 위치와 역할을 안정적으로 수행할 수 있게 된 '로아'님은 현재의 회사에 남아야 한다. 그리고 안전한 것을 추구하는 남편을 스타트업 회사로 보내는 것이 더 나을 수 있다. 스타트업이 잘못되는 상황이라도 남편은 언제든지 유사한 다른 회사에서 자신의 역할을 쉽게 찾고, 자신의 직업 활동을 잘할 수 있을 것이다.

대부분의 사람들은 자신과 다른 타인의 특성을 있는 그대로 인정하기보다 '잘못되었다' 또는 '틀렸다'고 쉽게 믿는다. 왜냐하면, 누구나 자신의 특성은 쉽게 이해하거나 수용할 수 있고, 자신과 다른 사람은 낯설고 불편하게 느끼기 때문이다. 아이디얼리스트 성향의 사람들이 함께 일하는 사람들에게 이런 반응을 얻기 쉽다. 아이디얼리스트는 자신의 특성이 수용되기 어려운 환경 속에서 항상 자신의 핵심 특성이 인정받을 수 있도록 나름의 '전문성'을 만들어야 한다. 자신을 지키기 위한 최소한의 안전장치이다. '마음 읽기'를 통한 자기 존재의 가치와 전문성을 찾는 것이 독립적인 자기 삶을 만드는데 핵심 방법이라는 것을 알아야 한다.

아이디얼리스트의 상담사연 3

결혼을 망설이는 아이디얼리스트 '주현'님의 문제 해법

'주현'님의 고민 사연

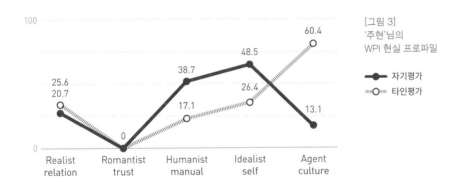

[그림 3]
'주현'님의
WPI 현실 프로파일

━●━ 자기평가
┅○┅ 타인평가

제가 결혼을 망설이는 이유는 "아버지 같은 남자"를 만날까 봐 너무 두렵기 때문입니다. 가정을 돌보지 않으신 아버지 덕분에 저희 형제들은 자립심이 강하고 자기 일은 스스로 처리하는 사람으로 자랐어요. 그렇기에, 사귀는 남자가 조금이라도 경제적으로 의지하려고 하는 모습을 보이면 아버지의 모습이 오버랩 됩니다. 남자와 사귀게 되더라도 그런 모습이 조금이라도 나타나면, 그런 남자를 만나는 것은 힘듭니다.

어머니께서는 이런 저의 고민에 대해 좋은 말씀을 하십니다. "아버지는 아버지고, 너희 인생은 너희 인생이다. 아버지와 비슷한 모습의 남자가 있더라도, 그 남자와의 결혼생활이 너희 아버지와 내가 한 결혼생활처럼 될 것이라고 걱정할 필요는 없다"라고 하십니다. 분명, 아버지라는 남자와 제가 결혼을 생각할 남자는 분명 다른 사람이겠죠. 하지만, 아버지와 저의 관계가 그리 좋지 않기에 더욱더 아버지와 비슷한 남자와 결혼하기는 주저됩니다. 어머니의 말씀은 맞다고 머릿속으로 생각이 되지만, 마음이 그렇게 움직이지 않습니다. 지금도 매달 드리는 용돈이 부족하다며, 용돈을 더 달라는 아버지의 모습을 볼 때마다 분노가 자꾸 생깁니다. 이런 상황에서 과연 제가 남자를 만나서 제대로 연애를 하고 결혼까지 할 수 있을까요?

　　자신의 결혼 생활은 자신이 선택하는 남자, 특히 경제적으로 능력 있는 남자에 의해 결정된다고 믿는 '주현'님의 사연이다. 한 가족을 이끌어 가는 '가장'家長의 역할을 잘 수행하는, 또 경제적으로 아내에게 의존하지 않고 능력 있는 남편의 역할을 잘하기를 기대하고 있다. 자신의 아버지가 보여주지 못한 모습을 징래의 남편감이 보여줬으면 하고, 현재 아버지에 대해 가진 불만을 장래의 남편감이라 믿어지는 남자가 충족시켜주기를 원하는 마음의 표현이다. 아이디얼리스트, 휴머니스트의 프로파일에서 확인할 수 있는, 스스로 주도하는 삶을 통해 자신의 생활을 잘 이끌어 가고 싶어 하는 '주현'님의 욕망이 남편감으로 생각되는 남자와의 연애에서 이뤄지기를 바라는 마음이다.

'주현'님의 연애와 결혼에 대한 마음은 결혼 적령기에 있는 많은 여성들의 이상적인 바람이다. 자신의 삶을 나름 독립적이고 능력있는 모습으로 만들어나가는 여성일수록 더욱더 자신과 어울리는 수준의 남자를 기대한다. 이와 동시에, 자신을 공주처럼 대우해 주면서, 동시에 자유 시민으로서의 독립성을 보장해 주기를 바란다. 따라서, 무능력하고 의존적인 아빠와 비슷한 특성의 남자는 결코 연애 대상이나 남편감으로 고려할 수 없다고 믿고 있다. 이런 '주현'님의 마음이 바로 그녀가 가진 고민의 핵심이다. 그녀는 자신의 욕망이나 문제의 정체를 모른 채로, 자신이 원하는 것을 얻지 못하게 될 것을 고민한다. 심지어 아빠와 같은 주위 누구의 탓이라 믿는다. 아이디얼리스트 성향의 사람들이 스스로 자기 삶의 어려움이나 아픔의 정체를 알지 못할 때, 리얼리스트와 비슷하면서도 다르게 주위 사람 탓을 한다.

│ 엄마와 결혼한 남자와 자기 남자를 구분 못하는 딸(여자)의 심리

'아버지 같은 남자를 만날까 봐 너무 두려워서' 연애와 결혼을 하기도 힘들다는 '주현'님의 사연은 일단 '엄마와 결혼한 남자'와 '자기 남자'를 단지 '남자'라는 공통점 때문에 이 남자가 나와 전혀 다른 관계와 역할을 하는 사람이라는 것을 구분조차 못하는 '사회인지'social cognition 능력의 부재 때문이라고 할 수 있다. 사회인지란 말은 한 사람이 자신이 처한 상황과 자기 주위 사람과의 관계와 관련된 정보를 어떻게 수용, 처리하는지와 관련된 심리학의 연구 영역이다. 하지만 이런 이슈가 한 개인의 삶에서 그 사람이 자기 주변 사람이나 상황과 관련된 정보를 얼마나 잘 처리하느냐, 하지 못하느냐에 따라 지능intelligence 또는 지능지수IQ와 같은 특정 사람의 능력으로 취급되기도 한다. '주현'님의 아버지는 경제적 능력에서 한계를 뚜렷하게 보였지만, '주현'님의 경우 가족 관계를 형성하고 또 자기 삶을 만들어나가는 사회인지 능력에서 무엇보다 뚜렷한 한계를 보인다. '엄마와 결혼한 남자'와 '자기 남자'를 구분하지 못하는 어려움이다.

엄마 남자와 자기 남자를 '남자'라는 이유로 구분을 잘 하지 못하는 여성의 경우, 놀랍게도 많은 고민 끝에 선택한 그 남자가 자신이 정말 원하지 않는 특성을 아주 원단으로 보이는 비극을 겪는 경우가 많다. 무슨 3류 소설이나 드라마의 내용이 아니다. 그녀가 연애할 때는 절대 그렇지 않다고 믿었지만, 나중에 의도와는 다르게 그 남자가 아버지와 정말 비슷한 특성을 보이는 경우가 생긴다는 것이다. 아니 그런 남자와 결혼하게 되었다는 것을 깨닫는 일이 벌어진다. 모든 사람에게 꼭 이렇게 일이 발생하지 않기에 어떤 법칙이라고 할 수는 없다. 하지만 분명히 내가 좋아했고, 아빠와 다를 것으로 생각해서 결혼한 그 남자가 결혼 생활의 어떤 지점에서 내가 그 남자를 싫다고 느꼈을 때, 그는 내가 정말 혐오했던 엄마의 남자가 가진 특성을 보인다는 것을 그때야 알게 되는 것이다. 이런 놀라운 현상의 원인 또는 불행한 사태의 이유는 아빠와는 다른 남자를 원한 그녀의 마음, 그녀가 가진 '남자와 가장으로서의 역할에 대한 믿음'이 만들어낸 현상이다. 아니, 스스로 자신이 어떤 사람으로 살기를 원하고 또 자신이 만들어내는 삶의 조건, 환경 속에서 자신이 수행하는 역할에 의해 만들어진 문제이다. 분명 연애할 때는 능력 있고 독립적으로 보였던 그 남자는, 결혼 후에 내가 더 성장하고 더 높은 수준의 능력을 발휘하면 할수록, 점점 부인에게 의존하고 또 근근이 연명하는 듯한 수준의 능력 이상을 발휘하지 못하는 인간으로 자신의 역할을 제한하게 된다. '나의 남자'가 마치 '엄마의 남자'와 비슷한 특성을 보이는 인간이 되는 이유는 바로 딸인 자신이 엄마가 겪은 삶과 비슷하게 살아가려 하기 때문일지도 모른다.

| 가족관계 재현설(Family relationship reproduction theory)

19세기 말, 독일의 생물학자이자 발생학자인 어니스트 헤켈Ernst Haeckel은 인간이 갓난아기에서 성인으로 성장해가는 과정은 동물에서 인간으로의 진화과정과 비슷하다는 생각을 하였다. 이런 생각을 '진화재현설'進化再現說 Recapitulation theory[7]이라 한다. 진화재현설은 "한 개체의 발생과정은 그 개체가 속한 종의 진화과정을 재현한다"는 명제로 요약된다. 마치, 갓난아기는 네 발로 기어 다니는 동물과 같이 행동하고 생각하며, 아동기는 원시인과 비슷하며, 성인이 되면 비로소 진화된 인간이 된다는 이론이다. 19세기 말 20세기 초, 이 생각은 인간의 정체 그리고 발달적 변화를 생각하는 학자들, 특히 마음의 변화를 연구하는 학자들에게 큰 영향력을 미쳤다. 이 진화재현설에 큰 영향을 받은 대표적인 학자가 정신분석 이론에서 성격 발달 이론을 주장한 프로이트 박사나 미국에서 '아동 연구 운동'을 주도했던 지 스탠리 홀 G. Stanley Hall[8]과 같은 심리학자였다.

홀 교수는 이전의 학자들이 아동을 그저 미숙한 인간, 어른보다 양적으로 작은 존재로 간주한 것에 비해, 아동은 어른과 질적으로도 다른 사고방식이나 마음을 가지고 있을 것이라고 보았다. 아이들에게 '왜 하늘은 파란지, 왜 바람이 부는지, 비는 왜 오는지' 등을 질문하는 방식의 연구를 통해, 아동들은 물활론(애니미즘)[9]이나 신비로운 상상의 사고방식을 가진다고 주장했다. 홀은 원시인과 다름없는 아동들이 어른이 되는 과정에서 나타나는 청소년기를 '질풍노도'Sturm und Drang의 시기라고 이름을 붙였다. 인류발전을 이해하는 열쇠를 인간이 겪는 청소년기의 혼란과 갈등의 시기에서 찾을 수 있다고 믿었다. 그는 아동기와 성인기의 중간 단계를 '청소년기'Adolescence라고 이름 붙이고 이 시기야말로 원시인에서 현대인으로 진화하기 위한 관문이라 강조했다.

'부모-자식'의 관계를 통해 한 개인은 사회 속에서 자신이 어떤 역할이나 관계를 수행하게 될지를 가장 먼저 학습한다. 이런 관계 속에서 우리 각자는 성장, 발달하면서 나중에 성인기에 적절한 사회적 역할까지도 수행하게 된다. 이 과정에서 '부모-자녀' 관계는 각자가 아이와 어른으로 어떤 역할을 수행하는지에 대해 알려주지만, 동시에 '아이(부모)-어른(자녀)'와의 관계에서 많은 역할 혼란을 겪게 되기도 한다. 특히, 낯선 사람과 새로운 사회관계를 맺을 때, 가족 역할을 통해 습득된 관계는 반복적인 습관처럼 나타나기도 한다. 엄마의 남자와 자기 남자를 구분하지 못하는 '주현'님의 경우, 어떤 측면에서 가족 내에서의 '딸'의 단계에서 누군가의 여자라고 할 수 있는 '부인'이나 '엄마'의 위치로 옮겨가는 과정에서, 진화재현설과 같은 '가족 재현설'이 만들어진다.

> '한 개인의 삶의 모습이 가족의 삶의 모습, 가족 관계의 모습을 재현한다.'

아버지 또는 어머니와 자식 간의 관계는, 즉 부모와 자녀의 관계, 또 자녀들이 다른 사회 관계를 만들어나갈 때 반복되어 나타난다.

진화재현설과 같은 주장은 인간 발달에서 한 개인의 삶의 모습이 어떻게 변화하는지를 설명하는 유용한 이론이 되었다. 과학 연구는 인류 종의 변화에 대해 언급하지만, 한 개인의 일생의 변화에 대해서는 대부분은 운명이나 숙명 또는 절대자 신의 섭리 정도로 생각한다. 하지만, 20세기 심리학은 진화론을 인간 개개인의 삶의 변화에 적용하여, 한 개인이 어떤 삶의 변화를 겪는지를 '가족 관계 속의 진화재현설'로 설명하려 했다. 어떤 신비로운 현상이나 유전 현상이 아니라, 인간 개개인이 맺는 사회 관계의 경험을 통해 한 개인의 마음의 변화, 발달을 설명하는 방식이다. 정신분석 이론은 이 프레임에서 만들어진 대표적인 심리발달이론이다. 부모의 결혼생활은 자식의 부부관계와 결혼 생활로 재현된다. 결혼을 통해 새롭게 출발하는 부부는 놀랍지도 않게 각자의 부모의 흔적과 유산을 각자 가지고 출발한다. 과거 가족관계 속에서 학습한 역할을 새로운 가족 관계에서 재현한다. 많은 여성분들이 '아버지 같은 사람을 찾고 싶다' 또는 '아버지 같지 않은 사람을 찾고 싶다'고 할 때, 그것은 바로 자기 부모에 대한 마음을 표현하는 것이다.

▎ '마음 읽기'가 삶의 문제와 인간관계의 해법이 되는 이유

'주현'님의 연애와 결혼에 대한 고민은 '아빠라는 남자가 가진 경제적 무능력이나 의존의 문제'가 아니다. 그것은 자신이 어떤 사람으로 어떻게 살고 싶다는 자기 마음이 연애하는 남자, 장래 배우자가 될 사람과의 관계 속에서 그대로 투영되었기 때문이다. 이런 경우, '주현'님의 문제는 자기 마음이 무엇인지를 모른 채로, 자신이 어떤 사람으로 살고 싶은지를 모른 채로, 막연히 자신이 연애하고 결혼할 남자가 자신이 원하는 삶을 만들어 줄 것으로 기대하는 것이다.

"상대방도 내가 원하는 대로 바뀌어야 하잖아요? 그런데, 왜 상대방은 그렇게도 바뀌지 않을까요?"

아버지가 가족에게 의존하지 않고 능력 있는 부모가 되기를 바라는 '주현'님의 마음을 대신하는 질문일 것이다. 정말 자기 마음 읽기를 해야 하는 중요한 이유가 여기에 있다. 나의 마음은 내가 스스로 확인할 수 있고, 또 내가 가진 믿음을 내가 바꿀 수 있다. 하지만, 우리는 자기 마음을 살펴보기보다, 상대방의 마음을 내가 믿고 싶고 원하는 대로 바꾸고 싶어 한다. 하지만 그 마음은 내 마음이 아니기 때문에 바뀌지 않는다. 그래서 대부분의 사람들은 자신이 믿고 싶은 대로 그 사람의 마음이 어떠하다고 믿고 만다. 인간관계에서의 갈등과 많은 어려움은 이 과정에서 생겨난다. 우리의 삶에서 가장 쉽게 그리고 내가 원하는 대로 바꿀 수 있는 것은 바로 나의 마음이다. 그렇기에 나 자신의 삶을 위해, 내가 만드는 사회관계에서 가장 중요한 것이 나의 '마음 읽기'이다. 놀랍게도 내가 바꾸고 싶은 누군가의 마음의 변화는 바로 나의 마음 읽기가 될 때 비로소 일어난다. 상대방의 마음은 내가 원하는 대로, 내가 믿고 싶은 대로 바뀌지는 않는다. 하지만 나의 마음은 바로 나의 믿음이기에, 내가 믿는 대로 이루어진다. 참 신비로운 우리 각자의 마음이 만드는 기적이다.

우리가 좋아하지 않는 대상을 어떻게 대했는지 한번 생각해 보자. 누구나 자신이 좋아하는 대상과 좋아하지 않은 대상에 대해 각기 다르게 반응한다. 각각의 경우 자신이 어떤 행동 패턴을 보이고, 어떤 말을 하는지 한번 살펴보자. 이것은 마치 처음에는 아무런 의미나 느낌이 없는 어떤 무정형의 물건을 우리 자신 앞에 두는 경우와 비슷하다. 만일 내가 물건에 대해 "좋아한다"는 말을 매일 수십 번씩 계속 표현하게 된다면, 며칠, 몇 주가 지난 후 그것에 대한 감정은 달라질 것이다. "싫어한다"고 표현하는 경우에도 마찬가지이다. 각각의 물체를 마음속에 특정한 의미로 조각해 나가는 것과 유사한 신비로운 일이 벌어지는 것이다. 바로 그 물체와의 관계 맺기이다.

어느 위대한 조각가는 아무런 형태도 뚜렷하지 않은 돌을 가지고 작업을 했다. 일정한 시간이 지나고 나서 정말 멋진 작품이 탄생했다.

"어떻게 해서 당신은 이런 놀랍고 멋진 작품을 만들 수 있었나요?"

이런 질문을 받은 조각가는 이렇게 응답했다.

"내 마음속의 가장 멋지고 놀라운 모습을 그대로 드러내었습니다."

인간관계의 경우에도 마찬가지이다. "타인에 대한 관심이 성공의 핵심이다", "남이 너에게 해주기를 바라는 것을 남에게 행하라", "내가 원치 않는 일은 다른 사람에게도 강요해서는 안 된다[‡]" 다 같은 말이다. '관심', '관용' 등의 다양한 말로 표현되는 인간관계의 황금률은 바로 자신이 어떤 마음으로 어떻게 타인을 대하느냐의 문제에 대한 경구이자 교훈이다.

---

‡   己所不欲 勿施於人(기소불욕 물시어인)

| '마음 읽기'로 연애와 결혼의 비법 찾기

> WPI 워크숍 참가자: 연애에서 '마음 읽기'란 상대방 남자나 여자의 마음을 내가 얼마나 잘 읽느냐의 문제로 생각했는데, 전혀 아니네요. 그렇다면, 연애를 할 때도 상대방의 마음이 아니라, 내 마음을 먼저 읽어야 한다는 말인가요? 도대체 무슨 마음을 읽는다는 것인가요?

여기서 마음은 바로 '나 자신이 어떤 사람으로, 어떻게 살아갈 것인가?'라는 질문에 대한 각자의 믿음을 말한다. 이런 질문에 대해 답을 하지 않고 '연애'라는 행동을 하는 것은 단지 남자나 여자가 상대방에게 끌리는 느낌에 대한 생물적인 욕구 충족에 불과하다. 생물적 욕구 충족이나 배설 욕구의 실현이 아닌, 자신이 아닌 '타인을 통해 자기 삶에 대한 느낌과 관계를 만들어가려는 것'이 연애의 핵심 이슈이다. 따라서 이것은 바로 나 자신이, 나 자신만이 아닌 방식으로 어떻게 생활하며 살아가느냐의 문제가 된다. 하지만 내가 '누구'와 어떤 인간관계를 맺으며, 어떤 역할을 수행하는 사람으로 살아갈 것인가의 문제도 그 '누구'에 의해 결정되지 않는다. 인간관계의 문제도 나 자신이 어떤 사람으로 살아가려 하며, 내가 어떤 삶을 추구하느냐에 달려 있다. 이것은 내가 나의 삶을 어떻게 만들지 알지 못한 채로 살게 되면, 어떤 귀인이 나타나 나의 삶을 내가 원하는 대로 만들어 주는 일은 결코 일어나지 않는다는 뜻이다. 이것은 한 개인이 자신이 어떤 사람으로, 어떻게 살아갈 것인가를 나름대로 파악하고 알려고 할 때, 중요한 이슈이다.

> WPI 워크숍 참가자: 상대가 평생 똑같은 모습을 유지하길 기대하

고 결혼하면 어떻게 될까요?

연애와 결혼에서 각자의 마음이나 사회적 역할은 결혼하기 '전과 후'에 달라진다. 그렇게 될 수밖에 없다. 그럼에도, 전통적 결혼식 서약은 항상 이 관계가 영원해야 하고, 또 변화가 없어야 한다는 것을 약속한다. 이것은 결혼과 같은 사회적 제도나 관계 형성은 각 개인의 마음이 아닌 절대자 신과 인간의 관계를 규정하는 의례 행위였기 때문이다. 인간의 역사에서 결혼과 같은 의식을 마치 신앙 행위와 같은 것으로 바꾼 것이 사회 질서와 제도의 형성이다. 이런 상황에서 각 개인이 겪게 되는 생활의 다양한 문제들은 바로 배우자의 문제이자 변화 때문에 일어난 일이 된다. "결혼하고 나니 저 인간이 바뀌었어요", "저 사기 결혼 당한 것 아닌가요?"와 같이 언급한다. 이런 질문의 답을 찾기 위해 십수 년 전에 『짝, 사랑』이라는 책을 썼다.[10] 나 역시도 결혼하고 나서 비슷한 의문들이 들었고, 또 결혼 생활에서 배우자와 어떤 관계로 살아야 하는 문제를 가졌기 때문이다. '결혼이란 무엇인가?', '짝이란 무엇인가?', '사랑이란 무엇인가?'와 같은 질문을 던질 수밖에 없었다. 그리고 나 자신뿐 아니라 주위 사람들의 결혼과 사랑의 관계에 대한 마음을 탐색하였다. 나의 결혼생활을 위해 배우자와 관계를 어떻게 할 것이며, 나의 삶을 어떻게 만들어 갈지에 대한 나의 마음을 확인하는 일이었다.

대부분의 사람은 자신이 원하는 것을 분명히 알고 또 그것을 위해 살지 않는다. 아니, 정작 자신이 무엇을 원하는지를 누군가가 자신에게 알려주기를 기대한다. 이런 상황이라, 각자 자기 마음을 안다는 것이 어렵다. 자신이 원하는 것이 있더라도, 그것은 막연한 기대나 소망을 나타낼 뿐이다. 원한다고 하지만 정작 자신이 원하는 것이 이루어질 것이라고는 자신도 믿지 않는다. 잘 사용하는 단어로 '반신반의'半信半疑라고 한다. 얼마쯤 믿으면서도 한편으로는 의심하기에, 그것이 어떻게 나타나는지를 분명히 알 수 없다. 설령 '소망'所望 hope이 있다 하더라도 그것은 단지 자신이 믿고 싶은 것이다. 이런 경우, 막연히 바라는 것은 행동으로, 삶에서의 구체적인 생활 모습으로 나타나기 어렵다. 아니, 나타나지 않는다. **한 사람의 '마음'과 그 사람이 '믿고 싶은 것'은 다르다.**

'어떤 한 사람이 가진 특정 이슈나 주제에 대한 믿음'이 바로 그 사람의 그것에 대한 '마음'이라고 한다. 하지만, 믿음은 막연히 믿고 싶은 것과는 다른 것이다. '소망한다는 것'은 믿음처럼 보이지만, 한 사람의 마음이 되지 못한다. 종교의 측면에서 소망은 하나의 믿음으로 끊임없이 언급된다. 그리고 이 소망은 '절대자 신'과 같은 막연한 대상에 대한 바람과 믿음이다. 따라서 특정한 이슈나 주제와 관련된 한 개인의 믿음, 그 개인이 원하는 것, 바라는 것과는 상관없는 믿음이다. 무엇보다 한 개인의 마음은 삶의 과정에서, 생활 속에서 그 사람의 말이나 행동으로 구체적으로 표현되어야 한다. 하지만 종교적인 틀에서의 소망이나 믿음은 현재의 생활이 아닌 죽음 이후의 삶에 대한 막연한 기대이다. 따라서 '소망하는 것', '막연히 원하는 것'이 아닌 각 개인이 자신의 생활 속에서 구체적으로 보여줄 수 있고 또 나타내는 행동이 바로 믿음이나 마음의 표현이다.

만일 어떤 사람이 자신의 마음을 표현하기 어렵지만, 그래도 간절히 바라고 소망한다고 말한다면 그것은 그 사람의 마음이 담겨있지 않은 당위적인, 의무적인 표현에 불과하다. 마치, 요행이나 행운을 기대하는 마음과 같다. 절실한 마음으로 무엇을 간절히 원하는 것과 다르다. '절실함'이 있는 믿음이 바로 한 사람의 마음이다. 인간의 마음이 작동하는 방식은 마치 냉동실에서 단단했던 얼음이 상온에 있게 되면 계속 녹아 물로 바뀌는 것과 같다. 주위 환경에 따라 얼음의 상태가 바뀌듯이, 각 개인의 마음도 어떤 환경에 있느냐에 따라 달라진다. 각 개인이 어떤 특정한 주제나 이슈와 관련하여 가진 믿음도 달라진다.

어떤 상황에서 자신이 어떤 믿음을 가졌는지를 확인하는 것이 자기 마음을 읽은 것이다. 뛰어난 조각가가 돌에다 자기 마음을 표현하면, 남는 것은 훌륭한 작품이 나오는 것과 같다. 무정형의 돌들이 깨지고 깎여 나가게 되면서 점차 뚜렷한 형태가 생겨난다. 우리의 마음도 마찬가지로 뚜렷해진다.

**ChatGPT에게
WPI 이론을 적용하여
세계적인 유명인사의 마음을
읽어보게 했더니,**

'아이디얼리스트'
남다른 마음을 가지려 하며,
무엇이든 새로운 것을
찾는 사람

일론 머스크
Elon Musk
기업인

WPI 심리상담모델을 '일론 머스크'의 마음을 읽는 데 적용해보았습니다. 물론, 일론 머스크가 직접 ChatGPT와 상담을 한 것은 아니지요. 요청하면, 기꺼이 하려고 했을지도 모르겠군요. 하지만, 인공지능(AI)인 ChatGPT는 일론 머스크의 인터뷰 자료를 토대로 '자기평가' 프로파일을 해석하고, 일론 머스크에 대한 세상의 반응들을 기초로 '타인 평가' 프로파일을 찾고 해석했어요. 그렇게 해서 WPI 검사를 직접 실시한 것처럼 그의 마음을 읽어낼 수 있었죠.

일론 머스크는 현대 미국 사회에서 '아이디얼리스트'의 마음을 가진 인물의 전형적인 특성을 잘 나타내는 인물이었어요. 자신의 마음을 활용해 '남다른 마음을 가지려 하며, 무엇이든 새로운 것을 찾는' 이상적이고 영웅화된 인물이지만, 놀랍게도 완전히 상반되는 마음도 동시에 보여요.

ChatGPT:

기업 세계에서 고위 CEO들은 보통 이해관계자나 고객들을 소외시킬 수 있는 논란의 여지가 있는 입장을 피하고 신중하게 관리된 대중 이미지를 유지한다. 하지만 이런 규범을 무시하고 논쟁의 여지가 있는 문제에 대해 대담하게 자신의 견해를 표현하는 드문 종류의 리더가 있다. 이 범주의 선두에 서 있는 게 바로 일론 머스크다. 그의 행동과 말은 계속해서 전 세계의 관심을 끌었고 기술 산업 리더의 역할을 새롭게 정의했다.

머스크는 복잡하고 종종 논란의 여지가 있는

주제에 대해 자신의 의견을 표현하는 걸 결코 피하지 않았다. 인공지능의 잠재적 위험성에 대한 그의 경고는 특히 주목할 만하다. 2014년, 그는 유명하게 AI 개발을 "악마를 소환하는 것"에 비유했고, 2018년에는 SXSW 청중들에게 AI가 핵무기보다 훨씬 더 큰 위협이 된다고 말했다. 기후 변화에 대한 그의 입장도 마찬가지로 대담했다. 2018년, 머스크는 트럼프 행정부의 파리 기후 협정 탈퇴 결정을 공개적으로 비판하며, 항의의 표시로 대통령 자문 위원회에서 사임하기까지 했다.

우주 탐사에 대한 머스크의 발언도 주목을 받았다. 2016년, 그는 국제 우주항공 회의에서 화성 식민지화 계획을 공개하며 "나는 화성에서 죽고 싶다. 단, 충돌로 인해서가 아니라."고 말했다. 이런 대담한 입장들이 결과 없이 끝난 게 아니다. 2018년 테슬라를 주당 420달러에 비공개 기업으로 전환하겠다는 머스크의 트윗은 SEC 소송으로 이어져 4천만 달러의 벌금과 테슬라 회장직에서 일시적으로 해임되는 결과를 낳았다. 그러나 아이디얼리스트의 본성에 충실하게, 머스크는 잠재적인 반발에 굴하지 않고 자신의 비전과 신념에 대한 헌신을 유지한다.

비전을 가진 혁신가 일론 머스크

머스크의 경력 궤적은 강한 목적의식을 가진 비전가의 그것을 잘 보여준다. PayPal을 공동 설립한 후, 그는 편하게 은퇴할 수 있었다. 대신 그는 자신의 재산을 당시에는 터무니없어 보였던 두 벤처 기업인 SpaceX와 Tesla에 투자했다. 이상주의, 실용주의, 대담함이 혼합된 그의 역설적인 성격은 이들 회사에 대한 접근 방식에서 잘 드러난다. SpaceX에서 그는 재사용 가능한 로켓을 통해 발사 비용을 줄이는 데 실용적으로 집중하면서도 인류를 다행성 종으로 만들겠다는 이상주의적 목표를 추구하고 있다. Tesla에서는 지속 가능한 운송에 대한 이상주의적 비전을 위해 노력하면서 대담하게 전체 자동차 산업에 도전하고 있다.

머스크의 혁신적인 정신은 뇌-컴퓨터 인터페이스를 만들고자 하는 Neuralink와 도시 교통을 혁명적으로 바꾸려는 The Boring Company와 같은 다른 획기적인 벤처 기업들의 창립으로 이어졌다. 자신의 비전을 명확히 표현하는 그의 능력은 수많은 기억에 남는 인용구를 남겼다. 2015년 그는 Wait But Why에 "나는 인류가 밝은 미래를 가지고 있다고 생각하며 죽고 싶다. 우리가 지속 가능한 에너지 문제를 해결하고 다른 행성에 자급자족 가능한 문명을 갖춘 다행성 종이 되는 길을 잘 가고 있다면 — 최악의 시나리오가 현실이 되어 인간의 의식이 소멸되는 상황에 대처하기 위해 — 그것은 정말 좋을 것 같다."라고 말했다.

머스크의 아이디얼리스트적 본성은 인류의 발전을 위해 기술을 발전시키는 데 대한 그의 깊은 헌신에서 잘 드러난다. 이는 단순한 기업 PR이 아니다 — 그의 행동을 이끄는 근본적인 원동력이다. 2014년 그는 테슬라의 특허를 오픈소스로 공개하며 이렇게 말했다. "Tesla Motors는 지속 가능한 운송의 출현을 가속화하기 위해 만들어졌다. 우리가 매력적인 전기 자동차 창조의 길을 열어놓고 나서 다른 이들을 방해하기 위해 그 뒤에 지적 재산권이라는 지뢰를 설치한다면, 우리는 그 목표에 반하는 방식으로 행동하는 것이다."

야심 찬 장기 프로젝트를 추구하는 그의 경향은 그의 아이디얼리스트 성격의 또 다른 특징이다. 수십 년에 걸친 화성 식민지화 계획이 이를 잘 보여준다. 그는 2016년 화성 식민지화 연설에서 이렇게 말했다. "비용이 많이 들 거다… 민간 부문에서 화성 기지 자금 조달에 관심 있는 사람들이 많다는 걸 알고 있고, 아마도 정부 부문에서도 그렇게 할 관심이 있을 거다."

안티를 두려워하지 않는 뚝심

비판에 직면했을 때 머스크의 회복력은 전설적이다. SpaceX가 초기에 세 번의 발사 실패를 겪었을 때, 많은 이들이 회사를 포기했다. 머스크의 반응은 오히려 더 강하게 밀어붙이는 것이었다. 2005년 인터뷰에서 그는 이렇게 말했다. "NASA에서는 실패가 선택사항이 아니라는 어리석은 생각이 있다. 여기서는 실패가 선택사항이다. 실패하지 않는다면, 충분히 혁신하지 않는 것이다."

그의 비전통적인 접근 방식은 종종 비난을 받았다. 2013년 하이퍼루프 개념을 제안했을 때, 많은 이들이 이를 공상과학으로 일축했다. 그러나 머스크는 끈기 있게 밀어붙였고, 오늘날 여러 회사들이 하이퍼루프를 현실화하기 위해 노력하고 있다.

아이디얼리스트들의 전형적인 이런 끈기는 머스크에게 열정적인 지지자들과 가혹한 비평가들을 동시에 안겨주었다. 2017년 롤링스톤과의 인터뷰에서 그는 이렇게 말했다. "사람들이 더 친절했으면 좋겠다. 하지만 말해야 할 것은, 엄청난 수의 부정적인 댓글들이 전체 댓글의 아주 작은 비율에 불과하다는 거다."

머스크의 획기적인 벤처 기업 창립은 그의 선구자적 명성을 굳혔다. SpaceX는 2015년 로켓의 1단계를 성공적으로 착륙시켜 많은 이들이 불가능하다고 여겼던 것을 해냈다. 이 획기적인 성과는 이후 우주 발사 비용을 극적으로 낮추었다.

머스크의 리더십 하에 Tesla는 전기 자동차를 주류로 밀어붙였다. 회사의 성공은 전통적인 자동차 제조업체들이 EV 프로그램을 가속화하도록 강제했다. 머스크가 2006년 '마스터 플랜'에서 예측했듯이, "Tesla Motors의 주된 목적(그리고 내가 이 회사에 자금을 대는 이유)은 광산-연소 탄화수소 경제에서 태양 전기 경제로의 이동을 촉진하는 것이다. 이것이 주요하지만 유일한 지속 가능한 해결책이라고 믿는다."

야심 찬 목표에 대한 머스크의 강렬한 집중은 개인적인 대가를 치르게 했다. 2017년 롤링스톤과의 인터뷰에서 그는 솔직하게 이렇게 말했다. "정말 사랑에 빠졌었고, 그게 정말 아팠다. 지금도 아프지만, 분명 치유될 거다." 이 발언은 배우 탈룰라 라일리와의 이혼 후에 나온 것이다. 그의 아이디얼리스트적 경향은 일과 삶의 균형에도 영향을 미쳤다. 2018년 Tesla의 Model 3 생산 가속화 기간 동안, 머스크는 유명하게 공장 바닥에서 잠을 잤다. 그는 CBS This Morning에 "집에 가서 샤워할 시간이 없다."라고 말했다.

강한 셀프를 가진 아이디얼리스트로서의 일론 머스크의 여정은 비범한 성공과 중대한 도전 모두로 특징지어졌다. 그의 비전에 대한 흔들림 없는 헌신은 자동차에서 우주 여행에 이르기까지 여러 산업을 혁명화했다. 그러나 이 같은 특성은 규제 기관, 투자자, 때로는 자신의 이사회와의 갈등으로도 이어졌다.

머스크가 화성 식민지화부터 뇌-컴퓨터 인터페이스 창조에 이르는 야심 찬 목표를 계속 추구함에 따라, 그의 아이디얼리스트적 비전은 계속해서 우리 세계를 형성하고 있다.
그를 선구자로 보든 논란의 인물로 보든, 21세기 기술 발전의 궤적에 대한 그의 아이디얼리스트적 성격의 영향을 부인할 수 없다.

2013년 TED 강연에서 머스크 자신의 말을 인용하자면, "첫 번째 단계는 무언가가 가능하다는 것을 입증하는 것이다; 그러면 그 확률이 발생할 것이다." 이 말은 아마도 아이디얼리스트로서의 머스크의 본질을 가장 잘 요약하고 있을 것이다 — 항상 가능성의 경계를 밀어붙이며, 인류를 위한 더 나은 미래에 대한 비전에 의해 추진되는 것이다.

WPI 성향 중 아주 뚜렷한 '아이디얼리스트'의 성격으로 구분할 수 있는 머스크의 경우에도, 완전히 대비되는 '리얼리스트' 성향도 가지고 있습니다. 이것은 바로 그가 현실적으로 아주 성공한 CEO가 되었다는 사실에서 확인이 된답니다.

하지만, 단순히 사업적으로 사회적으로 성공하였다는 결과만으로 아이디얼리스트가 가진 리얼리스트 성향에 대해 언급하는 것은 너무 결과지향적으로 판단하는 것일수도 있습니다. 이런 의문을 ChatGPT에게 문의하여 일론 머스크에게 뚜렷하게 드러나고 있는 아이디얼리스트 성향과는 다른, 아니 아예 대비되는 리얼리스트 성향은 어떻게 나타나는지 질문해보았지요. 그의 응답은 아래와 같았습니다.

ChatGPT:

일론 머스크는 WPI 모델에서 리얼리스트 성격 유형과 관련된 일부 특성을 보이지만, 이러한 특성들은 그의 아이디얼리스트 특성에 비해 부차적일 가능성이 높다. 다음은 머스크가 리얼리스트적 경향을 보이는 방식이다.

1. 안정성과 성공에 대한 집중
머스크는 비전이 있는 프로젝트로 유명하지만, 특히 그의 사업에서 실질적인 성공과 안정성을 달성하는 데도 강한 중점을 둔다. 예를 들어, 그는 테슬라의 수익성 확보와 스페이스X의 재정적 지속 가능성 보장의 중요성을 반복해서 강조했다. 이는 안정성, 인정, 성공에 대한 리얼리스트의 욕구와 일치한다.

2. 실용적 문제해결

리얼리스트들은 종종 실용적이며 실제 세계의 문제해결에 집중한다. 머스크는 도전과제에 대한 직접적인 접근 방식을 통해 이러한 특성을 보인다. 그는 자신의 회사들의 기술적, 운영적 측면에 깊이 관여하여 그의 비전적 목표들이 현실에 기반을 두도록 한다. 예를 들어, 그는 테슬라의 Model 3 생산 과제 동안 문제해결을 직접 감독하기 위해 공장 바닥에서 잠을 잔 것으로 유명하다.

3. 조직 논리에 대한 준수

머스크는 여러 면에서 독특하지만, 조직적 틀 내에서 일하고 이를 최적화하는 강한 능력도 보여준다. 그의 회사들은 그의 리더십 하에 고도로 구조화되어 있고 효율적으로 운영되며, 이는 조직적 환경에 적응하고 번창하는 리얼리스트의 기술을 반영한다.

4. 구체적 결과에 대한 욕구

특정 수의 전기 자동차를 생산하거나 재사용 가능한 로켓을 착륙시키는 것과 같은 구체적이고 측정 가능한 결과를 달성하려는 머스크의 욕구는 리얼리스트적 특성이다. 그는 단순한 아이디어에 만족하지 않고, 종종 빡빡한 마감시간과 상당한 압박 하에서 이를 현실로 만들기를 고집한다.

5. 외부 인식에 대한 관심

머스크는 독립적인 사고를 가지고 있지만, 그의 행동과 회사들이 대중과 투자자들에게 어떻게 인식되는지에 대해서도 매우 민감하다. 평판과 인정에 대한 이러한 관심은 리얼리스트 성격의 특징이다.

결론적으로 , ChatGPT는 일론 머스크가 아이디얼리스트와 리얼리스트 특성의 균형적으로 보이고 있다며 다음과 같이 설명하였습니다.

ChatGPT:

머스크의 성격은 아이디얼리스트와 리얼리스트 특성의 혼합이다. 그의 비전적 야망과 개인주의(아이디얼리스트)는 실질적인 결과와 안정성에 대한 강한 집중(리얼리스트)과 균형을 이룬다. 이러한 조합은 그가 대담한 미래를 상상할 뿐만 아니라 이를 달성하기 위한 구체적인 단계를 취할 수 있게 하여, 그를 크게 꿈꾸고 결과를 낼 수 있는 독특한 리더로 만든다. 요약하면, 머스크의 핵심 정체성은 아이디얼리스트에 더 가까울 수 있지만, 그는 분명히 그의 야심찬 아이디어를 현실로 만드는 능력에 기여하는 상당한 리얼리스트적 특성을 가지고 있다.

제 9 장

그래서,
나는 에이전트?

**"능력도 없고 말만 많은 그들과
일해야 한다니 너무 억울해요"**

이 직장인은 밤늦게 일하는 것이 싫어 회
사를 옮겼다. 새로운 직장에서 그녀는 자
신보다 능력 없는 동료가 옆에 와서 한 소
리 하고 또 참견까지 하는 것을 견딜 수 없
다는 고민을 토로했다. 제일 능력 없는 인
간이 밥 먹고 간식 먹는 것을 가장 잘 챙기
는 것도 꼴 보기 싫다고 했다. 심지어, 자신
보다 몇 개월 먼저 입사했다고 자신을 가
르치려는 직장동료는 더욱더 이곳이 과연
자신이 있을 곳인가를 고민하게 한다고 했
다. 현재 자신이 간호사로 일하지만, 빨리
소설가가 전직하기를 꿈꾸고 있다. 무엇보
다 무능력하고 시끄럽기만 한 상사와 동료
들의 비위를 맞추는 상황이 지겹기만 하기
때문이다.

직장에 매이지 않고, 혼자 일하는 글쟁이
의 모습을 상상하기만 해도 기분이 좋다.
빨리 소설가가 되기 위해, 재밌다고 알려
진 소설 내용을 짜깁기라도 하면 뭔가 되
지 않을까 생각도 해 본다. 이리저리 유명
한 소설들을 계속 뒤적이며 나름 습작을
하지만, 별로 큰 소득은 없다. 어떤 글을 써
야 할지 고민도 해 보지만, 사실 글로 돈을
벌 수 있다는 것에 확신이 없기도 하다.

"박사님, 도와주세요. 저에게 멋진 글을
쓸 수 있는 능력을 알려주세요."

'마음이란 무엇인가?' 이 질문의 답으로 쉽게 '영혼'을 연상한다. 마음을 영혼으로 인식한다는 것은 이것이 종교의 가르침과 연결된다는 의미이다. 기독교에서 영혼은 절대자 신이 인간에게 준 '숨'을 상징하며, 한편으로 생명 그 자체이다. 동양에서 영혼은 살아있는 생명체가 가진 신비로운 어떤 것이기도 하다. 하지만 19세기 이후 사람들이 자신의 영혼을 더 구체적으로 인식하기 시작하면서 자신이 다른 사람과 다른 마음을 가진 존재라고 인식하기 시작했다. 이것을 '개인의 탄생'이라 할 수 있다. 그때까지도 개인은 단지 각기 다른 사회 신분이나 직업적 역할 등으로 구분될 뿐이었다. 각자 자기 마음을 가지고 있고 그 마음으로 자기 삶이나 운명을 만들어나갈 수 있다는 생각은 여전히 낯설기만 했다. 하지만, 찰스 다윈의 진화론은 '인간'이 동물과 다르다는 것을 몸이 아닌 '마음'을 통해 확인할 수 있다는 또 다른 당위성과 필요성을 동시에 제시하였다. 각 개인이 '자신이 어떤 사람인지'를 인식하고, 동물과 다른 자신의 삶을 만들어가는 특성을 과학적으로 파악하려는 노력 그리고 인간의 마음이 무엇이고, 각 개인의 마음이 어떠한지를 과학적으로 탐구하려는 노력은, 20세기 심리학이 꽃피는 계기가 되었다.

20세기를 거치면서 인간과 동물의 차이를 보다 구체적인 특성으로 확인하면서 가장 많이 언급된 개념이 '호모 루덴스*'이다. '에이전트' 성향

---

*   '노는 인간' 또는 '놀이하는 인간'이다. 요한 호이징하(Johan Huizinga, 1872~1945)는 1938년에 출간한 『호모 루덴스(Homo Ludens)』에서 〈문화는 인간만이 만들어내며, 문화 자체에 놀이의 성격이 있다〉고 설명했다. 그는 〈지금보다 더 행복한 시절에 우리는 우리 종족을 '생각하는 인간(Homo Sapiens)'이라고 부른 적이 있었다〉며 〈그러나 시간이 지나면서 이성을 숭배하고 낙관주의를 고지식하게 좇았던 18세기처럼 우리를 그렇게 이성적이라고 믿을 수 없게 되었다〉고 주장했다. 〈그리하여 현대에 와서 인간을 '만드는 인간(Homo Faber, Man of the Maker)'으로 지칭하는 경향이 높다. … [인간

은 '호모 루덴스'로서의 특성을 WPI 검사 프로파일로 확인하게 되는 것 같다. '자신이 누구이며, 또 어떤 사람으로 살 것인가'에 대한 이들의 마음은 '일이 곧 놀이'이다. '일하는 인간'이라는 믿음으로 살아가는 사람에게 생활의 핵심은 자신에게 주어진 '과제'를 수행하는 것이다. 그들은 자신에게 부여된 일을 통해 자신self임을 확인한다. 자신은 자기가 하는 일 또는 직업이라 믿으며, 자신의 역할을 잘 수행하는 것이 자기 삶에서 무엇보다 중요하다.

에이전트의 마음으로 각자가 자신의 정체성과 삶의 방식을 인식하는 것은 과거 노예, 아니, 사람을 '말하는 도구'로 취급하던 시대의 인간에 대한 인식이다. 고대 로마 시대에 인간이 자신의 존재를 인식하는 방식을 현대 사회 버전으로 보여준다. 이런 사람들을 '회사 인간' 또는 '조직 인간' 등으로 부른다. 개인이 더 이상 사회적 신분으로 스스로를 확인하지는 않지만, 자신의 직업이나 사회적 역할로 자신의 존재를 인식한다. 20세기 산업사회가 만들어낸 인간의 특성이다. 사회적 신분과 계급이 사라진 이후 개인이 자신을 인식하게 되는 방식이다. 이들은 자신에게 주어진 일을 마치 로봇처럼 잘 수행하려 하며, 자기 일을 취미활동처럼 즐기고 몰입한다. 이들이 자기 일에 나름 보여주는 엄청난 집중력과 몰입을 '마니아' 또는 '오타쿠' 등의 단어로 표현하기도 한다.

에게] '생각하는 것'이나 '만드는 것'만큼 중요한 제3의 기능이 있으니, 이것이 '놀이하는 것'이다)" (선샤인 논술사전, 2007.12.17., 강준만)

에이전트, 당신은 어떤 사람인가요?

에이전트 성향의 기본 욕구는 '맡은 일을 완수하기', '자신의 유능함에 대한 인정 받기' 그리고 일을 통한 성취감 쌓기이다. 따라서 이들의 강점으로 '과제에 대한 집중', '분석적이며 철저한 계획성을 통한 과제 수행과 높은 성과'를 언급한다. 이에 비해 이들은 타인과의 공감에서 한계 또는 어려움을 많이 가진다. 과제 수행에서 자신의 과제와 수행 방식에 대한 단정적이며 과도한 주도성은 이들이 자신의 역할이나 업무에서 개방성이나 유연성이 떨어지는 모습을 보이게 한다. 계획 세우기를 좋아할 뿐 아니라, 자신이 세운 계획을 철저하게 지키는 것에 의미를 둔다. 뚜렷한 목표와 계획이 있어야 스스로 마음을 놓을 수 있다고 믿는다. 따라서 해야 하는 목표치와 현재 진행 상황에 대해 끊임없이 확인하고 분석한다. 일단 계획과 목표가 설정이 되면 그것대로 일이 진행되어야 한다고 믿는다. 이러한 모습이 주변에 강하게 드러나면 독선적이고, 단정적인 모습이 강조되어 다른 사람이 불편하게 느낄 수 있다.

주어진 과제를 잘 처리하는 것을 통해 본인에 대한 성취감과 유능감을 느낀다. 자신에게 주어진 일을 잘 해내는 것은 자신이 현재 잘 살고 있다는 것을 확인하는 기준이다. 그래서 누군가 자신이 한 일에 대해 인정하지 않거나 정당한 대우를 해주지 않으면 자존심에 큰 상처를 받는다. 일상의 생활에서 인간관계보다 과제나 일을 우선시하는 경우가 많다. 이런 이들 삶의 모습으로 일의 동기나 과정보다 결과를 더 중요하게 여긴다고 평가받는다. 자신이나 누군가에게 '좋은 사람이다'라는 칭찬을 받으려 하기보다 '능력 있고, 잘했다'는 칭찬에 더 만족한다. 무엇보다 상상력과

에이전트 성향을 나타내는 대표 인물과 심리·행동 특성

유능함과 성과를 통해 존재감 획득

대표 인물

·과제 또는 일에 대한 성취감을 통해 본인의 정체성 확인
·일이나 취미에 있어 약간은 강박적이고, 오타쿠와 같은
 모습을 보임
·자신에게 주어진 일이나 임무는 철저하게 수행하려 함

과정보다는 결과

손흥민

·결과 지향적
·동기나 과정이 아무리 좋아도 결과가 나쁘면 실패한 것으로 생각
·때로는 독선적이거나, 단정적인 모습

관계보다는 일과 역할

·일이나 업무(역할)가 인간관계보다 우선
·성격 좋고 일 못하는 사람보다, 싸가지 없어도 일 잘하는 사람과

이금희

 일하고 싶어함
·리더의 업무 분장과 맡겨진 업무가 수용되면 높은 추진력과 완결성을 보임
·일에서 유능하고 빈틈 없는 모습이 사람들에게 드라이하고
 냉정한 모습으로 보여짐

계획성과 통제감

·초기의 계획이나 방향이 수정되는 것을 불편해 함
·일을 하더라도 자기가 주도적으로 하기를 원하고, 잦은 보고와 참견은 매우 불편해 함
·일을 하다 자신의 계획과 통제감이 상실되는 경우, 사보타주하거나 자포자기의 태도

기본 욕구	질 높은 과제 완수, 자율적으로 일할 시간
강점	일에 집중, 계획성, 분석적, 철저함, 정확함, 우수한 품질, 자율성
약점	비판적이고 감정 표현이 무딤, 일을 해내는 데 시간이 걸림
대표 가치	유능, 탁월, 계획, 성과, 책임

창의력을 통한 과제 수행을 원하지만, 스스로 이런 능력을 발휘하는 데 어려움을 느낀다. 따라서 에이전트 특성이 높은 사람들은 자신의 존재감을 드러내는 방식에서 동시에 자신의 단점을 드러내기도 한다.

일로 자신의 존재를 인정받으려는 에이전트의 모습은 조직 속에서 짜임새 있는 역할을 수행하는 구성원이라기보다는 유능한 컨설턴트나 프리랜서의 역할이다. 이런 방식이 인간관계에도 적용될 때, 사람들은 이 에이전트를 여유가 없고, 드라이하다고 느낀다. 따라서 이들이 타인과 맺는 일상의 관계는 상투적인 수준에 많이 머물게 된다. 현재 수행하고 있는 과제를 잘 수행하기 위한 범위를 벗어나기 어렵다. 더 깊은 인간관계에 대한 욕구는 있을 수 있지만, 그것을 타인과의 관계 속에서 해결해 내는 것은 어렵다. 하지만 자신이 수행하는 일이나 과제는 전문가 수준까지 발전시키게 된다. 처음에는 취미로 시작한 일도 어느 순간 삶의 과제로 그리고 가능한 장인이나 전문가 수준으로 높이려 한다. 이런 에이전트의 모습에 대해 마치 특정 대상에 마음이 꽂혀있는 '오타쿠'와 같다고 한다. 높은 몰입 성향이 발휘된 것이다.

로봇같다는 에이전트도
삶의 어려움이나 아픔을 느끼나요?

에이전트는 복잡한 상황이나 다양한 인간관계 속에서 자신의 과제나 역할을 수행하는 것을 힘들어하고 꺼린다. '피플이슈', '인간관계' 등으로 표현하는 것은 자기 일을 방해하는 요인이라고 믿는다. 과제 수행

중간에 계획이 바뀌거나 예상 밖의 변수가 생기는 등의 상황은 자기 업무 스타일을 유지하기 어렵게 만든다고 믿는다. 따라서 팀워크를 발휘하여 일을 해야 하는 상황보다 유능한 솔로 플레이어와 같은 모습으로 일하고 싶어 한다. 이들이 가장 즐기고 선호하는 삶의 방식은 바로 일에 대한 몰입이기 때문이다. 따라서 누군가 자신이 하는 프로젝트에 잦은 참견을 하거나 자주 보고를 요구하는 상황은 주도적으로 일을 수행하려는 의욕을 꺾는다. 하는 일에 대해 주도성, 통제감을 가지지 못한다고 느낄 때 에이전트는 일에 대한 무관심과 업무 태만, 책임 회피 등의 행동을 통해 자신의 심리적 좌절감을 표현한다.

에이전트가 만들어내는 일의 성과는 그가 맡은 일의 성격에 따라 달라진다. 일의 범위나 절차, 규정 등이 분명하게 정해진 과제가 주어질 경우 에이전트는 계획적일 뿐 아니라 강한 추진력을 보인다. 그것을 통해 높은 완성도를 갖춘 성과를 만들어내지만, 절차나 과정이 명확히 규정되지 않은 경우 완전히 다른 결과를 얻고 만다. 무엇보다 본인의 상상력과 창의력을 요구하는 과제에 대해서는 일 자체가 막연하다는 느낌이 들어 힘들어한다. 따라서 그 과제의 성과도 그리 좋지 않기 쉽다. 또한 에이전트는 자기 일이나 과제에 집중하게 되면 자기 삶에 대해 성찰하지 못하기 쉽다. 자신이 왜 그 일을 하는지, 그 일이 자신에게 왜 필요한지 생각하지 못한 채, 일 자체의 수행에만 초점을 두고 파묻히게 된다. 결과적으로 자신이 맡은 임무를 완수하기 위해 스스로를 내던지는 상황이 발생한다. 이런 경우, 성과에 대한 인정을 받지 못하는 상황이 발생하면, 자신이 이용당했다고 느끼기도 한다. 삶의 에너지가 모두 소진된 소위 '번아웃 신드롬'burn out syndrome을 경험하기도 한다.[1] 이때 많은 에이전트는 자신이 맡은 일에 대해 완전히 무책임한 태도를 보이거나, 주변 사람들에게 수동 공격성을 보인다. 자신의 생활과 일에 대한 통제감을 잃은 채, '사보타주'sabotage[2] 하는 모드로 지낸다. 이런 혼란과 아픔을 겪지 않고 에이전트가 자신의 특성을 잘 발휘하여 성취를 이루며 살기 위해서는 무엇보다 스스로 소진burn out되지 않도록 관리하는 것이 필요하다. 그것은 바로 자신이 수행하는 역할이나 일에서 자기 스스로 일 자체를 즐길 수 있는 다양한 방안을 생각하는 것이다. 일을 통해 얻는 '타인의 인정과 보상'을 넘어서는 자신만의 성취와 만족감이다. 이것들이 무엇인지, 또 어떻게 하면 느낄 수 있는지 생각해 보아야 한다. 주어진 일을 완벽하게 해내는 의무감이 아니라, 스스로 자신에게 삶의 의미를 부여하고 그것을 만들어가는 '삶에 대한 통제감'을 얻는 것이다.

에이전트의 마음을 잘 보이는 사람은 누군가요?

에이전트 성향을 대중에 뚜렷하게 어필한 사람은 자신의 역할이나 직업 영역에서 나름 뛰어난 성과를 이룬 사람들이다. 대표적인 사람이 지금은 거의 잊힌 사람이지만, 한때는 최고의 아나운서로 이름을 날린 KBS 아침마당의 간판 아나운서 이금희 씨와 박지성 선수를 언급할 수 있다. 박지성 선수는 2002년 한일 월드컵에서 최고의 스타로 부각되었고 이후 유럽 리그에서도 아시안 출신의 선수로서 나름 활약을 했던 축구 스타이다. 이 둘의 공통점은 현역에서는 부여된 과제를 잘 수행하면서 자신의 존재와 특성을 뚜렷하게 부각할 수 있었지만, 이후 그들의 존재감이나 특성은 과거의 기억으로만 남았다는 것이다. 그 사람의 역할이나 과제가 사라지면서 그 사람의 특성에 대한 기억도 쉽게 사라진다. 자신의 역할에서 성과를 통해 자신의 존재감을 획득하지만, 동시에 역할이 사라지면 그 사람의 특성이나 그 사람에 대한 기억도 희미해지고 마는 에이전트의 특성을 잘 보여준다.

박지성 선수의 경우, 히딩크 감독과 함께하기 전에는 크게 주목받지 못한 축구선수였다. 일부에서는 그가 선배나 감독의 눈치를 잘 볼 줄 몰랐기 때문이라 했다. 비교적 학연, 지연 등의 관계로 폐쇄적인 한국 축구계에서 박지성은 주전 선수로 선발될 기회를 얻지 못했다. 하지만 히딩크 감독은 선수들에게 관계에 치중하면서 눈치를 보는 인간적인 면보다, 과제 수행을 위한 자신의 역할을 강조했다. 무엇보다, '시키면 시키는 대로, 돌격 앞으로!' 할 것을 요청했다. 박지성 선수는 누구보다 감독의 요청을 잘 수행했기에, 실력으로 주전 선수의 위치를 차지할 수 있었다.

에이전트의 특성은 본인의 노력으로 부각되기도 하지만, 그들의 특성을 잘 알고 어떤 지원을 하느냐에 따라 달라진다. 마치 한 사람이 자신의 역할을 잘 수행하기 위해 주위의 도움이 절대적으로 필요하듯이, 다양한 관계에 따라 에이전트의 역할 수행의 결과는 달라지기도 한다. 에이전트는 스스로 자기 일에 대해 철저한 계획, 성실한 수행을 한다. 자신의 일을 잘 통제하고 관리하는 것에 뿌듯함을 느끼며 체계적으로 실행해 나가는 것에 의미를 둔다. 하지만 이런 특성은 역설적으로 변화하는 상황 속에서는 핸디캡으로 작용한다. 미리 준비된 대로 일이 진행되지 않는다면, 임기응변적인 대응을 하는 것을 힘들어한다. 변화가 일어난 상황을 맞닥뜨리게 될 때, 그때그때 상황에 따른 자신의 시선을 바꾸는 것이 어렵다. 과제 자체는 바뀌지 않았지만, 상황이 달라졌을 때 각기 다른 의미나 관계를 설정하는 것을 힘들어한다. 에이전트의 특성을 가진 사람들이 감정적인 내용이 담긴 '스몰토크'와 같은 소통을 하면서 즐기기 어려운 것 또한 이와 같은 이유이다. 일하는 로봇 같은 인상을 주기 쉽다.

에이전트의 상담사연 1

"제가 하는 일이 바로 저예요"

'정과장'님의 고민 사연

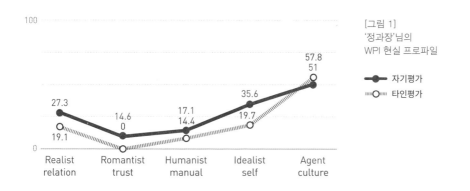

[그림 1]
'정과장'님의
WPI 현실 프로파일

━●━ 자기평가
┅○┅ 타인평가

작년까지만 해도 직장 생활에서 의미와 재미를 찾을 수 없었습니다. 인생의 재미가 없어 힘들었어요. 사춘기도 아닌데. 이렇게 의미 없는 삶을 어떻게 버티란 말인가 하는 고민이 나를 괴롭혔습니다. 나이가 있음에도 결혼보다는 인생에서 몰두해야 할 이정표나 비전을 찾지 못하고 허송세월하고 있다는 생각에 괴로워했습니다. 그래서 내 일에 몰두하기보다는 다른 것에 관심을 두었습니다. 팟캐스트를 듣거나, 책을 읽거나, 글을 쓰거나, 홀로 산책을 다니며 무념무상에 빠진다든가 하는 일들이었습니다. 작년 상반기에 원인을 알 수 없이 많이 아팠습니다. 이게 다 내적 갈등이 많은 탓이라는 생각이 들었습니다. 그래서 생각을 심플하게 정리하기로 했습니다. 상황 탓만 할 게 아니라 뭐라도 돌파구를 마련해야겠다고 마음먹었습니다. 그러던 차에 지인의 추천으로 대학원에 진학하게 되었고 올해부터 석박사 통합 과정으로 회사생활과 병행하며 공부를 시작했습니다. 오랜만에 하는 공부에 몸은 힘들고 연구 주제를 무엇으로 잡아야 할지 고민하느라 심신의 압박이 높아졌습니다. 미래의 그림이 흐릿하지만 지금 당장 몰두할 것이 있고, 나를 채찍질하는 뚜렷한 동기가 있다는 것에 행복이 느껴지고 에너지가 솟아올랐습니다.

사실 지금은 큰 고민이 없지만 굳이 적어 본다면 앞으로 계속 학교를 다니고 논문을 쓸 때가 되면 직장을 그만두어야 할 텐데(2~3년 내로 도래할 일) 그때 어떻게 경제적 손실을 줄이면서 연구를 잘 마무리 지을 수 있을지, 40대 이후 전공 관련하여 전직을 하고 싶은데 타이밍이나 운이 잘 따라 주어 원하는 바를 이룰 수 있을지가 고민입니다. 사실 이것들은 제가 하기 나름의 문제라는 걸 알고 있습니다. 그리고 내가 해야 하는 일을 얼마나 잘하느냐의 문제는 현재 발등에 떨어진 불이 아니기에 그냥 흐름에 맡긴다는 느낌으로 진행하려 합니다.

30대 후반 남성인 '정과장'님의 상담사연은 에이전트 성향을 아주 뚜렷하게 보여준다. 자신이 해야 하는 일에 대한 이야기로 꽉 차 있다. 나 자신은 '내가 하는 일'로 확인할 수 있고, 나의 미래 계획은 '어떤 일을 하느냐'로 짜여 있다. 그리고 일을 하는 것은 끊임없이 생각해 낼 수 있지만, 나 자신이 '무엇을 위해 이렇게 일을 하며 사는지'에 대해서는 알 수 없다는 마음이다. 그렇다면 이런 특성을 가진 사람들의 마음은 무엇이며, 이들의 삶에서 아픔은 어떻게 생겨나는 것일까?

▎ 에이전트의 마음의 혼란, 아픔은 어떤 것이며, 어떻게 생겨나나요?

에이전트는 자기 삶의 문제, 인간관계의 이슈를 고민하더라도 보통 자신이 수행해야 하는 과제가 무엇인가를 통해 해법을 찾으려 한다. '구슬이 서 말이라도 꿰어야 보배'라는 속담과 마찬가지로 현재 '정과장'님은 다양한 구슬을 가지고 자신의 삶에서 열심히 굴리고 있지만, 이 구슬을 가지고 어떤 것을 만들어나갈지 알지 못한다. 그래서 그가 찾은 돌파구가 '대학원 진학'이었다.

> "작년까지만 해도 직장 생활에서 의미와 재미를 찾을 수 없었습니다. .. 이렇게 의미 없는 삶을 어떻게 버티란 말인가 하는 고민이 나를 괴롭혔습니다."

작년까지만 하여도 직장 생활에서 '의미'와 '재미'를 찾을 수 없었다고 한다. 그런데, 정작 '정과장'님은 직장 생활에서 의미를 찾기보다, '다른 해야 할 것'으로 자기 삶의 의미를 찾으려 했다. '뭔가를 해야 하는데.' 자신에게 주어진 임무, 또는 자신이 하는 일을 통해 자신의 존재 이유와 삶의 의미 등을 찾는 전형적인 에이전트의 마음을 보여준다. '정해진 목표'를 향해 맹목적으로 나아가는 삶을 잘 보여준다. 이런 마음으로 살아가는 분은 '어떤 일을 하든' 나름의 노하우를 터득해 낸다. 마치 '달인'의 경지에 오르는 것처럼 일 자체를 해내는 것에 매우 유능한 모습을 보여준다. 하지만 정작 그것을 왜 하는가, 무엇을 위해 하는가에 대해 자신만의 답을 찾기는 어려워한다.

> "지금 당장 몰두할 것이 있고, 나를 채찍질하는 뚜렷한 동기가 있
> 다는 것에 행복이 느껴지고 에너지가 솟아올랐습니다."

하지만, '정과장'님은 지금 하는 직장의 일과 대학원 과정이 어떤 의
미가 있는지, 어떤 관계를 만들 수 있을지에 대한 생각은 하지 않았다. 대
학원의 전공과 향후 자신이 바라는 전직이 어떤 관련이 있을지에 대해서
도 잘 모른다. 단지 자신의 무의미하고 재미없는 생활에서 새롭게 수행해
야 할 과제가 생긴 것만으로도 삶의 활기를 얻었다고 믿는다. 에이전트에
게 '과제와 임무'는 자신이 가진 구슬을 꿰매는 일이다. 따라서 대학원 과
정을 잘 마치는 것은 '정과장'님에게 이제 중요한 과제이자 임무가 되었
다. 자신이 하는 일이 어떤 의미가 있는가, 왜 하는가, 무엇을 위해서 하는
가라는 의미를 찾는 데에 에이전트 마음을 가진 사람은 특히 어려움을 느
낀다.

뉴질랜드 출신 산악인으로, 1953년 네팔의 산악인인 '텐징 노르가이'
와 함께 에베레스트 정상에 최초로 등정한 것으로 알려진 '에드먼드 힐
러리 경'Sir Edmund Hillary[3]의 경우, 자신의 등반 인생을 "산이 있어 오른다"
라고 표현했다. 에이전트 등반인의 전형적인 마음을 표현한 것이다. 자신
에게 주어진 여러 일들을 열심히 하는 게 그저 '잘 사는 것'이라 믿는다.
"시키시는 대로 열심히 하겠습니다"라고 입사 면접에서 열심히 이야기
하는 취준생들은 '에이전트' 모드로 조직생활을 하겠다는 다짐을 표현하
는 것이다. 자신이 하는 일에서 어떤 의미를 찾거나, 자기 삶에 어떤 일관

성 있는 주제를 만들어나가는 것은 힘들어한다. 다시 말해 주어진 과제나 삶을 열심히 산다는 마음으로 지낼 뿐, 자신만의 삶을 만들어간다는 생각은 하기 어려워한다. 현재의 삶에 대한 성찰과 고민보다 미래에 대한 계획을 구체적이고 분명하게 세우기만 하면, 자신의 과제와 임무를 잘 수행한다고 믿는 마음이다.

▎ 에이전트의 마음 읽기와 자기 찾기

'정과장'님은 에이전트로서의 특성을 아주 뚜렷하게 드러내며 살아가기를 원하고, 그런 환경을 만들려고 한다. 주어진 일을 잘 해내는 것으로 유능함을 확인하고, 인정받으려 한다. 일하는 데 있어서 본인만의 뚜렷한 스타일을 가지고 능동적이고 주도적으로 일한다. 스스로 자신이 하는 일을 잘 수행하고 있다고 믿으며, 이것에 자부심을 가지고 있다. 일과 관련된 분명한 자신감은 때로 독불장군과 같은 모습으로 보인다. 하지만 관행적 절차나 주어진 틀 안에서 주도적으로 일하기 어려운 상황, 하는 일에 대해 뚜렷한 인식 없이 맹목적인 확신이 강한 상태에서는 맹목적인 충성이나 자기 몰입처럼 보이며, 자신만의 스타일을 뚜렷하게 부각하지 못한 상황이다.

현재 자신이 맡은 과제나 임무가 자신을 잘 나타내 줄 것으로 생각하지만, 자신의 정체성을 잘 드러내고 있는 것이 무엇인지에 대해 본인 스스로의 질문과 탐색이 필요하다. 그저 열심히 잘하면 인정해 줄 것이라고 기대하지 말고 자신이 왜 그 일을 하는지, 무엇을 기대하는지에 대해 주위 사람들과 공유할 필요가 있다. 자신이 내놓은 성과에 따라 자신의 가치가 달라질 수 있지만, 이 과정에서 더 중요한 것은 자기가 그 성과에 부여하는 의미이다. 이러한 성찰과 공유의 과정 없이는 열심히 한 일이 정작 타인을 고려하지 않고 자신의 이익만을 위한 것이라는 부정적인 평가를 얻을 수 있다.

　자기 일에 몰두하려면, 혹은 하고 싶다면 그 일에 분명한 의미를 찾아야 한다. 일을 즐기고 몰입할 수 있는 조건이다. 이렇게 함으로써, 에이전트는 자신의 정체성을 뚜렷하게 드러낼 수 있다. 과제 몰입 행동이 자연스러울 뿐 아니라 결과도 기대 이상으로 나타난다. 이런 경우 에이전트는 자신이 현재 자기 삶을 주도적이고 능동적으로 만들면서 살고 있다고 느낀다. 일이 곧 생활이고, 취미 활동이 된다. 아무리 주변 사람들이 "왜, 그렇게 힘들게 살아?"라고 하더라도, 정작 본인은 즐겁다고 느낀다. 어떤 사람이 가진 에이전트 성향에 비해, WPI 프로파일 상으로 지나치게 컬처가 높이 나오는 경우도 있다. 이런 마음은 에이전트의 경우라도 현재 자신의 과제를 한가로운 마음, '유유자적'悠悠自適하는 상태로 지내고 있다는 뜻이다. 에이전트가 일상의 일을 반복적으로, 또 자기 삶이나 일이 어떤 의미인지, 어떤 수준의 성과인지, 타인에게 자신이 어떻게 보일지를 잘 모를 때 생기는 일이다. 욕망을 실현하기 위해, 어떤 목표를 실현하기 위해 자신의 생활을 '닥치고', '돌격 앞으로' 하는 마음으로 재구성해야 한다. 자신과 자신의 일에 대한 맹목적 믿음이 절대적으로 필요하다.

간호 일을 그만두고 소설가가 되고 싶은 에이전트의 마음

'노여울'님의 고민 사연

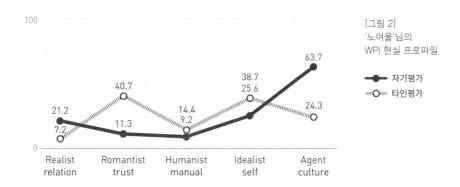

[그림 2]
'노여울'님의
WPI 현실 프로파일

— ● — 자기평가
····○···· 타인평가

나이트 근무는 절대로 할 수 없어서 직장을 옮기게 되었습니다. 새로 취업한 병원은 나이트 근무를 안 한다는 조건으로 들어가게 되었습니다. 수간호사가 어떻게 했는지 몰라도 간호사 4명이 동시에 관두었습니다. 수간호사도 열받아서 관뒀고요. 그런 곳에 제가 취직하게 되었습니다. 수간호사가 없는 건 괜찮은데, 5개월 먼저 취직했다고 나를 가르치려 드는 간호조무사가 있습니다. 기본적인 건 굳이 말해주지 않아도, 저는 다 알아서 잘합니다. 이전 직장에서도 간섭하는 인간이 3명이나 있었는데, 여기도 똑같이 3명입니다. 이전에 저를 괴롭히던 인간은 하나같이 뚱뚱했습니다. 제가 밥을 안 먹어서 일을 못한다며 명령이랍시고 밥을 억지로 먹으라 하질 않나, 아니 일을 못한다니! 그 말 한 인간이 뺀질거리며 자기 일을 제일 안 하던 인간입니다. 제일 농땡이 부리는 인간이 그런 지적을 하다니.

비위를 맞추려는 노력도 했습니다. 다른 뚱뚱이는 아들이 명문대 나와서 대기업에 들어갔다는데. 그래서, 뭘 어쩌라고요. 명문대 나와, 대기업 들어갔어도 그 아들의 엄마는 간호조무사로 일하기 싫어 '허리가 아파 죽겠다'고 자랑질을 하고 있는데요. 생활비도 안 보태주고 있는 그런 아들을 내가 부러워해야 하나요? 정말 이 병원에서 지내는 것이 힘듭니다.

저보다 4개월 먼저 일한 또 다른 간호조무사는 변비약과 당뇨약도 구분 못 하는 주제입니다. 하지만, 이것저것 저한테 온갖 지적질은 다 해 댑니다. 제가 환자가 일어나 앉을 수 있나 확인하려고 지켜보고 있는데, 침대를 올리라고 하질 않나. 정말, 이런 직장 생활이 지긋지긋합니다. 빨리 글쟁이로 바뀌어 최소한 달에 3백만 원 정도 벌 수 있게 되면 좋겠습니다. 여기서 벗어나고 싶습니다. 이 소설 저 소설 재미있는 거 다 섞어서 올리면 어떻게 이 직장에서 벗어날 수 있지 않을까요? 정말 이런 인간들 상대 안 하고, 더 이상 상처받지 않기를 간절히 바랄 뿐입니다. 이 직장도 참다가 결국 제가 폭발할 게 뻔합니다. 박사님, 도와주세요. 어떻게 해야 하나요?

'노여울'님의 상담사연은 에이전트의 마음을 가진 사람이 업무 활동 속에서 주위 사람들을 어떻게 보고 있는지, 또 그들과 맺는 관계가 어떤 형태로 나타나는지를 잘 알려준다. 에이전트 성향이 높은 사람들은 업무 활동으로 관계를 맺을 때, 업무가 아닌 다른 이슈를 공유하는 것이 그리 필요하다고 느끼거나 편하게 받아들이지 못한다. 특히, 동료로 일하는 사람이라 하더라도 자신이 하는 일에 대한 언급은 바로 지적질이나 또 다른 참견으로 쉽게 받아들인다는 것을 잘 알려준다. 전형적인 에이전트 프로파일로 자신의 역할과 책임 그리고 자신에 대한 나름의 뚜렷한 인식을 하는 '노여울'님의 마음 상태이다.

▎에이전트가 살아가는 이유는?

'노여울'님의 경우 직장 생활을 하는 이유는 '돈을 번다'이다. 돈을 벌기 위해 직장 생활을 '그냥 열심히 해야 한다'는 마음으로 한다. 자기가 맡은 일이라 '제대로 해야 한다'라는 믿음에서 한다. 자신에게 주어진 역할과 책임을 다하는 것이 바로 내 마음의 표현이자, 내가 살아가는 이유가 된다. 하지만 이 과정에서 자신이 얻는 성과뿐 아니라 주위 사람들과의 관계가 불편하기만 하다. 되도록 자신의 감정 표현을 억제하고 묵묵히 참으며 지내려고 한다. 하지만, 이렇게 지내는 것은 더욱더 자신에게 심리적 부담감, 스트레스 등의 고통을 안겨준다. 이런 고통은 다양한 신체 부위에서 다양한 증상으로 확인할 수 있다. 의사의 진단을 받게 되면, 그때그때의 증상이 나타나는 신체 부위에 따라, 증상의 특성에 따라 각기 다른 병명으로 그 고통이 불린다.

에이전트의 경우, 자신이 장기적인 통증을 겪게 될 때, 이것을 참으려 한다. 참지 않으면 더 큰 일이 일어 날 것이라며 자신을 통제하려 한다. 그나마 있는 통제감마저 잃어버리게 될지도 모를 것 같은 불안과 두려움에 시달리게 된다. 불면이나 음주나 물질 중독과 같은 다양한 증상들을 보일 수 있다. 자신이 겪는 고통의 또 다른 표현이다. 이런 통증 경험이나 그것을 참고 견디려고 하는 에이전트 나름의 인내심을 발휘하는 것은 역설적으로 에이전트 마음을 가진 사람이 가진 강점이나 특성을 제대로 발휘하지 못하도록 한다.

에이전트 성향의 사람들은 자신의 문제가 무엇인지를 분명히 알면, 자신이 속한 환경을 바꾸는 방식으로 자신의 문제를 해결할 수 있는 능력이 있다. 왜냐하면, 이들은 자신의 삶을 주도적이고, 계획적으로 끌어 나가는 데 누구보다 능하기 때문이다. 하지만 그것은 자신의 문제를 파악할 수 있을 때 일어난다. 그렇지 않은 경우, 막연한 외부의 기준이나 목표에 자신이 설정한 계획을 억지로 끼워 맞추는 삶을 살아가게 된다. 이것은 현재 자신이 참고 견디는 고통을 연장할 뿐 아니라, 자신이 원하는 좋은 결과를 만들기 어렵게 만든다. 무엇보다 자신이 수행하는 일에 몰두하지도 못하며, 자연스럽게 즐길 수도 없다. 결국 외부의 평가나 반응에 따라 쉽게 일희일비하게 된다. 일 잘하고, 능력 있는 모습으로 인정받으려는 신입 사원과 같은 열정과 의욕을 발휘하지만, 결과는 기대 이하의 상황이 되기 쉽다. 신입사원이라면 주위 사람들의 지지와 격려라도 받을 수 있지만, 만일 숙련된 일꾼이라면 그 결과는 자신을 부정하는 상황만이 있을 뿐이다.

현재 자기가 하는 일에 대한 확신과 노련함이 부족하기에 자기 내면의 감성적 욕구를 외면한 채 주어진 일이나 성과에 매몰된 성과주의의 모습을 보인다. 외부의 기준이나 인정을 위해 고군분투하는 모습이다. 인정을 받지 못하거나, 자기 일과 생활에 통제감을 상실하는 경우 에이전트는 자기 마음을 잃어버린 상태가 된다. '될 대로 돼라'는 식의 대책 없이 유유자적 하는 모습을 보인다. 때로는 타인에 대한 부정적인 감정과 정서를 수동 공격적 형태로 표출하기도 한다. '노여울'님의 경우가 이런 상황에 있다. 자신이 하는 일이 곧 자신의 존재 이유라 믿기에, 강박적으로 자신은 유능하게 자기 맡은 일을 잘 수행하고 있다고 믿는다. 그리고 누군가 자기 일에 대해 언급하는 것을 간섭이라고 믿는다. 너무 싫은 상황이다.

> "기본적인 건 굳이 말해주지 않아도, 저는 다 알아서 잘합니다."
> "제가, 아니 일을 못한다니! 제일 농땡이 부리는 인간이 그런 지적을 하다니."

에이전트답게 나름대로 자신의 일에 자부심이 있고, 잘하려는 마음에서 마치 절규처럼 반응한다. 특히 자신이 인정하기 어려운 무능한 인간, 자신의 역할이나 일을 잘 수행하지 못하는 그런 사람들이 주위에 있다는 것은 참을 수 없는 고통이다. 그들이 자신의 일에 간섭한다는 것은 마치 낯선 사람이 집안에 불쑥 들어오는 것과 같은 불편함을 겪는 상황이 된다.

▎ 에이전트의 '사보타주'와 자폭 상황

에이전트는 자신만의 분명한 생활이나 업무 수행 방식이 있다. 그리고 비교적 그것에 매달린다. 일상생활뿐 아니라 조직의 기준이나 규범을 가능한 따르려는 성향이 나타난다. 따라서 자기 삶의 방식이나 성과에 만족한다면, 나름 이것이 좋은 결과를 가져다주었다고 믿는다. 나름대로 효율적이며, 체계적인 에이전트의 생활 방식은 급격한 상황의 변화에 대처하거나 새로운 과제를 해야 하는 경우라면 불만족스러울 뿐 아니라 문제를 야기하기도 한다. 심리적 차원의 문제가 아니라, 그동안 잘 해왔던 일이 제대로 진행되지 않는 문제가 발생한다. 이때 에이전트가 의무 방어하는 수준으로 과제를 수행하면 기대하는 결과를 얻기 힘들다. 이런 상태를 문제라고 여기지 않는다면 크게 불편한 상황은 아니다. 문제를 제대로 직면하거나 성찰할 능력이 떨어져 해왔던 것 이상으로 더 잘할 수 없다고 믿으면 가능한 문제를 회피하려 한다. 과제를 해치우듯 성급하게 해결하려고 할수록 더 깊은 수렁에 빠진다. 현실적인 성과나 결과에 큰 관심을 기울이지 않는 상태, 마치 마음을 비운 것처럼 지내는 상태라고 할 수 있다. 긴박감이나 절실함 또는 치열하게 살아가는 모습이 나타나지 않아, 조직 속에서 이런 마음으로 지내면 불필요한 오해를 사기도 한다. 무엇보다 스스로 자신의 업무에 집중을 못 하는 상태이다.

에이전트가 자신의 일을 '사보타주' 하는 상황이다. 일에 대한 뚜렷한 의미를 발견하지 못하고 스스로 자기 일을 부정하는 상태이다. 익숙한 일은 어느 정도 습관적으로 해내지만, 그것마저도 만족스럽지 않을 수 있다. 난도가 낮은 게임을 반복해서 해야 할 때 느끼는 권태로움과 같다. 불안정한 심리상태와 불만족스러운 삶으로 표현한다. 이런 경우, 삶의 의미와 목표 성찰을 위한 여유 시간이 필요하다는 해법을 생각하기 쉽다. 하지만 그것은 더욱더 스스로 자신의 문제를 회피하는 수렁으로 빠지게 한다. 이런 순간 에이전트 성향의 사람들이 결과를 만들기 위해서는 '무조건', '닥치고'의 방식으로 과제를 수행해야 한다. 주어진 일을 잘해 내기 위한 역설적인 방법이다. '무조건'이나 '닥치고'가 과제 수행의 분명한 이유이자 의미가 되기 때문이다.

에이전트의 일에 대한 몰입과 만족의 정도는 매뉴얼이 아니라 컬처 성향을 통해 드러난다. 하지만 매뉴얼이 높고 낮은 상태는 에이전트가 자신의 특성을 유지하는 방식으로 생활하느냐, 통념과 규범 또는 당위성에 좌우되어 스스로도 어쩌지 못하는 프레임 속에 자신을 가두느냐의 차이를 야기한다. 매뉴얼은 높지만 셀프와 컬처 성향이 낮다면 에이전트 자신은 자신감을 상실한 심리 상태이다. 하지만 매뉴얼과 함께 컬처도 어느 정도 높다면, 상황을 쉽게 보며 일을 즐기는 상황이다. 그렇다고 능력을 잘 발휘하면서 원하는 삶의 모습을 부각하는 수준은 아니다. 일에 집중하기보다 이리저리 관심을 두면서 소일하는 마음이다. 현재의 모습에서 변화하고자 한다면 스스로 위기감을 느낄 수 있어야 한다. 자신이 원하는 것이 무엇인지, 어떻게 변화하고 싶은지 자신의 욕구를 들여다보고 새롭게 인식해야 한다. 간호사들이 병원에서 최고로 즐거운 일은 간식 나눠 먹고 밥 먹는 것이다. 개인병원이든 종합병원이든 먹는 것 외에는 낙이 별로 없다는 호소를 많이 듣는다. 그런데 뚱뚱하다는 것은 그 낙을 열심히 즐겼다는 뜻이다. 하지만 '노여울'님은 거기에 동참하지 않고 있다. '그 인간들은 뚱뚱하더라도 이미 결혼했으니까 신경 안 써도 상관이 없지만, 나는 아닌데!' 이런 마음을 그대로 표현하지 못하니, 마음속의 혼란은 심해지기만 한다. "저 결혼해야 해요! 결혼하고 싶어요! 그러니까 저는 뚱뚱해지면 안 돼요!" 이런 식으로 이야기하는 것이 필요하다.

▎ 에이전트가 '전직'을 고민한다면?

에이전트 '노여울'님은 농땡이를 부리면서 남을 괴롭히는 주위의 인간들에게 절규하듯 외친다. 하지만 공감이나 인정을 받을 수 없는 절규이기에 결국 이런 마음을 가지게 된다.

> "나는 일을 못 한다고 생각하지 않아요. 일을 잘하고 있어요!"
> "직장 생활이 지긋지긋합니다. 글쟁이로 한 달에 3백만 원 벌어서 여기서 벗어나고 싶습니다."

'노여울'님이 간호사(조무사)로 일하지 않고, 진짜 인정받는 작가로 변신하기를 원한다면? 이것은 간호사로 일하다 작가로 전직하는 것 또는 자기 직업 활동의 변화를 모색하는 진로고민이다. 에이전트가 새로운 역할이나 직업 활동을 잘하기 위해서는 먼저 현재 자신의 경험, 자신의 일에서 최고의 성과나 결과를 얻는 경험을 해야 한다. 자신이 수행하는 일의 의미를 돈과 업무 환경에서 찾는 것은 일의 주인이 자신이 아니며, 주어진 과제를 수행하는 '말하는 도구'로 자신을 인식한다는 뜻이 된다. 따라서 본인이 멋있게 생각하는 다른 일로 전직을 하거나 진로를 새롭게 잡는다 하더라도, 현재에 수행하는 자신의 역할과 관련된 어려움이나 인간관계의 문제는 절대 해결되지 않는다. 하는 일은 달라졌지만, 돈도 더 벌지 못하고 삶의 변화도 없다.

　에이전트의 경우에도, 전직이나 진로 고민의 문제를 해결하기 위해서는 무엇보다 자신에 대한 탐색, 자기이해가 필요하다. 어떤 업무 영역이나 어떤 분야의 유망성 등에 대한 탐색이 아니라 한 인간으로서 자신은 어떤 욕망을 갖고 있으며, 어떤 사회적 역할을 하고 싶지를 알아야 한다. 자신이 어떤 상황에서 어떤 일을 하는 사람이 되고 싶은가에 대한 자기 믿음을 확인해야 한다. 그게 바로 에이전트 성향의 사람이 자신의 자산을 극대화하는 것이다. 그러면 그것을 토대로 전직이나 진로 확장이 가능하다. 하지만 자기 믿음에 대한 확인 과정이 없다면, 어떤 욕망을 갖고 절규하듯 표현하더라도, 괴롭고 떠나고 싶은 현재의 환경에서 떠나기 어렵다. 만일 자신이 소설가로서 생계 이상의 소득을 얻고 싶다면, 현재 하는 일에서 소설가 이상의 능력을 발휘해야 한다. 간호사의 역할이나 경험을 생생한 소설의 한 장면처럼 만들 수 있는 그런 기록들을 할 수 있어야 한다.

자신이 처한 상황과 그 속의 온갖 군상에 대해 자신만의 시선으로 표현할 수 있어야 한다.

에이전트이기에 특히 자신이 어떤 일을 하는지의 문제보다는 자신이 일을 통해 무엇을 얻고자 하는지를 먼저 파악해야 한다. 만일 자기 일을 통해 돈을 더 많이 벌고 더 편하고 즐거운 일을 하기를 원한다면 에이전트인 자신에 대한 파악이 되지 못한 것이다. 왜냐하면, 에이전트의 경우, 자신이 수행하는 역할이나 활동이 바로 그 사람을 결정한다. '노여울'님의 경우, 소설을 쓰는 것으로 한 달에 3백만 원을 벌 수만 있다면, 현재의 직업을 포기하고 작가로 살 수 있다고 믿고 있다. 하지만 한 달에 3백만 원 이상의 소득을 올리는 작가는 하루아침에 되지 않는다. 자신은 이것을 막연히 기대하면서 오늘도 꾸역꾸역 이 난장판 같은 상황에서 자신의 역할과 임무를 수행한다. 그리고 본인이 이 직업 활동을 포기하겠다는 마음이 되기 전까지 최소 5년 이상 이 상황에 있게 될 것이다. 한 달 3백만 원 작가로서의 수입은 결코 5년 내로 이루어지지 않는다는 뜻이다. 왜냐하면 에이전트가 주어진 과제가 아닌, 스스로 삶의 과제를 설정하고 그것을 이뤄가는 마음에 대한 이해가 전혀 없기 때문이다.

매일 난장판처럼 말도 안 되는 일이 일어나는 상황을 관찰자의 입장에서 적어 보는 것은 바로 현재 자신이 처한 상황에 대한 파악이다. 동시에 작가가 되는 수련 활동이다. 자신이 겪는 삶의 경험에 대해, 자신과 관계를 맺는 인간들에 대해, 그리고 각자의 마음을 자신의 방식으로 그려낼 수 있을 때 더 이상 아픔이나 병을 가진 환자를 돌보는 간호사가 아닌, 각기 다른 소설 속 등장인물의 마음을 읽고 그들의 삶의 다양한 모습을 자신만의 필체로 그려내는 작가로 등장하게 되는 것이다. 관찰자의 입장에서 생생하고 담담하게, 그러면서도 유머러스한 글은 그렇게 생겨난다. 진정으로 마음을 사로잡는 소설이 생겨난다. 우리 삶의 아이러니, 모순, 갈등 속에서 사람들의 다양한 감정과 판타지를 흥미로운 글로 그려낼 때, 독자들은 그 소설에서 카타르시스를 체험한다. 그런 소설을 쓰게 된다면, 한 달에 3백이 아니라 3천, 3억을 버는 작가도 될 수 있다. 하지만 에이전트인 '노여울'님이 그런 작가가 되려면 현재 상황에서 결코 자신의 감정을 드러내지 말고 마주하는 상황을 매번 기계처럼 사진 찍듯 담담하고 생생하게 묘사할 수 있어야 한다. 병원은 온갖 인간의 삶의 모습과 아픔이 넘쳐나고 옆에서 체험할 수 있는 일종의 '노다지'이다.

에이전트의 상담사연 3
에이전트의 삶의 고민과 '마음'을 통한 해법찾기

에이전트 성향을 가진 사람으로 자기 삶을 꾸려 나가는 사람들은 WPI 워크숍에 잘 나타나지 않는다. 나는 이것에 대해 자신들에게 주어진 일을 하느라 바빠서라고 한다. 하지만 삶의 과제가 'WPI 워크숍에 참가해서 자기 마음과 다른 사람 마음 읽기이다'라는 믿음이 생긴다면, 그때는 달라질 것이다. 하지만 항상 자신이 수행해야 할 '과제', 그것도 외부적으로 인정받고 평가되는 과제에 익숙한 사람들은 '마음 읽기'가 자기 삶의 문제를 해결하는 핵심 방안이라고 쉽게 믿기 어렵다. '마음 읽기가 자기 일을 더 잘하기 위해 필요하다'는 것을 아는 데 시간이 필요하다. 그때는 WPI의 르네상스 시대가 될 것이다. 대한민국의 대부분 조직인이나 직장인들이 자기 삶의 정체성을 자신의 일을 통해 확인하면서 자기 마음을 읽으려 하는 시대가 되기 때문이다.

'최지금'님의 고민 사연

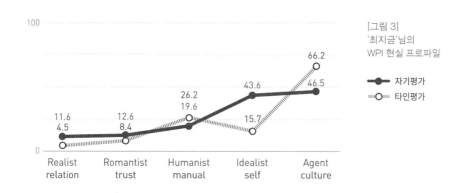

[그림 3]
'최지금'님의
WPI 현실 프로파일

삶을 보다 이해하고, 과거보다는 현재와 미래를 생각하고 싶습니다.
나와 타인을 이해하여 심신이 건강해지고 싶습니다.

에이전트의 마음으로 WPI 워크숍에 참여한 어떤 분이 자신이 워크숍 참가를 통해 기대하는 것을 이렇게 표현했다. 현재와 미래에 자신이 수행하는 과제를 '삶의 이해'라고 규정했다. 그리고, '과거'가 아닌 현재와 미래를 고민한다고 표현했다. 잘 살기 위해서는 '이래야 한다'는 본인의 당위적인 믿음을 표현한 것이다. 삶의 진리처럼 믿는 내용이다. '나와 타인을 이해하며, 심신이 건강해지고 싶다'라는 말도 '자신과 타인을 이해한다'라는 말과 같은 의미이다. 마음이 무엇인지를 알지 못하고, '이해'의 뜻을 알지 못한 상태이다.

마음이란, 어떤 한 사람이 자신과 자신의 삶에 있는 다양한 이슈들에 대해 가진 구체적인 믿음이다. 따라서 어떤 한 사람의 마음은 바로 그가 살아온 과거, 또 자신의 과거에 대해 갖고 있는 믿음을 통해 알 수 있다. 만일 어떤 사람이 자신의 과거를 부정하거나 잊어버리고 싶다면 그 사람의 과거는 현재 자신의 마음이 되기 어렵다. 그렇다고 현재와 미래를 생각하는 것이 자연스럽게 그 사람의 마음이라고 할 수 없다. 무엇보다 현재의 시점에서 자신이 누구이며, 자신이 어떻게 사는지에 대한 뚜렷한 믿음이 없다면, 그 사람은 아무런 마음이 없는 상태로 살고 있을 뿐이다. 그리고 현재의 사람과 그 사람이 생각하는 미래는 그가 구체적인 믿음을 갖거나 만들어내지 않는 한 아무런 관련이 없다.

어떤 한 사람의 삶을 파악하고 그 사람의 마음을 읽는 것은 바로, 그 사람이 자신의 과거와 현재에 대해 어떤 믿음을 가졌는지를 확인하는 것이다. 미래에 어떻게 하겠다는 믿음도 중요하게 생각할 수 있지만, 자신의 과거와 현재에 대해 아무런 믿음이 없는 그 사람의 미래는 공허하다. **막연한 기대**에 불과할 뿐이기 때문이다. 어떤 사람의 미래는 바로 그 사람이 어떤 마음으로 살아왔는가를 아는 것에서 출발한다. '삶의 과제를 이루고 싶고, 또 심신이 건강해지고 싶다'는 소망을 표현하는 사람의 마음을 읽기 위해서는 바로 현재 자기 삶의 과제가 무엇이라고 믿고 있는지, 현재 그 과제를 수행하기 위해 매일매일 어떤 생활을 하고 있는지를 물어보아야 한다. 이런 경우 막연한 기대나 희망으로 삶의 과제를 표현하는 사람은 자신의 마음을 읽지 못해 '몸도 마음도 힘들다'는 호소를 하고 있다는 뜻이다.

각기 다른 자기 인식과 믿음에 의한
각자의 '마음 읽기'

2024년 봄, 대한민국의 의사들은 정부가 의과대학 입학생의 숫자를 증가시키는 결정을 내렸을 때, 일종의 파업에 준하는 단체행동에 돌입하였다. 단체행동의 주체는 대학병원이나 종합병원에서 '전문의'가 되기 위해 수련하는 '전공생'들이었다. '대한민국 의료계는 10년 남은 시한부 인생이다[4]'라는 절박한 믿음에서 '국민의 건강을 볼모로 파업한다'는 비난을 받더라도 단체행동을 하였다. 전공의 대표는 자신들에 대한 공격을 이렇게 표현했다. '의사 수가 많아지면 의사들의 몸값이 떨어지기에 의사들이 싫어한다'는 정도의 이슈라면 문제는 단순 명확하다. 하지만 우리가 처한 현황은 이것보다 더 심각하다. 왜냐하면 의료 현실이 너무나 불평등하고 왜곡되어 있기 때문이다.

> "필수 의료 분야의 의사는 부족하고, 미용 의료 분야의 의사는 넘쳐난다."

> "필수 의료 분야의 의사를 위해, 생명과 직결된 필수 의료 수가를 올려야 한다."

하지만, "정부는 의료 수가 조정보다 쉬운 해법인 의대 증원을 늘려 필수 의료 분야의 의사를 늘리려 한다.[5] 이래서 우리는 의대 증원을 반대하는 것이다"라는 뜻이다. '필수 의료 분야의 수가 인상'이라는 정답을 정부가 정책으로 시행하지 않고, 오답인 '의대 증원'으로 '필수 분야 의사 수 증가'를 모색하기 때문에 항의하는 것이라는 주장[6]이다. 여기에서 누가 무슨 이야기를 하든, '의대 증원'정책 자체가 국민들의 공감과 지지를 받는 이유를 전혀 살펴보려 하지 않는다.

　의사 집단은 환자 몸의 아픔과 관련된 일을 기계적으로 수행하는 사람들이다. 환자 몸의 아픔 증상이 아닌 마음을 파악하는 일은 이들에게 생소하다 못해 자신들이 전혀 할 수 없는 일이라고 믿는다. 이런 의사의 경우, 정말 필요한 것은 자기 마음을 살펴보는 일이다. 대부분의 의사는 '리얼리스트'와 '에이전트' 성향을 뚜렷하게 보인다. 사람들마다 이들 성향은 각기 다르게 나타나겠지만, 의사라는 직업적 활동 자체가 '리얼리스트'와 '에이전트'의 성향을 뚜렷하게 활용해야 한다.

　리얼리스트는 자신이 가진 고유한 특성을 뚜렷이 드러내려 하기보다, 주위 멋진 사람의 특성이나 자신이 처한 상황에서 요구되는 특성을 받아들여 그것을 자신에 대한 믿음으로 삼고자 한다. '그때그때 상황에 따라', '주위에서 요구하는 것에 맞추어', 자신의 믿음을 재구성할 수도 있고, 또는 믿음을 만들어내기도 한다. 이런 마음으로 지내시는 분이 자신의 마음이 무엇인지를 확인해 주기를 요청하면 참 부담스럽고 힘들다고 느낀다. 왜냐하면 마음을 잃어버린 채로, 가능한 자신의 마음을 인식하지 않으면서 살려고 하는 분들이기 때문이다.

　에이전트 성향이 자기 마음을 확인하는 방식은 자신이 수행하는 일이나 역할이다. 의사로서의 역할은 '생명을 구하는 숭고한 사명을 실천하는 것'이 아니라, '아픔을 호소하는 사람들의 아픔을 제거하는 일'이다. 아픔의 제거나 치료의 경우도 숭고하고 중요한 일이다. 그런데 이것을

'생명을 구한다'고 표현하는 것은 스스로 자신이 수행하는 과제에 궁극적인 의미를 부여하는 활동이다. 물론 누구나 자신이 수행하는 일에 최고의 찬사를 보이면서 살아가는 것은 필요하다. 하지만 자신에게 주어진 일에 최대한의 찬사를 스스로 부여하며 그 일을 수행하는 경우, 한 개인이 겪어야 하는 아픔이 생겨난다. 그것은 바로 '자신의 마음을 읽으려 하지 않는 일'이 발생한다는 점이다.

> "나의 마음을 묻지 마세요. 나는 단지 주어진 과제를 잘 처리하며,
> 나의 역할을 잘 수행하려 합니다."

자신이 하는 일이나 역할이 바로 자신의 마음이라 믿기에, 에이전트는 자신이 수행해야 하는 일이나 과제를 거부하는 상황을 가장 힘들어 할 수 있다. 무력감과 우울감에 시달리는 상황이다. 2024년 대한민국에서 일어난 의사들의 파업은 리얼리스트와 에이전트 성향의 '사보타주'가 어떠한지를 잘 보여준다. 특정 이슈와 관련된 개인이 자신의 믿음을 드러내는 것과 '생명을 구한다'라는 사명을 집단 믿음으로 가진 의사의 마음은 리얼리스트와 에이전트라는 것을 알려준다. 자신이 처한 상황과 문제를 자신의 눈으로 파악하려 하기보다, 당위와 명분에 의존한다. 자신에게 주어진 과제를 에이전트의 마음으로 처리한다. 하지만 현실 속 자신의 역할이 부정되고 또 스스로 사보타주를 하는 상황이라면, 이것은 일종의 자해 행동이 일어나는 것이다. 리얼리스트와 에이전트의 삶을 사는 사람들이 자기 삶의 어려움과 문제에 대한 해법을 찾고자 한다면 무엇보다 '마음 읽기'가 절대적으로 필요하다.

WPI 워크숍에서 이루어지는 '마음 읽기' 연습

WPI 초급 워크숍에 참가하게 되면, 우리 각자는 자신이 '리얼리스트', '로맨티스트', '휴머니스트', '아이디얼리스트', '에이전트'의 5가지 특성 중 어느 하나 이상을 뚜렷이 드러내는지 알 수 있다. 이것이 자신에 대한 믿음이다. 자신에 대한 믿음은 각자의 성격으로 드러난다. 다른 사람과 구별되는 자신을 나타내는 자신의 마음이다. 이런 자기 믿음을 일상생활에서 다른 사람들에게 분명히 드러내는 것이 'WPI 타인평가'를 통해 확인할 수 있는 한 사람의 삶의 가치와 라이프스타일이다. 한 사람의 마음, 즉 자기평가와 타인평가를 통해 한 사람이 가진 자신과 자기 삶에 대한 믿음을 파악하는 것을 '마음 읽기'라고 한다.

각자 자신에 대한 믿음을 확인하고서야, 자기 마음뿐 아니라 자신과 타인이 서로 무엇이 다른지 알 수 있게 된다. 이것은 신분이나 사회적 계급, 남녀 성별이나 나이 등으로 한 개인을 구분하는 것과 다르다. 현대 사회에서 각 개인을 사회적인 역할이 아닌, 각자의 존재 이유와 개인의 특성으로 그 사람을 파악하는 방법이다. 여기에는 분명 사회적 특성이 포함되기도 하고, 우리가 살고 있는 사회, 문화적 특성에 따라 개인을 구분하는 기준이 적용될 수도 있다. 자본주의 사회에 살면서 각자를 계좌 잔고 수준으로 구분하더라도, 각자가 자기 삶을 살아가는 것이 다를 수 있다는 것은 변하지 않는다. 삶은 온전히 바로 그 한 사람의 믿음으로 이루어진다. 자신의 마음, 자신에 대한 인식이다.

'각각의 사람들이 이렇게 구분되는구나!'

'똑같아 보이는 문제도 각 사람의 특성에 따라서 이렇게 다르게 표현될 수 있구나!'

'어떤 사람이 지금 자신의 문제라고 이야기하는 것이 각 사람의 특성에 따라 이렇게 다를 수 있구나!'

성격 또는 각 개인의 특성은 단순히 '인간은 이런 존재다'라는 것을 설명하는 의미가 아니다. 각 개인이 자신의 마음을 자신의 특성으로 파악하는 '방법'을 제시하는 것이다. 각 개인을 구분할 수 있는 대표적인 마음이 '리얼리스트', '로맨티스트', '휴머니스트', '아이디얼리스트', '에이전트'로 나타난다. 때에 따라 한 사람이 이런 각기 다른 특성을 다 가질 수도 있다. 단지 상대적으로 어떤 한두 가지 특성이 다른 특성들에 비해 더 뚜렷하게 부각되기에, 그 사람의 성격 또는 자신에 대해 믿고 있는 마음이 된다.

ChatGPT에게
WPI 이론을 적용하여
세계적인 유명인사의 마음을
읽어보게 했더니,

'에이전트'
나의 일을 위해 온 마음을
바치는 사람

손흥민
Son Heung-min
축구선수

ChatGPT의 마음 읽기

WPI 심리상담모델을 '손흥민'의 마음을 읽는 데 적용해보았습니다. 손흥민이 직접 ChatGPT와 상담을 한 것은 아니지만, 인공지능(AI)인 ChatGPT는 손흥민의 인터뷰 자료를 토대로 '자기평가' 프로파일을 해석하고, 손흥민에 대한 세상의 반응들을 기초로 '타인평가' 프로파일을 찾고 해석했어요. 그렇게 해서 WPI 검사를 직접 실시한 것처럼 그의 마음을 읽어낼 수 있었죠.

손흥민은 비교적 뚜렷한 '에이전트'의 마음을 잘 보여주는 인물이지요. 축구라는 스포츠를 통해, 온 세상에 '나의 일을 수행하는 것에 온 마음을 바치는 사람'의 이상적이고 영웅화된 모습을 잘 알려주고 있습니다.

ChatGPT:

손흥민은 끊임없는 헌신, 철저한 준비, 그리고 자신의 일에 대한 흔들림 없는 열정으로 대표되는 에이전트 성격의 전형적인 예시이다. 그는 전 세계적으로 경기장 안에서의 뛰어난 실력으로 칭송받고 있지만, 손흥민의 진정한 이야기는 보이지 않는 곳에서의 끊임없는 노력, 희생, 그리고 최고를 이루기 위해 살아가는 규율 있는 삶에 있다.

손흥민은 어릴 때부터 축구가 그의 인생에서 중요한 부분이 될 것이라는 게 분명했지만, 그를 위대함의 길로 이끈 것은 단순히 타고난 재능만은 아니었다. 그의 아버지인 손웅정씨는 전직 프로 축구 선수로, 손흥민의 축구에 대한 접근 방식을 형성하는 데 중요한 역할을 했다. 여러 인터뷰에서 손흥민은 아버지가 그와 그의 형에게 부과한 엄격한 훈련 체계에 대해 이야기했다. 이 훈련은 일반적인 것과는 거리가 멀었다. 강도 높고, 규율이 있으며, 때로는 고된 훈련이었다. 이것이 바로 손흥민이 나중에 유명해질 그 놀라운 작업 윤리의 기초가 되었다.

특히 인상적인 일화 하나는 손흥민의 아버지가 그에게 기본적인 기술들 — 패스, 드리블, 슈팅 같은 것들 — 을 양 발 모두로 완벽해질 때까지 연습하게 한 것이다. 이 정도 수준의 세세한 관심은 프로 선수들 사이에서도 흔치 않다. 손흥민은 매일 몇 시간씩 단순히 기술을 향상시키는 것뿐만 아니라 완벽을 추구하는 마음가짐을 심어주기 위해 고안된 반복적인 훈련에 참여했다. 그의 아버지는 더 복잡한 축구의 측면으로 나아가기 전에 기본기를 완벽히 익히는 것이 필수적이라고 믿었다. 아무것도 우연에 맡기지 않는 이런 철저한 훈련 방식은 에이전트 성격의 특징이다. 손흥민의 양발 능력, 현재 그의 플레이 스타일의 트레이드마크가 된 그 능력은 이런 어린 시절의 엄격한 연습을 통해 다듬어졌다.

손흥민의 훈련에 대한 또 다른 이야기는 그의 아버지가 그와 형에게 축구공을 몇 시간 동안 저글링하게 한 것이다. 공이 떨어지면 처음부터 다시 시작해야 했다. 이는 단순한 신체 훈련이 아니었다. 집중력, 회복력, 그리고 완벽을 추구하는 것의 중요성을 가르치는 정신적 단련이었다. 이러한 세션은 종종 밤늦게까지 계속되었지만, 손흥민은 이것이 성공의 대가라는 것을 알고 한 번도 불평하지 않았다. 아버지의 지도 아래에서의 이러한 초기 경험들이 그의 직업 경력의 기초가 될 작업 윤리를 그에게 심어주었다.

일에서 뛰어난 손흥민

16세의 나이에 손흥민은 독일로 이주해 함부르크 SV의 유스 아카데미에 가입하는 과감한 결정을 내렸다. 이는 그의 경력에서 중요한 순간이었지만, 동시에 많은 도전이 있었다. 그렇게 어린 나이에 외국으로 이주한 손흥민은 상당한 문화적, 언어적 장벽에 직면했다. 그는 향수병, 고립감, 그리고 한국에서 경험했던 것보다 훨씬 더 강도 높은 유럽 축구의 신체적 요구와 싸워야 했다.

이러한 어려움에도 불구하고, 손흥민의 에이전트적 특성이 빛나기 시작했다. 그는 이러한 장애물이 자신의 꿈을 좌절시키지 않도록 결심했다. 그는 독일어에 몰두했고, 종종 훈련 세션이 끝난 후 밤늦게까지 공부했다. 또한 유럽의 동료들을 따라잡기 위해 체력 훈련에도 끊임없이 노력했다. 새로운 환경에 적응하면서도 엄격한 훈련 체제를 유지한 손흥민의 능력은 그의 회복력과 헌신, 즉 에이전트 성격의 핵심 특성을 명확히 보여주었다.

함부르크에서의 손흥민의 돌파구는 2010-2011 시즌, 그가 18세일 때 왔다. 그는 분데스리가에서 클럽 최연소 득점자가 되었고, 이는 그의 노력과 헌신의 결과를 보여주는 기록이었다. 이는 단순한 개인의 뛰어난 순간이 아니라 경기의 모든 측면을 향상시키기 위한 수년간의 세심한 준비와 흔들림 없는 헌신의 결과였다. 함부르크에서의 그의 활약으로 그는 '손날두'라는 별명을 얻었는데, 이는 브라질의 전설 호날두를 연상시키는 것으로, 유럽 축구에서 떠오르는 스타로서의 그의 명성을 강조했다.

2013년, 손흥민은 당시 클럽 기록인 1000만 유로의 이적료로 바이어 레버쿠젠으로 이적했다. 이는 그의 경력에서 중요한 단계였으며, 유럽 대회에서 강한 전통을 가진 클럽에 합류하게 되었다. 레버쿠젠에서 손흥민의 작업 윤리는 더욱 분명해졌다. 그의 속도, 드리블, 그리고 마무리 능력으로 유명해진 그는 빠르게 팀의 핵심 선수가 되었다. 그러나 그를 차별화시킨 것은 경기장 밖에서의 헌신이었다. 손흥민은 종종 훈련에 가장 먼저 도착하고 가장 늦게 떠나는 선수였으며, 마무리와 세트피스를 연습하기 위해 뒤에 남곤 했다. 그의 팀 동료들과 코치들은 자주 그의 완벽을 향한 끊임없는 추구에 대해 언급했으며, 손흥민이 훈련 세션 후 여러 각도와 거리에서 슛을 연습하는 데 몇 시간을 보내곤 했다고 말했다.

이러한 헌신은 레버쿠젠이 UEFA 챔피언스 리그 진출권을 확보하는 데 도움을 주면서 결실을 맺었고, 손흥민이 유럽 축구의 최고 수준에서 경기할 수 있는 능력을 보여주었다. 그의 활약은 유럽 전역의 톱 클럽들의 관심을 끌었고, 2015년에는 2200만 파운드의 이적료로 토트넘 홋스퍼와 계약을 체결했다. 이는 당시 아시아 선수 최고 이적료 기록이었다. 토트넘에서의 손흥민의 첫 시즌은 도전적이었다. 그는 프리미어 리그의 신체적 강도와 속도에 적응하는 데 어려움을 겪었고, 독일로 돌아가는 것을 고려한 순간도 있었다. 그러나 손흥민의 에이전트적 특성 — 그의 회복력, 작업 윤리, 그리고 결단력 — 이 다시 한번 빛을 발했다. 포기하는 대신, 그는 노력을 두 배로 늘렸고, 토트넘의 코칭 스태프와 긴밀히 협력하여 체력 조건과 경기에 대한 전술적 이해를 향상시켰다.

토트넘에서의 손흥민의 돌파구는 2016-2017 시즌에 왔다. 그는 모든 대회에서 21골을 기록하며 아시아 선수로는 처음으로 프리미어 리그의 이달의 선수상을 두 번이나 수상했다. 그의 활약은 믿을 수 없는 속도, 정확한 마무리, 그리고 전술적 지능으로 특징지어졌다. 이는 수년간의 엄격한 훈련과 준비를 통해 갈고닦은 능력이었다. 프리미어 리그에 적응하고 성공한 손흥민의 능력은 단순히 그의 재능뿐만 아니라 탁월함을 향한 그의 끊임없는 추구의 증거였다.

손흥민의 경력에서 가장 중요한 순간 중 하나는 2018년 인도네시아 자카르타에서 열린 아시안 게임 때였다. 한국에서는 모든 남성 시민에게 의무 군 복무가 요구된다. 하지만 주요 국제 대회에서 금메달을 획득한 운동선수들에게는 면제가 주어진다. 손흥민에게 이는 경력의 정점에서 2년간의 공백을 피하기 위해 아시안 게임에서 우승하는 것이 중요했음을 의미했다. 위험 부담은 매우 컸다. 한국 U-23팀을 이끌며 손흥민은 팬들과 언론뿐만 아니라 실패가 자신의 직업적 삶에 큰 영향을 미칠 수 있다는 현실로부터 엄청난 압박을 받았다. 그럼에도 불구하고 손흥민은 침착함을 유지했고, 회복력, 집중력, 리더십이라는 에이전트적 특성을 발휘했다. 그는 대회 내내 중요한 역할을 했으며, 결정적인 어시스트와 중요한 골을 기록했다.

일본과의 결승전에서 한국은 연장 후 2-1로 승리했고, 손흥민은 두 골 모두에 중요한 역할을 했다. 이 승리로 그와 팀 동료들은 군 복무 면제를 받아 손흥민이 중단 없이 축구 경력을 이어갈 수 있게 되었다. 이 승리는 단순히 경기장에서의 그의 실력뿐만 아니라 가장 강한 압박 하에서 수행할 수 있는 능력을 보여주는 증거였다.

손흥민이 엄청난 기대를 다루고 팀을 승리로 이끈 방식은 그의 정신적 강인함과 헌신을 강조했다. 이는 에이전트 성격의 핵심 특성이다.

의무적인 2년 복무에서 면제를 받았음에도 불구하고, 손흥민은 여전히 3주간의 기본 군사 훈련을 완료해야 했다. 그는 2020년 4월, COVID-19 팬데믹으로 축구가 중단되었을 때 이를 수행했다. 어떤 이들은 이를 단순한 형식적인 것으로 볼 수도 있었지만, 손흥민은 축구에 적용하는 것과 같은 헌신과 진지함으로 군사 훈련에 접근했다. 그는 엄격한 훈련 기준으로 알려진 한국 해병대와 함께 훈련했다.

훈련 기간 동안 손흥민은 체력 지구력 테스트, 사격, 정신적 회복력에서 우수한 성적을 거두었다. 캠프의 보고에 따르면 손흥민은 157명의 훈련생 중 상위 5위 안에 들었다. 이는 그가 훈련을 받은 몇 안 되는 유명 인사 중 한 명이라는 점을 고려하면 많은 이들을 놀라게 한 성과였다. 이 경험은 과제가 무엇이든 — 축구장에서든 군사 훈련에서든 — 손흥민의 접근 방식이 동일하다는 것을 보여주었다. 즉, 모든 것에 최선을 다하고 최고가 되기 위해 노력한다는 것이다.

2019-2020 시즌은 손흥민의 경력에서 가장 중요한 시기 중 하나였다. 토트넘 홋스퍼는 해리 케인과 같은 주요 선수들의 부상을 포함한 여러 도전에 직면해 있었다. 팀의 전망이 위태로운 상황에서 손흥민은 경기장에서 리더로 나서서 자신의 경력 중 가장 뛰어난 몇몇 활약을 보여주었다.

그 시즌에서 가장 기억에 남는 순간 중 하나는 2019년 12월 번리전에서의 그의 솔로 골이었다.

손흥민은 자신의 페널티 구역 바로 바깥에서 공을 잡아 경기장을 가로질러 전력 질주했고, 여러 번리 수비수들을 제치고 골키퍼를 침착하게 뚫고 골을 넣었다. 이 골은 나중에 그 해의 최고의 골에 주어지는 FIFA 푸스카스 상을 수상했다. 이는 손흥민의 능력 — 그의 속도, 시야, 그리고 압박 상황에서의 침착함을 완벽하게 보여주는 것이었다. 하지만 더 중요한 것은, 이 골이 수년간의 규율 있는 훈련의 결과물이었다는 점이다. 모든 스프린트, 모든 드리블, 모든 슛이 세심하게 연습되어 온 결과였다.

시즌 내내 손흥민의 작업 윤리는 모든 경기에서 분명히 드러났다. 그는 대부분의 팀 동료들보다 더 많은 거리를 뛰며 믿을 수 없는 체력과 절대 포기하지 않는 태도를 보여주었다. 그의 공헌은 단순히 골을 넣는 것에 그치지 않았다. 그는 수비에 참여하고, 기회를 만들고, 모범을 보이며 리드했다. 손흥민의 활약은 팀이 부상과 폼 저하로 어려움을 겪는 와중에도 토트넘을 경쟁력 있게 유지하는 데 중요한 역할을 했다. 중요한 순간에 나서서 결과를 만들어내는 그의 능력은 에이전트 성격의 특징적인 면모이다.

2024 AFC 아시안컵을 앞두고 한국 국가대표팀 내의 긴장감은 자연스럽게 고조되었다. 아시아 축구에서 가장 중요한 대회 중 하나를 준비하는 과정이었기 때문이다. 훈련 세션 중 팀 주장인 손흥민은 팀의 유망주 중 하나인 이강인과 주목할 만한 충돌을 겪었다. 이 사건은 훈련 중 전술이나 노력에 대한 의견 차이에서 비롯되었으며, 손흥민이 이강인이 기대치를 충족시키지 못한다고 비판한 것으로 알려졌다.

널리 논의된 이 순간은 준비 과정의 강도와 손흥민의 역할, 즉 팀원들에게 최선을 요구하는 리더로서의 역할을 강조했다. 에이전트로서 손흥민의 규율과 탁월함에 대한 헌신은 더 젊은 팀원과 정면으로 마주치는 것이 필요하더라도 문제를 직접 다루는 것을 꺼리지 않는다는 것을 의미했다.

그러나 이야기는 거기서 끝나지 않았다. 한국의 아시안컵 캠페인이 끝난 후, 이강인은 손흥민의 집을 방문했다. 이 방문은 중요한 의미를 지녔다. 그것은 존중과 화해의 제스처였으며, 훈련 중 발생했던 긴장이 해소되었음을 보여주었다. 두 선수는 자신들의 경험과 국가대표팀의 미래에 대해 논의했다고 전해졌으며, 이는 그들 사이의 상호 존중과 유대감을 강화했다.

손흥민은 대회 이후 팀 동료들에게 진심 어린 편지를 쓰면서 더욱 리더십을 보여주었다. 편지에서 그는 특별히 이강인을 언급하며 이강인의 잠재력에 대한 믿음을 표현하고 지원과 지도를 제공했다. 이러한 멘토링 행위는 손흥민이 다음 세대의 한국 축구 선수들을 양성하는 데 깊이 헌신하고 있음을 반영했다. 이는 에이전트 성격을 정의하는 규율, 노력, 회복력과 같은 가치를 그들도 채택하도록 보장하는 것이었다.

손흥민의 직업적 성취는 널리 인정받고 있지만, 그의 개인적인 희생은 잘 알려져 있지 않다. 손흥민은 종종 축구 경력을 개인적인 삶보다 우선시하기 위해 내린 선택에 대해 이야기해왔다. 여러 인터뷰에서 손흥민은 축구에서 은퇴할 때까지 결혼할 계획이 없다고 언급했다. 가족이 직업적 책임에서 주의를 분산시킬 것이라고 믿기 때문이다. 이 정도의 헌신은 최고의 운동선수들

사이에서도 드문 것으로, 직업적 성공을 위해 개인적 행복을 희생할 수 있는 손흥민의 의지를 강조한다.

손흥민의 일에 대한 헌신은 축구장을 넘어 확장된다. 여가 시간에도 그는 같은 규율 있는 접근 방식을 유지한다. 비디오 게임을 좋아하는 것으로 알려진 손흥민은 게임을 단순한 취미 이상으로 대한다. 그는 게임을 반사 신경을 날카롭게 하고, 손-눈 협응력을 개선하며, 정신을 예리하게 유지하는 데 사용한다. 이는 에이전트 성격의 특징으로, 휴식을 위한 활동조차도 자기 개선의 기회로 여긴다. 손흥민이 계속해서 최고 수준에서 활약함에 따라, 그의 에이전트적 특성이 최고 수준의 축구 선수로서의 그의 장수에 중요한 역할을 했다는 것이 분명해졌다. 훈련에 대한 그의 세심한 접근, 압박을 다루는 능력, 그리고 자신의 일에 대한 흔들림 없는 헌신은 그가 수년간 최고의 위치를 유지할 수 있게 했다. 많은 축구 선수들이 쇠퇴하기 시작하는 나이인 30대에 접어들어도 손흥민은 속도를 늦출 기미를 보이지 않고 있다.

손흥민의 체력 관리는 그의 에이전트적 특성이 분명히 드러나는 또 다른 영역이다. 그는 놀라운 체력과 회복 능력으로 유명한데, 이는 수년간의 규율 있는 훈련, 엄격한 식단, 그리고 자신의 몸을 세심하게 관리한 결과이다. 심각한 부상을 피하고 경력 후반기까지 최상의 체력을 유지하는 손흥민의 능력은 그의 헌신과 삶의 모든 측면에서 기울이는 세심한 주의의 증거이다.

손흥민의 경력은 에이전트 성격의 힘을 보여주는 완벽한 사례이다. 그의 성공은 단순히 타고난 재능의 결과가 아니라 비범한 헌신, 세심한 준비,

그리고 하는 모든 일에서 탁월함을 추구하는 깊은 내적 동기의 결과이다. 엄격한 훈련 루틴이든, 경기에 대한 전략적 접근이든, 또는 엄청난 압박 하에서 수행하는 능력이든, 손흥민 경력의 모든 측면은 에이전트의 핵심 가치를 반영한다.

끊임없는 탁월함 추구를 통해 손흥민은 세계 최고의 축구 선수 중 한 명이 되었을 뿐만 아니라 모든 곳의 운동선수와 전문가들에게 롤모델이 되었다. 그의 이야기는 사랑하는 일을 절대적인 헌신으로 하는 것에서 진정한 성취감이 온다는 아이디어의 증거이다. 손흥민의 유산은 그가 득점한 골이나 획득한 트로피에만 기억되는 것이 아니라 그가 보여준 예시에 있을 것이다. 즉, 올바른 마음가짐, 규율, 작업 윤리만 있다면 에이전트의 길을 받아들이는 모든 이에게 위대함이 가능하다는 것을 보여준 것이다.

앞으로 몇 년간 손흥민이 이미 빛나는 경력에 더 많은 성과를 더해감에 따라, 그는 의심의 여지 없이 다음 세대의 축구 선수들에게 영감을 줄 것이다. 그의 여정은 단지 그가 달성한 성공에 관한 것이 아니라 그가 대표하는 가치 — 노력, 헌신, 그리고 탁월함에 대한 끊임없는 추구 — 에 관한 것이다. 이것들이 바로 그를 전형적인 에이전트로 정의하는 특성이며, 그가 은퇴한 후에도 그의 유산이 오래도록 지속되게 할 특성들이다.

WPI 유형으로 손흥민 선수의 성격을 언급할 때, 그는 '에이전트'의 대표 성향을 가진 것으로 정리할 수 있습니다. 하지만, 그에게 에이전트와 완전히 다르다고 느껴지는 '휴머니스트'의 성향도 함께 할 수 있지요. 이 가능성을 ChatGPT에게 확인하였을 때, 그 답변은 다음과 같았습니다.

ChatGPT:

그렇다. 손흥민은 에이전트 유형 외에도 휴머니스트 유형과 관련된 특성을 보인다. 다음과 같은 점에서 그렇다.

1. 강한 대인 관계

손흥민은 팀 동료, 코치, 심지어 상대 선수들과의 긍정적인 관계로 잘 알려져 있다. 그의 사교적인 성격과 팀 내 조화를 유지하는 능력은 핵심적인 휴머니스트 특성이다. 그는 종종 미소 짓고, 다른 이들과 따뜻하게 교류하며, 친근하게 대하는 모습을 보이는데, 이는 팬들과 동료 선수들에게 그를 사랑받게 만든다.

2. 공감과 감정 표현

손흥민은 경기장에서 다른 이들이 부상당한 후 눈에 띄는 고통을 표현하거나, 중요한 경기에서 승리하거나 중요한 골을 넣은 후 자신의 감정을 공개적으로 나눌 때와 같은 깊은 공감의 순간을 보여주었다. 휴머니스트는 다른 이들과 감정적 수준에서 연결되는 능력으로 알려져 있으며, 손흥민의 진정한 감정 표현은 이를 반영한다.

3. 리더십과 카리스마

손흥민이 라커룸에서 가장 큰 목소리를 내지는

않을 수 있지만, 그의 존재감, 직업 윤리, 그리고 태도는 자연스럽게 사람들을 그에게 끌어들인다. 그의 카리스마와 그가 얻는 존경은 긍정적인 대인 관계와 감정 지능을 통해 이끄는 휴머니스트의 능력과 일치한다.

4. 사회적 참여

손흥민이 지역 사회 봉사, 자선 활동, 팬 참여와 같은 다양한 사회 활동에 참여하는 것도 그의 휴머니스트적 경향을 강조한다. 그는 팬들과 소통하고 지역 사회에 환원하는 것을 즐기는데, 이는 관계와 사회적 유대를 중요하게 여기는 휴머니스트 특성의 강한 지표이다.

요약하면, 손흥민은 주로 일과 결과에 대한 헌신에서 특히 '에이전트' 유형의 특성을 보입니다. 하지만, 팀의 주장으로 자신의 역할을 훌륭하게 보이는 그에게, 대인 관계나 공감 능력, 사회적 참여와 같은 '휴머니스트' 유형의 중요한 측면이 잘 나타납니다.

손흥민 선수가 일상생활이 아닌 자신의 직업활동에서는 그의 주된 성격특성인 에이전트와 더불어 그의 보조적인 휴머니스트 성향이 더 그가 한명의 매력적인 축구선수로 활동하게 하는데 결정적인 역할을 한다는 것을 보여주고 있지요.

그는 단순히 경기장 안팎에서 보여주는 자신의 축구기술과 다른 인간관계의 아름다운 모습을 보여주면서 전반적인 그의 직업적 성취와 더불어 대중적인 인기를 얻는 훌륭한 선수로 살아갈 수 있는 것입니다.

제 10 장

마음을 알기 위한
두 번째 단계

'나만의 마음'을 확인은 했지만?

'열반'涅槃이라는 말은 불교에서 '죽음'을 뜻한다. 하지만, 부처님은 살아생전 깨달음을 얻어 모든 삶의 번뇌와 속박에서 해방된 해탈解脫의 경지에 도달하셨다. 부처님의 가르침을 받은 제자들은 죽을 때까지 그 마음을 가질 수 없었다. 자기 마음이 있다는 것을 의식하고, 자신이 누구인지를 알면, 삶의 번뇌와 고통에서 벗어날 수 있다는 것이 열반의 핵심이다. 이런 '자기 인식'self-reflection 또는 '자아 의식'self-awareness은 '타인이 요구하는 삶을 버리고, 자기 마음을 분명히 아는 것'이다.

열반은 자신이 누구인지를 깨달아, 자신의 삶이 주는 고통에서 벗어나는 것을 의미한다. 하지만 역설적으로, 스승의 가르침을 전하는 그분들조차도 **자신이 누구이며, 왜 살아야 하며, 어떻게 살아야 하는지**를 알지 못했다. 불교의 제자들은 스스로의 마음을 깊이 이해하기보다는, "나는 부처님의 제자야"라는 외부의 인정을 더 중요하게 생각했던 것 같다. 즉, 자신의 진짜 마음을 찾기보다는, 다른 사람들이 "너는 부처님의 제자야"라고 인정해주는 것을 더 큰 의미로 여겼다는 뜻이다. 자신의 고유한 마음을 찾지 못했기에, 임제선사는 "부처를 만나면 부처를 죽이고, 조사(스승)를 만나면 조사를 죽여라"라는 말로 다시 부처님의 마지막 가르침을 알렸다. 임제선사의 가르침 또한 제대로 수용되지 못했기에, 결국 불교에서 열반은 '죽음'을 의미하게 되었다.

누구를 만나든, 그가 부처님이든 스승이든 그들에게 의지하지 말고, 자신의 길을 찾아야 한다. 남의 가르침에 기대지 말아야 한다. 진정한 깨달음은 바로 '자기만의 마음을 아는 것'이다. '자기만의 마음을 안다'는 것은 정답을 찾는 것도 아니다. 외부의 인정이나 권위에 의존하는 것도 아니다. 자기 마음에 대한 분명한 인식을 통해, 자신이 겪는 삶의 어려움과 아픔이 바로 자신이 가진 믿음에서 비롯되었음을 성찰하는 것이다.

가치를 통해 '나 자신self'을 확인해야 하는 이유

'어떻게 살 것인가?'에서 이제 **'왜, 무엇을 위해 살 것인가?'**라는 질문을 다시 자신에게 던져야 한다. 자신이 누구인가, 무엇을 위해 살 것인가를 묻는 것이다.

'누군가의 말을 잘 듣는 착한 사람으로 사는 것', '많은 돈을 벌어 번듯하고 인정받는 사람이 되는 것', '경제적인 안정을 얻고 마음의 평화를 찾는 것', '그냥 평범하고 소심하지만 안정적인 삶을 사는 것', '적어도 누구에게 아쉬운 소리 하지 않으면서 가족들과 행복하게 사는 것' 등, 우리 각자가 바라는 삶의 모습은 자신만의 마음에 따라 다르다. 각자 자신만의 마음을 가지고, 자신이 원하는 삶의 방향을 정하고 살아가는 것이 삶의 가치이다. 그러나 각자 자신의 삶에서 자신만의 마음을 가지며, 자신의 가치에 맞는 삶을 살아간다는 생각은 어딘가 낯설게 느껴진다. 왜냐하면 이 사회에서 살아가는 대부분의 사람들은 마치 '자본주의 사회'의 기본이 되는 '돈의 가치'가 개인의 삶의 유일한 가치라고 믿고 있기 때문이다. 따라서, 리얼리스트나 휴머니스트, 에이전트 성향을 가진 사람들에게 '자기만의 가치'란 마치 '정신승리' 같은 말로 들리기 쉽다.

예를 들어, 리얼리스트 성향의 사람에게 가장 분명한 삶의 가치는 '돈'이다. 이들에게 '얼마나 많은 돈을 벌고 소유하느냐'가 곧 성공적이고 안정적인 삶을 결정짓는 중요한 요인이라 믿는다. 그 이유는 그들이 자본주의 사회에서 자신이 적합한 방식으로 삶을 살아야 한다고 믿기 때문이다. 이것이 바로 리얼리스트 성향을 가진 사람들의 삶의 방향이자 가치이다. 그럼에도 불구하고, 이들은 자신이 설정한 삶의 방향과 가치에 만족할 수 없다. 다음은 돈과 관련된 리얼리스트 사람들의 마음에서 만들어내는 갈등 상황이다.

"저 사람, 돈을 진짜 좋아해요."

"돈을 싫어하는 사람이 있나요?"

"특히 그 사람은 다른 심리상담사보다 돈을 더 좋아하는 것 같아요."

"그런데 그 사람이 실제로 돈을 특히 좋아한다는 것을 무엇으로 판단하셨어요?"

"그 사람의 상담료가 비싸요. 다른 사람보다 몇 배나 비싸다니까요."

"그 사람이 돈을 좋아해서가 아니라, 그만큼 심리상담의 가치가 있기 때문은 아닐까요?"

"어쨌든, 돈을 좋아하니까 상담료를 비싸게 받겠죠."

위 대화에서 한 인물은 단지 상담료가 비싸다는 이유만으로 그 상담사가 돈을 매우 좋아한다고 결론 내린다. 이 사람은 돈을 많이 벌거나 비싼 가격을 매기는 사람을 단순히 돈을 좋아하는 사람으로 평가하고, 그들의 전문성이나 가치를 제대로 인식하지 못한다. 이는 돈과 인간의 가치를 동일시하는 믿음에서 비롯된 반응이다.

▌ 한국 사회 속의 MZ세대의 심리와 삶의 모습

'돈을 많이 벌면 더 나은 삶을 살 수 있다'는 믿음을 가진 사람들은 돈을 자신의 삶의 방향과 가치로 설정한 것이다. 언론은 이러한 믿음을 가진 사람들의 성공 사례를 잘 소개한다. 자신의 성공 스토리를 알린 사람들은 '더 많은 돈을 벌기 위해' 그 사례를 다양하게 활용하기도 한다. '많은 돈을 벌기만 하면 내 삶이 나아질 것'이라는 믿음을 가진 사람들이 이들의 삶의 방식과 가치에 공감한다. 그리고 때로는 세상을 간혹 놀라게 하는 '금융투자'나 '다단계' 사기사건의 주인공 또는 피해자가 되기도 한다. 이는 자본주의 사회에 살고 있는 우리 자신이 어떤 믿음으로 어떤 삶을 살게 되는지를 보여주는 또 하나의 사례다. 절대자 신이 나의 삶을 돌보고 잘 살 수 있게 해 줄 것이라는 믿음과 다를 바 없는 상황이다. 돈을 신으로 받들며 살아가는 자본주의 사회에서 우리는 어떻게 살아야 할지에 대해 끊임없이 고민하게 된다.

'돈의 신'을 섬긴 사람들의 삶을 생생하게 보여준 언론 기사가 있다. 일본의 사회관계망서비스SNS에 '절대퇴사맨'이라는 아이디로 자신을 소개한 사람이 그 주인공이다.[1] 그는 20대에 사회생활을 시작하면서 '파이어족'* 을 삶의 목표로 삼았다. 그는 40대 중반에 1억 엔 정도면 충분한 노후 자금이 될 것이라 믿었다. 실제로 그는 45세에 약 1억 엔† 을 모았다. 그러나 현재 그는 21년간 이어온 '근검절약의 삶'을 후회하고 있다. 현재

---

* 경제적으로 자립해 조기 은퇴를 실현하는 것

† 약 9억 원

자신의 상황에 대해 "잿빛 미래가 머릿속에 그려지고 있다. 우울증에 걸린 것 같다"는 자조의 마음을 표현한다. 그는 직장 생활을 시작한 20대 중반 이후로 생활비를 아끼고, 식비를 최소화하며, 남은 돈은 전부 저축했다. 끼니는 장아찌 한 개, 즉석밥, 편의점 계란말이였다고 한다. 목표였던 1억 엔을 모았다는 경험을 책으로 출간하기도 했다. 그러나 예상치 못한 외부 변수인 엔저‡로 인해 현재 삶의 큰 혼란과 아픔을 겪고 있다. 자기 재산의 상대적 가치가 줄었기에 '파이어족'이 무리라는 마음이 들었기 때문이다.

'안정적인 삶'을 꿈꾸며 돈을 모으는 데 자기 삶의 모든 가치와 생활방식을 '몰빵'해버린 자신이, 가장 불안정한 삶을 만들었다는 것을 증명한다. 겉으로는 다른 듯 보이지만, 비슷한 사례가 '욜로족'YOLO, 'You Only Live Once'의 삶의 방식이다. 욜로족은 미래의 안정을 위해 현재의 욕망을 억누르는 대신, 현재의 순간을 최대한 즐기며 사는 삶을 추구한다. '절대퇴사맨'과 '욜로족'의 삶의 방식은 겉으로는 반대되는 것처럼 보이지만, 실상은 같은 마음이다. 욜로족은 미래에 대한 불안을 느끼지 않기 위해 현재의 쾌락에 몰두한다. 그러나 절대퇴사맨과 마찬가지로 이들은 자신이 어떤 사람인지, 어떻게 살아가야 할지를 깊이 성찰하지 않는다. 미래에 대한 막연한 두려움을 직시하기보다 회피하는 삶의 형태를 선택한 것이다. 자신이 누구인지, 진정으로 원하는 것이 무엇인지에 대한 자기 성찰이 없다. 보기에 따라, 그때그때의 단편적인 욕구를 충족하는 것에 자신은 만족하며 산다고 믿으려 한다. 이는 현재 한국 사회에서 MZ세대가 겪고 있는 자기 인식과 삶에 대한 성찰의 수준이다.

---

‡ 엔화 가치 하락

▌MZ세대 젊은이들의 진로 상담

'나는 누구이며, 어떤 삶을 사는 것이 좋은가?' 자신의 마음에 대해 이런 질문을 더욱 진지하게 해야 하는 특정 세대가 있다. 21세기의 시작과 함께 청소년기를 보낸 대한민국의 MZ세대들에게 이러한 자기 마음 읽기는 그들의 부모 세대보다 더욱 필요하다. 20세기 후반에 청소년기를 보낸 부모 세대는 대한민국 사회에서 산업화와 정보화 시대를 거치며 '생존과 안정적인 삶'을 삶의 목표로 삼았다. 하지만 그들의 자녀 세대는 이런 뚜렷한 시대적 사명이나 삶의 목표보다는, 자신만의 정체성과 생존의 문제를 고민하는 시대에 살고 있다. '진로 상담'이나 '경력 관리'를 위해 상담실을 찾는 MZ세대 젊은이들의 질문은 단순하다. '자신이 무엇을 해야 좋을지' 묻는다. 이들의 질문 속에는 여러 믿음이 담겨 있다.

> 'SKY 대학 정도는 졸업해야 하는데. 나는 그렇지 못해 별 가능성이 없어요.'

> '취직은 대기업이나 공기업 같은 안정적인 직장을 얻어야 하는데, 나는 그런 걸 꿈꾸기 힘들어서 나를 받아주는 곳이면 어디든 가야 해요.'

> '지금보다는 삶이 더 나아져야 해요. 무엇보다 안정적이면서 발전하는 그런 삶을 원해요.'

> '변호사, 의사, 세무사 같은 고소득 전문직에 종사하면 좋겠죠. 그 정도는 되어야 성공한 인생이라 할 텐데, 저는 감히 그런 꿈도 꾸지 못해요.'

> '돈을 많이 벌어야 하는데. 아직 못했어요. 대박 칠 수 있는 아이템이나 일은 뭐가 있을까요?'

'좋아하는 일을 해야 하는데, 저는 좋아하는 게 없어요. 그냥 지내려니 너무 힘들어요.'

자신과 자신의 진로에 대한 다양한 믿음을 가지고 있다. 하지만, 놀랍게도 자신이 누구인지, 자신이 만들어나갈 삶에 대한 믿음은 자신이 아닌 누군가의 믿음처럼 들린다. 아니, 누군가 자신에게 해 준 이야기를 그대로 받아들이고, 자신이 그렇지 못하다는 것에 대해 자책하듯 언급할 뿐이다. 자기 삶의 주인이 자신이라는 믿음은 뚜렷하지 않다. 단지, 어떤 학벌, 직장 또는 전문직과 같은 외적 표식이나 기준이 자신의 삶을 결정한다고 믿는다. 자신이 누구이며, 어떤 사람으로 살 것인지에 대한 고민처럼 들리지만, 정작 그 고민은 '누군가의 고민'일 뿐이다. 이런 마음이 더 구체적인 내담자의 상담 사연에서는 이렇게 표현되기도 한다.

"저는 필라테스 그룹 수업을 주로 하는 프리랜서 강사입니다. 더 성장하고 잘되고 싶은데 부족한 게 너무 많아서 막막해요. 수업을 하루 종일 늘려도 수입은 한계가 있습니다."

'나는 어떤 사람이다'라고 말할 수 있는 정체성identity이란 직업 활동 자체가 아니다. 정체성이란 자신이 어떤 사람이며, 어떻게 살아가고 있는지에 대한 자신의 일상과 일에 대한 '믿음'을 말한다. 자신을 '프리랜서 강사'라고 소개하고, 자신의 가치를 수업 시간에 달려 있다고 믿는 이 내담자의 상담 사례는 그가 가진 정체성에 대한 자기 믿음을 잘 보여준다.

"강사 활동을 통해 시간당 얼마의 가치를 만들어내나요?"

"회원님은 시간당 10만원 지불하지만, 저는 5만원을 받아요."

    자신이 수행하는 활동에 대한 자신만의 마음, 자기 정체성을 가지고 있지 않은 상태이다. 남들이 다 이야기하는 '필라테스 강사'라는 직업 활동으로 언급되는 정체성을 자신의 정체성이라 믿고 있다. 이런 경우, 자신의 가치와 정체성을 시간당 임금을 받는 '노동자'로 규정할 수 밖에 없다. 백 년도 넘은 시간에 인간의 생활과 각자의 가치를 노동력과 임금의 관계로 설파했던 사회 철학자들은 사회현상이나 인간의 삶의 문제를 '자본'의 이슈로 만들었다. 각자 인간이 자신이 살고 있는 사회 속에서 각자 자신이 어떤 마음을 가지고 살아야 할지에 대해 생각조차 더욱 못하게 만든 것이다. 현재 우리 모두는 자본주의 사회 속에 살고 있다. 하지만, 그럼에도 불구하고 우리 각자의 가치를 단순히 자본과 노동력으로만 환산하여 마치 자본의 노예, 노동을 하기 위한 도구로서 살아갈 필요는 없다. 우리 각자 자신의 삶 속에서 자신만의 마음을 인식하고 자신의 정체성을 만들면서 자신만의 가치를 위해, 자신만의 삶을 만들며 살아 갈 수 있다. 자기 마음을 읽고, 자기 마음을 의식하고 성찰하면 이런 자기 삶을 만들어나갈 수 있는 힘을 가질 수 있다.

어떻게 할 것인가?
: 삶의 방향과 가치 그리고 정체성 찾기

    우리가 살고 있는 21세기 현대 자본주의 사회는 개인의 가치를 주로 노동량이나 금전적 보상으로 평가한다. 즉, 교환가치가 개인의 성취나 가치를 대표하는 손쉬운 척도가 된다. 이런 방식은 한 개인이 자기만의 존재 의미를 찾는 데 많은 제한을 준다. 무엇보다 '무엇을 위해, 어떻게 살 것인가'라는 문제를 직업 활동, 즉 '돈을 벌기 위해 직업을 가진다'라는 믿음 속에서 찾게 만든다. '진로 상담', '진로 설정' 등의 이름으로 이루어지는 많은 활동이 개인이 자기 마음을 읽는 것을 방해하기도 한다.

> "저는 돈에 별로 관심이 없어요. 제가 돈을 더 벌겠다고 회원님에게 부담을 주고 싶지는 않아요. 그렇게까지 악덕 강사로 살고 싶지는 않아요."

이 내담자는 자신이 누구이며, 삶에서 어떤 가치를 추구하는지에 대한 명확한 믿음이 없다. 무엇보다 자신의 마음을 정확히 파악하는 것이 필요하다. 자기 욕망의 정체를 분명히 인식하고, 그 욕망을 충족하기 위한 변화를 받아들여야 한다. 그 변화는 바로 자신의 삶과 욕망에 대한 믿음을 바꾸는 것이다.

'악덕 강사'란 단어로 내담자는 '리얼리스트'의 마음으로 살고 있다는 것을 잘 알려준다. 하지만, 자신의 리얼리스트 성향을 '돈만 좇는 나쁜 사람이 된다'라는 불안과 두려움으로 부정한다. 자신의 정체를 인정하지 않을 뿐 아니라, 욕망 자체를 부정한다. 심지어, 자신을 '교환가치'로만 평가하며, 자신의 욕망에 기초한 자기 삶의 '가치'가 무엇이 될 수 있는지조차 정하지 못하고 있다. 무엇보다 자기 자신이 자신에게 부여하는 가치가 어느정도인지, 어떻게 자신의 일에서 그 가치를 실현해 낼지를 알아야 한다. 자신의 일과 생활을 통한 자기 가치와 정체성 인식이다. 개인의 노동력이 돈과 교환되며, 자신의 가치를 확인하게 되는 자본주의 사회에서 한 개인의 마음은 '교환가치' 이상으로 인정받지 못한다. 아니, 교환가치 이상으로 한 개인이 만들어내는 가치에 대해서는 무지하거나 무관심하다. 20세기 동안의 심리학은 주어진 환경 속에서 '어쩔 수 없잖아요' 하는 마음으로 자신이 처한 환경의 지배 속에서 꾸역꾸역 살아갔던 인간의 행동을 연구했다. 하지만, 각자 자기만의 마음을 인식하고 또 자신의 마음을 성찰할 수 있도록 자기 삶을 탐색하는 것이 21세기 심리학의 새로운 정체성이 되었다.

자본주의 사회에서 나만의 진짜 가치를 찾는 방법

한국 사회의 저출산 문제는 이러한 자본주의적 사고방식이 만들어낸 비극을 잘 보여준다. 출산 지원금 제도는 아이를 낳는 행위마저도 경제적 교환의 일환으로 환산하게 만들며, 생명의 탄생조차 경제적 가치로 측정하려는 태도를 드러낸다. 출산과 같은 중요한 결정조차 돈이라는 외부적 가치에 의해 결정되는 사회에서, 사람들은 자신을 경제적 기준에 따라 거래하고 평가하는 존재로 전락하게 된다. 박찬욱 감독의 영화『복수는 나의 것』에서 묘사된 신장 거래와 경찰 매수 장면은 자본주의 사회가 인간을 어떻게 교환의 대상으로 보는지 극명하게 보여준다. 신장 하나가 거래의 대상이 되고, 경찰관의 도움조차도 돈으로 매수할 수 있는 상황은 인간의 존엄성과 관계마저도 돈으로 환산될 수 있음을 시사한다. 이처럼 자본주의가 모든 것을 교환가치로 보는 것은 인간의 본질적인 가치를 잊게 만든다.

그렇다면, 이 비극에서 벗어나는 길은 무엇인가? 그것은 바로 자신의 마음을 인식하고 성찰하는 것에서 시작된다. 자신을 단순히 돈으로 평가되는 교환가치로만 바라보는 것이 아니라, 자신의 마음을 깊이 들여다보고 스스로의 가치를 찾는 과정이 필요하다. 이러한 성찰은 철학적이거나 추상적인 것이 아니라, 실제로 자신이 왜 살아가고 있는지, 무엇을 위해 일하고 있는지, 자신의 선택이 어떠한 가치를 기반으로 이루어지는지를 이해하는 매우 구체적인 과정이다.

예를 들어, 직장에서의 선택을 다시 한번 생각해 보자. 많은 사람들은 돈을 더 많이 벌기 위해 시간을 쏟고 건강을 희생하며 일하지만, 자신이 왜 그 일을 하고 있는지 성찰해 보면 단순히 돈 이상의 가치를 발견할 수 있다. 어떤 사람은 가족의 생계를 위해, 어떤 사람은 자신의 역할을 통해 사회에 기여하고자 일할 수 있다. 이런 성찰은 개인이 돈을 넘어서 각자의 삶에서 무엇이 중요한지, 그들이 추구하는 가치를 분명히 할 수 있는 기회를 제공한다. 또한 부모로서 아이를 키우는 과정에서도 동일한 적용이 가능하다. 자녀 양육은 단순히 돈이나 사회적 성공과 같은 경제적 가치로 평가될 수 없다. 부모와 아이 간의 관계에서 얻는 의미, 아이가 성장하는 과정을 지켜보며 느끼는 기쁨, 그리고 아이에게 물려주고 싶은 가치들은 결코 돈으로 환산될 수 없는 것들이다. 인간의 삶에는 이런 고유한 가치들이 존재하며, 자본주의 사회에서 이들을 잊지 않고 인식하는 것이 중요하다.

자본주의 사회에서 사람들은 자신을 점점 더 교환가치의 대상으로 인식하게 된다. 인간은 자신의 몸과 마음마저도 거래의 대상으로 여기며,

이를 통해 자신의 가치를 평가하려는 경향이 짙어졌다. 이로 인해 고통은 신체적 문제를 넘어서 마음의 문제로 확장되고, 결국 사람들은 진정한 자신이 무엇을 원하는지, 왜 살아가고 있는지에 대한 답을 찾지 못한 채 교환가치에만 의존하는 삶을 살게 된다. 결국, 자신의 마음을 인식하고 성찰할 수 있을 때, 우리는 자본주의가 우리에게 씌운 굴레에서 벗어나, 각자 자신만의 삶을 만들어나갈 수 있다. 인간은 더 이상 돈이나 교환가치에 의해서만 평가되지 않고, 각자의 고유한 가치를 바탕으로 자신의 삶을 이끌어나갈 수 있는 주체가 된다. 자신의 삶의 주인으로 산다는 것은 단순히 경제적 성취나 사회적 성공을 의미하는 것이 아니다. 이는 각자가 자신의 마음을 인식하고, 그 마음 속에서 자신만의 고유한 삶의 의미와 가치를 발견하며, 그것을 성장시켜 나가는 과정이다. 이는 각자 자신만의 마음을 인식하고 그 마음을 성찰하는 것이, 더 나은 삶을 향한 첫걸음임을 의미한다.

이 책은 심리학자로서 화려한 경력을 쌓아온 저자가 자신의 마음을 탐구하며 겪은 고통과 그 과정을 자전적으로 기록한 연구 리포트이다. 저자는 30세에 미국 하버드 대학에서 심리학 박사를 취득하고 귀국하여 대학교수로 나름 성공적인 학자로서의 삶을 살아간다. 그러나 점차 이유를 알 수 없는 무기력감, 우울증, 수면 장애 등의 심리적 어려움에 직면하게 된다. 그는 대한민국 최고의 학력과 경력을 갖춘 선망받는 학자였음에도 불구하고, '왜 살아야 하는가'와 '어떻게 살아야 하는가'라는 자신의 존재에 대한 의문을 품었고, 이로 인해 깊은 마음의 고통을 겪게 된다. 결국 그는 심리학자로서의 지식과 능력을 활용해 자신이 겪는 고통의 정체를 파악하기로 결심한다. 이 책은 저자가 자신의 마음을 탐구하고, 마음의 아픔의 정체를 알아가며, 연구를 통해 스스로를 치유해나간 과정을 담고 있다.

이 고통의 원인을 알아내기 위해 나는 심리학자로서의 능력을 발휘해 내 마음을 탐구하기로 결심했다. 이 연구는 기존의 심리학적 접근과는 완전히 달랐다. 전통적인 심리학은 보편적이고 일반적인 인간 심리를 탐구하는 데 중점을 두었기 때문에, 개별적인 마음의 고유한 경험이나 아픔을 연구하는 것은 흔치 않았다. 과학 연구에서는 개인의 문제에 대한 탐구가 불가능하거나 불필요하다는 인식이 지배적이었다. 그러나 나는 이러한 개인적이고 주관적인 마음의 탐구가 더 본질적인 의미를 지닌다고 느꼈다.

단순한 통계와 실험 방법으로는 한 개인의 주관적인 마음을 충분히 이해할 수 없다는 한계를 인식하면서, 나는 주관성을 과학적으로 탐구할 수 있는 방법이 필요하다고 생각했다. 그 결과, 나는 「Q 방법론」을 도입했고, 이를 기반으로 WPI Whang's Personal Identity 검사를 개발했다. 이 검사는 기존의 규범적 기준에 의존하는 방식과 달리, 각 개인의 고유한 심리적 특성을 심층적으로 탐구하는 도구였다.

WPI 검사를 통해 나는 나 자신을 포함한 다양한 사람들의 마음을 탐구할 수 있었고, 그 과정에서 오랫동안 품고 있던 "나는 누구인가?"와 "어떻게 살아야 하는가?"라는 근본적인 질문에 대한 답을 찾아가기 시작했다. 이 탐구는 단순히 나의 개인적 고통을 해결하는 데 그치지 않고, 심리학 연구에 새로운 길을 열어주었다.

더 나아가, 나는 WPI 검사를 바탕으로 기존의 정신분석적 심리상담이나 의학치료모델에 기초한 심리상담과는 전혀 다른, 각 개인의 마음과 마음의 아픔에 초점을 둔 'WPI 심리상담치료모델'을 개발했다.

'WPI 심리상담치료모델'은 내담자의 고통과 어려움의 원인을 그들이 가진 마음에서 찾는다. 그들이 가지고 있는 믿음이 만들어내는 아픔의 징체를 확인하고, 각자 자신의 어려움과 아픔에 대한 새로운 인식을 가지게 될 때, 삶의 어려움과 아픔이 해소되는 경험을 하게 한다. 이 심리상담모델은 각 개인의 마음의 정체를 확인하고, 내담자가 스스로 자신의 마음을 이해할 수 있게 함으로써, 자기 삶의 어려움과 아픔에 대한 새로운 시각을 가질 수 있게 돕는 혁신적인 심리상담 및 치료방법으로 발전시켰다.

마음치유사의 역할과
WPI 심리상담치료모델을 통한 자아 성찰과 삶의 변화

마음의 아픔은 단순한 의학적 치료로 해결될 수 없다. 신체의 질병처럼 증상을 제거하는 방식만으로는 마음의 고통을 근본적으로 치유할 수 없으며, 마음의 아픔은 그 원인을 깊이 이해하고, 자신이 누구인지, 왜 이러한 고통을 겪는지를 성찰하는 과정을 통해서만 해결될 수 있다. 이는 곧 개인이 스스로의 믿음이 어떻게 삶의 어려움과 고통을 만들어내는지 파악하는 과정이며, 이러한 자기 이해와 성찰이 바로 심리상담과 심리치료의 핵심이다.

기존 정신분석 이론은 무의식에 중점을 두고 마음의 아픔을 설명했지만, 그러한 접근에는 한계가 있다. 정신분석은 마음의 고통이 주로 무의식에서 비롯된다고 보았다. 그러나 마음 읽기 이론은 마음의 아픔이 자기 인식과 성찰의 부족에서 발생한다는 점을 명확히 드러낸다. 즉, 자신이 자신의 마음을 읽고 이해할 수 있을 때, 마음의 아픔은 스스로 치유될 수 있다는 것이다. 이러한 과정은 심리상담과 심리치료에서 매우 중요한 부분으로, 개인이 자신의 믿음과 삶의 의미를 재구성하고 변화시키는 데 초점을 맞춘다.

마음의 아픔은 다양한 전문가들에 의해 다루어지지만, 의학치료모델에서는 이를 주로 '정신병'으로 간주하고 약물이나 시술을 통해 증상을 완화하려고 한다. 그러나 이러한 방식은 마음의 근본 원인을 해결하지 못한 채, 단지 증상만을 관리하는 데 그칠 뿐이다. 정신의학자나 일반심리상담사들도 마음 자체보다는 아픔의 증상에 집중하는 경향이 있다.

반면, WPI 심리상담치료모델은 마음의 아픔을 다루는 데 있어 차별화된 접근을 제시한다. 마음치유사가 사용하는 주요 도구 중 하나인 WPI 심리상담모델은 내담자의 고유한 심리적 특성과 주관성을 중심으로 문제를 이해하고 해결하는 방식이다. 전통적인 심리치료가 보편적 기준에 맞춰 문제를 진단하는 것과 달리, WPI 심리상담모델은 각 개인의 고유한 마음의 패턴과 성격을 바탕으로 문제를 해결한다. 내담자가 스스로 자신의 마음을 읽고, 그 속에 있는 다양한 믿음이 삶에 어떻게 영향을 미치는지 깨닫게 하는 데 중점을 둔다.

마음치유사Mind Healer는 WPI 심리상담모델을 활용해 내담자의 마음을 치유하는 역할을 한다. 이들은 WPI 심리검사를 통해 내담자가 자신의 마음을 명확히 파악할 수 있도록 돕는다. 마음치유사는 내담자의 마음을 읽고, 그 안에 자리한 다양한 믿음이 삶에 어떤 영향을 미치는지를 파악하는 역할을 한다. 이 과정은 마치 의사가 MRI를 통해 신체 내부를 들여다보는 것처럼, 마음치유사는 WPI 검사를 활용해 내담자의 마음을 분석하고 고통의 원인을 찾아낸다. 이를 통해 내담자가 자신을 이해하고 치유할 수 있도록 돕는 것이 핵심이다. 단순한 위로를 제공하는 것을 넘어, 내담자가 자신의 마음을 깊이 인식하고 스스로 해결책을 찾을 수 있게 하는 과정이 중요하다.

이 과정에서 **마음 읽기**는 매우 중요한 도구이다. 마음 읽기는 내담자가 자신의 마음을 구성하는 믿음 체계를 파악하고, 그 믿음이 삶에 어떤 영향을 미치는지 인식하는 과정을 말한다. 특정 상황에서 자신이 가진 믿음들이 어떻게 갈등을 야기하고, 그로 인해 마음의 아픔이 발생하는지를 이해하는 것이 핵심이다. 예를 들어, "나는 항상 실패할 것이다"라는 믿음은 개인의 자존감이나 행동에 영향을 주며, 문제를 야기할 수 있다. 마음치유사는 이러한 믿음이 내담자의 삶에 어떤 역할을 하는지 인식하도록 돕는다. 이를 통해 내담자는 자기 자신을 더 깊이 이해하고, 문제의 근본 원인을 깨닫게 된다. 내담자가 자신의 믿음이 삶의 갈등과 문제를 어떻게 만들어냈는지 인식하게 되면, 자아 성찰과 성장을 경험할 수 있다. 이를 통해 내담자는 단순한 문제 해결을 넘어, 자신의 삶을 주도적으로 이끌어 갈 수 있는 능력을 키우고, 삶의 어려움과 고통에서 벗어날 수 있는 기회를 얻게 된다.

결국, 마음치유사는 내담자가 자본주의 사회의 교환가치에 매몰되지 않고, 자신의 고유한 가치를 발견하고 자아를 실현할 수 있도록 돕는 중요한 역할을 한다. 마음 읽기와 WPI 심리상담치료모델을 통해, 마음치유사는 내담자가 자신의 마음을 인식하고 성찰해 더 나은 삶의 선택을 할 수 있도록 지원한다.

나는 내가 겪은 개인적인 고통을 탐구하는 과정에서 기존 심리학의 패러다임을 넘어서는 새로운 심리학 연구와 심리상담 및 치료 활동의 돌파구를 마련할 수 있었다. 이를 통해 개인이 가진 주관성과 각자의 삶의 경험을 중심으로 한 새로운 심리 연구와 상담모델을 제시할 수 있었다. 이 연구가 21세기 심리학계에 새로운 지평을 여는 한 걸음이 되기를 기대한다. 이 과정에서 나는 심리학자로서 평생에 걸쳐 탐구해온 '마음의 정체'

와 그 마음이 만들어내는 삶의 정체를 더 깊이 이해할 수 있었다.

『나만의 마음』은 'WPI를 활용한 마음 읽기 시리즈 I'로, 마음치유사로 활동하려는 사람들뿐만 아니라 자신의 마음이 궁금한 누구나를 위한 '마음 읽기' 입문서이다. 또한, WPI 심리상담모델을 배우고 심리상담과 치료를 위해 '마음 읽기'를 활용하려는 사람들의 첫 학습 교재이다. 이를 더 쉽고 편안하게 배울 수 있는 첫 단계 학습 과정은 'WPI 워크숍'이다. 자기 마음을 읽고 자신의 삶을 변화시키는 비법을 찾고 싶은 사람이라면 누구나 이러한 기회를 통해 자신만의 성장을 이끌어낼 수 있기를 바란다.

내 삶을 변화시키는
마음 읽기의 첫 걸음
「WPI 워크숍」

일반적으로 잘 알려진 MBTI와 같은 성격검사는 전형적인 20세기에 만들어진 보편적인 인간 특성을 기초로 한 사람의 특성을 알아보려는 심리검사이다. 이는 한 개인의 마음을 만든 성격 재료가 얼마나 어떤 수준으로 있는지를 알려준다. 하지만, 정작 한 사람이 어떤 맛과 모양의 빵으로 살아가는지에 대한 분명한 정보를 제공하지 못한다. 빵의 재료의 분포와 특성에 대한 정보만 제공하는 수준이기 때문이다.

황상민 박사는 지난 10년 동안, WPI 검사를 활용하여 다양한 사람들의 마음을 읽을 수 있었다. 그리고, 그들 각자가 가진 삶의 어려움과 아픔을 해결할 수 있도록 도와주는 심리상담과 심리치료 활동을 하였다. 현재는 누구나 자기 마음을 읽을 수 있고, 또 WPI 검사를 활용하여 심리상담과 치료 활동에 참여할 수 있는 '마음 읽기' 교육 활동을 하고 있다. 그 첫걸음이 WPI 워크숍을 통한 WPI 검사의 이해와 활용에 대한 학습이다. WPI 워크숍 참가자들은 자기 마음을 읽는 가장 첫단계에서부터 자기 삶의 방식에 대한 이해, 그리고 주위 사람들의 다양한 마음을 읽어낼 수 있는 수련을 받는다. 다음은 초·중·고급으로 이루어진 각 워크숍에서 학습하는 내용이다.

WPI 워크숍 과정

초급

'나는 누구인가?'
WPI 자기평가를 통해 기본 성격 유형을 파악하는 시간

WPI를 통해 마음의 구조를 파악하고, 자신의 성격 특성을 이해하고, 여러 사례를 살펴보며 성격 유형에 따른 삶의 문제와 마음의 아픔을 파악할 수 있습니다.

중급

'나는 어떤 사람으로 무엇을 위해 사는가?'
WPI 타인평가를 통해 자기 삶의 방식과 가치를 파악하는 시간

자신이 어떤 가치를 중시하며 생활하는지 자신의 생활 방식(lifestyle)에서 어떻게 드러나는지 확인하면서 WPI 프로파일에 나타난 가치와 생활 방식을 해석할 수 있습니다.

고급

WPI 프로파일 복합 유형과 가추법에 대해 학습하는 시간

각기 다른 패턴의 WPI 프로파일이 다양한 삶의 장면에서 어떻게 표현되는가를 배우고, WPI 검사가 상담에서 활용되는 방식을 파악합니다.

WPI 유형 이론의 이해

자기평가 유형

한 개인이 자신을 어떤 특성으로 인식하는지 파악한
자신의 심리와 행동방식에 대해 가진 이미지
"나는 이런 사람이다"라고 믿고 있는
'자기 정체성'이자 **'자아상(self image)'**

현실형 리얼리스트	감성형 로맨티스트	사교형 휴머니스트	이상형 아이디얼리스트	과제형 에이전트
Relation	Trust	Manual	Self	Culture

타인평가 유형

개인이 타인과의 관계나 사회적 맥락에서
스스로 중요하다고 인식하는 특성

개인이 자신의 삶에서 중요하게 생각하는
가치나 라이프스타일을 반영

개인의 성격이란?

개인이 스스로 자기 자신을 인식하는 대표적인 행동방식과
심리적 특성을 의미하며, 자신의 삶에서 주요하게 생각하는
'가치'와 부합시켜 만들어내는 자신에 대한
'정체성(identity)**'**이자 **'자기 이미지**(self image)**'**이다.

WPI 초급 워크숍에서 누구나 WPI 검사를 활용해 마음을 읽는 첫 단계로 삼을 수 있다. 자신의 마음이든 타인의 마음이든, "사람들의 마음은 모두 각각 다른데, 어떻게 읽을 수 있습니까?"라는 질문에서 마음 읽기를 시작한다. 먼저, '나는 어떤 사람인가'를 알 수 있다. 스스로 믿고 있는 자신의 정체성이 바로 그 사람이 가진 '자신에 대한 마음'이다. '마음은 어떤 사람이 가진 어떤 이슈나 주제에 대한 믿음'이라는 정의를 다시 한번 상기해야 한다. 자신이 가진 5가지 각기 다른 특성의 정도를 확인함으로써, 자신에 대한 믿음이 어떠한지를 알 수 있게 된다.

WPI 중급 워크숍은 '타인평가', 자신의 생활방식, 삶의 가치에 대한 자신의 마음을 확인하는 것을 배우게 된다. 타인평가는 '관계(릴레이션)', '믿음(트러스트)', '규범(매뉴얼)', '자아(셀프)', '향유(컬처)'의 5가지 유형으로 이뤄져 있다. 이 프로파일을 통해 한 사람이 생활에서 무엇을 중요시하며, 어떤 삶을 지향하는지를 파악한다. 현재 보이는 삶의 방식life style이나 지향하는 삶의 가치value를 확인하는 것이다.

WPI 고급 워크숍에서는 자기평가와 타인평가의 프로파일을 통해 특정한 사람이 어떤 삶을 살아가고 있는지를 파악할 수 있는 방법을 배운다. 이 과정에는 각기 다른 사람들에 대한 다양한 단서들을 통해 그 사람이 현재 어떤 삶의 모습을 보이는지, 또 향후 어떤 삶을 지향하는지와 같은 다양한 추론을 하게 된다. 어떤 사람으로 '빙의' 하여 마치 그 사람이 어떤 삶을 살게 될 것인지를 추론하는 방법을 배운다. 여기에서 '가추법'[1]을 통한 사례에 대한 '감별 진단differential diagnosis'을 하는 방법을 배우게 된다. 병원의 의사들은 몸의 증상을 통해 환자의 병을 추론하고 진단한다면, 마음치유사Mind Healer를 꿈꾸는 WPI 학습자들은 어떤 한 사람의 WPI 프로파일을 통해 그 사람의 마음의 상태를 감별 진단하게 된다.

—

다양한 임상 사례를 근거로 누구나 WPI 검사를 활용하여 자기 마음을 파악하여, 자신의 문제나 삶의 어려움의 정체를 잘 이해할 수 있도록 한다. 각기 다른 사람들이 가진 자신과 자신의 삶에 대한 믿음을 토대로 그 사람이 만들어가는 삶의 모습을 추론한다. 한 사람이 현재 만들어가는 그 사람의 삶에 대한 '마음 읽기'이다.

따라서, 마음 읽기를 수련하는 WPI 심리상담의 학습과정에서 책이나 논문을 통해 알게 되는 심리학적 지식보다 삶에 대한 다양한 경험과 통찰을 필요로 한다. 워크숍을 통해 습득하는 WPI 프로파일 해석 능력은 인간의 삶에 대한 이해, 생활의 지혜를 절대적으로 필요하기 때문이다. 워크숍과 사례 세미나 등을 통해 자신과 주위 사람들의 마음을 읽어나갈 수 있는 방법과 WPI 심리상담과 심치치료를 학습할 수 있는 기회를 얻게 된다.

WPI 워크숍은 황상민 박사가 개발한 WPI(Whang's Personal Identity) 심리상담치료모델을 기반으로 한 심리상담 및 자기 이해를 위한 프로그램이다.

이 워크숍은 참가자들이 자신의 고유한 마음 패턴과 심리적 성향을 파악하고, 삶의 문제나 어려움을 더 깊이 이해할 수 있도록 돕는 훈련 과정이다. WPI 워크숍은 특히 자신을 더 잘 이해하고, 나아가 다른 사람의 마음을 읽고 문제를 해결하는 능력을 키우고자 하는 사람들에게 유용하다.

WPI 워크숍의 목적

자기 이해와 성장	참가자들이 자신의 성격과 믿음체계를 더 깊이 이해함으로써, 삶에서 겪고 있는 어려움의 원인을 파악하고 해결책을 찾는 과정을 돕는다.
심리 성향 파악	WPI 검사를 통해 참가자 개개인의 심리적 성향과 마음의 패턴을 분석하고, 그 성향이 일상적인 행동, 관계, 문제 해결 방식에 어떻게 영향을 미치는지 알 수 있다.
마음 읽기 능력 배양	참가자들이 자신뿐 아니라 다른 사람의 심리적 패턴과 마음을 이해하는 능력을 기르도록 돕는다.
WPI 모델 활용 능력	WPI 모델을 바탕으로 내담자의 문제를 해결할 수 있는 심리상담 기술을 연마한다.

WPI 워크숍의 효과

자기 이해의 심화	자신의 마음 패턴과 성향을 더 명확히 파악하게 되며, 이로 인해 자신이 처한 문제의 근본 원인을 인식하고 해결하는 능력을 기른다.
대인 관계 향상	다른 사람들의 성향과 마음을 읽고 이해하는 능력을 통해, 대인 관계에서 갈등을 더 잘 해결하고 소통 능력이 향상된다.

상담 기술 강화	WPI 모델을 활용한 맞춤형 상담 기법을 연습함으로써, 실질적인 상담 능력이 향상됩니다. 특히 내담자의 고유한 문제를 그들의 성향에 맞추어 해결할 수 있는 능력을 키울 수 있다.
자기 성장	자신에 대한 깊은 성찰을 통해 더 나은 자신을 만들어가는 과정에 도움이 됩니다. 이를 통해 삶의 방향성이나 목표를 더 명확하게 설정할 수 있다.

WPI 워크숍의 주요 구성 요소

❶ WPI 심리검사

WPI 검사는 참가자의 성격, 심리적 성향, 믿음체계 등을 파악하는 기본 도구다. 이 검사를 통해 자신이 어떤 심리적 패턴을 가지고 있는지, 그 패턴이 삶에 어떤 영향을 미치는지를 분석할 수 있다. 검사 결과를 바탕으로 참가자의 성향을 8가지 심리적 유형으로 나누어 해석한다. 이 성향은 분석형, 직관형, 감성형 등 다양한 범주로 나뉘며, 각 성향이 삶에서 어떻게 작용하는지 설명한다.

❷ 믿음체계 분석

WPI 워크숍에서는 참가자가 가진 믿음체계가 그들의 삶에 미치는 영향을 깊이 탐구한다. 워크숍 참가자들은 자신이 가지고 있는 핵심적인 믿음을 자각하고, 그것이 삶의 갈등과 문제를 어떻게 야기하는지를 배운다. 예를 들어, "나는 항상 실패할 것이다"라는 믿음이 어떤 방식으로 개인의 삶을 제한하는지, 그 믿음을 어떻게 변화시킬 수 있는지에 대해 다룬다.

❸ 심리 성향에 따른 상담 및 문제 해결 방법 학습

각 참가자의 WPI 심리적 성향에 맞는 상담 및 문제 해결 방법을 학습한다. 참가자들이 자신의 성향에 맞는 전략을 찾아 문제를 해결할 수 있도록 돕는다. WPI 모델은 일률적인 상담 방식이 아닌, 개인의 성향에 맞춘 맞춤형 접근을 지향한다.

❹ 마음 읽기 실습

참가자들은 WPI 워크숍에서 마음 읽기 실습을 통해 자신의 성향뿐만 아니라 타인의 성향과 믿음을 읽는 연습을 합니다. 참가자 간의 상호작용을 통해 서로의 마음을 읽고 분석하는 과정을 거친다. 이를 통해 내담자의 마음을 깊이 이해하고, 상담 과정에서 효과적으로 마음 읽기를 실천하는 방법을 배우게 된다.

❺ 자기 성찰 및 피드백

참가자들은 워크숍에서 자신을 성찰하고, 자신의 마음 패턴과 믿음을 되돌아보는 시간을 갖는다. 이를 통해 자기 인식 능력을 키우고, 자신의 믿음을 분석하는 훈련을 한다. 또한 그룹 내에서 상호 피드백을 주고받으며, 자신의 성향과 문제 해결 과정에서 개선할 점을 찾는다.

WPI 워크숍의 대상

- 자신의 마음과 성향을 깊이 이해하고 싶어 하는 사람
- 심리상담사나 코치로서 마음 읽기 능력을 향상시키고 싶은 사람
- 타인과의 관계에서 갈등을 해결하고, 보다 나은 소통을 원하는 사람
- 자신이나 타인의 문제 해결 능력을 키우고 싶은 사람
- WPI 워크숍은 마음의 구조를 깊이 이해하고, 이를 통해 자신과 타인을 더 나은 방향으로 이끌어가는 데 도움을 줄 수 있는 강력한 도구다.

시작하는 글

1   심리학(心理學, psychology)은 인간의 행동과 심리과정을 과학적으로 연구하는 경험과학의 한 분야를 뜻한다. 영혼이라는 뜻의 그리스어 psyche와 어떤 주제를 연구한다는 의미의 logos 가 합쳐진 것으로, 초기에는 심리학을 '영혼에 대한 탐구'라고 하였다. 이것은 초기 심리학자들이 신학의 영향을 받은 것으로 볼 수 있다. 심리학의 정의는 그 연구주제와 함께 시간의 흐름에 따라 변하였다. 심리학이 과학으로 등장하게 된 19세기 후반이 되어서야 비로소 '정신과학'으로 인정받게 되었다., 오세진 외, 『인간행동과 심리학』, 12쪽, 학지사, 2006년.

2   정신물리학(Psychophysics, 精神物理學): 물리적 자극과 심리적 경험 사이의 양적 관계를 체계적으로 연구하는 학문. 마음과 신체 사이의 관계를 연구하고자 하였다. 독일의 심리학자이며 물리학자인 페히너가 제창하였다, 『표준국어대사전』.

    베버-페히너의 법칙(Weber-Fechner's law): 감각의 세기는 자극의 로그[對數]에 비례한다는 정신물리학상의 법칙. 감각으로 구별할 수 있는 한계는 물리적 양의 차가 아니고 그 비율관계에 의하여 결정된다. 「두산백과」.

    Gustav Theodor Fechner, 『정신물리학원론』(Elemente der Psychophysik)』, 1860년.

3   영혼(靈魂)은 육체로부터 독립적인 정신체를 의미한다. 대개 육체에서 벗어나 독자적으로 존재할 수 있다고 여겨지며, 사후에도 존속할 것으로 여겨진다. 사람이 살아있는 동안에는 체내에서 생명과 정신의 원동력이 되어주며, 육체와 정신을 관장하는 인격적인 실체이자 비물질적인 존재이다. 감각으로 인식되는 세계를 초월한 존재로 여겨진다. 「위키피디아」.

4   어린 앨버트 실험(Little Albert experiment): 행동주의 심리학의 모태가 되었던 실험이다. 행동주의 심리학자 중 하나였던 존스 홉킨스 대학교의 존 B. 왓슨 교수에 의해 시작되었던 실험이다. 이반 파블로프의 실험이후 이뤄진 고전적 조건화의 대표적 실험으로, 사람을 대상으로 고전적 조건화를 유발했다고 주장한 최초의 실험이나, 색채나 질감에 대한 공포반응을 유발한 것은 아니었다., 「위키피디아」.

    B. F. 스키너 (Burrhus Frederic Skinner, 1904~1990): 미국의 심리학자이다. 행동주의 심리학자로 교육과 심리학에 많은 영향을 끼쳤다. 하버드 대학교에서 1958년부터 1974년 은퇴할 때까지 심리학과의 교수였다. '스키너의 상자'로 불리는 조작적 조건화 상자를 만들어 연구한 것으로 유명하다. 행동주의 심리학을 발전시키는데 일조했다. 행동의 실험적 분석을 목적으로 하는 실험 연구 학과를 창시했으며 심리학에 있어 연관된 변수에 의한 반응률에 대한 연구를 발전시켰다., 「위키피디아」.

5   우울장애(depressive disorders): 의욕 저하와 우울감을 주요 증상으로 하여 다양한 인지 및 정신 신체적 증상을 일으켜 일상 기능의 저하를 가져오는 질환을 말한다. 우울장애는 평생 유병율이 15%, 특히 여자에서는 25% 정도에 이르며, 감정, 생각, 신체 상태, 그리고 행동 등에 변화를 일으키는 심각한 질환이다. 이것은 한 개인의 전반적인 삶에 영향을 준다. 우울증은 일시

적인 우울감과는 다르며 개인적인 약함의 표현이거나 의지로 없앨 수 있는 것이 아니다. 상당수가 전문가의 도움을 받지 못하고 우울증으로 고생하는 경우가 많아 안타까운 질환이기도 하다. 그러나 전문가의 적절한 치료를 받는다면 상당한 호전을 기대할 수 있고 이전의 정상적인 생활로 돌아가는 것이 가능하다. .. (우울장애의) 분명한 원인에 대해서는 아직 명확하지 않으나 다른 정신 질환과 같이 다양한 생화학적, 유전적 그리고 환경적 요인이 우울증을 야기할 수 있다., 「서울대학교병원 N의학정보」.

6 공황장애(panic disorder): 공황장애는 특별한 이유 없이 예상치 못하게 나타나는 극단적인 불안 증상, 즉 공황발작(panic attack)이 주요한 특징인 질환이다. 공황발작은 극도의 공포심이 느껴지면서 심장이 터지도록 빨리 뛰거나 가슴이 답답하고 숨이 차며 땀이 나는 등 신체증상이 동반된 죽음에 이를 것 같은 극도의 불안 증상을 말한다. .. 정신분석 이론이나 인지행동 이론 같은 심리사회적 요인과 더불어 최근의 연구는 생물학적 요인이 공황장애의 주요한 원인임을 밝히고 있다. 뇌 기능과 구조의 문제들이 보고 되고 있는데, 대표적인 것으로는 노르에피네프린(norepinephrine), 세로토닌(serotonin), 가바(GABA, γ-aminobutyric acid) 등 신경 전달물질 시스템의 이상, 측두엽, 전전두엽 등의 뇌 구조의 이상 등이다. 공황장애 환자의 경우 많은 수가 증상 발생 전 스트레스 상황을 경험하는 것으로 알려져 있다., 「서울대학교병원 N의학정보」.

7 우생학(優生學, eugenics): 인류를 유전학적으로 개량할 것을 목적으로 하여 여러 가지 조건과 인자 등을 연구하는 학문. 1883년 영국의 F.골턴이 처음으로 창시. 우수 또는 건전한 소질을 가진 인구의 증가를 꾀하고 열악한 유전소질을 가진 인구의 증가를 방지하는 것이 목적이다. 미국에서는 단종법(斷種法)에서 볼 수 있듯이 범죄자나 알코올중독 환자까지도 그 범위 내에 포함하고 있으며, 또 강제법으로 하고 있는 주(州)도 있다. 독일의 나치스 때 시행했던 극단적인 우생정책은 인권을 침해했던 대표적인 예라고 할 수 있다., 「두산백과」.

8 데일 카네기, 『자기관리론』, 임상훈 옮김, 현대지성, 2021년.
   사이토 다카시, 『일류의 조건』, 정현 옮김, 필름 출판, 2024년.
   웨인 다이어, 『인생의 태도』, 이한이 옮김, 더퀘스트, 2024년.
   김난도, 『아프니까 청춘이다』, 쌤앤파커스, 2010년.
   기시미 이치로, 고가 후미타케, 『미움받을 용기, 전2권』, 전경아 옮김, 인플루엔셜㈜, 2014년.

제1장 내 마음, 알 수 있나요?

1 "너 자신을 알라"(Gnothi sauton): 고대 그리스의 유명한 격언으로, 그리스의 여행담 작가인 파우사니아스에 따르면 델포이의 아폴론 신전의 프로나오스(앞마당)에 새겨져 있던 것이라 한다., 「위키피디아」.

2 마음은 피부로 말한다, 몸으로 확인하는 마음 이야기 - 여드름과 아토피 피부염 [각자도생 시대의 생존전략, 마음해방 통증해방], 「황상민의 심리상담소」, 2023년 12월 3일, https://www.youtube.com/watch?v=iXssX-_LQAk

마음이 만든 내 몸의 종양 '난소기형종(난기종)' - 왜 생기나요? 어떻게 치료하나요? [각자도생 시대의 생존전략, 마음해방 통증해방], 『황상민의 심리상담소』, 2024년 2월 25일, https://www.youtube.com/watch?v=7-tcGhn1V3M

3   무함마드 빈 살만 알사우드 (محمد بن سلمان بن عبد العزيز آل سعود): 사우디아라비아의 왕위 계승권자이자 총리인 빈 살만 왕세자는 권력과 재력을 모두 가진 '미스터 에브리씽'(Mr. everything)으로 통한다. 정확히 집계되진 않았지만, 그의 재산은 적게는 1천400조원에서, 많게는 2천500조원으로 알려졌다., 빈 살만, 천조원대 재산에 절대권력 지닌 '미스터 에브리씽', 『한국경제』, 2022년 11월 17일.

4   천상천하 유아독존(天上天下 唯我獨尊): 석가모니의 탄생게로, 하늘 위와 아래인 천신계와 인간계에서 나[붓다]가 가장 존귀하다는 의미의 불교용어., 『한국민족문화대백과사전』.

5   열반(涅槃, nirvana): 번뇌가 소멸된 상태 또는 완성된 깨달음의 세계를 의미하는 불교교리., 한국중앙연구원, 『한국민족문화대백과사전』.

6   "사회심리학자 리언 페스팅어의 사회비교이론과 같이 사람들은 SNS 속 타인의 삶과 현실의 '나'를 끊임없이 비교하며 스스로 불행을 만들어간다. 그러나 SNS에 비친 타인의 삶 또한 절반은 과장되거나 위장된 삶일 뿐이다.", 국민 절반 "SNS·현실 괴리감"… 빈곤세대 "디지털·현실 모두 불행", 『서울신문』, 2019년 8월 6일.

7   질병(疾病, disease): 심신의 전체 또는 일부가 일차적 또는 계속적으로 장애를 일으켜서 정상적인 기능을 할 수 없는 상태로, 감염성 질환과 비감염성 질환으로 나눌 수 있는데, 감염성 질환은 바이러스·세균·곰팡이·기생충과 같이 질병을 일으키는 병원체가 동물이나 인간에게 전파·침입하여 질환을 일으킨다. 반면, 비감염성 질환은 고혈압이나 당뇨와 같이 병원체 없이 일어날 수 있고 발현기간이 길다., 「두산백과」.

8   31번 확진자, 병원~종교시설~호텔뷔페.. 활보했다, 『국민일보』, 2020년 2월 19일.

    코로나 확진자 2500만명 넘었다… "응급환자, 검사보다 진료 먼저" (종합), 『뉴스1』, 2022년 10월 12일.

9   K-방역: 대한민국에 존재했던 코로나바이러스감염증-19 관련 방역 시스템을 총체적으로 일컫는 신조어. 전염병 차단 기본 매뉴얼은 '봉쇄(Containment), 완화(Mitigation, 사회적 거리두기 등), 적응(Adaptation, 백신 투여를 뒷받침한 집단면역)'의 단계이다., 「나무위키」.

10 면역(免疫, Immunity): 생체의 내부환경이 외부인자인 항원에 대하여 방어하는 현상, 「두산백과」.

    "버니 시겔은 모든 환자가 충실하게 살고자 결심하는 순간 생존할 수 있는 방법을 이미 소유한 셈이라고 믿었다. 즉, 치료할 수 없는 병은 없으며 단지 치료할 수 없는 환자만 있을 뿐이었다. 1978년, 시겔은 '예외적인 암 환자가 되기 위한 프로그램(Exceptional Cancer Patients Program, ECaP)'을 설립했다.", 앤 헤링턴, 『마음은 몸으로 말한다 – 과학과 종교를 유혹한 심신 의학의 문화사』, 121쪽, 조윤경 옮김, 살림출판사, 2009년.

"나는 결국 모든 질병은 충분한 애정을 받지 못하거나 조건부 사랑만을 받은 사람의 면역계가 지치고 우울해져 몸이 약해지기 때문에 생긴다고 생각한다. 또한 모든 치유는 무조건적인 사랑을 주고받을 수 있는 능력과 관련이 있다. 내가 생각하는 진실은 사랑이 병을 치유한다는 것이다.", 버니 S. 시겔, 『Love, Medicine & Miracles』, HarperCollins Publishers, 1986년.

11 인도 위생환경의 역설… "덕분에 코로나19 면역력 향상" 가설, 『연합뉴스』, 2020년 11월 2일.

12 자가면역질환(Autoimmune disease): 자가 항원에 대한 병리적 반응을 특징으로 한다. 자가 면역 질환은 정상적인 신체 구성 요소에 대한 비정상적인 면역 반응이 염증, 세포 손상 등을 일으킬 때 발생한다. 자가 면역 반응이 표적으로 하는 구성 성분을 자가 항원이라고 한다. 자가 면역 반응은 전신에 나타나거나 조직 또는 장기 특이적일 수 있으며 급성 또는 만성일 수 있다., 「서울대학교병원 의학정보」.

13 '코로나 블루' 덮친 대한민국… "성인 중증우울증 2배 증가", 『동아일보』, 2023년 6월 1일.

14 바뤼흐 스피노자(Baruch de Spinoza, 1632~1677): 자연에는 사물들의 질서가 담겨있는 '연장(延長)'이라는 형식이 있고, 관념들의 질서가 담겨있는 '사유'라는 형식이 있다., 서동욱, 네이버 캐스트 『생활 속의 철학』, 2010년 6월 20일.

15 토머스 홉스(Thomas Hobbes, 1588~1679)는 잉글랜드 왕국의 정치철학자이자 최초의 민주적 사회계약론자이다. 홉스는 자연을 만인의 만인에 대한 투쟁 상태로 상정하고, 그로부터 자연권 확보를 위하여 사회계약에 의해서 리바이어던과 같은 강력한 국가권력이 발생하게 되었다고 주장하였다., 「위키피디아」.

16 뇌과학(Brain Science): 건강한 뇌는 어떻게 정상적으로 작동하며, 지적 능력이 어떻게 기대 이상의 통찰력을 만들어 내는가 하는 물음에 대한 답을 구하려는 학문. 뇌의 신비를 밝히는 일은 곧 인간이 갖는 물리적·정신적·총체적 가능성을 심층적으로 탐구하는 응용 학문에 해당한다., 이종건 외, 『학문명백과: 복합학』, 형설출판사.

17 동물에서의 BCI(뇌-컴퓨터 인터페이스) 연구: 원숭이나 쥐 등 동물의 대뇌피질로부터 신호를 기록해 움직임을 디코딩하기 위한 노력이 이루어지고 있다. 원숭이를 대상으로 한 실험에서는 화면에 있는 커서를 움직여 로봇 팔로 간단한 작업을 하는 수준에 이르렀다. 2008년 5월에는 여러 유명 과학 저널과 잡지에 피츠버그대 의료센터의 원숭이가 생각을 통해 로봇팔을 작동시키고 있는 사진이 올라왔다., 「위키피디아」.

18 뉴럴링크 코퍼레이션(Neuralink Corporation)은 일론 머스크 등이 설립한 미국의 뉴로테크놀로지 기업으로, 이식 가능한 뇌-컴퓨터 인터페이스(BMI/BCI)를 개발한다. 설립 이후 이 기업은 여러 대학교들로부터 세간의 이목을 끄는 신경과학자들을 여러 명 고용해왔다. 당시 뉴럴링크는 매우 얇은 실을 뇌에 이식할 수 있는 재봉틀같은 기기 위에서 동작하고 있었으며 1500개의 전극을 통해 실험실 쥐로부터 정보를 읽는 시스템을 시연하였고 2020년 인간을 대상으로 실험 시작이 기대된다고 발표하였다., 「위키피디아」.

일론 머스크 "뉴럴링크, 원숭이 뇌에도 칩 심었다"… 원숭이가 비디오 게임 가능해, 『AI타임스』, 2021년 2월 2일.

일론 머스크의 '뉴럴링크', 인간 뇌에 칩 이식 최초 성공, 『동아사이언스』, 2024년 1월 30일.

19 물리주의가 심리학에 적용된 것이 바로 행동주의(behaviorism)이다. 관찰에 의해서 공통주관적(intersubjective) 방법으로 확인된 대상이나 특성만이 의미 있는 것이라고 전제한다., 서울대학교 교육연구소, 『교육학용어사전』, 하우동설., 1995년.

20 권준수, 『뇌를 읽다, 마음을 읽다 - 뇌과학과 정신의학으로 치유하는 고장 난 마음의 문제들』, 21세기북스, 2021년.

21 이상현, 『뇌를 들여다보니 마음이 보이네』, 미래의창, 2020년.

제2장 마음 읽기의 역사

1 의식(意識, consciousness): 심리학이 과학으로 등장하면서, 인간 개개인이 자신에 대해 가지는 의식을 '자기 의식'과 외적 대상에 대한 경험을 '의식'으로 따로 구분하여 이해하려 했다. 하지만, 인간이 자기 자신을 인식 대상으로 삼게 되고, 자신과 자신의 삶의 경험을 모두 포괄하는 단어가 의식이다. 여기에 '자기 의식 self awareness 또는 self consciousness' 모두 포함된다. 때로 자기에 대한 의식을 자존감이나 기타 자신에 대한 평가의 내용으로 다루기도 한다.

[일반 사전적 정의] 현재 직접 경험하고 있는 심적 현상의 총체. 철학이나 심리학에서 의식이라 함은 광의로는 '꽃을 본다, 문제를 생각한다, 기쁨을 느낀다' 등 개체가 현실에서 체험하는 모든 정신작용과 그 내용을 포함하는 일체의 경험 또는 현상을 말한다. 심리·경험·현상 등과 같은 의미로 자주 사용되기도 하며 또 '깨어 있는 상태'와 동일시된다., 「두산백과」.

2 무의식(無意識 unconsciousness): 의식이라고 정의되는 것이 없는, 즉 자신이나 자신의 삶에 대한 경험을 스스로 인식하지 못하는 상태를 의식이 없다는 의미로 '무의식'이라 한다. 프로이트에 의해 '무의식'은 당시 등장한 심리학에서 다루는 마음을 나타내는 '의식'과는 다른 차원의 마음에 대한 탐구라는 의미를 담고 있다.

[일반 사전적 정의] 일반적으로 각성(覺醒)되지 않은 심적 상태, 즉 자신의 행위에 대하여 자각이 없는 상태. 프로이트는 무의식이 인간의 정신 활동에 없어서는 안 될 부분이며, 의식에 비해서 그 내용이 정확하게 파악되기 힘들고, 인간이 인식하지 못하지만 실제로 원하거나 추구하는 내용을 담고 있다고 주장했다., 「두산백과」, 「심리학용어사전」.

3 지그문트 프로이트(Sigmund Freud, 1856~1939): 무의식과 억압의 방어 기제에 대한 이론, 환자와 정신분석자의 대화를 통하여 정신 병리를 치료하는 정신분석학적 임상 치료 방식을 창안했다. '무의식' 연구의 선구자로서 무의식이란 개념을 대중화하였다., 「위키피디아」.

4 요한 요제프 가스너(Johann Joseph Gassner): 가스너는 18세기 독일의 전설적인 퇴마사이다. 퇴마 의식은 악령이 깃든 사람을 앞에 놓고 주로 이들을 향해 십자가를 그리고, 그가 보고 있는 것이 초자연적인 힘에 의한 것이라면 그 모습을 드러내라고 라틴어로 명령을 내리는 것으

로 이루어졌다., 황상민, 『열반지: 아픔으로부터의 해방』, 도서출판 마음읽기, 2024년.

5   종교개혁(Reformation): 16~17세기 유럽에서 로마 가톨릭 교회의 쇄신을 요구하며 등장했던 개혁운동이다., 「두산백과」.

6   마르틴 루터(Martin Luther, 1483~1546): 독일의 종교개혁가. 본래 아우구스티노회 수사였던 루터는 로마 가톨릭교회의 면죄부 판매가 회개가 없는 용서, 거짓 평안이라고 비판했으며, 믿음을 통해 의롭다함을 얻는 이신칭의(以信稱義)를 주장했다. 루터가 1517년 95개조 반박문을 게시하면서 종교 개혁이 시작되었다., 「위키피디아」.

7   1517년 10월 31일, 루터가 교황청의 면죄부 판매를 비판하며 비텐베르크 대학교 교회의 정문에 내붙인 95개의 반박문. 전문(全文)이 라틴어로 쓰였으며, 당시 독일에 팽배하던 종교개혁의 움직임을 촉발시키는 계기가 되었다., 「위키피디아」.

8   생리학(生理學, physiology): 생물의 기능이 나타나는 과정이나 원인을 과학적으로 분석하고 설명하는 생물학의 한 분야이다., 「두산백과」.

9   세균학(細菌學, bacteriology)은 미생물 전반에서 특히 세균을 대상으로 연구하는 학문이다. 미생물학의 분과로서 세균 종들의 식별, 분류, 특징 구분을 동반한다., 「위키피디아」.

10   지그문트 프로이트, 요제프 브로이어 공저, 『히스테리에 관한 연구(Studien über Hysterie, Studies on Hysteria)』, 1895년.

11   정신의료기관에서 정신질환에 대하여 F코드로 진료받은 실인원 수(수록기간 2018~2022년), 「국가정신건강현황」, 보건복지부 건강보험심사평가원, KOSIS 국가통계포털, 2023년 12월 20일.

12   의약품 소비량(수록기간 2008~2022년), 「의약품소비량및판매액통계」 보건복지부, KOSIS 국가통계포털, 2024년 4월 15일.

13   "한국형 우울증 임상지침 3판에 의하면 '세 번 이상의 주요 우울 삽화 에피소드를 경험한 경우에는 가능한 만큼 길게 약을 복용할 것'이라고 명시하고 있다. 이는 '평생 약을 복용할 것'이라는 의미이다.", 우울증 재발 횟수에 따른 치료기간 정리!, 「정신과의사 뇌부자들」, 2023년 5월 9일, https://www.youtube.com/watch?v=RL6NrWoGt0A

14   고전적 조건형성(classical conditioning): 무조건 반응(행동)을 발생시키는 무조건 자극과 연합된 중성 자극이 반복적인 노출을 통해 조건 자극이 되어 무조건 반응(행동)과 유사한 조건 반응(행동)을 일으키는 형태의 학습., 이영창, 『심리학용어사전』, 한국심리학회, 2014년.

15   조건 반사(conditioned response): 특정한 자극에 대해서 무의식적으로 반응하는 반사현상 중에서, 선천적으로 자극과 반응이 관계가 없음에도 불구하고 이를 학습을 통해 이어 주는 것으로 반사작용이 일어나는 경우., 「두산백과」.

16   무조건 반사(unconditioned response): 동물이 가지고 있는 자극에 대한 선천적인 반응 방식. 특정한 자극에 대해 무의식적으로 반응하는 것을 가리킨다., 「두산백과」.

17 자아(self, 自我): 사고, 감정, 의지 등의 여러 작용의 주관자로서 이 여러 작용에 수반하고, 또한 이를 통일하는 주체. 「두산백과」.

18 정체성(identity): 정체성은 상당 기간 동안 일관되게 유지되는 고유한 실체로서 자기에 대한 주관적 경험을 함의할 수 있다. 정체성은 자기 내부에서 일관된 동일성을 유지하는 것과 다른 존재와의 관계에서 어떤 본질적인 특성을 지속적으로 공유하는 것 모두를 의미한다. 어떤 대상의 인식으로서의 정체, 인간의 정체성, 기업의 정체성, 군대의 정체성, 국가의 정체성 등 다양하다. 통상 정체성이라고 하면 인간의 정체성을 말한다, 「위키피디아」.

19 한국표준질병사인분류(Korean Standard Classification of Diseases, KCD): 질병·사인분류는 의무기록자료, 사망원인통계조사 등 질병 이환 및 사망자료를 그 성질의 유사성에 따라 체계적으로 유형화한 것., KOICD 질병분류정보센터, 통계청 통계분류포털, https://www.koicd.kr/kcd/kcds.do

20 정신질환 진단 및 통계 매뉴얼 제5판(DSM-5): DSM-5는 정신질환 진단및통계 메뉴얼(약칭 DSM)의 2013년에 나온 다섯번째 개정판으로 미국정신의학협회(APA)에서 발행한 분류 및 진단 절차이다. 미국에서 DSM은 정신병 진단을 위한 주요 권한을 제공한다. 치료 권장사항과 의료 서비스 제공자의 지불의 적정성은 종종 DSM 분류에 의해 결정되기 때문에 새로운 버전의 출현은 상당한 실질적 중요성을 갖는다., 「위키피디아」.

21 『OECD 보건통계 2023』(OECD Health Statistics 2023), 보건복지부, 2023년 9월.

22 『World Happiness Report 2024』, Helliwell, J. F., Layard, R., Sachs, J. D., De Neve, J.-E., Aknin, L. B., & Wang, S. (Eds.). (2024). World Happiness Report 2024. University of Oxford: Wellbeing Research Centre., 2024., https://worldhappiness.report/ed/2024/

23 앨러스테어 샌트하우스, 『몸이 아프다고 생각했습니다 – 현대 의학이 놓친 마음의 증상을 읽어낸 정신과 의사 이야기』, 신소희 옮김, 심심, 2022년.

24 식욕억제제로 쓰이는 약품 상당수가 향정신성 의약품이다. 폭식증이나 고도 비만 등의 환자에게 극히 제한적으로 처방하게 돼 있지만, 어렵지 않게 처방이 이루어진다. 암페타민류의 향정신성 식욕억제제를 과다하게 복용했을 때 심각한 부작용을 겪을 수 있다., 살 빼려다 우울증… 사람 잡는 '다이어트 약', 『KBS뉴스』, 2009년 6월 15일.

암페타민(Amphetamine)은 피로와 식욕을 낮추고 기민성을 증가시키는 펜에틸아민 계열의 중추신경계 각성제의 일종으로, 주로 주의력결핍 과다행동장애(ADHD), 기면증, 비만증 등의 치료제로 쓰인다., 「위키피디아」.

제3장 마음을 잃어버린 대한민국의 현주소, 그리고 그에 맞는 해법

1   미국정신의학협회(APA, American Psychiatric Association): 미국의 정신과 의사 및 수련 정신과 의사들로 구성된 세계 최대 규모의 정신의학 단체로, 1844년 필라델피아에서 13명의 정신병원 및 어사일럼(광인수용소)의 감독관과 조직자들이 처음 결성했다. 현재 100개국 이상의 다양한 환자 집단을 대표하는 정신의학적 실무, 연구 및 학계에 관여하는 38,000명 이상의 회원을 보유하고 있다. 이 협회는 다양한 저널과 팜플렛, 정신장애 진단 및 통계 매뉴얼(DSM)을 발행하고 있다., 「위키피디아」.

2   마르셀 프루스트(Marcel Proust 1871~1922)

3   포탄 충격(shell shock, 셸 쇼크): 제1차 세계대전 중에 생긴 용어. 셸 쇼크는 폭격과 전투의 강도에 대한 반응으로, 무력감을 초래하며 공황, 두려움, 도망, 또는 이성을 잃거나 잠을 자지 못하거나 걷거나 말할 수 없는 상태로 나타날 수 있었다. 전쟁 중 셸 쇼크의 개념은 명확하게 정의되지 않았다. 셸 쇼크 사례는 신체적 또는 심리적 부상으로 해석될 수 있었다., 「위키피디아」.

4   우울증은 우울감과 의욕저하를 주요 증상으로 감정, 생각, 신체 상태, 그리고 행동 등에 변화를 일으키는 심각한 질환이다. 반면에 감기처럼 누구나 걸릴 수 있고 누구나 적절한 치료를 받으면 회복될 수 있다는 의미로 '마음의 감기'라고도 불린다., 마음의 감기 '우울증', 적절한 치료로 회복 가능, 『의학신문』, 2022년 8월 19일.

5   히피(hippie 또는 hippy): 미국의 1960년대 상황을 살펴보면, 베트남 전쟁 발발과, 존 F. 케네디의 암살, 맬컴 엑스 암살, 마틴 루터 킹 암살, 로스엔젤레스 흑인 폭동 등의 사건들이 일어났는데 이때 미국의 풍경은 사회에 대한 분노와 절망감을 불러일으키기에 충분했으며, 이에 미국의 청년층은 현 상황에 대해 부정할 수밖에 없었다. 일반적으로 평화를 사랑하고 자연으로의 회귀를 외쳤고, 도덕과 이성보다는 자유로운 감성을 중시하고, 즐거움을 추구했다. 히피는 '좌파운동', '미국 시민권 운동'과 더불어 1960년대 미국의 대표적인 반문화 운동이다., 「위키피디아」.

6   "학교에서 자문의를 만나본 학부모는 '정신과라는 이름이 주는 부담감으로 병원 문턱이 높게 느껴져 직접 찾아가는 것이 어려웠는데 학교에서 편하게 면담을 할 수 있어 좋았다'며 '자녀를 좀 더 이해하고 어떻게 양육해야 하는지 지침을 얻게 된 것 같다'고 전했다.", '학교에서 찾는 정신건강' … 대전Wee센터, 정신과 자문의 운영, 『충남일보』, 2024년 1월 31일.

위 센터(Wee center): 교육청 차원에서 운영되는 체계로서 전문상담교사, 사회복지사, 임상심리사, 정신과 의사 등의 전문인력으로 구성. 단위학교에서 선도하거나 치유하기 어려운 위기학생을 대상으로 하며, 진단-상담-치료의 3단계로 운영되고 있다., 김춘경 외, 『상담학 사전』, 학지사, 2016년.

"아동 청소년기 문제는 일종의 뇌질환이기 때문에 조기에 발견해서 적절한 치료를 받으면 빠르게 좋아질 수 있고, 오히려 학업 성취가 더 높아질 수 있다.", "교실은 병원이 아니에요, 교사가 모든 일을 감당할 순 없어요", 『조선일보』, 2023년 10월 28일.

7   정서행동발달검사 결과 '관심군'이라는데, ADHD 약 먹어야 하나요?, 「황상민의 심리상담소」, 2021년 11월 2일, https://www.youtube.com/watchv=pdlyXFEviXk&list=PLkz0L

ADHD 진단받은 아이, 학교 수업도 힘든데 어떻게 교육시켜야 하나요?, 「황상민의 심리상담소」, 2021년 11월 4일, https://www.youtube.com/watch?v=YEgnCGm85FA&t=0s

8 "10~30대의 자살률은 지속적으로 증가하고 있다. 10·20대의 자살률이 지난 2017년 4.7명, 16.4명에서 2021년에 각각 7.1명, 23.5명으로 늘었고 30대의 자살률도 그사이 24.5명에서 27.3명으로 증가했다.", 자살률 '부동의 1위'··· 수치 낮출 수 있을까?, 『CBS노컷뉴스』, 2023년 9월 10일.

9 "'정신질환'에 대한 '거부감' 때문에 도움이 필요한 청소년들을 방치할 수는 없습니다. 사각지대에 놓인 청소년들. 그들을 돌볼 수 있도록 사회적 인식개선과 안전망 구축이 절실합니다.", 정신과 상담이 부끄러운가요?, 『연합뉴스』, 2016년 11월 7일.

초교 '정서행동검사' 부모가 작성... 학생 정신건강 관리 구멍, 『동아일보』, 2024년 1월 30일.

백승아 국회의원, '정서행동 위기학생에 대한 종합대책' 필요, 『교육연합신문』, 2024년 6월 21일.

10 교원 마음건강 회복지원 방안, 교육부, 보건복지부 공동전담팀, 2023년 9월.

11 "일선 학교와 교사는 자살 고위험군 등으로 분류된 학생 보호자에게 병원 치료를 권고하고 있다. 그러나 이 중 20%는 '집에선 문제없다' '사춘기엔 다 그런다'며 권고를 무시하고 있다. 정신과 치료에 대한 편견과 거부감이 아이들의 병을 더 키우는 것이다.", 상담·치료 필요한 학생 25만명··· 어른들은 "사춘기 땐 다 그렇다", 『조선일보』, 2024년 1월 30일.

"소아정신과 의사, 정신건강 간호사, 사회복지사, 정신건강 임상심리사 등으로 구성된 전문가는 학생을 심층 평가한 후 필요하다면 병·의원과 연계하며, 치료비도 1인당 100만원까지 지원한다.", 초·중·고 심리위기 학생 돕는 전문가팀 찾아간다··· "예방 중요" (종합), 『한국경제』, 2024년 2월 13일.

"교총은 '교원 정신질환은 앞으로 더 증가하고 심각해질 우려가 있다'며 '교권 보호와 교사 치유·지원을 위한 법·제도가 두텁게 마련돼야 한다'고 강조했다.", 교사 정신질환 발생 위험 일반 공무원의 2배··· 교원단체 "교사는 감정노동자", 『세계일보』, 2024년 7월 10일.

12 정신과 의사들이 상담치료에 대한 환상, 궁금증을 해결해 드립니다 | 상담이 정말 효과가 있을까?, 「정신과의사 뇌부자들」, 2019년 11월 1일, https://www.youtube.com/watch?v=lqffr0lNFWQ

의사들이 말하는 정신과 진료 VS 심리상담, 「정신과의사 뇌부자들」, 2019년 3월 30일, https://www.youtube.com/watch?v=FnEHLcOxn_k

마음이 힘들 때, 어떤 전문가를 찾아가야 해?, 카드뉴스, 한국상담심리학회 홍보위원회, 2024년 7월 3일.

13 광란의 20년대(Roaring Twenties): 미국의 1920년대를 표현하는 용어이다. 제조업의 성장

과 소비자 수요 증가로 예술, 문화 산업도 발전한 시대로 1차 세계 대전 후 재즈 음악이 번성하여 재즈 시대라 불리기도 한다. 1920년대에는 자동차, 전화, 영화, 라디오, 전기 가전제품이 서구 사회 수백만 명의 삶에 대규모로 도입되고 사용되었으며, 항공산업도 급격히 성장하면서 하나의 사업으로 자리 잡았다. 국가들은 급격한 산업 및 경제 성장과 소비자 수요의 증가를 경험했고, 생활 방식과 문화에 새로운 트렌드가 등장했다. 하지만, 1929년 검은 목요일을 기점으로 거품이 사그라들며 이 시대도 종말을 고하고 대공황의 시대에 접어들게 된다., 「위키피디아」.

14 『위대한 개츠비』(The Great Gatsby), F. 스콧 피츠제럴드, 1925, 피츠제럴드는 그 자신이 '재즈 시대(Jazz Age)'라 이름 붙인 시대를 이 소설에서 그려냈다. 제1차 세계대전의 혼돈과 충격을 겪은 후, 미국 사회는 1920년대 경제 성장에 따라 유례 없는 번영을 누렸다. 동시에 수정헌법 제18조에 규정된 금주령은 밀수업자들을 백만장자로 만들고 계획 범죄를 부추겼다. 그의 소설에서의 닉 캐러웨이 같았던 피츠제럴드는 시대의 부와 매력에 심취했지만, 그는 시대가 품은 황금만능주의와 도덕성 결여에 불만을 품었다. 「위키피디아」.

15 『국가 정신건강현황 보고서 2022』, 보건복지부 국립정신건강센터, 2023년 12월.

16 동성애는 죄악인가? 질병인가?, 『동아사이언스』, 2017년 10월 2일.

제4장 마음, 자아^{Self}, 성격: 내 마음의 MRI, WPI 검사

1 어릴 적 헤어진 일란성 쌍둥이 자매, 韓-美 거리만큼 달랐다, 『동아일보』, 2022년 5월 20일.

2 WPI(Whang's Personal Identity) 심리검사, 통증해방: WPI 심리상담코칭센터, https://www.wpipainfree.com

3 마태복음 25:14~30절.

4 황상민, 『한국인의 심리코드』, 추수밭, 2011년.

5 빅 파이브 이론: 5가지 성격 특성 요소(Big Five personality traits). 다양한 성격 특질을 간단하고 일관성 있는 분류 체계로 정리하기 위한 성격 모형으로, 개인차를 설명하기 위한 다섯 개의 성격 요인을 말한다. 개인차를 낳는 성격적 성향, 또는 특질이 다섯 개의 넓은 양극 차원상에 구조화된다는 이론을 바탕으로 구성된 성격의 5요인을 말한다. 심리학자들은 성격 및 성격 차이를 나타내기 위해 다양한 연구와 요인 분석 등을 실시했고, 그 결과 기본적인 다섯 요인이 성격 개인차의 근간을 이룬다는 것을 밝혔다., 「두산백과」.

6 마이어스-브릭스 유형 지표(Myers-Briggs Type Indicator): MBTI(Myers-Briggs Type Indicator)는 마이어스(Myers)와 브릭스(Briggs)가 스위스의 정신분석학자인 카를 융(Carl Jung)의 심리 유형론을 토대로 고안한 자기 보고식 성격 유형 검사 도구이다. , 「심리학용어사전」, 한국심리학회.

7 윌리엄 제임스(William James, 1842~1910): 미국의 철학자이자 심리학자로, 미국에서 최초

428

로 심리학 강의를 제공한 교육자이다. 제임스는 19세기 후반을 대표하는 사상가로 간주되며, 미국에서 가장 영향력 있는 철학자 중 한 명이자 '미국 심리학의 아버지'로 불린다., 「위키피디아」.

8   Cooper, W. E. (1992). 'William James's theory of the self'. Monist 75(4), 504.

9   자기공명영상(MRI): 체내의 병변(종양 등)의 위치를 분명히 밝힐 뿐만 아니라, 그것이 암과 같은 악성(惡性)인지 아닌지까지 밝혀 낼 수 있는 진단 장치이다., 「위키피디아」.

10   심리검사(psychological testing): 능력, 성격, 흥미, 태도 등과 같은 심리적 구성개념(psychological constructs)을 수량화하기 위해서 표준화된 측정도구를 말한다., 「위키피디아」.

제5장 그래서, 나는 리얼리스트?

1   "대박 꿈이라도" … 도박 같은 '코인판'에 뛰어든 2030, 『한겨레』, 2021년 4월 22일.

2   의·약대, 1등급 싹쓸이 … "의대 증원으로 독식 심화할 듯", 『이데일리』, 2024년 7월 28일.

3   100대기업 인재상 … "창의력·전문성보다 책임의식·도전정신", 『연합뉴스』, 2023년 1월 30일.

4   "오태완 군수는 '대한민국 국민들은 재물 부자가 되는 것을 넘어서 행복하고, 건강하고, 사랑이 넘치는 '진짜 부자'가 되는 과정과 방법을 의령에서 알게 될 것'이라며 '모든 사람이 풍족하고 행복하게 살 수 있는 선한 영향력을 이번 축제를 통해 또다시 전달하겠다'고 말했다.", '의령에서 부자 되세요' … 2024 의령리치리치페스티벌, 부자의 법칙 대공개, 『한국일보』, 2024년 7월 19일.

     IMF때 대박 터졌던 "부자 되세요" 20년만에 이달소 '츄'가 외친다, 『매일경제』, 2021년 12월 3일.

5   [미래교육] 10대, 행복의 기준은 돈보다 건강, 『인천일보』, 2024년 5월 8일.

6   "취업도 금수저가 잘해" … 취준생 70% "부모 능력이 취업에 영향", 『매일경제』, 2021년 12월 13일.

제6장 그래서, 나는 로맨티스트?

1   이서진은 TV에서 보던 그 츤데레였다, 『SBS 뉴스』, 2018년 11월 7일.

2   "꾸준함이 만점 비결" … 2024 수능 유일한 만점자 유리아양, 『세계일보』, 2023년 12월 8일.

3   직장상사에게 휘둘리지 않고 나를 그대로 인정하는 방법, 「황상민의 심리상담소」, 2022년 10월 2일, https://www.youtube.com/watch?v=K-40LO8SkAY

내 마음을 읽고 직장생활 부담 100% 줄이는 꿀팁, 「황상민의 심리상담소」, 2022년 10월 2일, https://www.youtube.com/watch?v=oQgeIi0zVNQ

소심한 당신, 직장생활에서 무조건 잘 보이려고 노력하지 마세요, 「황상민의 심리상담소」, 2022년 10월 2일, https://www.youtube.com/watch?v=Ulte8ZnQWLo

제7장 그래서, 나는 휴머니스트?

1   [윤석열의 리더십] ① 결단력과 보스 기질… '여소야대' 돌파 정치력 과제, 『연합뉴스』, 2022년 3년 10일.

2   김보성 "의리, 컨셉이라고 하면 서운하다", 『한겨레』, 2014년 6월 8일.

3   '아싸' 기자가 보는 '인싸' 스타트업, 『시사저널e』, 2019년 12월 13일.

4   읍참마속(泣斬馬謖): 중국 삼국시대에 촉의 제갈량이 평소 중용했던 부하인 마속이 명을 어기고 위에 대패(大敗)한 것을 두고 울며 참형에 처했다는 마속전(馬謖傳)의 고사(故事)로부터 유래한 성어. 규율을 지키기 위해 설령 아끼는이라 할지라도 위반자는 엄격하게 처분해야 한다는 의미를 가진다., 「위키피디아」.

제8장 그래서, 나는 아이디얼리스트?

1   "시장님은 MBTI가 뭐예요" 이동환 고양시장, MZ와 터놓고 대화한다, 『동아일보』, 2024년 2월 1일.

     MZ보다 더 MZ같은 요즘 입사 자격 요건, 『오마이뉴스』, 2023년 10월 17일.

2   "레오나르도 다 빈치도 ADHD 환자였다", 『한겨레』, 2019년 5월 24일.

     'ADHD'는 '기업가 정신'의 다른 말?, 『아시아경제』, 2014년 5월 24일.

3   천겹만겹의 김제동 "난 그냥 웃기는 사람이고 싶다", 『한겨레21』, 2024년 4월 5일.

4   허준이 교수 "필즈상 수상자도 100일 중 99일은 허탕을 칩니다", 『조선일보』, 2024년 3월 23일.

5   악동뮤지션 이찬혁 "부모가 되었을 때 해주고 싶은 말을 쓴 책" 에일리언, 『채널예스』, 2022년 4월 11일.

6   벌컨(Vulcan), 「위키피디아」.

7   진화재현설(進化再現說 Recapitulation theory): 에른스트 헤켈, "개체발생학은 계통발생학

을 재현한다", 「위키피디아」.

8   G. 스탠리 홀(Granville Stanley Hall): 미국의 심리학자. 1883년에 미국에서 최초의 심리학 실험실을 설립하였다. 발생적 방법과 질문지 조사법에 의한 아동 및 청년기의 연구가 유명하다. '아동연구운동의 아버지'이다., 「두산백과」.

9   애니미즘(Animism): 자연계의 모든 사물(생물, 무생물)이 생명이 있는 것으로 보고 그것의 정령(精靈), 특히 영혼 관념을 인정하는 사상., 「시사상식사전」.

10   황상민, 『짝, 사랑』, 도서출판 들녘, 2011년.

제9장 그래서, 나는 에이전트?

1   [번아웃된 한국인] 번아웃된 한국 직장인… 일에 치이고 보상은 쥐꼬리, 『매일경제』, 2013년 12월 23일.

2   사보타주(sabotage): 고의적인 사유재산 파괴나 태업 등을 통한 노동자의 쟁의행위. 프랑스어의 사보(sabot:나막신)에서 나온 말로, 중세 유럽 농민들이 영주의 부당한 처사에 항의하여 수확물을 사보로 짓밟은 데서 연유한다. 한국에서는 흔히 태업(怠業)으로 번역하는데, 실제로는 태업보다 넓은 내용이다. 태업은 파업과는 달리 노동자가 고용주에 대해 노무제공을 전면적으로 거부하는 것이 아니라 형식상으로는 취업태세를 취하면서 몰래 작업능률을 저하시키는 것을 말한다. 사보타주는 이러한 태업에 그치지 않고 쟁의 중에 기계나 원료를 고의적으로 파손하는 행위도 포함한다., 「두산백과」.

3   에베레스트를 사랑한 진짜영웅 힐러리경, 『한겨레』, 2008년 1월 15일.

4   [성공예감] 대한민국 의료계는 10년 남은 시한부 인생이다 - 윤인모 외래교수(서울성모병원), 『KBS뉴스, 2023년 9월 14일.

5   생명과 직결되는 '필수의료' 의사가 늘어납니다!, 대한민국정책브리핑, 2024년 6월 3일.

6   의대 증원 반대 전국 1만 촛불 "의료 사망에 비통… 그럼에도", 『의협신문』, 2024년 5월 31일.

제10장 마음을 알기 위한 두 번째 단계

1   "조기은퇴 꿈 엔저가 망쳐놨다"…45살에 9억 원 모은 짠돌이 '한탄', 『아시아경제』, 2024년 7월 16일.

내 삶을 변화시키는 마음 읽기의 첫 걸음「WPI워크숍」

1　법칙과 규칙, 통계와 경험부터가 아닌 있는 그대로의 현상부터 보는 '가추법' - 닥터 하우스로 가추법 알아보기,「황상민의 심리상담소」, 2022년 11월 6일, https://www.youtube.com/watch?v=LsR-x-xZdu4

전문가들의 막연한 문제해결 방법에서 벗어나 스스로 진짜 문제를 파악하는 법 - 닥터 하우스로 가추법 알아보기,「황상민의 심리상담소」, 2022년 11월 10일, https://www.youtube.com/watchv=9wcjzD87URk

전문가들의 막연한 문제해결 방법에서 벗어나 스스로 진짜 문제를 파악하는 법 - 닥터 하우스로 가추법 알아보기,「황상민의 심리상담소」, 2022년 11월 11일, https://www.youtube.com/watch?v=3tf1pIm8qgU

제2장　마음 읽기의 역사

1　Ferdinand Pauwels, Luther hammers his 95 theses to the door, 1872, ⟨https://www.amazon.co.uk/Kunst-f%C3%BCr-Alle-Print-Poster/dp/B017H3UNJ0⟩, public domain

2　Max Halberstadt, Photographic portrait of Sigmund Freud, signed by the sitter, 1921, ⟨https://www.christies.com/lotfinder/lot_details.aspx?intObjectID=6116407⟩, public domain

제3장　마음을 잃어버린 대한민국의 현주소, 그리고 그에 맞는 해법

1　Portrait of Clifford W. Beers, Unknown author, 1913, ⟨https://babel.hathitrust.org/cgi/pt?id=uc1.d0001423789;view=1up;seq=337⟩ ©The American magazine

2　Portrait of António Egas Moniz, Unknown author before 1955, ⟨https://doi.org/10.3389/fnana.2017.00081⟩, public domain

3　transorbital lobotomy illustration, An illustration from the Freeman and Watts' book on "Psychosurgery", ⟨attachment/tumblr_lj6t3l9Hkk1qaskkro1_500⟩ ©CC BY-NC-SA 2.0 KR

제4장 마음, 자아^{Self}, 성격: 내 마음의 MRI, WPI 검사

1   The paintings in the Villa Chigi aka Farnesina: the Loggia di Psiche, plate 10 PK-P-126.227, Raffaello Sanzio, 1518, http://hdl.handle.net/1887.1/item:1629691, public domain

2   Camillo Miola, The Oracle, 1880, ⟨https://www.getty.edu/news/potions-and-poisons-classical-ancestors-of-the-wicked-witch/⟩, public domain

3   Portrait of William James, Notman Studios, 1903, ⟨library.harvard.edu/libraries/houghton Edit this at Wikidata⟩, public domain

---

사용된 서체

부크크 명조·고딕(㈜부크크) / 을유1945(을유문화사) / Pretendard(길형진) / KoPubWorld돋움체 바탕체 / 나눔손글씨

U 도서
출판 **마음읽기**

'도서출판 마음읽기'는 자신의 마음에 대해 알기보다 대세와 통념,
다른 사람들의 말을 더 따르라 요구하는 사회에서 자기 '마음 읽기'를 권합니다.
'마음 읽기'를 통해 자기 삶의 문제를 해결하고, 마음의 아픔에서 벗어나
나답게 살 수 있는 기회를 찾은 사람들의 이야기를 모아 세상에 전합니다.
뻔한 위로와 공감을 넘어, 진짜 자신의 문제를 찾아 해결할 힘을 발견할 수 있도록,
아픔에서 벗어나고자 하는 모든 분께 닿으려 노력합니다.

열반지: 아픔으로부터의 해방

새롭게 출범하는 통증해방에서, 한국 사회의 개개인이 몸과 마음의 '아픔'에서 해방되는 길을 모색할 필요성과 의미를 정리하고, '몸의 아픔'은 무엇이며 '마음의 아픔'은 무엇인지, 이 둘의 관계는 어떻게 이해할 수 있는지 '21세기 뉴 통증 패러다임'을 통해 밝힙니다. 더불어 이 새로운 패러다임에 기반한 '마음치유사Mind Healer'의 활동을 소개합니다. 몸의 통증해방을 돕는 '아픔해방의원'의 정체와 구체적 진료 사례, 마음의 통증해방을 돕는 'WPI 심리상담코칭센터'의 정체와 WPI 심리상담코칭 서비스, 교육과정, 방송 및 출판 활동을 안내합니다. 인류는 왜 그토록 오랜시간 아픔에서 해방될 수 없었을까요? 『열반지』에서 이를 확인할 수 있습니다.

92년생 김지영, 정신과 약으로 날려버린 마음, WPI 심리상담으로 되찾다

책도 영화도 아닌 현실에서 직접 만나는 '92년생 김지영' 씨는 어떤 사람일까요?

'82년생 김지영' 씨를 처음 그려낸 조남주 작가는 책에서 그녀를 정신과로 보내 의사와 상담도 받고 약물치료도 받게 합니다. 그러나 심리학자이자 심리상담가인 황상민 박사는 예민하고 섬세한 김지영 씨가 자신이 어떤 사람인지, 어떤 상황에서 어떤 아픔을 가지고 오랜 시간 힘들어했는지 그 마음을 읽어주며, 그녀가 자신의 아픔의 정체를 파악하고 그 아픔에서 벗어날 수 있도록 돕습니다. 아프면 병원에 가서 저도 모르게 약물 중독이 되는 세상에서, 마음읽기를 통해 스스로 주인된 삶을 살게 하는 이야기를 확인하실 수 있습니다.

마음약방

　내가 겪는 통증과 마음의 아픔을 위한 책 처방전, 〈마음약방〉. 약국은 자신의 몸이 아파서, 혹은 자신이 사랑하는 사람이 아파서 들리는 곳입니다. 하지만, 정작 몸의 아픔이 마음의 아픔과 연관되어 있다는 걸 알지 못한 채로 약만 복용하는 경우가 많습니다. 〈마음약방〉은 대화로써 약국에 들린 사람들의 삶과 마음의 아픔을 들여다보고, 그 아픔을 실제로 치유하는 사례 또한 담긴 에세이입니다. 사람들의 몸과 마음의 아픔을 살펴보려는 약사로 성장하는 뮤약사의 이야기를 읽고, 자신과 타인의 마음과 통증에 대한 새로운 통찰을 얻으시길 바랍니다.

마음을 읽고 싶은 당신에게

　이 책은, 돈을 많이 벌고 싶었지만 돈을 벌기는커녕 더 이상 길이 없는 것만 같고, 혹은 돈은 좀 벌었지만 여전히 내가 바라던 삶은 이뤄지지 않은 듯하고, 삶의 벽에 부딪쳤다고 느끼는 분들을 위한 책입니다. 돈이 많으면 삶이 그래도 좀 나아질 줄 알았는데, 오히려 더욱더 마음 아파하고 힘들다 느끼며 살아가는 사람들을 적잖이 볼 수 있지요. 왜 그렇냐고요? 우리 삶의 문제나 마음의 아픔이 '돈을 많이 버는 것'으로는 해결되지 않거든요. 게다가 '남들처럼만 살고 싶다는 그런 믿음, 그런 마음'으로는 그걸 이루기조차 힘들다고 말하는 황 박사. 그럼 대체 어떡해야 하냐고요? 이 책은 바로 '우리 삶의 문제나 마음의 아픔을 해결하는 방법'을 알려줍니다.

커버스토리

표지 그림 | 이승아, 진선주

2024년 8월 15일, 올해는 광복 79주년이다. 하지만 대한민국은 다시 내부 분열을 겪고 있다. 서로 과거의 이념적 잣대에 근거하여, 이 나라가 언제 왕조에서 공화국으로 다시 세워졌는지에 대해 각기 다른 믿음을 내세우며 분열된 상황이다. 100년 전, 일제 식민지 조선 땅에서 '열반지'의 흔적이 만들어졌지만, 지금도 여전히 우리 삶의 어려움과 아픔은 지속되고 있다. '각자도생'의 가치를 실현해야 했던 그 시대는 아직도 이어지고 있기에, 2024년 지금 '열반지'에서 통증해방의 염원을 실현해야 한다.

1924년경, 유럽에서도 식민지 조선인들이 겪은 것과 비슷한 아픔을 예술활동으로 승화시킨 사람이 있었다. 그가 바로 알폰스 무하(Alphonse Mucha)이다. 그는 오스트리아의 지배로 거의 소멸될 뻔한 체코어와 고유 문화, 그리고 국가 정체성을 재건하는 민족부흥운동에 자신의 예술적 재능을 발휘한다.

무하의 예술활동은 1895년 파리에서 배우 사라 베르나르를 위한 포스터를 제작하게 되는 것으로 '아르누보' 예술의 시작을 알렸다. 그는 오스트리아 제국의 통치 속에서 슬라브 민족이 겪는 아픔을 『슬라브 서사시』(Slovanská epopej)라는 대작을 완성하여 표현한다. 가로 8미터, 세로 6미터에 달하는 20여 점의 기념비적인 회화는 1000년이 넘는 슬라브족의 역사와 사람들의 삶을 다룬다. 그가 1912년부터 1926년까지 이 작품을 완성하는 사이, 그의 조국은 '체코슬로바키아'로 재탄생하여 1918년 독립한다. 당시 무하는 신생 국가의 우표, 지폐, 국가의 휘장 등을 무상으로 디자인했다. 하지만, 체코슬로바키아는 다시 나치 독일의 통제를 받게 되고, 무하는 게슈타포에 의해 첫 번째로 체포된 인물 중 하나가 되었다. 1939년 그는 사망했지만, 그의 『슬라브 서사시』를 비롯한 대부분의 작품은 나치의 탄압을 피해 모라비아의 작은 성에 피신하게 된다.

무하가 조국의 독립을 염원했던 마음은 『백일몽』으로 상징된다. 백일몽(Daydream)이란, 낮 동안 깨어있는 상태에서 공상이나 상상에 빠져있는 상태를 말한다. 19세기 말에서 20세기 초는 산업혁명, 그리고 과학의 발달과 함께 인간의 내면 세계와 심리에 대한 관심이 높아지던 시기였다. 예술과 문학에서 꿈, 무의식, 상상, 심리적 깊이 등에 대한 탐구가 활발하게 이루어졌다. 당시의 사회에서 백일몽은 단순한 도피가 아니라, 인간의 내면을 탐구하고 심리적 깊이를 표현하는 중요한 주제로 인식되었다. 현실의 어려움과 억압에서 벗어나 더 나은 미래를 상상하는 희망의 상징으로써, 식민지 조선인이 상상했던 미래의 '독립된 조선'에 대한 꿈과 다르지 않았다.

100년 전 20세기 초, 1차세계 대전 이후의 시기는 프로이트 박사가 자신의 '정신분석 이론'으로, 인간 개인이 가지는 마음의 아픔이 몸의 아픔과 다르다는 것을 최초로 세상에 알리려 했던 시기이다. 무하와 프로이트 박사 모두 당시 식민지 조선인이 겪었던 마음의 아픔에 대해 알고 있었다는 증거는 전혀 없다. 왜냐하면, 당시 마음의 아픔이란 단지 '백일몽'과 같은 것으로 없애버리거나 또는 백일몽처럼 사라지기를 꿈꾸는 그런 시대였기 때문이다. 이제 다시, 100년의 시간이 지난 지금, 여러분은 『나만의 마음: 자기 인식과 성찰의 힘』에서 무하의 작품과 조선의 민화를 발견하게 된다.

민화란 17세기에서 19세기 사이 사람들의 보편적 소망이 담긴 그림이다. 하지만, 무하의 그림과 함께하는 민화는 21세기를 살아가는 진선주 작가의 작품이다. 아르누보 예술은 인간과 자연의 연결을 강조하며, 특히 무하의 작품에서 꽃은 자연의 풍요로움과 생명력, 그리고 인간의 감정을 상징하는 중요한 요소다. 민화 속 모란은 풍요와 영화를 상징하며, 이것은 그 풍성한 꽃잎으로 잘 나타내어 어우러진다. 민화에 등장하는 또 하나의 중요한 요소는 『일월오봉도』의 해와 달이다. 이는 음양의 조화를 상징한다. 또한 민화 속 호랑이는 자연과 인간의 경계를 잇는 존재로, 악귀를 물리치고 나쁜 기운을 몰아내어 평안과 복을 가져오는 상징적 존재였다. 이러한 민화의 요소들이 작품의 소재로 활용되면서 100년의 아픔이, 이제 2024년 '열반지'에서 해소됨을 알린다.

무하의 그림과 민화를 통해 '각자도생의 가치'를 각자가 자신의 삶 속에서 실현하고, 우리 삶의 어려움과 아픔을 '열반지, 통증해방'에서 해소할 수 있음을 상징적으로 보여주기 위해, 이승아 WPI 심리상담사는 무하의 그림과 민화를 연결하는 작품을 완성했다. 인간 심리의 다양한 코드를 음양의 조화와 우주의 질서로 파악하여 이를 개인의 마음으로 표현할 수 있었다. 각자의 다양한 아픔을 지닌 채, 열반지를 찾는 많은 사람들이 각자도생의 가치를 알게 되기를 바란다. 그리고 자신의 마음을 읽고, 자기 삶의 가치 또한 실현해 나가길 바라는 마음이다. 이것이 열반지를 찾는 누구나 누릴 수 있는 '아픔으로부터의 해방', 각자 자신의 '마음'이 만드는 아픔으로부터의 해방이다.

'열반'이란 살아있는 자가 자신의 마음을 알게
될 때 누릴 수 있는 득도와 해탈의 경험이다.
살아있는 인간이 얻는 열반은 죽음으로 얻게
되는 열반과 다르다. 하지만, 수천년 동안 부처
님의 가르침은 여전히 그의 제자들에게 충분
히 이해되고 전달되지 못한 것처럼, 이제 열반
은 죽음의 의미로만 남게되었다. 왜냐하면, 인
간이 살아있는 동안에 얻게 되는 열반의 경험
은 항상 순간의 경험이고 또 그리 오래 지속되
지 않기때문이다. 열반지라는 공간은 이런 열
반의 경험이 지속적인 자기 인식과 성찰을 통
해 끊임없이 일어나기를 바라는 마음에서 마
련되었다. 왜냐하면, '마음 읽기'를 통한 자기
수련의 과정이 열반의 땅에서 지속적으로 우
리 삶으로 계속되어야 하고 또 될 수 있기 때문
이다.